0~3岁父母一定要懂的心理学

陶红亮/编著

科学出版社
北京

内 容 简 介

父母是孩子人生道路上的第一位导师，也是孩子成长过程中的重要参与者，所以父母要用心去了解孩子每一阶段的生长发育特点、关注孩子特殊的心理变化。处于婴幼儿时期的孩子无法用语言表达自己的需求，只能通过表情、动作向父母传达自己的所思所想，父母要读懂孩子行为背后隐藏的真正含义、耐心了解孩子的心理需求。本书列举各种发生在婴幼儿身上的具体例子，帮助父母更好地了解孩子、帮助孩子更好地成长。

图书在版编目（CIP）数据

0~3 岁父母一定要懂的心理学 / 陶红亮编著 .—北京：科学出版社，2014
（“父母学点心理学”系列）
ISBN 978-7-03-040234-9

Ⅰ. 0… Ⅱ. 陶… Ⅲ. 婴幼儿 - 家庭教育 - 教育心理学 Ⅳ. G78

中国版本图书馆 CIP 数据核字（2014）第 050630 号

责任编辑：徐 莹 杨 凯 / 责任制作：胥娟娟 魏 谨
责任印制：赵德静 / 封面制作：柏拉图
北京东方科龙图文有限公司 制作
http://www.okbook.com.cn

科 学 出 版 社 出版
北京东黄城根北街 16 号
邮政编码：100717
http://www.longmenbooks.com
新科印刷有限公司 印刷
科学出版社发行 各地新华书店经销
*
2014 年 5 月第 一 版 开本：720 × 1000 1/16
2014 年 5 月第一次印刷 印张：10 1/2
字数：120 000

定价：38.00 元

（如有印装质量问题，我社负责调换）

前言

新生儿的降临，会给一个家庭带来前所未有的幸福，爸爸妈妈初为人父人母，他们内心的满足和喜悦不言而喻，看着依稀有自己影子的小生命，他们几乎想把整个世界都放在他的面前。

0～3岁是孩子生长、发育的关键时期，也是孩子人格形成的基础时期。俗话说得好“3岁看老”，孩子到了3岁，其性格、气质、能力、心智等方面已经初步形成，因此0～3岁这一时期对孩子的发展至关重要。

而一些父母认为这一时期孩子年纪太小，即便为他做一些事情，他也并不知道，岂不是在做无用功？其实不然，孩子从出生开始就会产生一定的自我意识，而且这种自我意识会随着其成长不断得到深化，所以父母要关注孩子自我意识的发展，这样才有利于孩子的身心健康发展。

父母要时常抱抱孩子，让孩子感受到来自父母的爱意；要多和孩子进行身体方面的接触，让孩子感觉安心。除此之外，父母还要努力为孩子营造一个充满爱意的家庭环境，以此促进孩子健康成长。

另外，0～3岁这一阶段是发展孩子智商、情商的最佳时期，父母要把握孩子这一大脑发育的活跃期，正确引导孩子，从多个方面促进孩子发展。无论是培养孩子的语言能力、数学能力还是画画、外语能力，都需要父母认真参与，用科学的方法激发孩子的兴趣，以此提高孩子的智商、情商水平。

在这一阶段，很多父母都会发现原本乖巧的孩子不知道从什么时候开始变得不听话，有时还会表现出一些奇怪的行为，如爱吸吮手指、爱咬人、爱模仿等。遇到这些问题时，父母要理解，因为这些看似异常的行为，在孩子的这一发展阶段中都属于正常现象。父母要做的是了解孩子这些“异常行为”背后的原因，科学、正确地解决问题，让孩子向更好的方向发展。

本书使用通俗易懂的语言列举许多能反映孩子在这一时期心理特征的具体例子，让父母更好地了解问题的症结所在，在孩子的问题上豁然开朗。

总而言之，没有教育不好的孩子，只有不会教育孩子的父母。要想了解孩子的心理其实并不难，关键是父母要对孩子投入充分的关爱和时间。当读懂孩子的那一刻，父母也就知道如何才能做得更好。希望本书能为初为父母的您提供一些参考和帮助；也希望在本书的帮助下，父母和孩子能更加亲密；更希望所有的孩子都能健康、快乐地成长。

另外，本书得到了郝言言、苏文涛、薛英祥、薛翠萍、唐传汉、唐文俊、王春晓、史霞、马牧晨、邵莹、石柳、李青、赵艳、唐正兵、张绿竹、张莉萍、隋珂珂、李伟、谭英锡、刘毅等人的大力协助，在此表示感谢。

目录

第3章　情商培养，给孩子正确的引导

第4章　巧妙沟通，学会和孩子愉快相处

第5章　自我意识，教育孩子正确认识自我

第6章 问题行为，孩子令人头疼的教养难题

第7章 性格养成，了解0～3岁孩子的心理关键点

第1章

家有宝贝，新生儿是一个完美的谜

孩子初次来到这个世界上，父母对孩子来说就是全部，只有得到父母的精心照顾，孩子才会对这个陌生的世界充满安全感和信任感。所以，父母要了解相关育儿知识，让孩子更加健康的成长。

要学会适当拖延喂奶

1岁以内的孩子通常为感觉型，容易冲动，他们还不会用语言表达自己的需求，饿的时候就用哭声来召唤妈妈。而在成人的世界里，哭声是难过伤心的信号，妈妈怎么会忍心让自己的孩子难过伤心呢？于是，就赶紧给孩子喂奶，哭声减少时父母还会产生很大的成就感。

这样孩子一有需求就立刻满足，时间久了，就会发现孩子变得缺乏耐心、不擅长等待，而且稍有不如意就大发脾气。其实，孩子本来可能不是这个脾气，只是有需求就立即被满足，才滋长了其坏脾气。

生活中不同的妈妈有不同的喂奶方式，不同的喂奶方式会让孩子形成不同的心理。

立即满足孩子的需求

盼望已久，林阿姨终于圆了自己的心愿，生了一个活泼可爱的女儿叫晴晴。全家人对晴晴照顾地无微不至，林阿姨更是时刻守候在女儿的身边，孩子的每一个动作和表情想要表达什么，林阿姨都知道。晴晴饿了，她就马上把女儿抱在怀里喂奶，争取在第一时间满足女儿的需求。就这样，晴晴从来不用等待什么，需要什么就可以立刻得到满足。

晴晴生活在“衣来伸手饭来张口”的优越环境中，没有经历过任何等待的心路历程。这样她就会对生活抱有很高的期待值，久而久之会产生一种自己的任何需求应该立刻得到满足的心理，从而形成追求完美的性格。

但是，人生中并不可能事事都能如愿，追求完美性格的孩子无法面对突如其来的挫折，当挫折不可预期地出现时，就会给孩子带来很大的压力和痛苦，而此时父母也会面临培养孩子新的心理素质与能力的问题。

延迟满足孩子的需求

生活中，还有很多父母在孩子饿的时候特意拖延些时间，这样能够培养孩子乐观积极的性格。

王妈妈没有林妈妈那么幸运，她一个人带着女儿琳琳，还没有奶水。当琳琳要吃奶的时候，王妈妈就得赶紧给女儿冲。通常王妈妈都是听着女儿的哭声，一边冲奶一边安慰着孩子："宝宝别着急，妈妈正在为宝宝准备香喷喷的饭呢。琳琳是妈妈的乖宝贝，这就好了、好了、好了……"这样，琳琳的每一顿饭都是在妈妈的柔声细语中等待着吃到的。

琳琳每天都面临着等待，但是每天的等待也会有结果，这样渐渐地培养了琳琳对外界环境的忍耐、宽容以及信心。"等待"对于新生儿来说就好像是人生中要遭遇的挫折，对孩子的心灵进行着煎熬。

但是，这种等待不但不会对孩子的健康造成伤害还能锻炼孩子的心理素质。生活中挫折总难免，孩子等待吃奶过程其实就是体验挫折的过程，遇到挫折时，如果有妈妈的帮助、自己等待以及努力，困难总能被克服。

这样，在妈妈无意识的拖延喂奶中，孩子就会逐渐形成积极乐观的心态。

妈妈要控制好自己的情绪

李妈妈的情况跟王妈妈相似，自己带着儿子强强，也是人工喂养，但是，李妈妈的脾气比较暴躁。当强强哭着要吃奶时，她就大声训斥孩子："不许哭！别着急！再哭妈妈就不给你冲奶了。"这样一来，强强的哭声就更大了。每次强强都是在不耐烦的批评声中及等待中喝到奶。

李妈妈的喂奶方式中也有等待，强强也能喝到奶，但强强是在妈妈严厉的训斥声中吃到奶的，这并不是温柔的帮助。严厉的声音容易导致孩子的心跳加速，加速的心跳会形成孩子焦躁的性格，这对孩子以后的成长以及发展非常不利。

人的心理素质在一天一天反复的行为模式中逐渐形成，孩子的心理素质会在妈妈每天以同一种方式喂奶的过程中逐渐形成。当妈妈听到孩子用哭声召唤着要吃奶时，可以先远远地答应着："妈妈这就来了……"，比如，妈妈可以迈着小碎步，用脚步声告诉孩子妈妈马上就到；也可以在拿着奶瓶喂奶时，再跟孩子多聊两句："奶马上就好了，现在还有点烫，等一下就好，宝宝乖！"等。这样拖延满足孩子的时间，不仅可以锻炼孩子的肺活量，也会提高孩子的心理素质。

心理箴言

心理素质并没有绝对的好坏之分，不同心理素质的人适合不同的工作。但总的来说，如果孩子的性格积极乐观自信，会受到很多人的喜爱，而妈妈也会觉得很开心。那么就从适时拖延喂奶开始培养孩子的良好心理素质吧。

多和孩子进行身体接触

抚触能够加快孩子的新陈代谢，使孩子的肌肉放松；通过对孩子皮肤的刺激，抚触还能够促使孩子体内产生更多的激素，进一步增强孩子对食物的消化、吸收和排泄能力；抚触还能够提高孩子的睡眠质量，有助于孩子的身心健康。

在英文中，抚触和按摩都用touch表示，所以对婴儿的抚触也可以叫做按摩，婴儿一出生就会受到母亲产道收缩这样一种特殊的抚触。

对新生儿进行早期抚触，会在婴儿脑发育的关键时期给脑细胞以及神经系统以适当的刺激，从而促进婴儿神经系统的发育及智力的开发。另外，抚触更是一种爱的表达。

抚触有利于身心健康

抚触可以通过皮肤的触觉感受器沿着脊髓传到大脑，经过一系列机体运作后促进孩子对营养物质的消化、吸收，从而促进孩子的成长。另外，身体的抚触能够给处在不安情绪下的孩子带来心理上的安慰，让孩子得到安全感。

由于爸爸妈妈有特殊事情，2岁多的阳阳和小姨在家。当小姨要帮阳阳脱衣服睡觉时，不管怎么跟阳阳交流，阳阳就是一言不发，还抹起了眼泪。小姨认为阳阳是想爸爸妈妈了，就拿着阳阳爸妈的照片，俯下身子轻轻跟阳阳说："小姨知道你想爸爸妈妈了，很难过。不过呢，小姨会像妈妈一样帮助你的。来，看着照片，让爸爸妈妈还有小姨一起陪你吧。"

孩子突然离开父母，会因没有安全感而产生不安情绪。抚触再加上一些言语的安慰能让孩子感到安全。

良性的抚触能够刺激淋巴系统，清除孩子体内的有害物质、促进血液循环、增强孩子的机体免疫力，让孩子健康成长。同时，它也是与孩子交流互动的良好行为，可以帮助孩子建立心理依恋，从而形成良好的亲子关系。

要经常和孩子亲近

孩子醒来时，父母可以贴贴孩子的脸，作为“见面礼”，这样能把好情绪、好心情传递给孩子。多抚摸孩子的脸，还能让孩子表情开朗，会心微笑、嘴角甜蜜，时间久了，还能给孩子一张漂亮的脸。

另外，“孩子的智慧在手指尖上”这句话已经在现代医学上被证实。父母可以多抚摸孩子的手指，帮他进行舒展、牵拉等活动，还可以跟孩子一起做些手指游戏，更好地开发孩子的聪明才智。

当孩子做了一件他自己认为很自豪的事情，或者是让父母很高兴的事情时，父母别忘了拍拍孩子的肩膀，以表示对孩子的赞赏与鼓励。

建议父母每天为孩子做一至两次全身抚触。在抚触时，可以唱一些儿歌，让孩子在充满爱的氛围中接受父母的爱抚。可以按照以下顺序抚触，首先让孩子仰卧，从头脸开始抚触，依次是腹部、四肢，这样会让孩子感到舒服畅快。

另外，带孩子逛公园时，别忘了找机会多抱抱孩子。一般父母带孩子出去，都是推着童车走，这样孩子在较低的位置，很容易吸收灰尘或受到路人的惊吓。在国外，爸爸妈妈更喜欢抱着孩子或是让孩子骑在自己的脖子上逛公园。

抱孩子的姿势要适当

父母有时会把孩子高高抛起来逗孩子开心。其实，这种做法非常危险，严重时会引起孩子的脑部疾病。因此，父母要注意抱孩子的方法。

另外，父母应该尽量避免在睡前、饭后这段时间里抱孩子。抱着孩子、哼着小曲哄孩子睡觉是习以为常的事情，但这样会增加孩子入睡的难度且容易让孩子养成不抱不睡、不哄不睡的坏习惯，父母也会觉得很辛苦。因此，父母应该想办法让孩子养成自己躺下睡觉的习惯。比如，饭后让孩子适当地进行一些轻松的活动，慢慢安静下来直至入睡。

家里如果是保姆照看孩子的话，父母应该教保姆一些育儿知识。很多保姆认为孩子还小，不会说话、没有感觉，以为只要不磕着碰着孩子，就算尽到自己的责任了。但是父母要知道，培养孩子的触觉是不分亲疏的，所以要告诉保姆平常应该给孩子做些触觉方面的锻炼。

心理箴言

父亲也要多亲近孩子。父爱是母爱代替不了的，坚强深厚的父爱与温柔细腻的母爱相比，能给孩子带来完全不一样的感受。因此，父亲也应该成为抚触孩子的角色。父亲可以多帮孩子洗洗澡、给孩子更换尿布、跟孩子一起游泳、牵着孩子的手教孩子学走路。父亲也应该多抱一抱孩子，孩子趴在父亲健壮的胸脯上肯定会觉得无比幸福。

孩子哭闹背后的心理学

很多父母应该都有这样的体会，刚生下孩子的那段时间，谁也别想安稳地做其他事情。主要就在于孩子总是无缘无故地哭。

哭，是新生儿的本能反应。因为孩子刚出生还不具备语言表达能力，哭闹是他们表达自己的需求以及感情的主要方式，孩子用不同的哭声来表达自己不同的需求和反应。因此，孩子总爱哭并不一定是说孩子生病了。如果孩子不哭或少哭，也不是一件好事，这可能是疾病的预兆。当然，孩子过于哭闹，也可能是疾病的信号。那么孩子哭闹背后到底有哪些需要父母了解的心理学呢?

判断孩子是不是生病了

当新生儿哭闹时，父母首先要判断孩子是否生病了。如果孩子因为生病而哭闹，应该会伴随着其他症状。

父母应该留意一下孩子是否有这样的表现：没有精神，一直睡觉或很烦躁，不吃奶甚至抵抗吃奶，体温发热，哭声显得非常痛苦或者伴随着尖叫、呕吐、腹胀或呼吸困难等。另外，父母要检查一下孩子的身体，看看孩子的脐部是否发炎、身上是否有小脓疱、臀部是否有尿布疹等。如果发现异常情况，父母应该立即带孩子去医院治疗。

另外，如果孩子总是躺着哭闹，很可能会因为腹部过于用力引起了疝气（腹股沟疝气或脐疝）。父母在打开尿布时，应该检查孩子生殖器的侧面，如果发现肿得很严重，就可能患上了此症，应该及时去医院治疗。

父母要分清楚情况

孩子因为想要吃奶而哭闹是常见的原因，这时孩子除了哭还会找奶或伴随吸吮的动作外，如果用手指轻轻碰碰孩子的小嘴，哭声立刻就会停止，这就说明孩子饿了。喂奶后，孩子会很快心满意足地睡着。孩子哭闹的原因也可能是渴了或者是吃得太饱，父母应该分清情况。

圆圆刚出生2个月，现在是妈妈一个人带。妈妈为了减少麻烦，就每隔4个小时喂圆圆一次，这样可以多一些时间收拾家务、做饭。每次都是等到圆圆哭得很厉害了，妈妈才过来哄圆圆，让圆圆吃奶。因为饿，圆圆就狼吞虎咽地吃，但她吃奶时也会哭，吃过之后还会不停地打饱嗝。有时候，刚喂完奶不久圆圆还会哭，妈妈就再喂一次。

这种做法并不利于婴儿的健康成长。婴儿一般2～3个小时就要喂一次奶，因为他们的胃部容量小，容易饥饿。如果饿的时间太久，吃奶时，他们会吃得很急从而导致喝进很多空气，引发肚子痛。如果婴儿已经吃饱，却因为哭闹又喂了一次会导致肚子越来越胀。

那么，妈妈要隔多长时间喂一次奶呢？其实并非固定不变的，要根据每个婴儿的具体情况来定。对于吃奶过于着急的婴儿，在喂到一半时拍拍他们的背，避免其吸入过多空气而感觉不舒服。对于非母乳喂养的婴儿，如果不到一个小时又开始哭闹，那可能是渴了，喝点水效果会更好。

另外，孩子所在的室温不合适、包裹的太厚或穿得太少、光线太强或太弱、环境过于嘈杂、困了想睡觉、尿不湿需要更换等都是孩子哭的理由。所以父母要分清楚状况，理解孩子哭闹背后真正的需求。

要照顾孩子的情绪

妈妈的情绪能传递给新生儿。如果妈妈每天都很焦虑，那么生下来的孩子就容易紧张、神经质、爱哭，因此妈妈一定要保持积极、良好的心态。

另外，孩子哭闹时，可以抱孩子到外面走走、晒晒太阳、呼吸新鲜空气、让孩子多接触新鲜事物，这样孩子就能很快地安静下来。如果能够开车带孩子出去兜兜风，对于哭泣的孩子也会有神奇的安抚作用。

其实，对于新生儿来说，适当地哭一哭有助于身体的健康成长。适当的哭不仅可以锻炼心和肺的功能，还可以增强孩子四肢以及腹部肌肉的力量。因此，如果父母听到孩子哭也不必过于紧张。

心理箴言

新生儿通常使用不同的哭声来表达内心的需要或者不适。因此，在新生儿哭闹时，父母应该细心查找孩子哭闹的原因，从而对症下药。

父母要经常抱抱孩子

新生儿身体很柔弱，很多父母不敢抱，而把这个事情交给爷爷奶奶来做。还有的爸爸妈妈认为孩子小、什么也不懂，谁带都一样。其实，这种观念不正确，新生儿对爸爸妈妈有着自然的依恋之情，喜欢爸爸妈妈抱，这是由遗传因素决定的。因此，父母应该多抱抱孩子，并且要注意抱的方式，这样能给孩子心理上的安慰。

抱孩子时多和孩子进行感情交流

抱孩子时，父母可以跟孩子说说话，虽然这个时候孩子还不会说话，但能感觉得到父母的爱。父母也可以唱歌给孩子听，眼睛要温柔地看着他，并时不时轻轻地抚摸他。父母这样做能开阔孩子的视野，使孩子接受到更多的外界刺激，对孩子的大脑发育以及身体发育都有很大的好处。

新生儿喜欢自己被紧紧地包裹在温暖的襁褓里，其实对孩子来说，妈妈的臂弯是让孩子感觉最安心的摇篮。琪琪的妈妈深知道这一道理，琪琪2个多月了，她给琪琪无比温柔的关怀。每次，妈妈给琪琪包好襁褓后，并不是马上把她放到床上，而是温柔地抱一抱她，跟她说说话:“琪琪，真乖，妈妈给你包的舒服吗？舒服的话就笑一个，作为对妈妈的奖励！”有时，在抱琪琪时，妈妈也是一边对琪琪说话一边把她抱起来，“琪琪要离开自己的小床了，恩……琪琪真乖”。

把孩子抱在胸前，可以让孩子闻到妈妈的体味、感受到妈妈的体温和心跳，从而让新生儿感觉无比的安心，这也是建立良好亲子关系的重要方式之一。

父母抱孩子还有很多好处，但是在抱孩子时也要注意方式。

抱孩子时的注意事项

在抱孩子之前，父母应该认真清洗双手、摘除佩戴的首饰，新生儿的肌肤非常娇嫩，一不小心就会弄伤孩子。抱孩子的时候，应该注意以下几点。

1. 不要竖着抱孩子。新生儿的头部重量占据身体重量的1/4，如果父母竖着抱孩子，孩子头部的重量就全部压在了颈椎上。但新生儿颈部的肌肉还没有发育完善，颈部肌肉缺少力量，这种抱姿会损伤孩子的脊椎，甚至会影响孩子以后的发育。因此，在抱孩子时要避免竖着抱孩子，尽量横着抱。横着抱孩子也有技巧。

（1）妈妈的手放在孩子头下包住整个头部，手腕托着孩子的颈部；

（2）另一只手从反方向插入孩子的臀部下方，然后双手均匀用力，将孩子托起来；

（3）用托着臀部一边的胳膊肘夹住孩子的身体，将孩子的头部从手上移到胳膊肘处，本来托着头颈部的手放到孩子背部，让孩子的上半身都躺在妈妈的手臂上，另一只手回位。

等孩子的头部可以自己稳定，颈部也有足够力气时，妈妈就可以尝试着变换抱法，让孩子有更为广阔的视野。

2. 不要摇晃孩子。孩子刚睡醒或者哭闹时，父母抱着孩子会习惯性地左右摇动，认为这样孩子能很快安静下来。但是，父母很难把握好力度，如果用力过大，会给孩子的头部以及眼睛带来很大伤害。因此，父母要注意尽量不要摇晃孩子。

心理箴言

新生儿天生有一种记忆，他们能记得父母对他们的好、通过身体能感受到父母的爱。父母多抱抱孩子是一种很好的亲子行为，能够增加与孩子的亲密度，让孩子从心理上得到放松、得到安慰，同时这对新生儿来说也是一种运动，有利于其发育。

母爱带给孩子心理上的安慰

心理专家经过调查分析发现，如果妈妈对孩子精心照料、经常抚触孩子、与孩子进行语言交流、眼神交流，这样的孩子在心理和生理方面都能有更好的发展。如果妈妈对孩子没有过多的关注，只是解决孩子生理上的需求，这样的孩子容易形成孤僻、自卑等不良性格。

妈妈带来的安全感

孩子在婴儿时期的心理卫生对孩子长大以后的心理健康有着非常重要的影响。新生儿否能够得到充足的母爱，决定了孩子长大以后是否能形成自信、开朗、活泼的性格。作为妈妈，即使自己有多少不满的情绪、有多少工作要做，也不要在孩子很小的时候疏于对孩子照顾。妈妈的爱，对孩子的健康成长有着不可替代的作用。

娜娜刚出生没有多久，家里出现了一些问题。爸爸妈妈经常会因为一些事情闹得不开心，刚开始只是小声辩论，最后就变成了大吵大闹。因为不开心，妈妈在照顾娜娜时都会强忍自己心中的愤怒，生硬地给孩子喂奶、患尿布。慢慢地，娜娜总是哭闹，很怕人，而且时常有不安的情绪。

娜娜父母的这种做法显然会影响娜娜的成长。妈妈的心情会反映在对孩子的行为中，孩子都能感受到。如果妈妈总是生气、愤怒、难过，孩子也会受到这些负面因素的影响，变得焦躁不安。初为人母的新妈妈一定要控制好自己的情绪，心中要充满幸福感，这样才能带给孩子成长的正能量。

另外，很多父母把刚出生的孩子交给月嫂来带，不给孩子喂奶，也不和孩子一起睡觉。但是专家研究表明，如果妈妈不亲自喂养孩子，很容易让孩子缺乏安全感。

哺乳能满足孩子的心理需求

儿童心理专家指出，刚出生的孩子最需要与妈妈有肌肤接触，而妈妈与孩子之间最好的触觉交流方式就是母亲哺乳。新妈妈应该亲自给孩子喂奶，多和孩子进行肌肤接触、多和孩子说话、多关心孩子。

用温柔的声音带给孩子安全感

中国有一种历史悠久的传统，那就是坐月子，也就是新妈妈与孩子的房间要保持绝对的安静。刚出生的孩子很容易受到外界声音的惊吓，因为新生儿虽然可以听到声音，但还不能辨别声音，也不知道声音是从哪里来的，就形成了简单的“惊吓反射”。

研究发现，新生儿比较喜欢柔和、缓慢的声音，当听到这样的声音时，他们会表现出安静的状态，而听到刺耳的声音时他们会表现得烦躁不安。新生儿对有节奏的声音更为敏感，这可能跟孩子在胎儿时期天天听母亲有节奏的心跳有关，它能给孩子带来一种安全感。

所以，为了让孩子有安全感，妈妈可以从训练孩子的听力着手。妈妈可以唱一些节奏比较欢快的儿歌，可以说一些有节奏的话给孩子听。

心理箴言

安全感是一个人人格健全的基础，是启动孩子人格健康发展的动力。如果孩子从小缺乏安全感，就容易养成自卑、胆小的心理。妈妈的爱对新生儿来说尤为重要，能够给孩子带来心理上的安全感。因此，妈妈一定要尽力呵护自己的孩子，以便让孩子长大后成为一个充满自信与活力的人。

正确对待孩子的吃手行为

几个月大的婴儿通常都会出现吃手指或咬衣服的行为，很多妈妈害怕这种不卫生的行为会影响孩子的健康，认为应该制止。其实，婴儿的这种行为并不见得是一件坏事情。

新生儿的神经系统要比其他系统先一步快速发育，而神经系统的发育是从中心开始，然后向外围发展。因此，婴儿的口周神经发育要早于手部的神经，出现吃手指的行为，标志着其心理发育要迈入一个新的阶段。

对于婴儿来说，“口”是孩子探索外部事物的工具，孩子通过口来探索和体验周围的环境，所以就会出现吃手、吃自己嘴巴可以够得着的东西，这证明孩子正在学习。

不要盲目制止吃手行为

婴儿出现吃手的行为，是其自我安慰的一种方式，也是正常的健康行为。吃手能使婴儿保持镇静，是其成长过程中一种心理需求和习惯性的行为。从心理学角度来讲，这是孩子的“口欲期”，孩子通过嘴巴来获得各种满足。因此，父母不要过于担心，只需要做好卫生工作即可。

明明3个半月了，是家里的小宝贝，他的一举一动妈妈都看在心里。但是，最近明明经常出现吃手的行为。刚开始他把整个手都放在嘴里，后来就吃1～2个手指，吃得非常用力，还发出声音。妈妈以为明明是饿了，就给他喂奶，但他并不领情，不让吃手会哭闹，如果把手放回嘴里，他就很快停止了哭闹。妈妈还询问过邻居，邻居告诉她，孩子大了就好了。但是，明明妈妈还是担心，一想到吃手那得多脏啊，就买了一副手套每天都给明明戴上，这样她心里觉得踏实很多。

其实，明明妈妈的这种做法有利也有弊。虽然这样避免孩子吃不卫生的小手，但也让孩子丧失了认识这个世界的条件。当孩子出现吃手的行为时，妈妈应该高兴才对，这说明孩子的大脑支配自己行动的能力有了很大提高，能够促进大脑、手和眼的协调能力。

了解孩子吃手背后的原因

1. 孩子需要吸吮。刚出生的孩子对吸吮有一种天生的需要，如果这方面没有得到满足，孩子就自己想办法——吸吮自己手指，这是一种替代，也是一种心理上的安慰。

2. 孩子需要关怀。现在生活压力大，父母没有太多时间陪孩子，很少与孩子有肌肤之亲，很少陪孩子说话、做游戏。孩子觉得孤单，就会以吃手来解闷。

3. 是一种排解压力的方式。如果孩子到一个陌生的环境，遇到不太温柔的陌生客人或者父母的态度过于严格，家庭关系不太和谐，都会给孩子的心理带来很大压力。孩子就会通过吃手来排解自己心里的不安与焦虑。

4. 对抗孤单的方法。现在的家庭一般都是独生子女，再加上快节奏的生活方式，邻居之间也缺少交流，因此孩子会缺少玩伴，一个人不免觉得孤单。这样的生活缺少乐趣与生机，孩子觉得孤单、寂寞，就会以吃手的方式来解决自己的无聊。

如何应对孩子的吃手行为

孩子时不时地吃手行为非常正常，父母对此不必过于担心。但是，如果孩子吃手过于频繁，父母就应该注意。父母可以采取以下方法，来解决孩子的这种行为。

1. 让孩子享受吮吸的快乐。妈妈要尽可能用母乳喂养孩子，让孩子能够充分享受吮吸的快乐。如果要给孩子断奶，应该准备一些辅食和配方奶，慢慢过渡，让孩子逐渐适应这个过程。妈妈应尽量避免突然断奶，这样容易让孩子感到焦虑和缺乏安全感。

2. 多一些时间陪孩子。爸爸妈妈要多抽出一点时间陪孩子、抱抱孩子、多和孩子说话，要明白孩子的内心需求。另外，父母还应该尽量固定时间，给孩子做一下全身按摩、睡觉前给孩子唱一些有节奏的儿歌，让孩子愉快地进入梦乡。这样孩子时刻都会感到幸福与满足，就不会发生过度吃手的行为。

3. 找个合适的替代物。当孩子过度吃手时，妈妈可以给孩子一块磨牙饼干或者换一个安抚奶嘴。但需要确保磨牙棒和安抚奶嘴的清洁。

心理箴言

父母应该竭力为孩子营造一个放松、温馨的生活氛围，父母之间要和睦相处，让生活处处洋溢着欢乐，孩子在愉快的环境下才能开心成长。父母也可以带孩子出去走走，接触一些同样大小的孩子，让孩子们一起做游戏，孩子心情愉悦也就不会总吃手了。

好的家庭氛围有利于孩子身心健康

父母作为家庭的主要经营者，应该懂得互相尊重、谅解与包容，为自己的孩子营造和谐、温馨的家庭氛围，使孩子茁壮成长。对于孩子而言，父亲的臂膀犹如坚实靠山，能为孩子提供坚实的后盾；母亲的胸膛犹如温暖的港湾，能为孩子提供最温情的关怀，父母的爱意，会让孩子在心理上更有安全感。

家庭是孩子的第一所学校，父母是孩子的第一任老师。父母所营造的家庭氛围对孩子有着深远的影响，可以说，孩子从胎儿期直至生命结束，身心各方面的发展都会受到家庭的影响。因此，父母应该努力营造一个温馨和谐的家庭环境，为孩子的健康发育营造一个有利的成长环境。

要掌握合理科学的教育方法

父母在养育孩子时会遇到各种各样的问题，而想要妥善地解决这些问题，父母应该掌握合理科学的教育方法。

比如，当孩子问的问题父母很难回答时，父母不能给孩子似是而非、模棱两可的答案，也不能为了维护父母的尊严而不懂装懂，给出错误的答案，更不能不理孩子，拒绝回答。这样做会压制孩子探求知识的积极性，同时也会在无意中伤害孩子好奇、好动的天性。

父母很难回答的时候，应该实事求是地告诉孩子，然后在明白后再把答案告诉孩子，也可以与孩子一起寻找答案或者鼓励孩子通过自己的努力找到答案。另外，当孩子确实犯了错误时，爸爸妈妈的态度、做法应该保持一致。

0~3岁的孩子还很小，父母给孩子讲道理的话，孩子很难能听懂。这时父母可以尝试用讲故事的方式或者用游戏的方式让孩子明白其中的道理。父母和孩子交流时，态度要和蔼，对于孩子好的行为要给予鼓励，不好的地方也一定要批评，批评的时候要注意语气和方式。

提高自身修养促进孩子身心健康

初为父母的人首先要意识到自身修养的高低对孩子的成长有重大影响。只有有文化、有素质、懂得幼儿知识的父母才能够培养出一个优秀的孩子。因此，父母在生活中要有意识地不断提高自己各方面的修养，做孩子的榜样。

1. 多读书来增加文化素养。新爸爸新妈妈们面临着孩子早期教育这个全新的领域，所以应该加强对育儿知识的学习，其中最为重要的是了解这一阶段孩子的心理特点。这样在养育孩子时，才能及时地发现问题并解决问题，还能防患于未然。

2. 培养健康的业余爱好。在工作、照顾家庭之余，父母最好有健康的业余爱好，给孩子做个好的榜样。父母可以根据自己的性格特征选择适合自己的爱好，比如爸爸可以经常打打篮球，妈妈可以学习练瑜伽等。好的爱好也会给孩子的心理方面带来好的影响。

3. 提升内在修养。有内在修养的父母才能够深入孩子的内心，洞察孩子心理方面的需求。父母能够体贴理解孩子对孩子来说是莫大的幸福。

心理箴言

幼儿时期是孩子心智健康成长的关键时期，为了让孩子的身心健康发展，父母应该用积极的方式努力为孩子创造一个能熏陶孩子性格、挖掘孩子潜能的良好环境和温馨的家庭氛围。

第2章

常见心理，0~3岁孩子生活中的那点事儿

0～3岁是孩子心理发育的重要时期，孩子的人格在这一阶段基本形成，所以父母要了解孩子这一阶段的心理发展规律、了解孩子一些常见行为背后的心理因素。这样才能在孩子做出一些让父母头疼的行为时，对孩子进行及时有效的指引。

捣乱心理的应对方法

2～3岁的孩子总喜欢“捣乱”和“搞破坏”，父母一不留神就会偷偷地玩水，弄得衣服都湿透；有时候玩得好好的，会突然把玩具扔得到处都是；父母在忙着的时候，孩子会插进来，弄得鸡犬不宁、乱七八糟……这些情况都会让父母不知该如何是好。孩子怎么那么爱“捣乱”呢？

3岁前的孩子其大脑的思维能力及行为能力会迅速发展，因此他们需要更大的独立活动范围。所以，孩子开始不断尝试新鲜事物，希望从中获得各种知识与经验，以此丰富自己的内心世界，并且提高自己的认知水平。孩子的“捣乱”行为是孩子求知欲与创造力发展的源泉。

另外，2岁左右的孩子有了自我意识的萌芽，开始意识到自己的存在，他们想按照自己的意愿去做事，想独自探索外面的世界，发现自己的能力。

正确看待孩子爱捣乱的行为

孩子的“捣乱”行为是一种正常现象，如果父母总是训斥并惩罚孩子这种行为的话，孩子的探索与发现行为就会被中断，长此以往可能使孩子形成逆反心理，变得越来越不听话，这样不利于维持良好的亲子关系。

刘辰阳是独生子，从小被父母视为掌上明珠。每天一来到幼儿园他就东跑跑西跑跑，有时候会推一下别的小朋友，或者把椅子弄倒、抢其他小朋友的玩具等。老师在教儿歌时，他就瞎吼，发出怪声音；跟小朋友一起玩游戏时，他就故意捣乱；吃饭时他也不好好吃，其他小朋友都吃得津津有味，而他总是把自己不吃的菜丢到别人的碗里，还不停地敲碗。这孩子为什么会一直捣乱呢？

原来刘辰阳在家里时，父母总是不准他乱动，这不能乱玩，那也不能动，他的行动总是受到这样或那样的约束。父母对他的这些约束阻碍了他的成长与发育，最终引起了他的反抗心理。所以刘辰阳离开家以后，到了幼儿园这种不受父母约束的地方就会出现好动、好奇、爱捣乱的行为。

两三岁的孩子对外界事物充满了好奇，有很强的探索精神，父母应该尊重孩子的发展特点，不能过分约束孩子，而是应该利用孩子的这一心理特点引导孩子、满足孩子的好奇心，激发孩子的创造力和想象力，给孩子提供充足的探索空间。那么，父母应该怎么做呢？

父母要参与孩子的活动

父母要确保孩子生活空间的安全，比如说，玩具不能存在伤害孩子的潜在危险、室内的危险物品要放在孩子够不到的地方。另外，父母也应该积极加入孩子“捣乱”的队伍，和孩子一起玩耍、一起探索世界的奥秘。

父母在陪孩子时，可以教给孩子一些知识。比如，教孩子如何保护自己，告诉孩子哪些活动是危险的、怎样玩才完全。这样孩子在玩耍的过程中还能提高自我保护能力。

让孩子在模仿中学习

3岁前的孩子大多通过模仿获得生活经验。孩子喜欢模仿父母、模仿动画里面的角色、模仿自己感兴趣的事物。因此，父母应该注意自己的行为，给孩子做一个好榜样，从而在无形中教会孩子如何正确地处理事情，让孩子变得更加开朗、阳光。

在日常生活中，父母可以让孩子学着帮助收拾碗筷、收拾自己的玩具、模仿父母学刷牙、学洗衣服等。

让孩子学会约束自己的行为

父母应该让孩子遵循一些行为规则，以便培养孩子良好的生活习惯。比如，可以通过表演来培养孩子的自控能力，如让孩子演医生、军人等角色。在角色扮演的行为中，让孩子学会约束自己的行为、遵循游戏规则。

发现孩子的“闪光点”

父母要学会发现并利用孩子身上的“闪光点”来激发孩子往好的方面发展，引导孩子克服并逐渐消除其“捣乱”行为。对于孩子感到好奇的事物，父母应该给孩子作出他能够接受的解释，并教给孩子一些简单的学习方法，让孩子学会正确地学习。这样，在好奇心的驱使下，孩子就能够利用正确的方法去探索新鲜事物，使求知欲得到极大满足。相应的，其“捣乱”的行为自然就会减少。

心理箴言

“捣乱”是孩子充满好奇心、想探索未知事物的表现，父母不能简单地制止。父母可以利用孩子的这一心理特点积极引导孩子，在保证孩子身心安全的前提下，鼓励孩子积极探索。父母可以与孩子一起玩，积极引导孩子掌握更多的知识，在玩中得到乐趣、获得知识。

改变孩子害羞的性格

很多父母会遇见这样的情况，孩子到了1岁以后，那个活泼爱笑、爱嚷嚷、爱表现的孩子变得安静了。之前夸孩子几句，孩子就会很听话，在父母面前蹦蹦跳跳，而现在怎么鼓励孩子，孩子都不愿意在客人或邻居面前表演，变得扭扭捏捏。孩子好像没有以前那么讨人喜欢了，为什么会有这样的变化呢？

导致孩子害羞的因素

导致孩子过于害羞的因素是多方面的，而对于3岁前的孩子来说，主要原因为家庭环境、父母的教育方式以及遗传因素。

文文快要3岁了，是个非常害羞的孩子，在家里跟父母相处的时候还好，但是，到了陌生场合或者人多的地方，她就一个人很安静，不好意思跟别人打招呼。文文在幼儿园里也是如此，不能融入小朋友的圈子。一次，班里举行活动，只要报名就有机会到台上表演。在妈妈的鼓励下文文也报名了，但是文文在讲台上什么也不敢做，显得特别紧张。看到文文这样，妈妈心里很不是滋味。

孩子小的时候，如果受到过惊吓或者遭遇过不好的事情，可能会让孩子形成内向敏感的性格特点；如果孩子刚开始与别人交往时就遇到了挫折或产生负面情绪，也容易让孩子形成害羞、不自信的个性；现在很多父母都过分溺爱孩子，这也导致孩子不愿意与别人交往；也有可能是孩子天生性格就比较内敛。

害羞的孩子内心都缺乏安全感，也不懂得如何跟别人交往。对于害羞的孩子，父母不要一直勉强他在众人面前展现自己。父母认为这样可以锻炼孩子、增强孩子的自信，其实不然，这样做只会加重孩子的心理负担，让孩子变得更加害羞。父母应该尊重孩子，及时表扬孩子好的表现，及时给孩子鼓励，不断强化孩子的信心。

不要让害羞性格影响社交

心理学认为人有不同的气质类型，多血质和胆汁质的人会表现得比较外向，而黏液质和抑郁质的人相对来说比较内向。

其实，人的气质并没有好坏之分，很大程度上取决于遗传因素，而且人类本来就是一个多样化、个性化的群体，自然就会出现有的人内敛敏感、有的人外向开朗。孩子害羞并非说其不是好孩子，但如果过分害羞就会影响与他人的正常交往，这时需要父母的注意。

以技巧应对孩子害羞性格

父母应该给孩子创造更多的交往机会，鼓励孩子多与别人交往。父母还要鼓励孩子多出去跟其他小朋友一起玩耍，通过与人交往，孩子很快就能学会与人交往的技巧，并体会到其中的快乐。当家里来客人时，父母应该鼓励孩子跟客人打招呼问好，鼓励孩子帮助父母招待客人等。

父母带孩子出去时，要让孩子做自己力所能及的事情，比如买东西时，让孩子去结账等。这个时期的孩子都喜欢模仿、喜欢游戏，父母应该尊重孩子的想法，放手让孩子去做，这样能逐渐培养孩子的自信心。

父母还可以通过讲故事的方式帮助孩子摆脱害羞心理，比如可以给孩子讲丑小鸭的故事，给孩子讲小鸭子是如何摆脱害羞变成自信的白天鹅。父母也可以跟孩子一起玩一些冒险游戏，当孩子遇到困难时，父母要鼓励孩子自己勇敢地克服，这些都能很好地锻炼孩子的心智，让孩子变得更加勇敢。

当孩子做错事情时，父母应该注意自己的态度，不能总是严厉地批评孩子。父母应该耐心地给孩子讲明道理、尊重孩子的想法，从而提高孩子的自信心。另外，父母应该善于发现孩子的优点，多看到孩子的闪光点、表扬孩子的长处，这样就能逐渐改善孩子害羞的性格。

心理箴言

对于不同的孩子，父母要采用不同的方式。值得注意的是，父母应该时刻反省自己，因为孩子的性格很大程度上都受到父母的影响。在生活中，父母也应该注意自己的生活态度，努力工作、热爱生活、为人热情大方。

正确看待孩子的自私行为

心理学上认为，自私、不懂得分享是一种缺乏责任感的消极心理，它有自我保护和自我防范的性质。其实，自私的人心里非常痛苦、孤独和难受，他们总是压抑自己而且心里非常希望能得到别人的关心和赞同。

自私是孩子正常心理

对于2岁左右的孩子，他们还不知道分享的意义，但是却有很强的占有欲，这是孩子有自我意识的表现。处于这个时期的孩子，正在建构自我意识，从此逐渐走向独立。这个时期，孩子有了“所有权”的概念，认为所有的东西都是“我的”，并不知道还有“别人”的存在，认为别人的东西也是自己的，因此更不会明白为什么要跟别人分享。

壮壮2岁半了，是个顽皮活泼的孩子。邻居有个孩子琳琳，比壮壮小两个月，他们俩经常在一起玩。最近发生了很有意思的情况。琳琳来壮壮家里玩，不过几分钟，他们就会发生争执。大多是因为玩玩具，两人喜欢争着玩同一个玩具。一次，琳琳又来玩了，壮壮就先发制人地告诉琳琳：“机器人是我的，不许你动！”琳琳就偷偷拿出来玩，壮壮发现后，两人就开始打闹。之后，琳琳只要进壮壮家门，壮壮就赶紧把自己的玩具藏起来，生怕琳琳发现。父母看见壮壮的这种行为觉得既好气又好笑，壮壮怎么那么不懂分享呢？

其实，每个孩子都会经历这个时期，总是护着自己的玩具。父母看见时，会觉得很没有面子，总是强迫孩子让别人玩、强迫孩子分享自己的玩具。但父母需要知道的是，这种做法不利于孩子健康成长，父母要学会尊重孩子这一时期的心理特点，不能采用强硬的手段。

对孩子进行正确引导

孩子一开始并不懂得分享，有“自私”的行为也很正常。这个时期，父母应该对孩子进行正确引导，让孩子懂得分享的宝贵、体会到分享的快乐。

儿童心理专家建议，想要培养孩子分享的好习惯，父母首先要以身作则，为孩子树立好的榜样。但是需要注意的是，父母要把握好方式，不能对孩子过于苛刻。如果过分要求孩子，孩子还没有学会分享的美德，就已经体会到了“过度分享”的坏处，这样不利于培养孩子的好习惯。

当然，父母也应该做好防范措施，防止孩子过度以自我为中心。对于孩子出现抢别人东西、打人的行为，父母要适当处理。父母要用温和、坚定的语气制止孩子的不当行为，而不是采取训斥或打骂的方式。

在日常生活中，父母要满足孩子的心理需要，给孩子充分的安全感以及肯定。父母也可以通过玩游戏、表演，帮孩子建立同理心，从而让孩子真正明白自己该如何去做。比如跟孩子一起演父母与孩子的生活，让孩子来表演父母，这样可以让孩子体会到父母的感受，从而能有效规范自己的行为。

父母也要经常让孩子跟其他小朋友进行一些互动、进行一些团体游戏。在这些经历中，让孩子体验互助与分享的重要作用。

心理箴言

想要让孩子学会与人分享，父母应该把握好这一时期孩子的心理。这一时期的孩子渴望得到大人的肯定与鼓励，所以父母应该给予孩子安全感、给孩子充分的肯定、给孩子心灵上的支持。父母要引导孩子学会与人分享，多带孩子参加集体活动，这样孩子不仅可以学会与人相处的技巧，也能逐渐领会到分享的重要意义。

正确应对发脾气的孩子

孩子的情绪在成长过程中会不断地发展和逐渐分化，随着年龄的增长，孩子对情绪的表达也逐渐变得丰富起来，这是孩子社会性发展必须要

经历的过程。那么，孩子生气、发脾气到底出于什么心理呢？

孩子为什么会发脾气

孩子的情绪反应主要和孩子的基本生活需要以及心理上的需要是否得到满足相关。刚出生的孩子主要看自己的生理需要是否得到了满足；1岁左右的孩子有独立行走的需要，如果父母满足孩子的这种需求，让孩子在一定范围内自由行走，孩子就会感到很满足，否则孩子就会发脾气；2岁左右的孩子，还与社会性需要有关。3岁前的孩子都对父母有很强的依恋心理，如果这种依恋受到影响，孩子的情绪就会变得紧张、不稳定，从而容易生气、发脾气。因此，父母要懂得孩子真正需要的是什么。

雯雯2岁多了，平时乖巧可爱、懂礼貌。由于一些原因，亲戚的孩子佳佳需要在雯雯家住一段时间。可是自从佳佳来到雯雯家里后，雯雯就变得没有以前那么乖巧了，经常莫名其妙地发脾气。

经过几天的观察，妈妈发现，如果家人都对佳佳好、跟佳佳一起玩，雯雯的态度就会有所改变。一旦遇到不顺心的事情，她就开始发脾气。原来家里只有雯雯一个孩子，雯雯就是家里的焦点。可是，佳佳来了以后，家人把一部分注意力转移到了佳佳身上，这样雯雯的心里就会有一些落差，变得很失落。因此，当雯雯稍有不顺心时脾气就会变得很暴躁。

妈妈知道雯雯发脾气的原因后，就更加关心雯雯，告诉雯雯爸爸妈妈永远都爱她。此外，妈妈还注意培养雯雯的分享意识，让雯雯明白佳佳是自己的朋友，大家应该一起照顾好佳佳。逐渐，雯雯又恢复到了从前活泼开朗的性格。

孩子在幼儿时期有很强的模仿能力，如果父母的脾气不好，那么孩子也会受父母影响，养成不好的脾气。另外，如果父母不能很好地控制自己的情绪，也容易使孩子缺乏安全感，当孩子心理焦虑时就容易乱发脾气。

对于爱生气的孩子，父母要学着接纳，找到孩子生气的真正原因，对孩子进行积极正确地引导，让孩子在愉快的心情中健康成长。在日常生活中，父母应该如何应对孩子的坏脾气呢？

父母要给孩子做好榜样

孩子的情绪容易受到周围环境的影响，父母的情绪示范对于孩子的情绪发展有很重要的作用。如果父母的情绪愉快，孩子也会受到积极情绪的影响与感染。而焦躁、喜怒无常的父母会让孩子的心里产生很大的波动，因此父母要控制好自己的情绪。

父母要耐心倾听孩子的想法

有时候，孩子发脾气主要是为了引起父母的注意。如果父母只专心做自己的事情或者对别的孩子更为关注，孩子心里就会有失落感，就会通过发脾气来表达自己的不满，以此吸引父母的注意。另外，2岁左右的孩子对周围的一切事物都感到好奇，也很喜欢跟父母分享他们的发现，如果父母不用心听孩子的想法或者敷衍孩子，孩子会怀疑父母对自己的爱，进而觉得孤独郁闷，情绪也会变得不稳定。

当孩子表达自己的想法时，即便父母觉得稀奇古怪，还是应该耐心倾听下去。因为，孩子提问是教育孩子的一个好机会，不仅能锻炼孩子的观察力还能培养孩子对事物的兴趣。因此，不管多忙，父母都应该耐心倾听孩子的想法。

教孩子用正确的方式表达情绪

3岁前的孩子，身体各方面发育还不完善，也不知道该如何恰当表达和控制自己的情绪。这时，父母可以采用问话的方式，通过问孩子一些问题，逐渐了解孩子的内心想法，使得孩子的情绪得到一定宣泄。

父母要教孩子采用正确的方式表达自己的情绪而不是使用发脾气、摔东西或打人的方式，这一点父母在生活中要为孩子做出表率。

孩子在发脾气时，父母可以采用转移孩子的注意力或者冷处理的方式。比如为孩子拿喜欢的玩具或者给孩子讲个笑话，以此让孩子快速忘记不愉快。等孩子冷静下来时，再告诉孩子应该怎么做、应该怎么去应对等。

心理箴言

孩子的坏脾气很多时候是天生的，但也有其他的原因，比如说晒太阳少容易导致孩子不能很好地吸收钙和铁，缺乏营养物质而导致孩子出现焦躁发脾气的行为。所以，父母应该注意多带孩子晒晒太阳、多呼吸新鲜空气，这对孩子身心健康也有好处。

正确看待孩子的耍赖行为

孩子爱耍赖，有时甚至在地上撒泼打滚，父母想尽办法让孩子能够配合，可孩子偏偏和父母唱反调，不但不听话还闹得更厉害，特别是在公共场合，让父母很尴尬。你家的孩子是不是也是这样的呢？

正确看待耍赖的孩子

网上曾经有一个很火的帖子，就是关于孩子爱耍赖的事情，妈妈们展开了讨论，各抒己见。事情是这样开始的，有妈妈发帖说家中有一个1岁半的孩子，有次带孩子到外面吃饭，孩子突然发起脾气来，扔起了东西，还大哭大闹。妈妈想现在对孩子说什么也不管用，于是便暂时和孩子保持一定的距离。后来孩子的哭声慢慢变小，妈妈才走近孩子，安慰孩子，问孩子怎么了……

一位网友说，如果有台阶坐的话，他会托着下巴等孩子哭一会儿再说。还有很多父母采用冷静的方法处理，让孩子先冷静下，等孩子情绪好了再去安慰，以为这样才有效果。

其实，孩子出现这样的行为并不是天生的。2岁左右的孩子还不具备延迟满足的能力，也不能很好控制自己的情绪。另外，如果父母总是对孩子百依百顺，孩子需要什么都有求必应，也会让孩子形成一个思维

定势，就是我的要求因该立即得到满足，最终让孩子缺乏延迟满足的能力。

但是父母对孩子不理不睬，用冷处理的方法也是不明智的做法。因为过度控制和压抑孩子的需求会给孩子的心理造成一定伤害，也会损伤孩子的自尊心。因此，父母应该判断孩子的需求是否合理，是否应给予回应。另外，父母应该有意识地培养孩子延迟满足的能力，比如转移孩子的注意力等。

父母错误的应对方法

1. 立即满足孩子的要求。孩子要赖发脾气时，如果父母立即满足孩子的需求，孩子就会认为只要发脾气，就能得到自己想要的。以后他也会用发脾气的方式来达成自己的愿望。

2. 严厉训斥孩子。当孩子耍赖时，父母会严厉训斥孩子。这样的方法会很有效，孩子也会乖乖地听话，以后也会减少耍赖的次数。但是，孩子在强压的管制下，其幼小的心灵会受到伤害。

3. 打骂孩子。孩子不听话就开始棍棒解决，这样会让孩子有羞辱感。孩子可能会在心里憎恨父母，如此一来，容易让孩子形成孤僻性格，不利于其以后的人际交往。

4. 不予理睬。孩子在生气哭闹时，父母干脆躲孩子远远的。但是这样孩子就会有被抛弃的感觉，而且会由于父母没有满足孩子而产生对峙，不利于建立良好的亲子关系。

5. 千哄万哄。也有的父母千方百计地哄孩子，以至于做出不合理的许诺，这样会让情况变得更加糟糕，孩子也会用这种方法来要挟父母、不尊重父母。

如何应对孩子的耍赖行为

1. 爸爸或妈妈平静地走到孩子身边，蹲下来，温和地看着孩子，一只手轻轻放在孩子肩膀上，静静地等待。

2. 如果孩子不再大哭大闹，情绪稍微好了一点，要轻轻拍下孩子的肩膀，但不用对孩子说话。

3. 孩子不哭时，可以温和地对孩子说："妈妈知道宝宝很听话，不会一直闹的。来，站起来，真是一个好孩子。"

4. 如果孩子继续哭闹，妈妈就可以跟孩子解释为什么不能满足他的需求，他这样哭闹并不好等。

父母用什么样的话语和语气给孩子解释，也要看具体情况。但是，一定要就事论事，不要给孩子下过于严重的结论。只要让孩子明白父母为什么不能满足其要求、孩子这样哭闹是不对的就可以了。同时要让孩子知道爸爸妈妈永远爱他。

养育孩子时必然会面临一些不愉快的事情，父母应该采取正确的做法，给孩子创造健康成长的条件。这样，孩子才能跟父母建立起彼此信任、彼此理解的良好亲子关系，更有利于孩子的成长。

心理箴言

有时候可能孩子很听话，父母就忽视了孩子，这样一来孩子就会采取不正常的手段来获得父母的关注。孩子会选择耍赖、发脾气、哭闹的方法。因此，对耍赖的孩子，父母要反思一下自己是不是哪里做的不妥当，或者是由于工作太忙而忽视了孩子等。在日常生活中，父母应该给予孩子心灵上充分的关怀与爱，以此消除孩子心理上的不安，让孩子能健康成长。

正确看待孩子的不听话

孩子2岁时会出现不听话的现象，变得“皮”了、“犟”了、开始有自己的想法。孩子经常不听话会让父母很伤心。那么，孩子为什么会出现不听话的现象呢？父母要了解孩子不听话背后的心理因素。

孩子不听话，一方面是孩子对什么事情都很好奇，但是不知道事情的结果，不明白什么是“不听话”，可能只是听不懂父母的指导。另一方面，孩子的接受能力有限，父母教导孩子要注意很多事情，孩子总是忘记。其实，这种现象也表明了一个问题，就是孩子有了一定的自我意识，也就是所谓的孩子成长过程中的“第一反抗期”。

不听话是孩子要求独立的表现

这时的孩子已经模糊地意识到自己的存在，他们急于想摆脱大人的控制，什么都想自己做、想自己来，这是孩子要求独立的表现，也预示着孩子将要告别婴儿时期，进入幼儿时期。

琪琪2岁多了，原本是一个很听话的孩子，但琪琪最近的表现很让妈妈头疼。不管妈妈要求她做什么事情，琪琪总是说：“不行！”“不要!”有时因为很小的事情，她也会大动肝火。有一次，妈妈带琪琪去逛游乐园，玩得很晚了，可是琪琪就是想要多玩一会儿，不愿意跟妈妈一起回家。妈妈好说歹说，琪琪还是不同意，妈妈就用琪琪最爱看的动画片对琪琪进行诱惑，奇怪的是，琪琪竟然无动于衷。最后妈妈着急了，硬拉着琪琪回家，而琪琪索性就躺在地上，大声哭闹，这让妈妈觉得很是恼怒，动手打了琪琪的屁股。

其实，妈妈的这种做法很不恰当。妈妈应该懂得琪琪的心理，理解孩子要独立的需求，而不应该认为是件很丢人的事情。妈妈应该温和地引导琪琪，找到一个解决事情的好方法，避免阻碍孩子的成长。

孩子出现不听话的现象，也有其他一些原因，比如说，父母教育孩子的方式不对。很多父母认为，孩子还小，任性、胡闹、不听话是正常现象。事实上，父母纵容孩子的任性，容易让孩子形成唯我独尊、自以为是的性格。

父母要对孩子积极引导

孩子不听话并不是孩子的天性，父母要对孩子进行积极引导。那么，父母应该如何去做呢?

1. 让孩子做一些力所能及的事情。孩子充满了活力，父母可以让孩子帮助做一些其力所能及的事情，比如扫地、收拾碗筷等。这样做不仅能释

放孩子的能量，也能培养孩子的责任感。

2. 让孩子做一些重要的事情。父母在生活中，可以交给孩子一些重任，让孩子体会到自己存在的价值。比如父母有爱看电视的习惯，可以让孩子监督自己。这样孩子在监督父母的过程中，也树立了自我管理的意识，从而潜移默化地增强了孩子的自我约束能力。

3. 积极地鼓励孩子。这一时期的孩子都喜欢受到夸奖、受到赞扬，父母应该善于发现孩子的闪光点，看到孩子身上的优势并肯定这些。

心理箴言

这个时期的孩子，做事情时并不像成人那样有明确的动机。父母一定要弄清楚孩子不听话的真正原因，否则，如果采取不当的措施，不但无法解决问题，还会给孩子带来身心上的伤害。父母怎样才能知道孩子的真正想法呢？这就需要父母走进孩子的内心世界。

帮孩子克服看病的恐惧

孩子害怕去医院、害怕见到穿白大褂的医生，这是一种很常见的现象，但是这究竟是什么原因呢？这可能是由于孩子生病时，身体不舒服，或者是因为去医院就诊时，处在陌生的环境下被医生检查身体时觉得不安，或者是因为打针时感到害怕，也可能是因为父母曾经在不经意间让孩子受到惊吓。

如此看来，要消除孩子害怕去医院看病的心理，需要从父母、医生、护士几个方面入手才行。那么，怎样克服孩子对去医院所产生的恐惧感呢？

父母亲自带孩子到医院

妈妈带小玲去医院体检，需要抽腕血，小玲没有因为害怕而哭。后来又有一次带小玲去医院看病，需要打针，小玲表现得很从容，这令医生很惊奇。即使在日常生活中，小玲生病需要喝很苦的药水，她也不怕，能够一口气喝下去。

原来小玲每次生病都是妈妈陪着她去看病，每次去看病，妈妈都会很耐心地安慰小玲，表现好的时候就夸奖她，这样让小玲觉得去医院并不是什么很可怕的事情。

一般情况下，孩子8个月大时就会对医院产生恐惧心理，这时的孩子开始认人，容易对陌生的环境和陌生的人产生恐惧，再加上因为生病导致身心状态都不好，孩子很容易没有安全感。所以，孩子生病需要去医院时，最好由父母亲自带着去，这样孩子会觉得有安全感，自然就可以减少孩子的恐惧心理。

父母在孩子面前要镇定

在孩子生病时，父母首先要自己做好，要表现得很平静、很坚强，不能把紧张着急的情绪带给孩子，且要配合医生工作，因为孩子看到父母紧张，他的内心只能更加紧张。父母要尽量为孩子找一个有亲和力、态度和蔼、有爱心的医生。

平时，父母要有意识减少孩子对医院的恐惧感，父母不应该用去医院或者去医院打针来吓唬孩子。很多父母在孩子不听话时，经常会说“你再不听话，就带你去医院，让医生给你打针。”以此来恐吓孩子，时间一久，孩子就害怕去医院了。

父母要如实告诉孩子

父母在带孩子去医院看病时不要欺骗孩子，比如，明明就是准备要打针了，而却对孩子说“宝宝听话，我们不打针”或者对孩子说“宝宝不怕，打针一点都不疼”，而结果呢，护士按住孩子就开始打，孩子却没有一点心理准备，经常疼得大哭。当孩子多次经历这样的事情后，对父母、医生的服从性会越来越差，孩子不但会努力挣扎，严重时还会出现憋气、呕吐等意外情况。父母正确的做法应该是如实告诉孩子，需要怎么治疗并说明治疗时的情况，让孩子做好心理准备。虽然孩子刚开始时可能会有一些哭闹，但是当他们发现必须要接受时，会慢慢平静下来。

用游戏引导孩子

父母还可以跟孩子一起玩“医生和病人”的游戏，以此转移孩子的注意力，在游戏中让孩子了解医生做什么、让孩子知道什么样的病只有医生才能治好，也让孩子明白“良药苦口”的道理。比如说，可以告诉孩子“为了赶快好起来能跟小伙伴一起玩，有些药可能会很苦，打针也会很痛，但这些都是治疗中必需经历的过程。”通过这些，让孩子知道医生将要如何治疗自己的病、在治疗过程中会用到哪些医具、会有什么感觉，这样就会减少孩子对医院的恐惧。

在日常生活中，父母还可以用给孩子讲故事的方式，让孩子了解一些身体健康的知识，比如，生了病为什么要去看医生？为什么要吃药？为什么要打针？等。另外，父母还可以买一些讲解医院、医生或者医疗用具的故事书，让孩子多了解医院，以此减少孩子对去医院的恐惧。

鼓励孩子要坚强

去医院前，父母要鼓励孩子坚强，勇敢去接受将要进行的治疗。父母还可以给孩子讲一些榜样的故事，让孩子向他们学习，比如夸奖医院中某个勇敢的小朋友或者请有经验的小朋友跟他分享一下经验，来增强孩子的信心与勇气，从而减少孩子对医院的害怕。

心理箴言

在帮助孩子克服对医院恐惧心理的过程中，父母要克服对孩子过度担心的心理或者不够关心的行为。在孩子产生恐惧心理时，父母应该用和蔼的态度和积极的方式给孩子关心和引导，使孩子在克服害怕的过程中，身心也能够得到健康发展。

第3章

情商培养，给孩子正确的引导

一般可以用智商来预测学业的成绩，用情商来预测是否能够在职业上取得成功。情商可以很好地反映一个人的情绪、自控能力和对社会的适应能力，它对一个人的成功有更好的指导作用。对孩子情商的培养并非一朝一夕的事情，父母应该依据孩子的心理发展特点，从小开始培养、提高孩子的情商。

什么是情商及其重要性

情商，也就是情绪智力，就是常说的EQ。它主要是指人在情绪、情感、意志、耐受挫折等方面的品质，主要包括5个方面，即了解自身情绪、管理情绪、自我激励、识别他人情绪、处理人际关系，也就是一个人控制好自己的情绪，不影响自己，也不影响别人以及维持这个良好情绪环境的能力。

1960年，著名的心理学家瓦特·米歇尔曾做了一个软糖实验。他在斯坦福大学的幼儿园里召集了一群小孩子，每个人面前放了一个软糖，并且对他们说："小朋友们，老师要出去一会儿，你们不要吃面前的软糖，如果吃了，就没有奖励；如果控制住自己没有吃，老师回来会再奖励你一个软糖。"有的小孩子没有坚持住吃了软糖，而另外一部分小孩子控制住了自己没有吃。

他对这些孩子进行了长时间的观察，发现能控制住自己不去吃软糖的孩子，上了初中以后，大多数表现非常好，而另外一部分就表现不太好，进入社会后也是如此。这个实验告诉我们，情绪智力能影响一个人的成功。

现在很多父母只关心孩子智商的发展，而忽视了孩子情商的发展，事实上孩子的早期情商教育更为重要，如果孩子从小在心理方面比较孤僻、自卑、脆弱，不能面对挫折，那么即使他有很高的智商，也很难取得良好的成就。父母对0～3岁孩子的教育，应该注意培养其情商，这样才能让孩子更好地认知自我，从而对自己的情绪有很强的控制力。

培养孩子的情商

1. 父母要营造一个和谐的家庭氛围，孩子在这种环境的熏陶下，会逐步提高对自己情绪的控制能力。

2. 父母要鼓励孩子。每一个孩子都渴望快点长大，觉得长大了就可以做很多事情、有更美好的生活，父母应该支持并鼓励孩子的梦想。当孩子遇到失败和挫折时，可能会变得不自信甚至会怀疑自己的能力，这时父母要给孩子信心，告诉孩子，失败是成功之母、坚持就是胜利。

3. 培养孩子的探索精神。随着年龄的增长，孩子会想自己尝试着摸摸、看看，有时会把东西搞得乱七八糟，这是孩子有强烈求知欲望的表现。如果父母不让孩子动手去做，不仅会让孩子失去学习的机会，也会使孩子的学习积极性受挫，或许以后想让他去做点什么事，他都不愿意了。所以，父母应该让孩子做他感兴趣的事情。

4. 注意保护孩子的自尊心。0～3岁的孩子做错事情难以避免，父母不要总是责怪孩子，“你怎么弄成这个样子了!”“不要出去乱跑！”。这些话会严重打击孩子的自信心与自尊心，父母不要害怕孩子淘气给自己带来麻烦，而应该多想一想怎样才能有助于孩子的健康成长。

正确应对孩子的低情商

很多孩子比较顽固，听不进去别人的意见、也不会轻易接受别人的建议、不能根据客观事实去判断。即使别人的意见正确，自己也不愿意去改变，还有的孩子容易抱怨，这都属于消极心理，同时也是孩子低情商的表现。

对于孩子的低情商父母该怎么办呢？父母应该注意不要轻易在孩子

面前抱怨。父母是孩子努力学习、模仿的榜样，父母的言行举止都会影响孩子的生活、情绪、性格，所以父母要避免把不好的情绪或者习惯带给孩子，应该在孩子面前表现得积极、乐观、开朗，把好的精神灌输给孩子，从而慢慢提高孩子的情商。

心理箴言

在成功的很多主观因素中，智商因素大约占了20%，然而情商却占了80%左右。每个人的情商在刚出生时并没有很大的差别，更重要的是后天的培养。因此，父母要把握好时机，逐步帮孩子培养起情商。

培养孩子负责任的品质

借口，在日常生活中随处可见。孩子摔倒了，父母就埋怨地滑，拍打

地板，这样孩子会破涕为笑；孩子完成了父母设定的目标，父母却找托词不兑现事前给孩子的承诺等。

幼小的孩子受环境影响也会找借口来推脱责任、免受批评。当孩子养成推脱责任的习惯时就很难取得进步。那么，父母该如何培养孩子的责任心呢？

要有意识地培养孩子的责任心

孩子的责任心是在不知不觉中逐渐培养起来的。父母是孩子的第一任老师，父母对工作、生活、学习的态度，对事情的坚持性和责任心都影响着孩子的行为。因此，要培养孩子的责任心首先父母要以身作则。另外，父母也可以有意识地给孩子一些机会，让孩子体会到克服困难后取得成功的喜悦，帮孩子积极主动地养成有担当的习惯。

2岁的明明和邻居壮壮在家里玩，明明玩自己的小汽车，玩得很开心，壮壮看见也想玩，就跟明明要玩具，明明不愿意，壮壮就抢了起来。明明抢不过壮壮很是恼火。于是，就向在家洗衣服的妈妈告状，说壮壮抢走了他心爱的玩具汽车。妈妈很爱明明，就安慰明明，对着壮壮的屁股做拍手的动作（假装在打壮壮），还说："让你欺负明明，抢他的玩具……"壮壮吓哭了，明明心里却很高兴。

其实，妈妈的这种行为会给孩子不好的暗示。明明会觉得，壮壮抢走了我的玩具，应该挨打，我没有错。这样，等他长大后遇到挫折，也会有这样或那样的借口。当孩子养成这种习惯时，再抱怨孩子找借口已经为时已晚。因此，父母应该有正确的教导方法，从小纠正孩子推脱责任的坏习惯，让孩子学会承担责任。

让孩子做力所能及的事情

父母可以根据孩子的年龄和实际做事能力，给孩子布置一些其力所能及的事情并检查他的完成情况，让孩子意识到自己对这个家庭应该尽一份责任和义务。比如说，父母可以让孩子收拾自己的玩耍现场，告诉孩子自己弄乱的要自己负责；可以让孩子准备餐具、饭后帮助收拾饭桌、扫地等；也可以让孩子帮助邻居做一些力所能及的事情，以扩大孩子的责任心范围。

对孩子的表扬和批评

父母要多夸奖、表扬孩子好的地方，对孩子不好的地方应该进行引导教育。培养孩子的责任心是一个循序渐进的过程，需要时间以及经验的积累。另外，3岁前的孩子还很小，注意力不太集中、有很强的好奇心，这些特点都会阻碍孩子责任心的形成。

当孩子完成一件事情时，父母应该给予孩子正面公正的评价，鼓励孩子继续通过努力完成其他的事情。这样才能增强孩子的自信心，使孩子相信自己有能力承担自己的责任。父母也应该指导孩子怎样才能做得更好，以便充分挖掘孩子的潜力，同时也要让孩子看到自己的不足，以便让孩子养成认真、严谨的态度。

心理箴言

孩子习惯于用一些借口为自己开脱，怕自己受到批评或者责怪。因此，在孩子做错事情时，父母要注意自己的处理态度，不要伤害到孩子脆弱的心理，要鼓励孩子承认自己所犯的错误，对自己的行为负责。

让孩子在模仿中健康成长

孩子天生就是“模仿家”，在模仿中学习、成长，而父母是孩子模仿的第一人，无论是处世态度，还是做事行为，孩子都会模仿。

3岁前的孩子，各种能力发展还在初级阶段，他们还没有能力分清自己的看法与别人的看法，因此就会不自觉地去模仿别人。其次，孩子如果缺乏自信心，也很容易去模仿别人。那么，模仿对孩子来说究竟好不好呢？

正确评价孩子的模仿行为

模仿行为有利于孩子发展，这一点毋庸置疑。幼儿时期的孩子，身上具备的各种知识技能都是通过模仿所获得的。

模仿还能增强孩子的想象力，比如看到电视里警察的角色，孩子会想象自己是警察的样子，对于自己应该做什么、应该有什么样的行为，其脑子里都会有一个画面。同时，模仿也能培养孩子的行为习惯，比如看到动画片里孙悟空机智勇敢的表现时，孩子也很容易模仿，在生活中也表现出勇敢的样子。

孩子模仿正面的事物，有利于其成长。但生活中，也有很多事情并不利于孩子的健康。因为有警察的角色，相应的也有小偷；有勇敢的孙悟空，但也有作恶多端的妖怪。这时的孩子还缺乏判断是非的能力，如果模仿了不好的行为，必然会给孩子带来不好的影响。

父母应该对孩子好的模仿行为给予支持和夸奖，以此强化孩子好的行为。而对于孩子不好的模仿行为，父母应该制止。那么，父母应该怎样利用模仿让孩子健康成长呢？

父母要注意自己的言行

3岁前，父母就是孩子模仿的直接对象。因此，父母一定要注意自己的言行，为孩子树立好的榜样形象。

孩子1岁以后，认知能力和语言能力都有了一定程度的发展，父母的一言一行是孩子学习的重要内容。父母不经意的一句口头禅或者脏话，孩子可能就会铭记在心。因此，父母应该格外注意自己的言行。

丫丫是个任性的孩子，即使做错了事情，她也不愿意去承认。如果爸爸妈妈教导丫丫让她承认错误、道歉，丫丫就会与他们争辩，有时甚至会哭闹、发脾气、打人。后来，妈妈知道了孩子有很强的模仿心理，于是决定用榜样的方法引导丫丫改掉这个坏习惯。当妈妈做错事情时，就对丫丫说：“宝宝，对不起，这次是妈妈做得不好，妈妈向你承认错误。不过知错就改还是好孩子，宝宝会理解妈妈，原谅妈妈吗？”每次丫丫都开心地

说："没关系，我一直爱妈妈！"就这样，经过几次引导，丫丫知道做错事情并不是一件丢人的事情，知道如何改正还是好孩子。之后，丫丫做错事情时，就会主动承认错误、道歉，想办法寻找弥补自己过错的方法。

由此可见，榜样的力量很大，而且会对孩子产生很大的影响。父母应该注意自己的言行，为孩子树立正面的形象。

要鼓励孩子正确的模仿行为

生活中，父母在刷牙洗衣服时，孩子也会模仿这些行为、学习这些生活技巧。父母应该给予孩子鼓励并给孩子提供合适的日用品，鼓励孩子模仿大人的这些行为，让孩子养成独立的习惯。比如买孩子专用的牙刷、牙膏，给孩子准备小碗、小勺，这样不仅孩子用起来方便，同时也会增强孩子独立的积极性。

纠正孩子的不良习惯

模仿是孩子的天性，孩子见到什么都想学，很容易学会一些不良习惯。同时也会学习动画片里反面角色的行为，变得蛮横无理、不讲礼貌。对于孩子这些不好的模仿行为，父母一定要予以制止。父母要有耐心，积极引导孩子摆脱不好的习惯，养成良好的习惯，从而让孩子健康成长。

要让孩子了解是非

两三岁的孩子有很强的模仿能力，但是他们还没有明辨是非的能力，有时候他们根本不知道自己模仿行为的对错。当父母发现孩子模仿的不良行为时，应该及时纠正，告诉孩子什么可以学，什么不可以学，从而让孩子逐渐养成正确的是非观。

遇到反面情况时，父母可以告诉孩子这个事情的坏处，告诉孩子不要模仿这种行为，否则会使自己受到伤害，并且要告诉孩子应该怎么做。孩子知道了事情对自己的危害性，就能坚持正面的东西，而不再去模仿不好的东西。

在日常生活中，各种人和事都是既有好的，也有不好的，有积极向上的，也有消极颓废的。父母应该让孩子学习好的东西，排除不好的东西，让孩子有正确的是非观念，学会有选择地去模仿。

心理箴言

对于孩子不良的模仿行为，如果父母采取训斥或粗暴的手段，会引起孩子的逆反心理，并不能从根本上解决问题。父母在制止孩子的不良行为时，应该思考一下是什么原因导致了孩子的这种行为？是跟谁学的？要积极找出问题的根本所在，积极引导孩子，以便帮助孩子健康成长。

鼓励孩子的探索行为

生活中，很多孩子有喜欢玩脏东西的习惯，他们把脏东西作为自己的玩具，玩得不亦乐乎。父母经常会看到这样一种情形，跟孩子一起玩时，孩子会对地上的东西特别感兴趣，往往不管干净与否，先捡起来再说。父母对孩子的这种行为，第一反应就是，“东西太脏了，马上扔掉，这是不能玩的！”

而孩子通常不领情，抓住东西不放，父母强行给他扔掉，孩子还会哇哇大哭。父母担心这些脏东西会损害孩子的健康，这种想法可以理解，但是，孩子这么做也有一定的道理，因为这种行为是孩子这一阶段的主要特点，当父母了解到孩子这一阶段的特殊心理后，也就不觉得大惊小怪了。那么，孩子为什么爱玩脏东西呢？

玩脏东西是孩子的本能

孩子热衷的脏东西来源于大自然，而我们的生命也是大自然的一部分。因此，孩子玩脏东西是出于本能。

佳佳2岁多了，是个可爱的孩子，很喜欢玩一些奇奇怪怪、不太干净的东西。有一天，佳佳跟妈妈一起在公园里玩，佳佳很开心地跑到妈妈身边，说找到了一件小宝贝，原来是捡到了一个废旧瓶盖。妈妈看了一下，瓶盖很脏，并且因为时间长的缘故还有一股味。妈妈很严肃地对佳佳说："瓶盖太脏了，扔掉！不能玩。"可是，佳佳正玩得高兴，哪里肯舍得扔掉！还有一次，妈妈大扫除，把房间角落里的脏东西都打扫了出来，准备一起扔掉。哪想到一不留神，佳佳开始捡里面的东西玩，玩得津津有味。妈妈还发现，最近佳佳总是把沙子啊、石头啊带回家玩，妈妈很是苦恼，孩子放着好好的玩具不玩，偏偏对这些脏东西感兴趣，真是一个"破烂王"！

其实，在孩子眼里玩具没有贵贱之分，只有喜欢与不喜欢。那些在父母眼里是垃圾、破烂的东西，在孩子眼里却是很好玩的玩具。孩子喜欢这些自然玩具，这一特点可能会激发孩子探索求知的欲望，玩起来也会更加有趣。

玩能锻炼孩子的思维能力

通过玩脏东西的方式，孩子能够更好地认识、感受大自然。孩子在玩这些东西时，就有了亲近自然、感知自然的机会，孩子从心理方面才会更加愿意了解自然中的一切。因此，孩子经常玩脏东西，能让孩子更好地认识大自然。

孩子喜欢玩脏东西，也说明孩子在用心观察生活、善于发现生活中有意思的事情，这表现了孩子对生活的热爱之情。因此，父母应该正确对待孩子的这种行为。

既然孩子玩脏东西并不是一件坏事情，那么，父母应该怎么做才有助于孩子成长？

不要让脏东西危害到孩子的健康

孩子在玩脏东西时，父母要保证它们对孩子是没有害处。两三岁的孩子缺少生活经验，不知道物品是不是有安全隐患，因此父母要多加注意。比如要做好东西的清洁工作，孩子能吃进去的东西，尽量包装一下，免得孩子吃到肚子里等。

另外，父母也应该尊重孩子玩这些东西，不要动不动就指责孩子弄脏了衣服、让孩子把东西扔掉，而是应该认可孩子的这种行为。如果父母一味否定孩子的这种行为，会对孩子的心理发育造成伤害，也扼杀了孩子的探索精神以及对生活的热爱。

引导孩子进行思考

很多时候，孩子玩脏东西时可能也玩不出什么名堂。这个时候，父母可以在一旁指导孩子，引导孩子创造出更有趣的东西。比如孩子玩一些小瓶子、纸盒时，除了摇摇晃晃或者拆开之外，父母还可以引导孩子用小瓶子做成笔筒、纸盒改装一下可以盛放东西，教孩子变废为宝。

这样能够让孩子学会思考，并且锻炼孩子的动手能力，同时开发孩子的智力。

另外，孩子玩这些脏东西时，父母也可以参与其中，以此增加孩子玩耍的趣味性。这样，父母既可以保证孩子的安全，又可以增进与孩子之间的感情。

心理箴言

孩子玩脏东西说明孩子有很强的探索精神，父母应该给予孩子一定的支持，鼓励孩子的这种行为而不是否定孩子。另外，父母也应该带孩子多出去参加户外活动，给孩子接近大自然的机会，这样对孩子的身心健康都有一定的益处。

引导孩子微笑面对挫折

人生并非一帆风顺，小孩子的生活也是如此，他们也会遇到这样或那样的困难，有的孩子遇到挫折就消极对待，选择退缩，甚至有时候会发脾气，乱扔东西，来发泄自己的怨气。父母碰到这种情况时，要探究孩子的心理，真正了解孩子行为背后的原因，以便对症下药，真正帮到孩子。

本性怯懦禁不住挫折

有些孩子经受不住挫折，可能是因为本性比较怯弱。这类孩子在遇到困难时，因为没有太多经验，意志力又很薄弱，往往对自己没有信心，而且非常焦躁、自卑；也有些孩子因为在家里一直被宠着，再加上父母的溺爱，没有经受过什么大的挫折，很骄傲自满，如果有不顺心的事情就大发脾气或者选择退缩；还有一些孩子，可能由于父母对他有很高的期望，一旦达不到要求孩子就会产生挫败感，这样次数多了，孩子就容易对自己没有信心，再遇到挫折很容易选择放弃。

父母应该引导孩子摆脱害怕挫折的心理，培养孩子勇敢面对挫折、面对挑战的能力，这样孩子在以后的人生中才能不断超越自己，取得更大的成就。其实，通过很多方法，父母都可以增强孩子克服挫折的能力。那么，具体需要怎么做呢?

培养孩子解决问题的能力

积极的行动是摆脱沮丧的一种很好的方式。比如，孩子因为画画比不上邻居小朋友而感到伤心时，父母应该让他自己想办法学习画画的技巧，如可以邀请邻居小朋友一起画，多向他学习，这样孩子能很快地恢复自信。因此，只要有可能，父母应该鼓励孩子自己解决问题。

但是，实际上，很多父母不想让孩子受一点委屈，孩子一遇到困难，他们就赶快帮助孩子解决问题，而不给孩子认识自己能力的机会。

小强和小伙伴在沙堆进行比赛，他们分成两组，比赛谁能在沙堆里做出好看又多的模型，输的那一组会有一个小小的惩罚。玩了一阵子后，小强眼泪汪汪地回家了，原来他在的那一组一直输，而邻居小明那一组几乎赢得了所有的比赛。妈妈拍拍小强，跟他说："赢了那些比赛也没有什么意义。"

妈妈的用意是好的，但是很难起到好的作用。一位心理学教授认为"父母一直说'没关系'来安慰失败的孩子很难达到效果，甚至有时会让孩子觉得更糟糕，父母应该做的是教导孩子学会如何面对失败、找到解决问题的办法。"

如果父母不给孩子寻找解决问题方法的机会，而是选择自己为孩子解决烦恼，那只能达到事倍功半的效果，对孩子没有任何帮助。

要对孩子表达自己的支持

不是所有的问题都可以用上面的方法解决，有些问题需要父母去慢慢引导。比如，跟孩子一起玩的小朋友都比较喜欢玩一种游戏，而自己的孩子一点都不感兴趣，其他孩子都嘲笑他，他就会感到难过、困惑。这时孩子会向父母诉说，问他们小朋友说的是不是有道理，这时父母应该鼓励孩子找与自己兴趣相投的孩子一起玩，这样孩子就会从被嘲笑的阴影中走出来，融入到另一个适合自己的圈子里。

当孩子遇到问题时，父母要适时安慰孩子并且表示对孩子的支持，有时父母一句简单的支持的话，可能会成为孩子走向成功的一把金钥匙。

对孩子提出合理要求

如果父母对孩子的要求恰如其分、期望合理，孩子长大后会有更远大的志向和更强的自信心，适应社会的能力也会更强。

孩子在成长过程中需要父母的指导，如果父母不让孩子做一些力所能及的事情，孩子就不能在挫折中生活。父母可以给孩子适当安排一些家务活，比如打扫房间卫生、倒垃圾等，这些可以增强他们的自信心以及独立精神。

对父母提出的要求，孩子做到时，父母要鼓励孩子，让孩子明白通过自己的不懈努力就可以尝到成功的甜头。

心理箴言

当孩子遇到挫折时，父母要帮助孩子学会面对挫折、教孩子解决问题的方法。同时也要告诉孩子父母永远爱他、永远站在他这边。这样孩子才会不因一次、两次的挫折而丧失自信，才能有强大的心理。

第4章

巧妙沟通，学会和孩子愉快相处

这一阶段的孩子虽然语言表达并不是特别流利，但也有用语言表达自己内心的需求和想法，同样他们也能听懂父母的一些话。父母要想更好地培养孩子，必须学会和孩子沟通、学会和孩子愉快相处。

批评孩子也要讲究方法

孩子犯了错误，父母应该对其进行批评和教育，但是怎样的批评不但能让孩子改正错误又不对孩子造成伤害呢？心理专家认为，在批评教育孩子时，父母要根据孩子的心理承受能力选择恰当的批评方式。

那么，父母应该如何批评教育犯错误的孩子呢？

要听听孩子的解释

造成孩子做错事情的原因有很多方面，有的是孩子主观方面的错误，有的是孩子的意志改变不了的外界客观原因。从孩子的主观方面来说，有可能是孩子故意的、也有可能是孩子无意导致的结果、也有可能是孩子态度出现了问题、也可能是孩子能力不够等。

因此，孩子做错事情以后，父母要给孩子申诉的权利，耐心地听孩子解释，让孩子说出自己想说的话。这样，父母也会对孩子所犯的错误有一个更全面、更客观的认识，从而有针对性地批评、教育孩子，这也会让孩子心服口服，乐于接受父母的批评。

父母要和善地启发孩子

3岁前的孩子虽然还很小，但也有很强的自尊心。如果父母哪一句话说得严重了，即便开朗的孩子也可能会立刻表现得不愉快，而比较内向的孩子会选择把事情放在心里，时间久了容易形成自卑心理。如果孩子有做得不好的地方，父母应该及时指出，以免变成更大的错误，但这并不意味着一刻也等不及。事情已经发生了，就应该先想办法去解决事情，而不是急于教导孩子，更不能对孩子发脾气。如果事情发生在公众场合，父母可以找个合适的机会和合适的地方，悄悄地跟孩子说一说，或者是回到家里再说，免得孩子觉得尴尬。

另外，父母要注意，粗言恶语就像有毒的利剑，是用来对付敌人的，不能用到孩子身上。这样只会使孩子萌生不满、厌恶、愤怒甚至报复的念头，而孩子在以后的生活中同样也会采用消极的方法和态度使自己不受伤害。

批评时也要尊重孩子

孩子做错事情时，父母首先要知道批评孩子的最终目的是什么，是为了让孩子明白什么样的做法是错误的，而不是为了打击伤害孩子、给孩子贴上“坏孩子”的标签。

妈妈做好饭了，叫2岁多的飞飞吃饭，可是叫了几遍儿子还是一直在玩玩具，妈妈决定给儿子一点颜色看看，于是就抢夺飞飞手里的玩具。儿子哭着闹着拿着玩具不放，争夺间打伤了妈妈，妈妈一下子就火了，生气地

把飞飞骂了一顿。可是儿子哭得很可怜，飞飞妈妈立刻就后悔了，开始担心这样批评孩子会不会伤害到他？

上述情况很常见，很多妈妈也会有这样的困扰，不批评教育孩子是不太现实的，可是我的批评是不是有点过了呢？

孩子犯了错，父母应该批评，但是要在尊重孩子的前提下，批评时应该针对他做错的事情而不能针对孩子，更不要把之前的事情都数落一遍从而把问题扩大化。父母应该尽量不要使用“你这个笨蛋！”“你这个没用的家伙！”“真没出息！”等话语，这样不仅会使孩子因为受到惊吓而不知道自己到底错在哪里，也会伤到孩子的自尊心。

用“三明治式批评”的方法

表扬——批评——鼓励，这种教育方式被称为“三明治式批评”方法，这种教育方法能让孩子欣然快乐地接受教育。这就像三明治的结构一样，第一层是赞同、欣赏，表扬孩子的优点或者是好的一面，中间一层是父母的教导、建议或者是孩子应该改正的地方，而第三层又是鼓励、支持、信任。这种批评方式不仅不会伤害到孩子的自尊心或挫伤孩子的积极性，而且会使孩子更乐意地接受批评、改正自己做错的地方。

现实中的很多事情上都可以用这种批评方法。比如孩子想帮妈妈扫地，却把地弄得更脏了，妈妈可以这样说：“宝宝想帮妈妈扫地，妈妈很开心，值得表扬，但是宝宝不仅没有扫干净还弄脏了自己的衣服，妈妈知道你不是故意的。宝宝先学妈妈扫地，看妈妈是怎么做的好吗？”这种方式要比“不让你扫地你偏扫，看看弄得乱七八糟！”有用得多。

心理箴言

父母批评孩子时的态度要客观，要针对孩子做错的事情讲道理，并提出一些改进意见，不应该带过多自己的感情色彩，甚至发泄自己的不良情绪。批评孩子时也不能唠叨没完，把孩子过去做的错事也说出来或者得出孩子下次也做不好的结论，这样会让孩子从心理上产生厌恶感，最终变得更不听话了。

应该适度表扬孩子

美国社会一直很认可赏识教育，认为适当地表扬和夸奖孩子能够增加孩子的自信，并能促使孩子养成优秀的品质和行为。但是表扬孩子要适度，如果一味地表扬夸奖，不但不会达到鼓励孩子的目的，还很可能使孩子变得骄傲自满和自负。想要表扬真正起到好的作用，父母应该注意下面几点。

表扬具体的事情

父母在表扬孩子时，应该具体地说出孩子哪些地方值得表扬、什么地方有了进步，不应该空泛地说：宝宝很棒，做得很好，要继续努力。父母表扬孩子时，说得越具体，孩子就越明白哪些地方做得好。比如在公交车上，妈妈可以这样对孩子说："刚才阿姨给你让座位，你马上说谢谢阿姨，很有礼貌，值得表扬。"孩子练习写字，妈妈可以指出几个写得特别好的表扬他说："你写的这些字，每个字都干净整洁、很工整，妈妈非常喜欢。"等。

孩子不会拒绝真诚、有内容的表扬，具体的夸奖能让孩子清楚自己哪些地方做得好、自己哪方面有优势，从而产生真正的自豪感。

要表扬孩子付出的努力

如果孩子画了一幅令人很满意的画，表扬孩子："你真聪明！"是不太合适的，而应该夸奖孩子用心画画，下了很大的功夫。这是因为聪明是天生的，是孩子没有办法改变的，而付出努力、认真学习却是孩子能够通过行动做到的，这样的夸奖肯定了孩子的认真努力，下一次他就会更加用心、努力。

父母如果过多夸奖孩子聪明，孩子很可能认为自己很聪明而不需要付出努力，甚至有时候会用一些小聪明来博取父母的欢心。时间长了，孩子很容易变得自满自大、浮躁不用心，当孩子出现这种心理时，会嘲笑那些不那么聪明的小朋友，但是遇到比自己聪明的人时，就会产生烦躁、自卑的心理。如果父母把夸奖放在赞扬孩子的认真努力、认真付出的行动上，孩子就会体会到好的结果是靠努力付出换来的。

比如说，看见一个漂亮可爱的小女孩，就应该夸她"笑得真甜，懂礼貌。"而不应该夸她漂亮，这是因为一个人外表是天生的。如果父母过多夸奖她的外表，会让孩子误认为天生的漂亮也是值得自己骄傲的，从而嘲笑不好看的孩子，这样对孩子的成长很不利，容易使孩子形成错误的价值观。但是微笑懂礼貌等都是孩子经过努力可以得到。

父母也要注意不要给孩子设立过高的目标。每个孩子的能力大小并不一样，表扬孩子可以让孩子做这件事情时更有兴趣并且更加努力，但是最后的结果不可能在他的能力之外，这一点父母一定要明白。如果父母设立过高的目标，孩子无论如何都达不到的话，最终只会使孩子对自己很失望、丧失信心，甚至有时会破罐子破摔。

失败的孩子更需要安慰

一般父母的习惯是，孩子有了进步与成绩，就表扬夸奖孩子，孩子失败了或者做得不好时就会指责孩子。而事实上，孩子失败时，心理上更需要父母的安慰和支持。

明明跟小朋友进行比赛，他尽自己最大的努力，结果还是以很小的差距输给了小朋友，明明很伤心。这个时候，明明的妈妈没有表现出一点失望，而是搂住明明说："儿子，你很棒，你已经坚持到最后了，我为你顽强的精神感到自豪！"

平时父母要多鼓励孩子，不要害怕失败、不要过于追求完美，要鼓励孩子勇敢地尝试直到成功。父母要教会孩子勇敢地从失败中走出来，这样才会变得更强大、更自信。有研究表明，在比赛中后来居上者，比一路领先的人的精神世界更强大。

不要给孩子太多的物质奖励

很多父母在孩子做某一件事情之前会这样对孩子说："爸爸妈妈相信宝宝肯定能做好，做好了有奖励。"这样好像是在鼓励孩子，而实际上给孩子增加了心理压力。父母应该告诉孩子，平常心对待，认真做好就可以。

很多父母都喜欢用物质奖赏的方法诱惑孩子，可往往结果却很不理想，因为孩子可能只是为了奖励而去努力，并不是真的对这件事情感兴趣。而真正想让孩子有所进步，父母就必须想办法提高孩子主动进取的能力。

另外，父母在表扬孩子时，说话的态度和语气也非常重要。表扬孩子时，父母的态度一定要真诚、发自内心并且是实事求是，不要过分夸大或是用表面夸奖、实际讽刺的语气，孩子的内心非常敏感，也有自己的判断力，父母不真诚的夸奖会让孩子不再相信你的话。

心理箴言

父母在夸奖孩子时，不要对孩子承诺一些自己做不到的事情，不然的话，时间久了，孩子很容易不相信你，也不会在意父母的夸奖了。父母在夸奖孩子的时候，不能贬低其他的孩子，应该鼓励孩子学习伙伴们的优点，这样才有利于孩子发展。

父母要和孩子成为朋友

孩子拥有良好人格的关键一点就是父母要与孩子有很好的沟通与交流。父母与孩子进行沟通时，也要注意方式和方法。

父母要认真倾听孩子的心声

学会倾听孩子的真正想法，这是父母与孩子沟通的第一步。如果孩子因为一件事正在气头上，那么父母就得允许孩子发泄自己的不满。父母可以坐好，放下手中要做的事情，专心听孩子诉说，其实这是在告诉孩子：父母很在意你、很爱你，我们想认真地听你倾诉，这样才能知道问题究竟出现在什么地方。

一天，兵兵一家人吃过晚饭在一起谈话，妈妈问兵兵一个问题："兵兵，妈妈想考考你。如果你正驾驶着一架飞机在天上飞行，飞机上坐满了客人，但是飞机没有油了，你会怎么办？"兵兵毫不犹豫地说："我要第一个跳下去。"这个时候，爷爷奶奶、爸爸妈妈都笑了，他们没有料到，孩子那么小竟然那么鬼头，遇到困难，竟然一个人逃命。但是妈妈接着问："然后呢？"兵兵说："赶快去买油救他们。"这时，家人才明白在孩子简单、幼稚的世界里，居然有一颗这么善良的心。

妈妈的做法可贵在她能耐心地听完兵兵的话，也正是因为听完了兵兵的话，大家才真正了解了兵兵的想法。

由此可知，父母倾听孩子的心声很重要。但是很多时候，父母往往忽视了孩子的真实想法，而把自己的想法加到孩子身上，从而误会了孩子的本意。

父母要表达自己的想法

父母跟孩子沟通时，要真诚地反应自己的想法，不要去敷衍孩子，也不能一味地教导孩子。

3岁前的孩子通常很敏感，父母与孩子交流时说话的语气语调都蕴含着一种态度，它与谈话的内容一样重要，可能对于孩子来说，它甚至比谈话内容更重要。父母可以想一下，平时是用什么语气跟朋友沟通，又是用什么语气对待孩子的，是不是有点居高临下了？

此外，与孩子沟通时，父母也不要忽视自己的身体语言。美国人类学家的研究成果表明，在所有的影响力当中，语言的影响力占7%，音调占23%，而表情和肢体动作均占了35%，由此可见，身体语言在沟通中有着极其重要的作用。

要注意恰当的谈话时机

通过生理规律我们知道，下午的5~7点是生理活动幅度的最低点，这个时候身体需要补充营养，以恢复精力。因此，在这个时间段，父母不应该与孩子谈比较严肃的话题，因为经过一白天的活动大家都比较疲倦，不仅很难集中自己的注意力，也不能很好地控制自己的情绪。但是吃过晚饭后，就比较有精力，心情也会变得开朗，这个时候是谈话的好时机，父母找到孩子感兴趣的话题后，就可以逐渐传达自己的观点了。

另外，父母要善于发现。父母在跟孩子沟通的过程中，不仅要选择合适的时机同时也要善于思考，注意在谈话的过程中发掘孩子的优点。比如父母发现孩子能够自己穿衣服了，要及时给予孩子赞赏："宝宝真能干!"如果孩子能够坚持自己的观点不服输时，父母就应该夸奖孩子："宝宝很有主见。"这样的话，孩子不仅愿意跟父母沟通，还可以提高沟通质量。

父母要保持一颗童心

如果父母总是表现出一副高高在上、指手画脚的姿态，就很难与孩子聊到一起，更不用说与孩子做朋友了。所以，父母在和孩子交谈时，应该用孩子般的心态和孩子可以理解、乐于接受的语言进行谈话。

心理箴言

父母对孩子的情绪和意见表示理解，这是父母可以做的最好的事情，这样孩子更容易感到快乐和健康，也更乐于与别人合作。孩子的情绪能够得到父母理解的关键在于父母应该没有疑问、没有抱怨地接受孩子的情绪，尤其是在孩子情绪不好的时候。

时常对孩子进行积极的心理暗示

心理暗示是用间接含蓄的方式、在不知不觉中影响人的心理和行为，使人不自觉地按照一定的思维方式和行为方式行动。

心理暗示在日常生活中随处可见。比如我们会对自己或他人有一个期

望、我们有自己的格言、座右铭以及信仰，这些都会对我们的心理产生暗示，激发我们朝着这个方向努力。但是心理暗示是一把“双刃剑”，积极的暗示能增加一个人成功的信心，而消极的暗示则会阻碍一个人的发展。

心理暗示对孩子的重要作用

生活中，父母会不自觉地给孩子一些心理暗示，3岁前的孩子没有很强的自我意识，但有很强的可塑性，因此容易受父母的影响。如果父母给孩子的暗示是积极的，那么孩子对事物的态度会产生积极的认识和体验；如果是消极的，很容易使孩子产生自卑、逆反心理。

美国著名的心理学家罗森塔尔在一所乡村学校进行了一个实验。罗森塔尔对一些学生进行语言和能力测试后，在测试名单上打了几个勾并认真地说：“打勾的学生将来一定会大有出息。”多年以后，他的预言成真了，那几位被打勾的学生果真取得了很大的成就。这时，罗森塔尔告诉他们：“其实，我并没有看学生的测试结果，只是随意地打了几个勾。但是打勾的那些学生确实受到了激励，这说明心理暗示有很大的影响力。”

这就是著名的“罗森塔尔效应”。罗森塔尔巧妙地运用心理暗示，让老师们相信打勾的孩子比其他孩子更聪明、更有前途，并对他们寄予很高的期望。这些孩子感受到老师的期望，心理潜能得以激发活化，自信心也随之增强，从而极大地提高了学习效率，因此能够比其他孩子进步更快，最后取得了比其他孩子更为突出的成就。

父母积极的暗示，比如对孩子的肯定、鼓励与赞许，能让孩子正确地认识自己，从而不断地取得进步。而消极的暗示，比如自责、训斥、嘲讽会使孩子形成不良的心理反应和行为模式，从而影响孩子的心理健康，严重时甚至会影响孩子一生的发展。

在很大程度上，父母给孩子营造的家庭氛围决定了孩子将来会成为什么样的人。父母的语言、态度以及行动对孩子有着潜移默化的影响。因此，父母应该对孩子进行积极的暗示，让他们在肯定和认可中健康成长。

要对孩子充满肯定

父母应该看到孩子的小进步，理解并宽容孩子做错的事情。但是现实生活中，父母往往因为孩子做错了事情或者没有达到要求，而对孩子训斥、指责，这样孩子很容易有挫败感，形成自卑、胆小的心理。

经常能听到父母这样说孩子："某某家的孩子都能数100以内的数了，你才会数到10；你看某某多听话，什么都会做，你一点也不懂事……"父母总是责怪孩子不争气、因为自己的孩子没有其他孩子优秀而伤心。事实上，每个孩子都不同，如果父母总是拿孩子的缺点跟别人的优点相比，会很容易让孩子产生自暴自弃的心理。

父母应该有一颗平常心，看到孩子的闪光点，对于孩子的进步给予鼓励。比如孩子在画画方面有所长进时，可以说："宝宝画画有进步啊，继续努力，相信你会画得更好！"父母要肯定并支持孩子，在肯定与赞扬中，孩子才能健康成长。

要赏识自己的孩子

每一个孩子都希望被人认同、渴望得到别人的赏识。赏识能够提高孩子的自信心，让孩子看到希望。因此，父母应该赏识自己的孩子，并要通过语言的积极暗示不断增强孩子的自信心与自尊心，从而使孩子不断地进取并取得好成绩。

一位美国妈妈根本看不懂孩子的作业，但是每次孩子把作业拿给她看时，她都说："棒极了！"并且会在客人面前夸奖孩子。孩子很受鼓舞，心想明天要做得更好。这样，孩子一天一天进步，成绩有了很大的提高，最后成为了一个杰出的人。可见，父母的赏识有多大的魔力。

赏识孩子，就是要充分看到孩子的发光点，给予孩子信任、欣赏的目光。父母的一个微笑、点头、鼓掌都能给孩子的心理上带来慰藉，让孩子在挫折中看到希望、重新找到自信，从而不断进取。

心理箴言

父母要想使心理暗示在孩子身上起到很好的作用，首先应该努力跟孩子成为好朋友。然后在日常生活中通过不断发现孩子的闪光点、优点来鼓励孩子，增强孩子的自信心，从而使孩子的心理素质更加强大、取得更大的进步。

让孩子说出自己的心里话

孩子都希望父母能够理解自己、听懂自己的心声。但在现实生活中，很多父母都不太明白孩子的心理需要，孩子总是被父母忽视甚至嘲笑，这样会给孩子造成很大的心理伤害。

日常生活中，经常会听到这样的抱怨："我们家孩子太内向了，不爱说话，即使是有了委屈也不说，真是急死人！"

父母要跟孩子多说说心里话，这句话看起来很简单，但是真正去做的时候，很多孩子往往选择沉默，不愿意跟父母聊自己心事，这是什么原因呢？

孩子不说心里话的原因

1. 表达能力差。0～3岁的孩子，虽然有了一定的语言表达能力，但是表达自己内心想法的能力还很欠缺。因此，父母很难明白孩子真正的想法。从而导致孩子憋在心里很难受，父母更不知所措。

丫丫很小就能开口说话了，不到1岁就能叫爸爸妈妈。现在丫丫2岁多了，说话能力也有了很大进步，可以跟父母进行日常的对话。但是，丫丫总是吐字不清，爸爸妈妈常常绞尽脑汁也弄不明白丫丫要表达的意思。当丫丫发现爸爸妈妈不能明白自己时，就更加着急，话说得更不清楚了。这样的情况发生了好几次，后来丫丫干脆不说话了。一次,妈妈发现丫丫低着头，很不开心，可是怎么问丫丫，她也说不出是什么原因，最后丫丫哭了，妈妈很心疼，但是也想不出办法。

造成这样的结果，一是因为孩子目前的表达能力还很欠缺，其次是父母没有真正理解孩子。另外，对于0～3岁的孩子来说，一切事情都充满了未知，孩子可能会对新的环境、新的人比较抵触，从而选择沉默不语、拒

绝交流。其实，这是孩子自我保护的一种行为。当然，也有的孩子不爱说话，是因为比较内向、有自卑心理。

2. 害怕不被认同。有的父母可能还有困惑："我很关心孩子，也经常试着跟孩子沟通，但是为什么孩子还是不肯说心里话呢？"这时，父母应该反思是不是自己交流的方式出现了问题。如果父母对孩子的想法总是保持批评的态度，嘲笑孩子的无知、责备他的错误，这样孩子就不敢说出自己的心里话。

天天很开心地从外面跑回家，跟妈妈说："我把豆豆的玩具拿来玩了。"天天还没有说完，妈妈就厉声说道："怎么能随便拿别人东西啊！赶紧给人家送回去！"其实，豆豆答应天天把玩具拿走玩，天天想告诉妈妈他很喜欢这个玩具。可是妈妈这样说，天天就想以后再也不和妈妈说了。

孩子有话要说的几个表现

1. 哭泣。哭是孩子心里不开心或者寂寞的表达方式之一，父母应该弄明白孩子为什么哭。

2. 耍赖。有时候孩子会缠着父母、耍蛮犯赖，父母不要简单地认为孩子在耍赖，孩子很可能是用这种手段想让父母知道点什么。

3. 打闹。孩子的语言表达能力有限，当被别人误会时，会用一些攻击性的行为来表达自己的不满。

4. 撒谎。这种行为通常都会让父母很生气，但这也恰恰说明了孩子没有跟你坦诚交流，他心里真实的想法你还真不知道。

5. 不安。一般小孩子都是无忧无虑的，如果孩子表现得不安、焦虑，说明有什么事情困扰着他。

帮助孩子说出心里话

1. 理解并尊重孩子。孩子的有些话可能会让父母很生气、很难过，但是父母要努力克制自己的情绪、保持冷静、尊重孩子的发言权，然后慢慢地引导孩子。

2. 父母要耐心倾听。如果孩子有什么要说的话，父母应该放下其他的事情，专心听孩子讲话、耐心听孩子解释。尽管孩子会有不对的地方，但是一定要等孩子把话讲完再下结论。

3. 积极引导。孩子有时在倾诉的时候可能会表达得不清楚或者不具体。这时，父母可以问一些问题，让孩子把自己的想法表达出来。

4. 创造机会。父母要选择合适的机会跟孩子交流。比如，父母可以在吃过饭后一起散步时，随意询问孩子的情况、了解孩子最近的动态。要注意不要给孩子带来很大的压力，更不能逼迫孩子说出一些事情。

心理箴言

孩子说心里话的时候，往往是在自己遇到了困难或者有疑惑时希望咨询别人的看法，并希望能找到解决的办法。如果孩子的问题及困惑在父母的帮助下得到了解决，他就会乐于向父母说出自己的心声。

不要采用吓唬的方式

吓唬是父母常用的一种教育孩子的手段。比如，晚上孩子不睡觉，妈妈会说："快睡觉，不然让老虎把你带走。"当孩子不听话哭闹时，妈妈会说："再哭，就把你交给警察，不要你了。"这种方法虽然会有一些效果，但不利于孩子的身心健康。

恐吓会刺激到孩子

恐吓对孩子来说是很强的刺激，0～3岁的孩子神经系统非常脆弱，如果长时间对孩子恐吓，不但会损害孩子的神经系统，而且会在孩子的大脑皮层上留下恶性刺激的痕迹，从而抑制脑细胞的生长发育。孩子长大后容易形成脆弱、胆小、抑郁、神经质等性格。

另外，吓唬孩子能让孩子暂时听话，但是孩子是由于害怕而屈从，对自己行为并没有正确的认识。这样，会造成孩子是非不分、对事物判断错误。

恐吓不利于孩子的性格形成

孩子经常处在恐吓的环境下，长大后会出现以下人格弱点。

1. 胆怯。孩子经常受到恐吓，其幼小的心灵上会笼罩着恐怖的阴影，会对一些事物产生错觉。比如，孩子在晚上睡觉时，会想象一些很恐怖的画面，有时白天也会产生不安的情绪，表现得小心翼翼，怕一不小心被恶魔带走，总会试着寻求保护。这样孩子长大后，很可能会胆小怕事、郁郁寡欢。

2岁多的莉莉不知道从什么时候开始非常害怕见到狗。有一次，妈妈带着莉莉去邻居家玩，邻居家养了一只藏獒，很高大威猛，莉莉看到后就吓得躲了起来。妈妈很纳闷就把莉莉带到藏獒前面，结果她吓得哇哇大哭。原来妈妈经常在莉莉不好好吃饭或者不好好睡觉的时候，吓唬莉莉："不听话，夜里会有大狗来咬你……"一听到这话，莉莉就会一动不动，乖乖地睡觉。

2. 自卑心理。产生自卑心理的原因是孩子认为周围的事物都很强大而自己很弱小，自己的力量很难战胜其他人。父母经常吓唬孩子就容易使孩子产生这种心理，认为自己随时有可能被恶魔吃掉。这种没有自信的心理会影响孩子的一生，比如说，做事时孩子会瞻前顾后、没有自信，最终也很难有所成就。

3. 反应迟钝。父母经常恐吓孩子会导致孩子不敢说话、不敢去问、思维停滞僵化、行为木讷，时间长了，孩子反应也会变得迟钝。

由此可见，父母经常吓唬孩子的弊远大于利。因此，父母应该采取积极、正确、科学的教育方式来教育孩子，给予孩子正面引导，让孩子从小树立正确的是非观。

引发孩子感觉恐惧的情况

除了上述情况之外，还有一些情况会引起孩子的恐惧，父母应该多加注意。

1. 孩子醒来发现身边没有人。孩子睡醒后，发现身边没有人会吓得哇

哇大哭，如果过了一段时间还是没有人来，孩子会感到孤独与害怕，从而变得很缠人，一刻也不要父母离开。所以在孩子睡觉时，父母尽量要有一个人留下来陪孩子。孩子睡着了，也尽量不要走远。

2. 洗澡时有不舒服的体验。很多2岁左右的孩子害怕洗澡、洗脸。这可能是因为孩子比较弱小、皮肤也比较嫩，父母在给孩子洗澡、洗脸的时候掌握不好力气，弄疼了孩子，或者洗澡水弄到眼睛里很不舒服，造成孩子很害怕洗澡，以至于见到水就大哭。因此，父母在给孩子洗澡时一定要小心。

还有一些孩子对打雷声、汽车鸣笛声、鞭炮声也很害怕。父母应该多加注意，尽量不要用一些可怕的东西去吓唬孩子，这些并非是对孩子的锻炼，结果也只会适得其反。

心理箴言

父母经常吓唬孩子，不但影响孩子的心理健康，还会影响孩子的智力发育。研究表明，孩子在轻松愉快的环境下比在紧张恐惧的环境下学习效果要好，这是因为在紧张压抑的环境下，孩子的思维会受到影响与干扰。因此，父母应该学会正确科学的育儿方式，不要用吓唬的方式。

正确应对孩子的任性行为

任性就是凭着自己的主观意愿与偏好去做事情而不顾别人的感受。美国儿童心理学家威廉·科克指出，随着孩子在生理上的不断发育，他们接触到了更多的外界事物，不管这些事物对孩子是否有益或者适合孩子，他们都会根据自己的兴趣和情绪参与其中，这样就形成了孩子的任性。

孩子的任性行为只是孩子有某种心理需求的一种表现，是每个孩子成长过程中都要经历的一个阶段。因此，父母应该理解并尊重孩子的这一心理特点。

导致孩子任性的原因

1. 孩子自制能力差。0～3岁的孩子自制能力还很差，容易冲动，父母不满足自己的愿望时，就大哭大闹。而父母也容易对孩子的这种行为训斥、指责，从而形成了孩子的逆反心理。

2. 父母溺爱孩子的结果。现在的家庭很多都是独生子女，父母对孩子百般呵护、百依百顺。这样很容易滋生孩子的任性行为。

3. 隔代喂养。这在中国是很常见的现象，孩子由祖辈来照顾，而父母忙于事业。一般祖辈比较溺爱孩子，也不敢严于管教，怕照顾不好没办法给儿子儿媳交代，于是处处依着孩子，让孩子养成了刁蛮任性的习惯。

4. 父母缺乏耐心。孩子不听话时，刚开始父母还能坚持自己的原则，但是经不住孩子的一再要求，父母认为孩子还小就顺着孩子。其实，此时孩子的自制力很差，一味顺着孩子只会让孩子变得更加任性。

星期天，妈妈带着2岁的明明逛商场，商场有很多好玩的玩具，明明想要买一个很贵的玩具。可是家里的玩具已经一大堆了，也不缺这种类型的，妈妈就没有答应。明明很不开心，刚开始时大哭大闹，后来就对妈妈拳打脚踢，妈妈还不同意他索性坐在地上撒泼。弄得妈妈非常尴尬，只好给明明买下那个玩具。

其实，当妈妈不答应孩子的无理要求而导致孩子哭闹时，父母可以先不理孩子，假装离开，等他觉得闹也没用时自然也就不闹了，这时再给他讲一些道理，慢慢引导、帮助孩子改掉这个坏毛病。

有些孩子任性，是起因于父母粗暴的教育方式。认为“棒棍下出孝子”，这是一种落后的教育方式。父母应该反思一下自己的行为，首先应该尊重孩子的意愿，让孩子按照自己的方式做事情，当孩子做不好求助时，父母再去引导孩子，这样孩子才会心服口服。那么，父母该如何应对孩子的任性呢？

父母要想跟任性的孩子很好地相处，首先要了解孩子的心理发育特点。2～3岁的孩子正处于性格萌芽期，也被称为“第一反抗期”，孩子会经常坚持自己的想法，想要摆脱父母的束缚。但这个时期的孩子，没有自我约束能力，父母如果断然拒绝反而会促进孩子的任性行为。父母应该对孩子进行正确的教导，这样才能产生事半功倍的效果。

要告诉孩子正确的做法

这一时期的孩子希望父母能满足自己的要求、按照自己的喜好做事情。常常父母很累了，可是孩子还是乐此不疲地要父母陪着一起玩。父母总是这样对孩子说："宝贝不玩了，好不好？妈妈很累了，咱们去休息好吗？"孩子总会说不行不行，父母只得拖着疲倦的身子陪着孩子继续玩。

其实，孩子有一些无理要求时，父母不要用商量的语气问孩子好不好、行不行，应该明确地告诉孩子，妈妈很累，明天继续玩。这样可以提高孩子判断是非的能力，从而减少任性的发生。平时，父母说话时要注意自己的语气有力度，尽量用"累了，该休息了"、"天冷，要穿好外套"，而不是让孩子自己做选择。

适当转移孩子的注意力

2岁左右的孩子一般注意力比较分散，如果发现有更好玩的事情，就会去做这一件事情。父母可以根据孩子的这一心理特点，转移孩子的注意力，从而摆脱孩子任性的困扰。孩子想要一个玩具，可是没有买的必要，父母可以说带孩子去更好玩的地方，这样孩子很快就能忘记买玩具的事情，但是父母答应孩子的话要尽量实现。

心理箴言

美国儿童发展心理学家杜布森博士指出，父母在跟任性的孩子相处时，一定要尊重孩子、态度要和蔼，用他们容易接受的话来教导他们。父母要知道，2岁左右的孩子是不会故意惹父母生气的，只是开始发展自己的个性了而已。所以，父母不要误认为孩子不听话。

第5章

自我意识，教育孩子正确认识自我

孩子自我意识的出现预示着孩子的心理在进一步发展，父母要有意识地培养孩子的自我意识，让孩子在自我认识的过程中，对自己有更深的了解。

让孩子有正确的自我意识

孩子的自我意识，就是孩子对于自己以及自己与外界事物之间关系的一种认识。孩子的自我意识不是与生俱来的，而是从无到有逐渐发展起来的。刚出生的婴儿完全没有自我意识，只是在有生理需要时才知道自己的存在，随着年龄的增长，孩子与外界的接触越来越多，才逐渐发现自我，从而慢慢地认清并了解自我。

孩子的自我意识有哪些特点

3～4个月大的婴儿会以为自己和妈妈是一体的，他不知道自己和妈妈的区别，也不知道自己与别人的区别。

1岁左右的孩子开始怀疑，我是跟妈妈连在一起的吗？这个时候的孩子很粘人，希望妈妈一直在自己身边。

1～2岁的孩子会很好奇镜子里的人是我吗？孩子知道了自己的名字，知道用“我”来称呼自己，逐渐有了自我意识。

2～3岁的孩子已经有了自我意识的萌芽。这个时期的孩子总喜欢说不、喜欢自己尝试着做事情，有时候会爱发小脾气。

启发孩子的自我意识

父母应该多逗逗孩子、想办法吸引孩子的注意力，让孩子多看、喜欢看。这样，孩子的眼睛就会转起来，慢慢地意识到这是我看见的。

父母应该多和孩子说话，说话的方式可以夸张一点，以此引起孩子的注意，让孩子意识到这是我听到的。

父母要多刺激孩子的身体部位，抚摸孩子的小手、小脚，挠挠孩子身体的不同部位，也要让孩子多动手去摸一些东西、多感觉一些东西，让孩子意识到自己的存在。

那么，父母怎样做才能培养孩子正确的自我意识呢？

父母的态度要保持一致

3岁前的孩子其自我意识处于萌芽阶段，很容易受到别人评价的影响，因此父母就成了孩子的一面镜子，父母不仅要给孩子正面的评价，还要注意保持一致的评价。

快到吃晚饭的时间了，强强说："妈妈我饿了，我帮你做饭吧？"妈妈很开心，说："好，你帮我择菜吧，妈妈先教你。"强强很快就学会了，坐在小板凳上帮妈妈择了不少菜，妈妈夸强强真聪明、很能干，强强很开心。吃过晚饭后，妈妈教强强背乘法口诀，可强强怎么也记不住，不是忘了这个，就是记不住那个，妈妈着急了，说："怎么那么笨啊，这么简单的都记不住！"强强很纳闷："妈妈吃饭前不是还夸我聪明吗，我到底是笨还是聪明呢？"

父母评价孩子前后差异太大致使孩子很难对自己有正确的认识，不知道真实的自己应该是什么样子。因此，父母对孩子的评价要尽量前后一致。

让孩子正确评价自己

很多时候别人是出于礼貌而一直夸奖孩子；有时父母很生气会指责孩子，甚至贬低孩子。这样，会让孩子形成不切实际的自我认识。时间长了，孩子就会失去辨别是非的能力，对自己也不能做出准确的评价。

比如说，一个孩子很少出去跟小朋友一起玩，因为小伙伴们都说他很笨，而且长得很丑。所以孩子感到特别的自卑，他自己也觉得自己又笨又丑。当碰到这种类似的情况时，父母可以带孩子去看哈哈镜，观察镜子中自己各种扭曲的形象。进而向孩子解释，生活中别人的评价就像哈哈镜一样，并不是真实的自己，不要太在意，应该对自己有信心。

平时，父母应该多带孩子出去参加一些活动，多和小伙伴玩耍，这样孩子会发现自己的能力，发现自己的与众不同之处，从而对自己充满信心。

心理箴言

当孩子逐渐有自我意识后，就会做出一些反抗的行为，这是孩子人生中很关键的一个转变。这个时候的孩子有时会很倔强、发脾气，让父母很伤心，但是父母一定要理解孩子，了解孩子这一时期的心理特点，并且时常给予孩子关怀与支援。等孩子过了这个阶段，就会像以前一样对人友善，也会变得更加懂事。

孩子的照镜子训练

孩子对身边所有的事情都充满了好奇，不管是看到小猫小狗还是看到镜子里的人。孩子不仅喜欢照镜子，有时还会咿咿呀呀地说一些东西，有些父母看到孩子这样子时，就会很担心，是不是孩子的心理方面有什么问题呢？

育儿专家指出，孩子照镜子不仅不会影响孩子的健康，而且还有助于孩子提高自我认识。4～5个月大的孩子，对跟自己大小差不多的孩子比较感兴趣，他们还不知道镜子里面的小人就是自己。但出于好奇他们会用手去摸、打镜子里的孩子，为了吸引对方的注意，他们甚至还会模仿镜子里孩子的动作。

孩子的这种行为不仅可以提高孩子的运动能力，还能促进孩子的视觉、触觉、听觉等器官的发育。那么，对于3岁前的孩子，父母怎样通过“照镜子”来帮助孩子认识自己呢？

让孩子在镜子中认识自己

1～2岁的孩子，对自己还没有一个很清晰的概念，但是很喜欢跟自己大小差不多的孩子玩。父母可以利用孩子对同龄人的这种好奇心，给孩子照镜子，跟孩子说：“妈妈给宝宝带来一个小伙伴，跟宝宝一样可爱哟！”这个时候孩子还不知道镜子里面的“新朋友”就是自己，但是他会很好奇地摸镜子里的自己，这种方法能有效锻炼孩子的感知能力。

2～3岁的孩子已经意识到自己的存在，也知道镜子里的小人就是自己，这时他会认真观察镜子里面的自己有什么特点，以此来认识自己。

琳琳是个讨人喜欢的小丫头，5个月大的时候就知道照镜子了，见到镜子里的小人特别激动，她会用自己的小手去摸镜子里面的自己，还经常和镜子里面的自己玩得不亦乐乎。琳琳妈妈知道照镜子能够帮助孩子快速认识自己。所以，琳琳妈妈经常让琳琳跟镜子里的自己对话，在玩游戏、穿衣服时都会让琳琳看着镜子里面的自己。

父母是孩子的第一面镜子

2岁多的孩子刚刚有自我意识的萌芽，对自己的行为还没有判断对错的能力，这是这一时期孩子特有的心理特征。但是，孩子可以通过父母对自己的评价来判断自己的行为是否正确。当父母夸奖孩子很乖、很能干、很聪明时，孩子就会认为自己很棒。这样，父母就成为孩子的“第一面镜子”。

因此，父母一定要用客观的态度来评价孩子，以便让孩子更好地认识自己。

父母还应该以身作则，做孩子的榜样。2岁多的孩子模仿能力很强，父母的一言一行孩子都看在眼里。因此，为了孩子能够更加优秀，父母首先要让自己成为优秀的人。

让孩子对自己有正确的认识

孩子从别人对自己的评价中判断的自己可能并不是真正的自己，但孩子自己并不知道这一点，这时父母应该引导孩子，让孩子对自己有一个正确的认识。比如，当孩子听到别人夸自己能干而信心满满地什么都想干，却把事情弄得一团糟时，父母就要及时指出孩子的不足之处；当别人说孩子很丑很笨，而使孩子产生了自卑心理时，父母要能及时发现孩子的长处，想方设法帮助孩子摆脱负面心理。

这样，时间一长，孩子就能正确地认识自己，成为自己的镜子，也懂得如何让自己变得更好、更优秀。

“照镜子”确实藏着不少学问，不但能让孩子更快地认识自己，而且能让孩子正确地评价自己。所以，父母应该让孩子多“照镜子”，学会与人相处之道，知道自己的优点以及劣势。当孩子从心理上接受自己的优点和缺点时，就能对自己做出精确的定位了。

心理箴言

心理专家建议父母，孩子2个月以后，可以每周安排2次孩子照镜子并做一些适合孩子年龄的游戏。经过这样的锻炼，不但能促进孩子心理方面的发展，同时也会让孩子变得更强壮。

不要对孩子过分期望

在中国的家庭中，父母对孩子都抱有无限的期望，大部分都是“望子成龙，望女成凤”。这种期望在无形中给孩子造成了心理上的负担，再加上当孩子表现不佳时，父母总是抱怨、训斥，也会给孩子的心理方面造成阴影。

从孩子“呱呱坠地”的那一刻，整个家庭都在孩子身上寄予莫大的希望，希望孩子能够光宗耀祖、能够成为他们的骄傲。但是，每个人都有自己的追求，当父母的要求与孩子的意愿产生冲突时，父母应该尊重孩子的意愿，给孩子追求自由的权利，不能把自己的意愿强加在孩子身上。

过高期望不利于孩子成长

许多父母对孩子都有这样或那样的期望，但是当期望或者所提出的要求超出孩子的能力范围时，不仅破坏了孩子的成长秩序，也会给孩子带来极大的心理压力。父母对孩子的期望过高，会造成以下严重后果。

1. 进入一个“怪圈”。如果父母对孩子的要求过高，孩子很难去实现，这样父母会很难过、很伤心，就会训斥孩子，时常流露出失望的神色。而孩子会因此承受更大的心理压力，进而影响以后的发挥，这样又会使父母的期望变成失望，最终进入了一个恶性循环的“怪圈”。

2. 养成不良性格。孩子生长在压力很大的家庭环境下，精神会经常处于焦虑、紧张的状态中，为了能讨好父母，孩子容易出现撒谎行为。而撒谎也会增加孩子的心理负担，害怕父母发现了事情的真相而责骂自己，进而心里更难受。在这种环境下，孩子也很容易形成孤僻、自卑、不自信的性格。

父母给予孩子过高的希望对孩子的身心都会造成伤害，不利于孩子的健康成长。因此，父母应该摆正心态，给孩子一个自由成长的氛围。

了解孩子的内心世界

孩子懂事以后，便开始思考这个世界，思考他所遇到的每一件事，进而逐渐产生自己的想法和观点。他们对父母的世界以及发生的各种事情发表自己的意见和想法，说明他们有了独立思考的意识。

这时，父母应该尊重孩子的想法、理解孩子的心情、倾听孩子的诉说，在孩子想要发表自己的想法和观点时，给予积极的赏识和尊重。这样做不仅可以进一步锻炼孩子的思考意识和表达能力，还可以通过倾听孩子的观点发现和了解孩子的真实想法，从而纠正孩子成长过程中的一些错误思想。

父母千万不要忽略和压制孩子的想法，即使他们说得不对、即使他们的想法幼稚可笑，也不能嘲笑和打击他们；父母不要总是以自己的思维方式来要求孩子，要让孩子说下去、允许孩子把自己的意愿和想法表达出来。

许多父母也想尊重孩子的意愿和想法，但往往不知道怎样做才能更好地尊重孩子。那么，不妨按照下面的方法来尝试一下。

要学会尊重孩子的意愿和想法

1. 父母在决定之前，不妨先听听孩子的意愿和想法，尊重他的选择。现在的父母都希望自己的孩子多才多艺，成为一个优秀的人。那么，如果让孩子学，一定要仔细观察，选择一种比较适合孩子性情及兴趣的才艺。千万不要让他一下子接触太多，或强迫他学习没有兴趣的东西，破坏了他以后学习的信心和欲望。

2. 给孩子自主决定的机会。尊重孩子的权利，就是要征得孩子的同意，让孩子有选择的机会并且在尊重孩子的基础上给予引导，这也是民主家庭中父母为孩子应当负起的一个责任。

美国总统富兰克林出生在一个民主的家庭中，他们住在纽约美丽的哈德逊河谷的海德庄园里。幼年的富兰克林非常幸运，妈妈总是非常尊重他的意愿和想法。在一些非原则性的问题上，妈妈只是给富兰克林提些建议。这不仅促进了富兰克林与妈妈之间的关系，而且使富兰克林从小就非常有主见。

幼年的富兰克林长着碧蓝的大眼睛，鼻梁挺拔端正，一头金色的卷发显得英俊、神气，很招人喜爱。妈妈萨拉很喜欢用各种服装来打扮年幼的富兰克林。但是，妈妈为他选择的衣服，富兰克林却并不喜欢。

有一次，妈妈想给富兰克林穿带花边的套装，富兰克林大胆地说出了

自己的不满。

还有一次，妈妈想说服富兰克林穿苏格兰短衫，富兰克林又拒绝了妈妈的好意。最后，富兰克林和妈妈一致同意穿水手服。

关于这段故事，萨拉在她的《我的儿子富兰克林》一书中这样写道："父母们对于衣饰的品位虽然高雅，可是父母们执拗的儿女却并不喜爱。"可敬的是，富兰克林的妈妈并没有强迫孩子听从自己的意愿和想法，而是非常尊重孩子的意愿和想法。

萨拉是这样解释的："我们从来不曾试图对他施加影响，来反对他的喜好，或者按我们的模式规定他的人生道路。"

赏识孩子，就一定要尊重孩子的意愿和想法。当孩子想要向父母表达他的想法和观点时，父母要给他足够的时间和空间并耐心倾听孩子的话语。

当孩子在父母和客人谈话时突然想要发表自己的看法，不要打击和压制他们，而应该说："好吧孩子，你也来说说你的观点！"

当孩子主动和父母谈起他对某件事情的意愿和想法时，父母不要不耐烦地敷衍了事，而应该对孩子说："孩子，来，我们一起聊聊。"

心理箴言

孩子的边界父母不能随意去侵犯，孩子是一个独立的个体，我们要尊重孩子的选择，哪怕是三四岁的孩子。真正的教育是开放的、自由的、接纳的而非去控制。在教育孩子的过程中，父母的教育影响确实很大。

培养孩子独睡的好习惯

每天醒来躺在妈妈的怀抱里，这对孩子来说是最幸福的事情。但是，为了培养孩子的独立性，很多时候，妈妈不得不与孩子分开睡。而这种方式能培养孩子的独立意识，也能有效培养孩子坚强的心理。

很多父母都意识到让孩子独睡的好处，于是在孩子很小的时候，就开始锻炼孩子的这种能力。但是在这个过程中会遇到种种困难，首先一点就是孩子不愿意独睡，也不敢一个人睡觉。孩子不愿意一个人睡觉的原因是多方面的。

孩子自己方面的原因

1. 依恋父母。对于孩子来说，父母的怀抱最安全，只有在父母的陪同下，孩子才能真正安心，还有很多孩子即使在熟睡时，还会不定时地摸摸妈妈，以确定妈妈的存在。对孩子来说，有了爸爸妈妈的陪伴，心里才会踏实，才会感觉无比的幸福与安全。这就形成了孩子睡觉时对父母的依赖。

2. 父母不要我了。父母想让孩子独睡，孩子会认为是不是爸爸妈妈不喜欢我、不要我了。孩子会觉得没有安全感、会感觉失落、心理不安。于是，孩子就会很难入睡，即使睡着也容易醒来，即使睡着也容易做噩梦、哭闹不停，以此发泄自己心里的不安。

3. 孩子害怕。2岁左右的孩子会对身边很多事物产生恐惧心理，比如，害怕黑夜、害怕陌生的环境。而孩子在父母的怀抱里能得到保护，有了爸爸妈妈的怀抱，孩子的害怕心理就会好很多。因此，孩子特别不想独睡，不想离开父母的保护。

孩子不敢独睡，父母身上也有一些原因。那么，父母存在哪些问题呢？

从父母身上找原因

1. 抱着孩子入睡是一种幸福。现在社会竞争压力很大，父母忙碌了一天，回到家里能抱着孩子睡觉是件很幸福的事情，所有的压力与疲惫在那一刻都消失殆尽。孩子是父母奋斗的动力，是父母情感的寄托，孩子天真的笑容、可爱的小脸蛋能给父母带来很大的慰藉。因此，让孩子独睡，父母也会觉得很不习惯、不舍得。

这时，父母应该端正自己的态度。因为孩子是一个独立的个体，父母应该尊重孩子身心成长的规律，不能因为自己对孩子的喜爱，而剥夺了孩子独立成长的机会。

2. 孩子长大了自然就独立了。传统观念认为，跟孩子一起睡是一种传统习惯，它能很好地培养父母与孩子之间的感情。父母应该首先确保孩子充分得到了父母的爱，等孩子大一点再培养孩子的独立性也不晚。如果孩子有很好的独立性，但在感情上有缺失，岂不是会更加糟糕。独睡的问题应该顺其自然，孩子大了自然就能解决。

其实，一个人的独立性并不是自然形成的，而是需要精心培养。孩子应该充分得到父母的疼爱，但是如果因此不注意培养孩子的独立性就容易走极端，也容易宠坏孩子。因此，父母应该改变对孩子独睡的态度，积极引导孩子养成独睡的习惯，从小培养孩子的独立性，让孩子在适度的关爱中健康长大。

意识到培养孩子独睡的重要性后，父母就要积极培养孩子独睡的习惯。而培养的方法也有讲究，父母不能操之过急，而是应该根据孩子的心理承受能力采取相应的办法，循序渐进，逐渐让孩子适应独睡。

父母应该把握一定的分寸

在培养孩子独睡的习惯时，父母一定要把握好分寸，循序渐进。如果孩子已经养成与父母同睡的习惯时，父母不能急于求成，否则会适得其反，让孩子对独睡产生恐惧。

玲玲2岁多了，为了培养玲玲的独立性，父母决定从现在开始让玲玲养成独睡的习惯。刚开始，妈妈在自己的大床旁边放了玲玲的小床，晚上在大床上哄玲玲睡觉，等玲玲熟睡后就把玲玲放到小床上。早晨玲玲一醒来，妈妈就在她的身边，夸玲玲：“宝宝真了不起，睡自己的小床了，宝宝长大了。”妈妈这样做，玲玲并没有出现明显的不安、害怕。就这样过了一段时间，妈妈开始让玲玲一个人在小床睡觉。白天妈妈尽量带玲玲出去玩，让玲玲多活动。到了晚上，妈妈就安抚玲玲在小床睡觉，放上玲玲爱听的儿歌，玲玲很快就睡着了。

之后，妈妈开始让玲玲尝试独睡。妈妈跟玲玲一起布置玲玲的房间，

玲玲觉得很开心。房间里有玲玲自己挑选的动画墙纸、有爸爸妈妈的照片、玲玲自己的照片，还有玲玲心爱的玩具。每天晚上，爸爸妈妈都陪着玲玲，等玲玲睡着了再回自己的房间，玲玲很快就适应了自己睡觉。

玲玲的独睡过程能给很多父母带来一定启示，期间离不开玲玲父母的精心安排，当然与玲玲的接受能力也密不可分。

父母培养孩子独睡习惯时，应该坚持原则，不要轻易放弃。有时让孩子自己睡觉，孩子半夜醒来又会跑回父母的房间，父母就容易心软，结果前功尽弃。这个时候父母不要轻易放弃，应该坚持下去，把孩子送回自己的房间，哄他睡觉，等他睡着了再走。

在培养孩子独睡的过程中，父母也应该分清情况，灵活应对。孩子生病了、身体不舒服的时候需要父母的关心与呵护。这时，父母可以与孩子暂时同睡，等孩子康复了再让孩子独睡。

心理箴言

在培养孩子独睡习惯的过程中，刚开始父母要耐心地陪着孩子，等孩子熟睡了再离开。这样会让孩子觉得父母是爱他，不是不喜欢他或者是要抛弃他。孩子临睡前，父母一定不要给孩子讲一些恐怖的事情，而是要尽量营造温馨的睡眠环境，比如多给孩子讲讲故事、放放音乐等。

正确对待孩子的帮忙行为

生活中，孩子很喜欢帮忙，这说明孩子很体贴父母，热爱生活也热爱劳动。但3岁前的孩子，因为能力有限，结果总是不尽如人意，不但无法帮忙，反而会越帮越乱，这也是困扰很多父母的问题。

日常生活中，常见到这样的现象：小孩子兴奋地帮助父母做家务，比如帮着扫地，结果越扫越脏；帮着收拾餐桌，结果打碎了盘子；帮着洗衣服，结果把自己的衣服都搞湿了……而父母不得不跟在后面收拾残局。

2~3岁的孩子正处于自我意识的萌发时期，什么都想做，这属于正常现象。父母不用为此感到烦恼，应该积极鼓励孩子热爱劳动、鼓励孩子动手去做。毕竟孩子还很小，有帮忙的想法已经很可贵了，父母要尊重并理解孩子。事实上，在孩子“帮倒忙”的过程中，不仅是对孩子身体方面的锻炼，也能有效锻炼孩子的心理。所以，父母要正确看待孩子的帮忙行为。

要理解孩子的心理

父母要明白，孩子并不是有意弄乱弄坏，而是真心想帮助父母。但毕竟自身能力有限，动作协调能力还没有完全发育，孩子高估了自己的能力，这也是孩子自我意识的一种体现。孩子想在父母面前表现自己，想得到父母的认可与夸赞，父母应该理解孩子的这种心理。

琪琪快3岁了，不管什么事情都想帮忙做，结果却是越帮越乱。妈妈要洗衣服，琪琪也高兴地过来帮忙，结果不仅弄得全身都湿了，还把屋子里弄的到处是水；妈妈要择菜，她就伸手抓一把帮妈妈择，结果把烂叶都放到了盆里，好的菜叶倒是扔了不少，妈妈不得不重新再择一遍。妈妈很是烦恼，但又想到琪琪这个年龄，正是对什么都好奇、什么都想做的时候，如果去制止她的行为，不但打击了她的积极性，同时也阻碍了她探索精神的发展。于是妈妈想了一个招，夸奖琪琪说：“宝宝真是个爱劳动的好孩子，知道关心妈妈，妈妈好开心。但是如果宝宝能学着做得更好一点，妈妈就轻松不少呢。”琪琪听了很是开心。妈妈就耐心地告诉琪琪怎么择菜：“把不好的叶子扔掉，有虫子的叶子也要摘除，然后把菜分成均匀的小截。来跟妈妈比赛，看谁择的又快又好吧。”琪琪很开心地做了起来，并且真的有所进步。妈妈就忍不住夸琪琪：“琪琪真是妈妈的好帮手，宝宝，谢谢你！”

琪琪妈妈的做法很对，对待孩子帮倒忙的行为就应该有足够的耐心。当孩子把事情搞得很乱时，父母一定不能发火、不能唠叨抱怨孩子，而是应该跟孩子一起处理残局，引导孩子如何把事情做好，最终要让孩子明白，自己要为自己的行为负责。

孩子喜欢帮忙也有很多好处

孩子帮忙的好处主要有以下几点。

1. 培养孩子的责任心。在帮助父母干活的过程中，不仅提高了孩子的协调能力、控制能力以及精细动作的发展能力，更重要的是培养了孩子的责任心。

另外，即使孩子不主动帮忙，父母也应该让孩子做一些力所能及的事情，安排孩子做一些家务，让孩子知道父母也需要他的帮助。这样能培养孩子的自我意识，让孩子有自我存在的自豪感。

2. 教孩子学会感激。在孩子帮忙的时候，不管是不是真的帮到了，父母都要感谢孩子，让孩子明白只要努力去做就会得到肯定。尽管孩子反而给父母添了不少麻烦，父母也应该表扬孩子做得好的地方。这样，当父母为孩子准备好饭菜、洗好衣服时，孩子也会对父母说声谢谢。

有时候，孩子吵着要帮父母做这个做那个的时候，最后却跑到一边玩，把帮忙的事情抛在脑后。这时，父母也应该理解孩子，因为孩子天性爱玩，不要指望2岁多的孩子能够一丝不苟地做事情，他有这个想法已经很不错了。

那么，当孩子帮倒忙时，父母应该怎么做呢?

父母应该了解的一些小策略

1. 给孩子充足的时间。早晨吃过饭，孩子要帮父母收拾餐桌。可是孩子总是会把餐桌弄得一团乱，父母不得不花更多的时间去收拾残局。耽误一点时间，对孩子来说无所谓，可是却造成父母上班迟到的后果。对于类似的情况，父母可以跟孩子商量，早晨早起一点、早点吃饭，这样才能有时间整理。

2. 给孩子独立的空间。妈妈洗衣服，孩子也要过来帮忙。结果不但弄湿了自己的衣服，还把其他地方都弄得一片狼藉。通常妈妈都会告诉他，不能怎么做、该怎么做，最后还要花时间收拾整个房间。

当碰到这种情况时，妈妈可以给孩子专门准备一个小盆，让孩子自己洗自己的小毛巾、小袜子，并且给他固定的地方，各洗各的、互不干扰。

3. 准备合适的工具。小孩子最爱参与扫地的工作，看到父母扫地，孩子就会兴冲冲地过来帮忙。但是，家里大人用的工具孩子用的时候很费劲，一不小心孩子还会伤着自己。

这样，父母可以准备小的塑料工具，颜色好看的，这样孩子也喜欢、用的时候也方便。同时，父母还可以给孩子讲一些安全知识，让孩子在劳动过程中注意安全。

孩子帮忙，是体贴父母的表现，但往往会“帮倒忙”。父母要理解孩子的这一心理，这需要一个过程，在孩子学习和成长的这个阶段，父母要多一分宽容与耐心。

心理箴言

如果孩子帮了倒忙，父母就批评、训斥孩子，不仅打击了孩子帮忙的积极性，也会伤害孩子幼小的心灵。父母一定要耐心引导、鼓励并帮助孩子，努力让“帮倒忙”变成“帮到忙”，这样不仅增加了孩子的成就感，对孩子自我意识的发展也是积极的。

第6章

问题行为，孩子令人头疼的教养难题

在孩子的成长过程中，一些行为总会让父母头疼不已。同时，父母也禁不住担心这些不好的行为会影响孩子未来的发展。其实，有些行为是孩子这一时期所特有的，当孩子过了这一时期就会逐渐消失，但这并非意味着父母不管不问、任其发展，父母要了解孩子行为背后的原因，根据孩子的心理发展特点，用正确方式引导孩子尽快摆脱这些行为。

正确看待孩子的咬人行为

幼儿时期，嘴是很重要的器官。刚出生的孩子用嘴进食、吮吸，以此得到心理上的满足，同样也以此感知外面的世界。所以，会经常看到孩子咬玩具、吸吮手指等现象，这是孩子在探索世界过程中一种无意识的行为。

但是随着孩子的成长，孩子的语言能力、行为能力都会得到一定的发展，可能会出现用嘴咬人的情况。咬人是一种攻击行为，如果孩子经常有咬人的行为，应该引起父母的注意。

孩子牙齿开始发育

孩子几个月的时候，会出现吃奶时喜欢咬妈妈乳头的行为。这是因为孩子处于刚出牙时期，对嘴里的牙齿还不习惯，想通过咬妈妈的乳头来摆脱新牙。也有可能是因为妈妈没有抱稳孩子，孩子怕摔下去而出现的本能反应。

孩子出现这种情况时，妈妈可以将孩子的头扣向乳房，堵住他的小鼻子，孩子呼吸不畅时，会自动把嘴张开。父母还可以买一些适合婴儿吃咬的磨牙棒、牙胶等磨牙工具，来满足孩子的磨牙需求。

孩子几个月时会经常哭闹，很多父母怕宠坏孩子而采取冷处理方法，对孩子不理睬，但这样孩子就会发脾气，出现咬自己脚趾头的行为。哭闹是孩子身体不舒服，向父母发出的求助信号。父母要查明孩子有什么需求，是饿了还是穿衣服不舒服。父母一定要关心孩子，解决孩子的问题，孩子觉得舒服自然就不会再咬了。

咬是一种表达爱意的方式

很多孩子吃完奶后，会使劲咬妈妈一口，有时妈妈会埋怨孩子“这个忘恩负义的家伙！”其实，这是孩子对妈妈表达感激的一种方式。很多妈妈会忍不住剧痛而尖叫，这种行为可以理解，但最好不要这么做，因为会吓到孩子。妈妈可以捏一捏孩子的小鼻子，让孩子松口，然后陪孩子玩一会，让孩子知道妈妈很爱他。

但是大一点的孩子，在跟妈妈玩得高兴的时候也会出现咬妈妈的行为，有时候越让孩子松口，他反而咬的越狠。其实，孩子的想法是：“我很爱妈妈，忍不住想咬一口，以此表达对妈妈的喜爱之情！”

对于这种情况，有的妈妈会反咬孩子，这是不正确的处理方式，孩子会觉得这种行为是被允许的。妈妈要明确地告诉孩子，妈妈很疼，咬人不是表达喜欢的好方式。妈妈也可以咬一下他的手指让他体会一下疼痛，并引导孩子用语言、拥抱或者手势来表达自己的喜爱之情。

孩子在发泄自己的情绪

2岁多的孩子会出现喜欢咬别的小朋友的情况，有时是为了争玩具，但有时没有原因也咬人。这可能与父母的教育方式有关，如果父母经常打骂孩子，孩子就容易通过咬人的方式把自己不满的情绪发泄到别人身上。

莉莉2岁多一点，很文静，是个乖孩子，跟其他小朋友一起玩的时候，妈妈还总担心莉莉会受欺负。但是最近发生了让妈妈不敢相信的情况。在与小朋友一起玩耍的时候，只要有人让莉莉不高兴，莉莉就立刻咬人家，下嘴一点也不轻。有一次，莉莉又闯祸了，把邻居家的娜娜咬了，而且受伤不轻，妈妈很生气问莉莉为什么咬人，莉莉说：“娜娜不让我玩她的玩具。”但是，有时两人玩得很高兴时，莉莉也会咬娜娜，这让妈妈很迷惑。

其实，莉莉有一肚子的苦水。原来，娜娜奶奶说莉莉爱咬人是小狗，莉莉很生气。有时候莉莉想玩娜娜的玩具，可是跟她好好说没有用，还不如咬她有用。有时莉莉很喜欢跟娜娜一起玩，就高兴得咬她，她并没有什么恶意。但是却招来大人的批评，莉莉觉得很委屈。

对于莉莉的行为，父母应该弄清楚原因，积极教导莉莉。让莉莉知道咬人会对别人造成伤害，是不好的行为，可以通过正确的方式把问题解决掉。父母也要注意自己的教育方式，要反省一下自己，是不是在孩子不听话时，采取了暴力行为，这样也会使孩子去模仿。因此，父母要做好榜样，遇事用讲道理等冷静的方法处理。

孩子需要父母的关注

孩子在害怕时也会咬人。2岁左右的孩子还不能用语言清楚地表达自己的感受和意愿，如果孩子没有安全感、孤独，就会通过咬人来保护自己。因此，父母要关心孩子的内心需求，多给孩子一些爱，给孩子充分的安全感。孩子感受到父母的爱、父母的支持时，心里不再害怕，也就会逐渐改掉咬人的习惯。

3岁前的孩子很需要父母的疼爱，父母应该抽出时间好好陪孩子。其实，时间并不需要很长，只要与孩子相处，孩子就会感到开心和满足。父母可以每天定一个时间，专门与孩子互动，全家一起玩游戏，这样就能很好地增进与孩子之间的感情。

心理箴言

如果孩子在咬人时情绪非常激动，可能是因为孩子受了一些刺激。父母首先应该安抚孩子，稳定孩子的情绪，而不是指责、训斥孩子。父母应该注意孩子的情绪变化，要分析孩子咬人是出于什么心理，当孩子有咬人的倾向时，要转移孩子的注意力。孩子咬人时，应该对孩子进行严肃的教育，告诉孩子这种行为非常不好，但父母也要注意语气，让孩子知道父母依旧很爱他，这样孩子才能听从父母的教导。

要分清多动和多动症

有的孩子特别调皮，整天跑来跑去，家里只要能够得着的东西，他都会弄得乱七八糟，即便是刚买的玩具，不一会儿功夫，也会被拆得面目全非。一些父母很担心，自己的孩子是不是患上了“多动症”？

经常有父母咨询这样的问题：“我家孩子太爱动了，每天一会都闲不下来，是不是患了‘多动症’？”而事实上，孩子爱动并不是多动症。多动症是一种疾病，是一种异常的行为，很少有孩子会患上此病。因此，孩子爱动的行为可能只是孩子处在“正是调皮的时候”。但是，父母有必要知道什么是多动症、多动症有哪些特征，免得产生不必要的担忧。

产生多动症的原因

儿童多动症，是儿童注意缺陷和多动障碍的俗称，它是由于先天或后天的一些原因，使大脑内单胺类神经递质去甲肾上腺素、多巴胺、5-羟色胺失去了平衡，从而造成的一种极轻微的脑损伤症。很多人认为孩子的好动是心理问题，或者是由于不正确的教育、不好的环境致使孩子产生不良的行为习惯。而事实上，儿童多动症有以下原因。

1. 遗传因素。

2. 严重的铅中毒。

3. 孩子的母亲在怀孕期间大量吸烟或者酗酒，这样加大了孩子患病的几率。

4. 营养问题。孩子缺少维生素，食物添加人工色素、食品调味剂等都能引发多动症。

如果通过检查确定孩子得了多动症，父母要面对现实，不要过于内疚，而把时间浪费在寻找原因上，应该耐心引导孩子。父母要对孩子有信心，不能责骂孩子，这样只会加重病症。

孩子好动和多动症不是一个概念

孩子好动的行为与多动症有很大区别，主要有以下几方面

1. 注意力方面。好动的孩子在玩自己喜欢的东西时，能够全神贯注，并且讨厌别人打扰。而多动症的孩子不能有始有终，对什么事情都心不在焉。

2. 自控力方面。喜欢动的孩子如果有特别要求或者在陌生的环境下，能约束自己不动。而多动症的孩子坐不住，根本静不下来。

3. 行为方面。好动孩子的行为一般都有一定的原因和目的，而多动症孩子的行为多是冲动的，缺少目的性。

4. 生理方面。好动的孩子思维比较敏捷、动作协调能力好，没有记忆辨认的缺陷，而多动症的孩子学习能力不足。

天天2岁了，妈妈很担心他，觉得天天患上了多动症。因为天天每天都会动来动去，只有在看电视时才会安静一会儿，如果看到自己感兴趣的，能看两个小时。但是如果让天天玩玩具和画画，他就一刻也待不住了，不

到一分钟就会换另一个，没有一个玩具能玩很久，而且他特别喜欢摔东西、爱发脾气。这让天天的妈妈很着急，也很担心。孩子是不是患有多动症呢，如果不是应怎么改变孩子的这种行为呢?

说2岁的孩子患有多动症未免太早，孩子这个时候正处于“第一次反抗期”，有这种行为也属于正常。父母可以教孩子拼图、涂色，以便慢慢引导孩子，培养孩子的耐性。

其实，好动是孩子的天性。研究发现，孩子在18个月以内处于感知运动能力的发展期，如果这个时期孩子的行为没有受到很好地调整，会造成孩子感知与行动之间的联系产生障碍，进而引发孩子情绪不稳定，容易冲动行事。因此，父母对于好动的孩子，应该适当调整一下。

调整孩子的好动行为

1. 鼓励孩子进行长时间的活动。父母在给孩子讲故事，教孩子画画、识字时，应注意培养孩子的注意力。当孩子对事情有了一定的兴趣之后，可以逐渐延长孩子花在上面的时间。在做事情时，应该教孩子一步一步完成，完成一步后再进入下一步，这样能增加孩子的兴趣。

2. 安排有动有静的活动。对于好动的孩子，父母不要苛求孩子什么时候都能保持安静，应该教会孩子该安静的时候安静、该玩的时候好好玩。比如玩游戏时就好好地玩、尽情地玩，画画或者猜谜语时就要保持安静。

3. 要有合理的规矩。父母要给孩子充分的自由，但是也应该给孩子制定合理的规矩。这样孩子才能知道什么样的行为正确，并且能学会控制自己的欲望、保持安静。

4. 合理的饮食。孩子爱动，和饮食有一定关系。如果孩子每天吃很多大鱼大肉、高蛋白一类的食物，就会表现得很有精力。研究表明，如果孩子经常喝含兴奋成分的饮料，不爱吃蔬菜或者含铁较多的食物，就容易患多动症。因此，父母要保证孩子有个健康的饮食习惯，避免孩子挑食、偏食。

心理箴言

3岁前的孩子有很强的好奇心，对外界充满了探索精神，这是孩子这个时期的成长特点。对于爱动的孩子，父母不能采取高压政策，否则会适得其反，应该积极地疏导，这样才能让孩子从心理方面真正地接受。

要了解孩子“冷热脸”心理

“刚才还缠着妈妈，说有多爱妈妈，多喜欢妈妈呢，爸爸一回来就把妈妈给忘了！”很多父母都有过这种体会，孩子变化也太快了吧。那么，孩子出现这种行为，究竟出于什么心理呢?

孩子两三岁时，父母应该有过这样的体会，会感觉一会儿自己是孩子的“最爱”，一会儿是孩子的“次爱”，这让父母摸不着门。其实，这种现象表明了孩子的认知和情感能力在逐步发展，孩子在这个阶段已经开始探索复杂的人际关系，进而从中掌握一些处理关系的技巧。

或许，孩子的父母正在遭受这种折磨，并为此烦恼。但是孩子的这种行为确实能够锻炼孩子与人保持距离的能力，也能让孩子认识到自己的独立性，并且锻炼自己处理事情的能力。

因此，父母不必苦恼，要理解孩子。那么，孩子为什么会出现“冷热脸”心理呢？那就看一下孩子是怎么想的吧。

孩子得到了父母充分的爱

孩子出现这种情况时，首先他觉得父母都非常爱他，他与父母的感情非常深厚，对自己也非常自信，认为自己即使“抛弃”了其中一个，爸爸妈妈还是依旧都很爱他。因此，当孩子只缠着爸爸，让妈妈走开时，妈妈也不要生气，孩子的话并不含有任何人身攻击。

一个风和日丽的星期天，爸爸带着2岁的豆豆去附近公园玩耍。爸爸与豆豆玩得非常开心，爸爸给豆豆讲故事，豆豆听得非常入迷，夸爸爸讲得好，说爱死爸爸了。然后又和爸爸一起玩积木，玩得不亦乐乎。回到家里，豆豆见妈妈在家，就一头钻进妈妈的怀里，爸爸被丢在一旁。吃晚饭时，豆豆嚷着让妈妈喂、让妈妈抱、让妈妈吃好点、说好吃的要留给妈妈吃，把去公园与爸爸一起开心玩耍的事情忘得一干二净。

吃过饭后，爸爸想哄豆豆睡觉，可是豆豆却去找妈妈，嘴里还喊着“我要妈妈！”爸爸觉得好伤心，心想：这是我儿子吗？太伤自尊了！

其实，爸爸应该理解孩子的这种行为，这种行为也是孩子寻找自我的一个开始。

孩子在展示自己的能力

有时候，孩子只要一方，而把另一方抛弃的行为是在向父母展示自己的能力，他想让父母觉得自己有能力处理好自己与其他个体的关系，并且孩子觉得与一方在一起时，他将会得到这一方的全部关注。这个时候孩子开始懂得用语言表达自己的情感和要求，而且也懂得如何选择，这是孩子成长必须要经过的一个过程，也是其心理发展必要的阶段。

因此，父母不要为此苦恼，应该理解这是孩子成长过程的正常表现。但是，在这个过程中，父母也应该给予孩子正确的指导，以免孩子会向不好的方向发展。

父母不要有什么情绪

如果孩子抛弃了自己，喜欢一方胜过喜欢自己，很多父母都会觉得心酸，觉得白疼孩子了。其实，大可不必这样，父母应该摆正自己的心态。父母可以这样想，孩子跟一方建立亲密的关系时，自己就可以有更多的时间做自己的事情，应该感到轻松。

但是孩子跟父母说出比较过分的话，比如“讨厌你”之类的时，父母应该让孩子知道，他这样说父母心里很难受，但不要让孩子因为自己的做法而感到内疚。如果孩子又重新回到一方的怀抱，就要张开双臂迎接孩子，像什么事情都没发生过一样。

如果父母想让孩子跟爸爸妈妈保持良好的关系，父母可以有自己的角

色定位，这样孩子就不会只黏着一方。比如爸爸是玩游戏大王，教孩子玩各种有趣的游戏；而妈妈有温暖的怀抱，躺在妈妈怀里可以睡得更安稳；爸爸讲故事很厉害；而妈妈在给自己洗澡时很舒服等。这样，父母各尽其职，孩子有规律的生活，就不会想着去打乱这种氛围。

让孩子逐渐适应

现在的生活压力很大，父母必须要为生活奔波，有时候爸爸妈妈需要出差一阵子，回到家后就会发现孩子对自己有一些疏远。这个时候，父母不要太着急，要多给孩子一些时间来适应自己、熟悉自己，因为很多孩子都是慢热型。

父母也可以采取这样的办法，跟另一方商量，让他偶尔消失一下，以此给自己更多时间和孩子玩要、交流。

即使孩子冷落了一方，父母也应该积极应对，用积极的方法来解决。比如说，可以玩一些必须三个人玩的游戏，如捉迷藏或打仗等。

如果父母做了努力依旧得不到孩子的喜爱，也不要为之发火，可以静静做自己的事情，偶尔关注一下他们，等孩子主动邀请时，再快乐地加入他们。

心理箴言

在孩子出现这种“冷热脸”的心理时，父母首先不要责备孩子，也不要跟另一方去竞争拿好玩的东西诱惑孩子，应该关心孩子，支持自己的爱人，放平心态。也可以跟爱人一起谈心，想想怎么能做得更好。

正确看待孩子的反抗行为

心理学专家研究发现，3岁左右有反抗行为的孩子随着成长很容易成为一个心理健康、积极进取的人，没有一点反抗精神的孩子，性格通常比较自卑而且优柔寡断。

父母都知道有这样一种现象，叫“可怕的两岁儿”，就是两岁左右的孩子开始进入一个比较特殊的时期“第一次反抗期”，这个时期一般持续4～6个月的时间。在这一时期，孩子的想法是离开父母的保护，做自己喜欢做的事情。不论是什么事情，孩子们都想用自己的努力、自己的方式去解决。因此，当父母说不能这样或那样做的时候，他们就会反抗。如果有的事情不能按照孩子的意愿去做时，他们可能会大发脾气，急得又哭又闹。事实上，这种行为是孩子的内心欲望没有得到满足、孩子表达自己不满情绪的一种方式。反抗行为不但体现了孩子的独立意识，同时也是其心理发展的必须过程，所以要正确看待孩子的反抗行为。

要正确看待孩子的反抗

一位著名的专家做过一个这样的实验。把2岁左右的孩子分成两组，其中一组的反抗行为比较强，另一组的反抗行为相对较弱。结果发现，反抗行为强烈的孩子中，大概80%的孩子长大后有很强的独立判断能力；而反抗行为不那么明显的孩子中，仅有24%的孩子长大以后可以自立，但是他们的独立判断能力不是很强，表现得优柔寡断、有比较强的依赖性。

由此，专家得出这样的结论，孩子的反抗行为其实代表着孩子有自己的想法，不想受外界的影响与支配，这个时期正是发展孩子判断力的好时机，父母一定要重视。

所以2岁左右的孩子如果出现了反抗行为，并不是代表孩子有什么坏毛病。父母应该尝试着突破传统思想的束缚，勇敢接受孩子的想法、看看孩子的内心真正需要什么。

反抗的表现形式

1. 害羞。孩子害羞，是孩子开始产生自我意识的表现，父母不用着急于去改变他。但是如果孩子太过害羞，父母就应该找出问题的原因并及时解决。

2. 竞争意识。2～3岁的孩子会有很强的竞争意识，做游戏或者做其他事情时总想超过别人。比如，很多父母会听到孩子说："我有一个很漂亮的芭比娃娃，你没有。"而另一个孩子会说："我妈妈刚给我买了一个新的芭比公主，比你的好看多了。"而实际上，第二个孩子可能根本就没有新的娃娃，但是孩子会为了表现得比别人强而去说谎。在这个时期，父母不应该训斥孩子的说谎行为，而是首先应该明白孩子为什么会这样，再下判断。对于孩子的好强行为，父母表现出来的态度很重要，父母应该鼓励良好的竞争，这样可以促进孩子自尊的形成，同时也会促进孩子完成人生的"第一反抗期"。

3. 爱反抗。2岁左右的孩子开始公然跟父母作对，父母不让孩子做什么，可他偏偏要去做，往往把事情搞得一塌糊涂。这个时期的孩子想表现自己的独立性，也有很强的自尊心，一般不愿意接受批评，也容易和别人闹矛盾。面对孩子的反抗行为，父母不要过于担心孩子长大以后会很叛逆。研究表明，孩子在婴幼儿时期如果没有反抗行为，长大以后意志力可能会比较薄弱。所以，如果孩子有反抗行为，是件好事，但是父母一定要注意，不能放纵孩子。

帮助孩子度过“反抗期”

面对孩子的反抗，可以有以下解决方法。

1. 满足孩子的合理要求。父母应该相信孩子有相应的能力、应该满足孩子的好奇心。比如，孩子想去玩水，你就给他准备好救生圈；孩子喜欢自己穿衣服，就让他自己去穿，他穿不好时，你再去帮他；孩子想要扫地，就让他扫，哪怕会越扫越脏。这个时候，父母满足孩子的合理要求，让孩子在亲身经历的过程中积累生活经验、体验成功的快乐，这样孩子可以愉快地度过“反抗期”。

2. 父母要理解并尊重孩子。如果一定要孩子服从你的指导，父母要注意语气，不要用很强硬的命令口吻“必须要怎么样”或“不许怎么样”，而应该用平等的姿态征求孩子的意见、尊重孩子的想法。如父母可以用商量的口吻说：“等你玩完积木去洗澡，好吗?”这样不仅注意到了孩子的自尊心，孩子也会很愿意去接受父母的意见。

心理箴言

父母不要小瞧这个反抗期，这个时期是孩子独立个性形成的关键时期，也是孩子心理发展的关键时期，父母一定要有一个正确的教养态度，才能使孩子形成优秀的个性品质。

正确看待孩子的打架行为

小孩子之间偶尔打架并不稀奇，可是很多父母溺爱孩子，很难接受这种行为。有时候打架的孩子之间并没有什么事情，可是双方父母却闹得很不愉快。所以，父母要了解孩子打架这一行为背后的心理原因，当了解到这是孩子成长过程中不可缺少的步骤时，再面对孩子的打架行为时也就不会大惊小怪了。

3岁前的孩子一般还不明白事情的道理，更不知道事情的轻重，如果父母任其发展，孩子动不动就打架，这样非常危险。那么，父母应该怎样解决孩子之间的打架问题呢？

不要对孩子进行误导

孩子打架时，有很多父母的处理方法不正确，常见的有4种错误的应对方式。

1. 父母不弄明白事情的原因就制止孩子打架。

2. 父母什么也不问，就开始训斥自己的孩子，以显得自己很公平或者为了发泄自己不愉快的情绪。

3. 父母发现自己的孩子吃了亏，就吓唬或训斥对方小朋友。

4. 父母与对方的家长闹得很不愉快，有的甚至大打出手，成为“冤家”。

很多孩子打架只是在玩游戏或者只是模仿动画片里的角色，父母应该谨慎对待。

让孩子心平气和地解决问题

解决孩子打架问题的关键在于从小培养孩子保护自己的意识以及引导孩子用积极的方法解决问题。

孩子发生冲突时，父母可以告诉孩子对小伙伴说：“我们不打架，我们可以轮流玩。”如果孩子学会用讲道理的方式对待小伙伴，父母应该夸奖孩子。时间久了，孩子可以明白道理的作用，也可以让孩子体会到和平解决的好处。

一天，2岁多的丫丫从外面回来，一副不开心的样子，妈妈问丫丫是怎么了的时候，才注意到丫丫的腿上有伤，好像是被挠了。原来丫丫跟小伙伴一起玩时打架了，腿上的伤是被小伙伴抓的，妈妈很是心疼也很伤心，说：“以后谁要是欺负你，你就打他!”第二天，一位妈妈找到丫丫家里，原来丫丫在跟她家女儿玩的时候，打伤了她的女儿，而且伤势比较严重。

这位妈妈的教育方式显然有些不恰当，父母心疼孩子的心情可以理解，但是当孩子受到伤害时，可以用讲道理的方式教孩子保护自己，但同时不能伤到别的小朋友。另外，父母也应该注意自身的言行，给孩子正面的引导。

正确处理孩子的打架行为

父母在处理孩子打架这个问题时，应该注意下面几点。

1. 如果问题非常严重时，父母首先要制止孩子的打架行为，避免孩子受到伤害。然后平复孩子的情绪，问明白打架的真正缘由，如果是自己孩子的错，父母应该给他讲清楚哪些地方不正确，并且让孩子知错就改，对小朋友说对不起。如果是对方不对，父母应该指导自己的孩子学着用正确的方式处理问题。

2. 父母应该宽以待人、文明礼貌。父母要给孩子树立良好的学习榜样，切忌因为孩子们之间发生了问题而引起大人之间的不愉快。所以，孩子之间的打架如果是因正常交往发生的，父母就不要小题大做、不要过多去干涉。

心理箴言

孩子与其他小朋友打架时，父母应该放手让孩子学着自己去解决问题，如果自己的孩子犯了错，就需要要求他向别人道歉。另外，平时父母也可以设计很多情景，与孩子进行不同角色的表演，这样孩子更容易明白，拳头有时是有用的，但是不能乱用。

让孩子学会控制自己的情绪

情绪就是感觉以及随着感觉而产生的想法、生理变化和心理变化，它预示着要进行某些行为的意向。恰当地表达自己的情绪、善于利用情绪是情绪管理的重要元素。0~3岁的孩子已经有了恐惧、生气、快乐、好奇等情绪，父母应该引导、教育孩子如何管理自己的情绪。

有利于身心健康的积极情绪

1. 感恩。爱在情绪之中最具有威力，但它有不同的表现形式，感恩就是其中一种。喜欢用语言或具体行动表达自己感恩之情的人，他的人生也充满快乐。所以要让孩子懂得心存感恩，努力让自己的人生充满欢乐。

2. 好奇心。一个人如果有很强的好奇心，他会发现生活充满了神奇，也能充分发挥自己的潜能，所以要让孩子保持好奇心，这样孩子才能收获很多知识并感到快乐。

3. 信心。自信心是每个人都渴望拥有的，也是一个人成功的关键因素。但很多人缺乏信心、很多人因为害怕而不愿意去尝试，选择退缩，结果一事无成。而很多有所成就的人，都对自己充满了信心。所以，要培养孩子的自信心。

4. 快乐。快乐具有消除失望、难过、沮丧等消极心理的威力。要让孩子始终保持快乐，即便遇到困难，也要教会孩子以乐观的态度面对。

5. 活力。如果生活中缺少活力，就很难在生活中得到快乐。要让孩子始终充满活力，这样才能保持开朗、乐观的心情。

帮助孩子管理情绪

孩子3岁以前的情感经验对他以后的人生有永久的影响，这个时候如果孩子不能集中精力、脾气暴躁、自卑、有破坏性、没有毅力的话，会直接影响其以后的品行素养和个性发展。因此，父母应该尽早察觉到孩子的情感需求，帮助孩子认识自己的情绪并管理好自己的情绪。

1. 让孩子认识情绪。要想孩子能够管理好自己的情绪，首先要教孩子认识自己的种种情绪。生活中，父母随时可以指出孩子的情绪，如高兴、期待、孤独等，这样不但能增加孩子的情绪词汇，还能让孩子学会表达出自己的情绪。

有很多父母有意识地跟孩子谈心，这样可以帮助孩子仔细体会自己当时的具体感受。但是父母要注意的是，当孩子很愤怒时，他可能会对识别情绪很反感。父母可以先等孩子冷静下来，然后跟他谈一谈他当时的感受。当孩子能认识的情绪越多，说明他越能够清楚地表达自己的情绪，而当孩子能准确表达自己的情绪时，就预示着他能很好地处理自己的情绪，其管理情绪的能力也在不断提高。

2. 不要绑架孩子的情绪。

一天，小米在画画，妈妈发现小米在墙壁上、书上到处乱画，很生气，冲着小米大声说："小米！你这样做，妈妈很生气，妈妈很不喜

欢。”小米撇了撇小嘴，想哭。妈妈又说道：“不许哭！”

其实，妈妈的这种做法很不正确，父母应该尽量不要这样和孩子说话。这样一来，孩子会认为他应该对父母的情绪负责，在心里也容易产生自责和内疚感。

父母正确的做法应该是，让孩子知道他的行为会产生什么不好的后果，让孩子学着对自己的行为负责，而不是对父母的情绪负责。比如有时候孩子哭闹之后，等他平静下来了父母可以跟她说：“你知道吗，你哭闹时，妈妈也好烦，但是重要的是，你哭闹浪费了很多时间，不然你就可以早点吃饭后多玩一会了……”这样教育孩子对自己的行为和情绪负责。

父母也应该对自己的情绪负责，给孩子一个模范作用。如果父母的情绪很不好，但跟孩子无关，那就直接跟孩子说，妈妈现在心情不太好，是因为其他的事情，所以先让妈妈单独待一会，等我好了再跟你一起玩。这样，孩子就可以慢慢地学会心情不好时先冷静一下再处理，这样他也可以明白有不好的情绪并不是犯了大错。

3. 给孩子处理自己情绪的机会。孩子因为一些事情发脾气时，父母本能地会想去安慰孩子。但是如果父母意识到消极情绪的作用，就会明白不用急于让这些坏情绪消失，而应该给孩子机会，让他学着管理自己的情绪、学着自己让自己慢慢平静。这样，孩子控制自己情绪的能力就能得到很好的锻炼。

但是对于不到2岁的孩子，父母应该先转移他的注意力，把他哄好，然后再给他讲道理。面对孩子的哭闹，父母可以这么做，先问一下孩子是否需要帮助，如果不需要的话，可以先不帮他，或许他很快就没事了。在这个过程中，父母可以用旁观者的态度帮助孩子更快地恢复自己的情绪。

心理箴言

孩子能否管理好自己情绪的关键在于孩子是否能够做到减少负面情绪的产生。但是负面情绪的产生也并非孩子能控制的，所以首先要让孩子学会接受，然后父母再帮着孩子缓解这一情绪。当孩子学会管理自己的情绪时，其心理会更加健康。

要正确看待孩子的“色行为”

孩子到了2岁左右时，有的小男孩喜欢玩弄自己的小鸡鸡，甚至小女孩也会有类似举动，父母看到会觉得很尴尬，不知道该如何跟孩子沟通，也有的父母直接粗暴训斥孩子，把孩子弄得哇哇大哭。

孩子的这种行为并不是因为孩子的道德品行有什么问题，而是因为孩子的生理发育与智力发育都还不成熟，他们的这种行为并非出自于性。因此，玩弄生殖器是孩子成长过程中很正常的行为，父母不用过于担心。否则，父母因为过于紧张而打骂孩子，会增加孩子心里的内疚感与羞耻感，给孩子留下心理阴影。另外这个年龄的孩子对自己行为的控制力比较差，如果父母一味地强制孩子，孩子会更加痛苦。

孩子出现“色”行为的原因

1. 孩子缺少安全感。孩子有这样的行为与自己的心理因素及周围环境有着紧密联系。如果平时父母对孩子缺少关心、跟孩子的关系比较淡、对孩子缺少爱与呵护，孩子就会通过这种方式来寻求安慰，以此释放自己的孤独、自卑的情绪。

2. 成年人经常逗弄孩子的敏感部位。在孩子小时候，父母或者其他人经常拿男孩的小鸡鸡开玩笑、去逗他，这样会使孩子的生殖器经常性地受到刺激，而使孩子有微妙的感觉，甚至会使孩子对自己的生殖器有很强的好奇心。

3. 不注意卫生。很多父母对孩子的清洁卫生认识有一些错误。他们以为把孩子的脸、手、脚做好清洁工作就可以了，而忽视了对孩子生殖器的清洁。孩子的生殖器官非常敏感，有可能因为不卫生而产生瘙痒，这样孩子就会用手抓挠来解决，这样也会产生快感，久而久之养成习惯。

采取正确措施应对孩子坏习惯

如果孩子已经养成了这个坏习惯，父母应该怎么办？

1. 丰富孩子的生活。孩子对性的好奇没有意识、不固定并且比较盲目，父母可以丰富孩子的生活，带孩子多出去进行一些有趣的活动，培养孩子其他方面的兴趣爱好，把孩子的心思和注意力转移到比较有意义的活动上。

2. 回答问题时态度要自然。如果孩子问有关性方面的问题时，父母不要去欺骗孩子，也不用觉得不好意思，让孩子觉得很神秘，要用很自然的态度回答。这是因为孩子提出这样的问题，可能只是随意提问并不是有意的，也没有什么恶意的想法。如果父母表现得很尴尬或害羞，只会增加孩子的好奇心，对这些问题会牢记在心。

父母可以用科学名词来解释孩子的生殖器，并且告诉孩子应该保护它，不要随便玩弄。但父母回答问题时也不要超过孩子的理解能力，不要讲得太过深奥，语言应该简单易懂，这样孩子也会正确看待这个问题。

3. 减少刺激。睡觉时如果不经意间碰到孩子的敏感部位，使孩子受到一些刺激，也可能让孩子养成摸弄生殖器的坏习惯。父母应该注意给孩子穿宽松一些的内衣内裤、注意孩子私密部位的卫生等。

心理箴言

当父母发现孩子的“色行为”时，不要一味训斥孩子，而是应该正确教导孩子，告诉孩子生殖器与身体的其他器官都一样，是身体不可缺少的一部分，要好好保护它，除了检查身体或者洗澡时可以碰，其他时候不能随意碰，不然就是不讲卫生、不懂礼貌的行为。

正确看待孩子的说谎行为

蒙台梭利曾经说过，撒谎是孩子心理畸变中最严重的缺点之一，但也是孩子在日常生活中经常会出现的现象。如果父母对孩子的撒谎行为强制地进行压制，很容易会给孩子造成内心的不安与内疚，对孩子的心理健康发展有不好的影响。有时候父母学着去“忽视”，反而会慢慢消除孩子的说谎行为。

对孩子的说谎行为要保持平常心

很多时候孩子说谎并不是为了去伤害别人，父母不能随便把孩子的撒谎行为与孩子的道德品行连在一起，更不要因为孩子的一次谎话就给孩子贴上“小骗子”、“爱撒谎”、“吹牛”等标签。因为这样做不但无法消除孩子说谎的坏毛病，反而会增加孩子说谎的次数，甚至可能会使孩子真的成为“说谎专家”。

对于孩子的说谎行为，父母要保持一颗平常心。父母最好不要随便拿自己的孩子跟别人的孩子作比较，而对自己的孩子寄予很高的期望，而是应该根据自己孩子的实际情况、特点和兴趣来教育孩子。

找到孩子说谎的真正原因

孩子说谎有许多方面的原因，有的孩子撒谎是有意识的，而有的孩子则是无意识的，父母应该找到孩子说谎的真正原因。

1. 因为我害怕。2岁左右的孩子已经开始有了一些基本的是非判断能力，如果孩子发现自己做错了事，本能地会害怕受到父母的惩罚。尤其是孩子有过因为做错事被批评或者惩罚的经历时，当孩子做错事情后，为了逃避惩罚就会编造一些谎话来隐藏做错的事情。

2. 那只是我的想象。孩子到了2～3岁左右，所见所闻逐渐广泛并丰富起来，也有了很强的语言表达能力和想象力。这个时期的孩子有时会凭借自己的意愿去幻想，用自己想象的东西去代替现实，另外他们的记忆也并非准确，有时会把想象的东西与现实的东西混淆。这个时候，孩子说谎只是把自己心中的愿望表达出来，这些都与孩子的品行无关系。

3. 我只是想表现自己。孩子在父母的爱护和教导下，自我表现能力开始发展起来。到了2岁左右，他们的表现欲望更为强烈。当孩子会背诵了一首诗、帮父母完成了一项任务或者画了一幅自己非常满意的画时，就会很开心地向父母炫耀。但是在这种渴望表现自己的心理的推动下，孩子可能会不由自主地说出一些不是事实的"大话"，而这些"大话"会被父母误认为就是说谎。

4. 我这是跟别人学的。

一天晚上，丫丫和爸爸妈妈一起吃晚饭，丫丫说："妈妈，邻居家

的小明去游乐园玩了，他说可好玩了，我也想去，妈妈周末带我去好不好？”妈妈满口答应：“那宝宝赶紧吃饭，周末一定带你去。”可是到了周末，丫丫妈妈却因为公司有重要的安排，没有带丫丫去玩。丫丫很伤心，说妈妈骗人，以后再也不相信妈妈。

其实，出现这种情况可能也是常有的事情，父母一定要处理好，不能给孩子留下不好的印象。

2岁左右的孩子有很强的模仿能力，父母在人际交往中一句不经意的善意谎言可能就会被孩子模仿。如果父母时常在孩子面前说一些小谎话，以后遇到同样的情况时孩子也会说谎。另外，如果父母对孩子的期望过高，而孩子没有能力做到，为了讨好父母，孩子很容易用说谎来满足父母的要求，所以父母不要给孩子太多的压力，以免得不偿失。

对孩子进行正确的教导

在父母搞清楚孩子说谎的原因之后，要以和蔼的语气引导孩子发现错误，而不是简单地对孩子进行批评、训斥，要懂得尊重孩子，努力处理好跟孩子的关系，与孩子成为知心朋友，跟孩子有更多的交流，这样孩子也就不会用说谎来保护自己。

如果孩子知道自己做错了事情但害怕承担结果而去说谎时，父母应该多去了解孩子，知道孩子真正需要什么。平时父母应该多与孩子沟通交流、多了解孩子的真实想法，让孩子感觉到父母对他的爱与呵护。

父母在教导孩子诚实的同时，首先自己应该以身作则，做孩子的榜样，不能给孩子许下自己做不到的承诺，要做到言行一致、遵守信用。父母犯了错也要及时向孩子承认错误并及时改正，这样可以保证孩子向好的方面发展。

心理箴言

3岁前的孩子撒谎、编造故事的行为是一种正常现象，只要父母一直给他树立好的榜样，随着孩子年龄的增长，其心理方面也会逐渐成熟起来，慢慢地，孩子也就不会说谎了。

正确看待孩子的嫉妒心理

嫉妒是孩子成长过程中一种正常的情绪反应，父母应该要理解，但是如果长期发展下去，将来孩子可能成为一个不容易被接纳的人。所以，如果孩子有很强的嫉妒心理，父母就应该对孩子进行正确的教育，引导孩子改掉这个心理。

认识水平的限制导致嫉妒心

孩子产生嫉妒的情绪，很可能受认识水平的限制，孩子对别人拥有而自己没有的东西通常会非常羡慕进而会转化为嫉妒，这是很正常的现象。在日常生活中，父母应该多和孩子沟通，了解孩子心理真正需要什么，从而知道孩子产生嫉妒的原因。比如，丫丫有一个漂亮的芭比娃娃我没有、小强有好玩的机器人我没有等。只有清楚孩子产生嫉妒的原因，父母才能找到解决孩子嫉妒心理的突破口。

圆圆的舅妈带着儿子壮壮来圆圆家里玩。壮壮1岁多一点，非常好玩、爱笑，家里人都很喜欢他。奶奶给壮壮做好吃的、妈妈跟壮壮一起玩游戏、爸爸还一直逗壮壮开心。家人的举动让圆圆心生嫉妒，最后壮壮想要玩圆圆的玩具时，圆圆发火了，她把壮壮推倒在地上，大叫："别动我的东西，你别在我家，走开！”吓得壮壮大哭起来。

圆圆是因为壮壮夺走了长辈对自己的关爱而心生嫉妒，讨厌壮壮。作为长辈应该考虑到这一点，不要忽略了圆圆，应该带圆圆一起玩，小孩子也有很强的自尊心，都希望被注意。但是，父母应该告诉圆圆，壮壮还小，作为姐姐应该好好照顾他。

孩子们表达自己情绪的方法简单直白，但又很真实，他们不会像大人那样会隐藏自己内心的想法。所以，他们很可能会说：“不要你比我强！”孩子们的想法会清楚地写在脸上、表现在行动上，父母只要稍加注意就能明白是什么原因。

要耐心倾听孩子的想法

孩子的嫉妒心理是直接的、真实的，它不会像成人那样，可能夹杂着很多社会原因，孩子的嫉妒只是自己的愿望没有实现而本能产生的一种心理反应。所以，父母切忌不顾缘由地对孩子的嫉妒心理进行训斥，要学着去倾听孩子的心里话，理解他们不能实现自己的愿望而产生的失望情绪，这样孩子的嫉妒心理才可以得到宣泄。

此外，父母应该帮助孩子分析愿望不能实现的原因。这个时期的孩子主要用具体想象的思绪方式，他们一般不能够对事情进行全面的分析，而往往将自己的嫉妒心理简单地认为是自己的原因或者是所嫉妒对象的原因，而想不到其他方面的原因。所以，父母应该引导孩子全面、正确分析事情的原因，如果是孩子自身的原因，要教导孩子积极改进，如果是其他因素，就要安慰孩子不要责怪自己，这样可以逐渐化解孩子内心的不愉快。

引导孩子养成积极的情绪

在日常生活中，父母应该教育孩子，人与人之间不可能一模一样，每个人都有各自的长处和短处，不要拿自己的短处与别人的长处相比，而是应该发挥自己的优点、扬长避短。还要教给孩子学会用正确的态度对待别人的优点，从而不断地提高、完善自己，用自己的努力来赢得大家对自己的认可。

把嫉妒转换成孩子的动力

任何事物都有两面性，嫉妒也是如此，它有消极的一面，但也有积极的一面。有心的父母可以试着用孩子的嫉妒心理引导孩子，帮孩子摆脱嫉妒心理，从而向更好的方向发展。例如，孩子没有好玩的小汽车，可能会因为嫉妒抢走了小伙伴的小汽车。这时，父母可以换一个角度引导孩子："他有小汽车，不过他没有洋娃娃啊，现在你抢走了他的小汽车，他肯定非常伤心，赶紧还给人家吧？这样才是好孩子。"孩子经过父母的引导，会很快平复自己心里的不快，并且因为找到了一个平衡点，又对自己充满了信心。这样，父母通过这种反向思维的方式使孩子找到积极释放自己嫉妒心理的方式，并且会因此变得更加宽容、更加懂事。

心理箴言

父母可以利用竞赛型游戏为孩子提供体会成功与失败的机会，让孩子经历失败而带来的心理上的痛苦，以此锻炼孩子心理调节能力以及抗压能力。父母可以经常跟孩子讨论成功与失败的原因，让孩子在失败中总结教训与经验，以此提升孩子的心理承受能力，改变嫉妒心理。

正确看待孩子的胆小害羞

孩子非常胆小、害怕见到陌生人，这个问题困扰了很多父母，父母肯定迫切地想知道该如何解决。其实，孩子的胆小、羞涩是孩子进行自我保护的一种自然行为，随着孩子逐渐长大及不断与人交往，这种不大方的行为也会相应减少。

但是值得注意的是，有的孩子四五岁或者更大一点，还是非常拘谨、很害羞的话，会对孩子以后的发展产生不好的影响。因此，当3岁前的孩子有怕生的行为时，父母应该重视起来，防患于未然。

父母不要当面说孩子胆小

有些父母不明白孩子胆小、怕羞是其成长过程中必须经历的过程，认为这是缺点，而采取强制手段去纠正。有的父母时常提醒孩子，有的父母还刻意把孩子放在陌生的环境里，让孩子当着很多人去表现自己，当孩子不愿意时，父母会当着众人的面说孩子胆小怕羞。这样不仅没有纠正孩子

的胆小，反而会增加孩子的心理负担，孩子会变得更加的放不开。

2岁的小雅是个胆小怕羞的孩子。一天她跟妈妈一起去妈妈的朋友家做客。妈妈与朋友聊天，小雅却害羞地躲在妈妈身后，低着头不敢看阿姨。妈妈说："小雅，这是李阿姨，快喊阿姨啊。"小雅只是羞涩地看了李阿姨一眼，把头低得更低了。妈妈就好一阵哄小雅，让小雅说话，结果小雅还是不敢。妈妈觉得很尴尬，但是又不能在朋友面前发脾气，只好说："小雅是个胆小的孩子，她特别害羞。"妈妈这样随口一说，却增加了小雅的心理负担。

对于0~3岁的孩子的胆小怕羞，父母应该采取什么措施呢？

不要强迫孩子做不愿意的事情

如果孩子不愿意出去玩，父母不要强迫孩子出去；如果孩子不想向别的长辈问好，父母也不要勉强他；如果孩子不想在众人面前表演，父母也不要强迫他，否则孩子会更加害怕参加这种场合。

父母应该带孩子到喜欢去的地方，比如游乐园或者公园，让孩子自由自在地玩，别随意干涉孩子的意愿。如果孩子过于胆小怕生，父母应该多投入一些精力和时间，多关心孩子。

让孩子熟悉环境

如果家里来了客人，父母不要着急把孩子抱到客人面前，让客人陪他玩，也不要着急让客人去抱孩子，这样会给孩子带来不安全感和压力，导致孩子因为害怕而哭闹。这时父母可以先抱着孩子跟客人交谈，给孩子一些时间去接受和熟悉，等他对客人放心后，就会毫无顾忌地跟客人一起玩。

如果去了一个新的环境，孩子很可能抱着你不放，这时不要离开孩子，应该一直陪着孩子，通过跟孩子交谈来认识并熟悉新环境，还可以把新环境里好玩的东西拿给孩子看，让孩子去碰一碰、摸一摸，等孩子不害怕这个环境以后，再让他放开玩。

多带着孩子到外面玩

中国早教专家王惠文认为不能“圈养”孩子，应该让孩子多跟父母一起参与外界活动，如果父母去哪里都带上孩子，那么不用刻意去教，孩子自然会明白很多道理。只要天气允许，父母每天都可以带孩子到户外活动，一方面可以认识许多新的事物，另一方面能够接触很多陌生的人。刚开始孩子也许很害怕，但是时间久了，就渐渐胆大起来。

心理箴言

父母不要强求孩子去做其能力以外的事情，在孩子遇到挫折、困难想要退缩时，父母应该给予孩子鼓励、增加孩子的自信心；带孩子参加一些聚会等活动时，尽量不要让孩子一开始就接触比较严肃或者态度不好的长辈，免得吓到孩子而使孩子更加退缩；引导孩子和小伙伴一起玩耍时，刚开始父母要守在一边，等孩子放开了再离开；如果孩子有胆小、害羞、怕生的行为时，父母千万不要当众训斥孩子，那样会让孩子更害怕。

第7章

性格养成，了解0～3岁孩子的心理关键点

良好性格对一个人来说至关重要，而0～3岁是塑造孩子良好性格的关键时期。父母先要了解这一时期孩子的心理关键点，以此为基础，以正确方式引导孩子形成积极、向上的性格，让孩子的身心方面朝好的方向发展。

要注意孩子的冒失行为

很多孩子什么也不怕，什么事情都敢做，别人不敢做的事情，他偏要去尝试。这样的孩子，很多都是因为父母娇惯造成的。孩子做什么事情，都毫无畏惧，因为他们不知道这样做会产生什么样的后果，如果父母任由孩子发展，就容易养成孩子“傻大胆”的性格。

两三岁的孩子都很胆大，什么事情都敢做，一不留神就会“闯祸”，比如摔伤、打坏杯子、跌倒等。经常会有父母抱怨刚换的一套衣服，出去几分钟就不成样子了；刚买的东西，一不留神就弄坏了等，很多父母都很奇怪为什么孩子会养成这种坏习惯呢？

孩子经常“捅马蜂窝”

其实，两三岁的孩子很多都是这样，尤其是男孩子。因为在这个阶段，孩子年龄小、控制自己的能力很差、心理发育还不够成熟，并且对什么事情都容易好奇，容易冲动、冒险。因此，就很容易“出事”。

另外，孩子在这个阶段，身心各方面都在快速发展，有强烈参与社会活动的欲望，因此就出现了爱 “逞能”的行为，什么事情都想亲自试一试。但是，毕竟孩子的能力有限，心智还不够成熟，又不能进行正确的分析，因此可能会出差错，甚至会出现“捅马蜂窝”的情况。

康康今年1岁半，但是跟同龄孩子相比，显得格外强壮，对什么事情都有好奇心，什么事情都敢做，是一个“傻大胆”。一天，吃过晚饭，爸爸妈妈陪着康康看动画片，看到精彩的部分，康康一激动就蹦到桌子上跳起舞来，开始手舞足蹈地乱扭起来。爸爸妈妈吓了一大跳，赶紧在一边护着，生怕康康一不下心摔下来。可是，一不留神，康康一下子蹦了下来，本想蹦到椅子上结果没有落稳，一屁股坐在了地上。康康竟然拍拍屁股，开始往椅子上爬，想先到椅子上，再到桌子上，然后再往下跳。爸爸妈妈目瞪口呆，赶紧把康康抱住。妈妈说："这孩子胆子也太肥了，真是什么都不怕。得想想办法，不能总这样，万一我们不在出了什么闪失怎么办！"

像康康这样的孩子，父母批评他、打他、教训他、不让他乱动都行不通。他会趁父母不注意时去尝试，到时候更加危险。那么，对于孩子的这种行为该怎么办呢?

让孩子了解正确的做法

想让孩子不那么冒险，首先父母要教孩子正确的做事方法。比如玩玩具时，教孩子正确的使用方法；过马路时，教孩子交通规则；孩子拿易碎的物品时，嘱咐孩子应该怎么做等，慢慢地孩子会有所改进。

但是即使这样，在日常生活中还有很多意外情况让父母防不胜防。为了确保孩子的安全，父母可以给孩子制定一个行动规范，让孩子知道哪些事情可以做、应该怎么做，哪些事情有危险不能做。如果孩子没有按照规范做，应该适当惩罚一下孩子。另外，孩子在玩比较危险的东西时，父母一定要陪在孩子身边，并且告诉孩子会出现哪些危险。

营造安全的环境

为了确保孩子安全，父母应及时发现并妥善处置家里的安全隐患，以免孩子受到不必要的伤害。比如家里的插板之类的电器，要用防漏电的；容易伤害孩子的东西要放到孩子够不到的地方；有棱角的东西要做一些处理，免得弄伤孩子等。

另外，家里条件允许的情况下，可以在屋里铺上柔软的泡沫地板，孩子既可以尽情地玩，又不用担心发生什么意外。这样不仅满足了孩子爱玩的天性，同时也促进了孩子动作能力以及感知能力的发展，有助于提高孩子的学习能力。

父母带孩子到外面玩耍时，也要确保环境没有安全隐患。父母可以选择在小区公园、草坪等地方和孩子一起玩，要避免在马路边、街道等比较危险的地方玩。但父母对孩子也不要管得过于严格，不要一直提醒孩子，这个不能碰、不要乱跑之类。其实，孩子摔跤也是对孩子的一种锻炼，不仅增长了孩子的经验和智慧，同时也增强了孩子的自我保护意识。

父母应该多陪陪孩子

现在生活节奏很快，父母也面临着很大的压力，因此很多父母在教育孩子方面会觉得有些力不从心。在外面忙碌一天以后，会感觉身心疲惫，回到家里也就什么都懒得动。这种单调没有生机的家庭环境，也会让孩子的好奇心、探索精神无法得到满足。于是，孩子就想找点新鲜的东西来填补自己的“空虚”。

所以，父母在工作之余，回到家里要努力营造一个多姿多彩的家庭氛围，多陪陪孩子、跟孩子做一些游戏、多陪孩子聊聊天。父母可以跟孩子有个约定，每天设定个特定的时间，全家人一起玩一场游戏，这样孩子的生活就会充满欢乐，自然就不会做一些危险的事情了。

但是，当孩子在做一些危险的事情时，父母不要大声呵斥孩子，这样容易让孩子产生逆反心理。比如孩子在玩火柴时，父母可以告诉孩子火的作用、火的力量以及火的危险，孩子亲身体验了火的威力后，也就不会再自己偷偷地玩火了。

心理箴言

两三岁的孩子有很强的探索知识的欲望，孩子爱冒险主要是为了满足自己的好奇心。对于孩子的这种行为，父母应该把握一个度，积极鼓励孩子去探索新的东西，但同时也要避免孩子做出太出格的事情，以免危害到孩子或他人。

鼓励孩子走出自己的世界

现在家庭中，很多孩子都是独生子女，有些孩子身上会出现一些孤僻的行为，让人很难与之相处，而这种行为不仅影响孩子的人际关系，同时也影响着孩子的心理发育，父母要善于发现孩子心理的这一缺点。

现在的独生子女越来越多，他们得到了父母全部的爱与呵护。很多父

母都会遇到这种情况，孩子在家活蹦乱乱跳、嘻嘻哈哈，可是到了外面人多的地方，就变得沉默不语，也不喜欢跟其他小朋友一起玩，孩子怎么那么孤僻呢?

现在的父母非常疼爱孩子，很担心孩子出事。于是，很多父母反对孩子做这个、做那个，只有孩子老老实实地待在家里，他们才会觉得安心。虽然在家里，孩子也有各种各样的玩具，但是孩子与外界接触的机会越来越少，于是孩子的性格逐渐变得“孤僻”起来。对于这种情况，父母该怎么办呢?

及时给孩子鼓励和表扬

当孩子在与小朋友或者与大人的交往有一些进步时，父母应该及时给予孩子鼓励和表扬。

乐乐2岁半，是个很文静很听话的孩子。但是，妈妈觉得乐乐过于乖僻。爸爸妈妈让乐乐做什么，乐乐都会很听话，乖乖地去做，即便有时不想做，她也会选择憋在心里。家里来客人了，乐乐也只是安静地坐在那儿，对客人没有一点回应、没有热情。小朋友来了，乐乐也不喜欢跟小朋友一起玩。妈妈决定要帮助乐乐，让乐乐变得开朗乐观起来。有一次，妈妈洗衣服，乐乐悄悄地送来了小板凳，妈妈很高兴，夸乐乐做得真好，真心疼妈妈，还说：“宝宝，你知道吗?如果客人来了，或者是小朋友来了，你也这样，他们肯定会喜欢你的，夸宝宝真懂礼貌呢！”乐乐心里乐开了花。一天，有人按门铃，妈妈让乐乐去开门，看是李阿姨，乐乐害羞地喊了一声：“李阿姨。”妈妈很欣慰，夸乐乐真懂礼貌，越来越懂事了，李阿姨也夸乐乐是个好孩子。乐乐很开心，这样慢慢地乐乐觉得跟别人交往是件快乐的事情，慢慢地喜欢上了与别人交流。

父母要及时夸奖鼓励孩子，这样孩子才有走出自己小世界的勇气和动力。父母可以鼓励孩子见到长辈要打招呼，见到小朋友要分享自己好玩的东西，这样孩子就会慢慢学会与别人交往，孩子逐渐体会到与人交往的快乐后，自然就能走出自己的小世界。

父母要树立良好的榜样

对于3岁前的孩子，父母是孩子的一面镜子，父母做得好，就会有事半功倍的效果。如果父母在亲戚朋友面前表现得不爱说话、不善交流，孩子会看在眼里、记在心里。这些都会给孩子心理造成一种暗示，容易让孩子养成不爱说话、不善与人交流的性格。

如果父母在公共场合表现得热情大方、乐观开朗，孩子也会受到父母的影响，变得很健谈、懂礼貌。这样孩子就很容易养成大方、乐观开朗的性格，也会逐渐变得喜欢与人交往。

要让孩子看到希望

在美国，父母对孩子教育遵循这样一个规则，就是要让孩子看到希望。如果孩子不愿意在众人面前表演或说话时，父母不要强迫孩子，更不要当面指责训斥孩子说："怎么那么不听话，那么胆小，真是没用！"父母这样说孩子，只会让孩子容易产生自暴自弃的心理"你们都这样说了，我就是没用"。从而形成一个恶性循环，孩子也会表现得更加孤僻。

实际上，父母应该给孩子机会，让孩子看到希望。父母要学会尊重孩子的意愿，站在孩子的角度思考问题，说："宝宝可能不舒服或者有其他原因。这次就算了，下次好好表现就行，下次会好好的，是吧？宝宝。”父母善意地帮孩子解说，让孩子心存感激，从而能不断进步。

鼓励孩子多和他人交往

父母应该尽可能地为孩子创造条件，让孩子有机会与更多的小朋友交往。父母要允许并且鼓励自己的孩子去邻居家串门，与邻居小朋友一起玩耍，鼓励孩子帮妈妈去超市买东西。同时，父母也要鼓励孩子带小朋友来自己家里玩，邀请小朋友玩自己的玩具、看好看的图书、吃好吃的东西等，孩子经常和小朋友一起交往，自然就走出了孤独的困扰。

通过游戏锻炼孩子

爱玩游戏是孩子的天性，孩子能够在游戏中模仿和想象现实生活，同时也能填补孩子内心的空缺。通过玩游戏，孩子的语言、动作、思维、品质以及情感都会得到很大的改变。所以，父母应该有目的地跟孩子一起做游戏，这样才能帮助孩子走出内心的孤独世界。

比如，生活中父母可以跟孩子一起玩“小白兔和大灰狼”的游戏。妈妈跟孩子扮演小白兔，爸爸来扮演大灰狼。当孩子跟妈妈一起想办法制服大灰狼的时候，不仅锻炼了孩子的语言和肢体动作，也让孩子在游戏中学会了机智勇敢的性格。

父母也可以跟孩子一起玩其他类型的游戏。比如成语接龙、猜谜语、下跳棋、搭积木等，让孩子在快乐的游戏中找到生活的乐趣，从而走出孤独的心理。

心理箴言

孩子比较孤僻，父母应该多带孩子出去参加各种活动或者游戏、多去旅游观光，让孩子有更多机会接触不同的环境、不同的人群。另外，父母一定要呵护孩子的心灵，倾注自己的情感，这样孩子会逐渐走出孤独的阴影，心理方面也会从消极转变为积极，最终成为一个乐观开朗、热情大方、健康的孩子。

帮孩子抛掉“蛋壳心理”

现在很多家庭都是独生子女，每个孩子都是父母的掌上明珠，父母对他们百般疼爱，不舍得让他们受苦。城里的孩子更像温室里的花朵，弱不禁风，有一个词形容的很贴切——“蛋壳宝宝”。

“蛋壳宝宝”都有一个共同点，就是有一个“蛋壳的心理”，非常脆弱。这些孩子只接受夸赞与表扬，受不了一点批评与责怪；只接受成功，受不了一点挫折。有的孩子甚至表现得目中无人，内心又敏感多疑，他们遇到困难时，容易有非常极端的举动，甚至会出现轻生行为。那么，为什么会出现这种现象呢？

父母对孩子过分娇惯、溺爱是导致孩子这种心理最直接的原因。父母应该学会在孩子无忧无虑的生活里适当地加些小插曲，让孩子经历一些挫折，培养孩子在逆境中仍能保持自信、乐观的能力。

孩子的“蛋壳心理”是长时间错误的教导方式所导致，现在很多父母只重视孩子科学知识的学习，而忽视了孩子的心理健康。那么，对于3岁前的孩子，父母应该怎么做，才能避免孩子有“蛋壳心理”呢？

要让孩子正确认识自己

2岁多的孩子开始出现“第一次反抗期”，有了自我意识的萌芽，开始思考自己与外界的关系，也逐渐有自己的内心世界。这是孩子心理健康发展的关键时期，父母应该在这个时候及时跟孩子沟通、了解孩子，让孩子正确地认识自我。

明明快3岁了，小朋友都嘲笑明明，说明明的爸爸妈妈都是小矮子，将来说不定明明会更矮，每次听到这样的话，明明都很自卑。在跟小朋友一起玩耍时，明明总是站在一边，很难融入他们。爸爸知道这件事情后，笑着对明明说：“三分天注定，七分靠打拼。我们无法改变自己的身材外貌，但是我们可以让自己变得更强大，我们可以在其他方面做得比别人优秀。所以明明不要难过。”明明似懂非懂地点点头，但是心理已经没有那

么难受了。因为他想到其实爸爸是个了不起的爸爸，虽然爸爸个子不高，但能做很多别人做不到的事情。别人有什么需要，爸爸也会乐呵呵地帮助到底。明明又想到，爸爸妈妈都很爱自己，而且自己也不必别人差。

给孩子经受磨难的机会

父母不能一味地娇惯孩子、对孩子百依百顺，顺风顺水的生活会降低孩子承受压力的能力。父母应该对孩子稍微“狠一点”，让孩子吃点苦头、体会到生活的艰辛。在日本，可以看到，寒冷的冬天还会有孩子穿着短衣短裤在大街上走，他们的父母想通过这种方式来磨炼孩子的意志。

日常生活中，父母应该让孩子学会分担一些家务，让孩子做一些能力范围内的事情。比如帮助妈妈收拾碗筷、帮助妈妈洗菜，让孩子懂得生活不能坐享其成、只有付出了才会有收获等。父母也可以教孩子养宠物，让孩子帮它洗澡，让孩子体会到照顾生命的不容易，让孩子学会感恩。

只有让孩子在克服困难中体会到自己的力量，才能帮助孩子逐渐走出“蛋壳心理”，变得不怕困难，勇于去挑战自己。

父母要鼓励并激励孩子

在孩子取得进步时，父母要表扬孩子，以此强化孩子的成就感，增强孩子的自信心。孩子遇到挫折时，也要鼓励孩子勇敢地走出来，勇敢地克服困难、战胜自己。

但是，父母不能每时每刻都在鼓励孩子，应该让孩子学会自我鼓励。父母要培养孩子的自信心，让孩子相信自己可以做到。同时，父母也要培养孩子的毅力。很多孩子刚开始信心十足，可是过了几分钟，失去了兴趣，就宣告失败。父母要告诉孩子，做事情要有始有终，只有坚持到底才能胜利。

心理箴言

孩子的"蛋壳心理"对孩子的身心都会造成一定危害，阻碍孩子的发展。人的一生不可能一帆风顺，事事无忧，肯定会遇到这样或那样的难题。孩子小时候，父母就应该试着"延迟"满足孩子，让孩子没有那么容易得到自己想要的，以此锻炼孩子的承受能力。真正的爱不是对孩子百依百顺，而是给孩子的人生提供一笔无形的财富。

正确对待孩子的倔脾气

有的孩子已经2岁多了，但是却有个"牛脾气"，总喜欢指使别人，还特别自大，经常与别人发生冲突。有时明明就是自己的过错还不承认，非让对方妥协不可。很多父母就在想，孩子为什么会这么倔呢？

在生活中，经常会听到孩子这样说"我是最好的！""你没有我快！""我生气了！"有时小伙伴们之间会发生争执，还会动手打起来，孩子这样的怪脾气让父母很头疼。但其实，孩子的内心并没有那么愤怒。

两三岁的孩子，心理发展不成熟，对很多事情还没有正确的认识，有点任性固执也很正常。专家指出，孩子出现这种激烈的行为是因为受到了环境的刺激，很可能是因为受到了父母的刺激。如果父母一味批评指责孩子，孩子的脾气会变得越来越糟。

很多父母看到孩子那么任性，只是摇摇头表示很无奈，事实上父母的态度才是孩子生气的真正原因。因此父母应该注意自己的教育方法，不要大声呵斥孩子，应该温柔地叮嘱孩子，这样孩子比较容易接受。对于孩子的倔脾气，只要父母用适当的方法加以引导，孩子就会逐渐变得温顺起来。

要读懂孩子的内心

孩子的倔脾气主要原因之一就是父母没有满足他的内心想法。因此，父母应该首先要弄清楚孩子内心真正的想法，明白孩子到底需要什么。

平平刚满2岁，是个活泼可爱的孩子。周末，妈妈跟平平一起逛商场。可是，在路上，不知道什么原因平平发起了脾气。妈妈怎么劝都不管用，问平平需要什么，平平也支支吾吾说不清楚，还说妈妈讨厌。妈妈就说带平平去好玩的地方，没想到平平撅起了小嘴，一屁股坐在了地上一动不动。妈妈有点着急，这孩子怎么莫名其妙地发那么大脾气呢？

于是，妈妈蹲下来想把平平抱起来走，就在妈妈蹲下来的那一刻，才发现从平平的角度看只能看到别人的一双双腿，一点也看不见五彩斑斓的商品。怪不得平平发那么大脾气呢，原来平平跟妈妈的心情是不一样的。妈妈突然领悟到，有时候孩子发脾气有他的道理，而父母应该读懂孩子的心，站在孩子的角度想问题。

很多时候，孩子任性、发脾气、不听大人的话，往往是因为父母不理解孩子真正的想法。父母应该站在孩子的立场、用孩子的眼光看待问题、感受孩子真实的想法。父母只有读懂孩子的内心想法，在孩子发脾气时才能找到解决办法，更快地安抚孩子。

机智化解孩子的怒火

孩子发脾气时，父母不能一味迁就孩子，也不能对孩子大吼大叫，父母应该学会冷静观察，巧妙化解孩子的坏脾气。

3岁前的孩子注意力比较分散，很容易被自己感兴趣的事情所吸引。根据孩子的这一特点，父母可以用玩具或好听的故事来分散孩子的注意力，让孩子暂时忘却发生的不快。等孩子平静之后，父母再寻问孩子发脾气的原因。对于孩子合理的要求，父母应该去满足，不合理的要求，父母要用合适的方式给孩子讲明白。最后，父母还应该让孩子明白，发脾气大哭大闹的方式不是解决问题的好方法。

同时，父母可以带孩子多参加集体活动，这也是解决孩子任性的一个很好的途径。这是因为集体活动有固定的规范，每个孩子必须要遵循活动的规范。参加活动也是孩子的天性，让孩子多参加集体活动，能够很好地解决孩子的任性问题。

营造平和的家庭环境

对于3岁前的孩子，父母的行为对孩子的影响非常大。如果父母遇到事情时容易着急上火、发脾气甚至吵架，那么孩子也很容易养成这种习惯。因此，父母应该营造一个比较平和的家庭氛围。

但这并不意味着为了保持一个平和的氛围，而处处迁就孩子。对于孩子不合理的要求，父母应该予以拒绝。否则，孩子养成习惯后，稍有不顺心的地方就会发脾气。因此，父母也要勇于对孩子说“不”。

不要事事对孩子迁就

有时，在吃饭时，孩子会突然吵闹着要吃冰激凌，父母坚决不同意，任由孩子哭闹。当孩子哭闹了一会儿，发现没人理他，自己觉得没趣，就拿起玩具玩了起来。其实这也是一种方法，当孩子哭闹时，不要去哄他，等他平静下来再给他讲道理。这样才能帮助孩子改掉任性发脾气的习惯。

由此可见，不能事事迁就孩子，否则，孩子会拿任性作为要挟父母的手段。

心理箴言

对于孩子的任性，父母可以不予理睬。孩子都有引起大人关注的欲望，孩子哭闹有时只是想引起大人的注意。如果父母呵斥孩子，恰好中了孩子的“圈套”，那么孩子就会有这样一种心理，认为只要哭闹父母就会妥协，于是也就学会了用任性引起别人的注意。因此，父母可以采取不予理睬的态度，等孩子不再有任性的行为时，再给予关注，这样可以很好地纠正孩子任性的坏毛病。

不要忽视孩子的攀比心理

攀比心理就是把自己的各方面和别人比较，希望比别人强的一种心理。每个人都会有攀比心理，当然孩子也不例外。孩子会跟别的小朋友比玩具的多少、比父母等，有时会让父母不知所措。

其实，孩子有攀比心理属于正常现象，父母应该用平常心看待。如果父母能巧妙利用孩子的攀比心理，可以让孩子取得更大的进步。

要正确看待攀比心理

攀比心理是一种很常见的心理现象。一位心理咨询师这样说过，当孩子提出某些要求时，父母不要觉得奇怪，应该耐心听听孩子到底需要什么。

两三岁的孩子有很强的模仿能力，也有天真幼稚的天性，这是他们攀比心理的基础。这个时期的孩子，往往对什么事情都充满了好奇，他们还不知道人的需要和满足是有一定的条件制约。因此会出现别人有好玩的东西时，自己也想要，别人有好看的衣服时，自己也要买。如果得不到就开始无理取闹，父母简单地说不行肯定不能解决问题。

曼曼2岁半了，是一个活泼可爱的女孩，非常讨大人喜欢，也特别懂事。但是，有一样曼曼妈妈很是担忧，就是曼曼特别争强好胜、攀比心理非常强烈。邻居家也有一个小女孩，跟曼曼年龄相仿，曼曼就整天什么都跟她比。邻居女孩有的东西，曼曼也要一模一样的，妈妈不答应的话，就大哭大闹，一点道理都不讲。

有时，曼曼会因为一点小事哭闹，家里的爷爷奶奶不忍心看她一直哭，就答应她的要求。可是，下次，如果曼曼发现别人有自己没有的东

西，又会哭闹。本来很乖很懂事的孩子，怎么就有那么强的攀比心理呢？曼曼妈妈很着急，真不知道该怎么教育她。

小孩子有一点攀比心理很正常，因为他们都有表现的欲望，他们会用好玩的玩具、好看的衣服来吸引大家的注意。但是，过分的攀比容易造成孩子的虚荣心。父母一定要把握好尺寸，对于孩子的攀比心理，既要给予鼓励，以保持孩子的童心，但也不能过分溺爱，而滋生孩子的虚荣心。

那么，父母要对孩子如何进行引导？

培养孩子正确的价值观

孩子有攀比心理很多时候是来源于父母的价值观，而父母的价值观也随着社会潮流的变化而变化。可以想象一下，五十年代以贫下中农为荣，而现在随着生活水平的提高，很多父母的价值观都受拜金主义的影响。因此，要引导孩子有正确的攀比心理，首先要培养孩子正确的价值观。

一个人有优秀的品质、与人为善的性格、有自己的追求，这样的人才会受到他人欢迎。物质类的东西只是满足生活的需要，精神财富才是最富有的。父母应该让孩子懂得追求精神上的东西，做一个有精神素养的人。

要让孩子有自己的追求

如果孩子有攀比心理，说明孩子有很强的竞争意识，想要超越别人。父母可以利用孩子这个心理特点改变孩子在吃穿方面与别人做比较，引导孩子有自己独特的追求、引导孩子做一个沉稳、有意志力的孩子，让孩子有自己最拿手的一项本领。

引导孩子进行纵向比较

父母可以引导孩子自己与自己比，比如让孩子把今天跟昨天比、这个月跟上个月比，在比较中让孩子看到自己的进步。比如，画画比以前画的好了、数数比以前数的多了、吃饭穿衣服能够顺利地完成了。这样也能增强孩子的自信心，孩子会更加肯定自己，在自己不断努力的过程中提高自己。

心理箴言

心理专家指出，孩子有攀比的心理很正常。其实，孩子每提出的一个请求也都经过了仔细的思考，父母要给孩子正确的引导。父母可以利用孩子的攀比心理引导孩子不断进步。父母可以记住这几点：对孩子应该言传身教忌讳简单说教、应该积极引导忌讳过分娇惯、应该培养孩子的良好习惯忌讳让孩子随心所欲、应该让孩子正视自己的优缺点而不是只看到一面。

要正确看待孩子“输不起”心理

孩子有上进心，想做得更好，这是很好的事情。但是，不知道从什么时候开始，孩子竟然成了一个“输不起”的孩子。跟小朋友一起玩游戏，输了就不高兴，就不愿意一起玩，觉得自己比不上别人也会不开心，有时还会发脾气，很让人没办法！

争强好胜是孩子的正常心理，但是如果孩子过分在意每一次的成功与否，就会影响到以后的成长与发展。对于“输不起”的孩子，父母要多注意，找到合适的方法解除孩子的这种心理障碍，让他们能够在任何事情中以平和的心态对待。

但是在日常生活中，孩子是父母的“资本”，父母喜欢拿自己的孩子说事情。孩子有进步了，取得了成绩，父母就觉得很有面子，孩子不听话、整天闯祸就会觉得面子上很难看。父母的这种心理不可取，这样很容易滋生孩子“输不起”的心理。

娜娜快3岁了，从小就比同龄的孩子做得好，10个月的时候已经会走路了，其他各方面也都是其他孩子的典范，娜娜从小就是在夸奖和赞美中长大的。平时，爸爸妈妈也经常会跟娜娜比赛，来培养孩子的竞争意识。有一天，朋友带着她的女儿来娜娜家做客。娜娜就跟朋友的孩子玩了起来，还比赛画画，她们俩在一起很开心地玩，妈妈很高兴。可是，没多久，娜娜生气了，把自己辛辛苦苦画的画也撕了。妈妈问清楚了事情的缘由，原来她们俩比赛画画，娜娜看朋友家的女儿画好了，自己没有画好，就生气了，气不过就把画都撕了。

有很多孩子就像娜娜这样，在鼓励与夸奖中长大，当失败的时候就没有办法去面对了。孩子的内心是脆弱的，会对“胜负”非常较真，有时候一句不经意的话就挫伤了孩子的自信心，从而生气、发脾气，这都是孩子“输不起”的表现。

父母是孩子的第一任老师，在孩子个性的形成过程中，父母有着很重要的作用。要帮助孩子摆脱“输不起”的心理，父母首先要放平自己的心态，客观看待孩子的成败。当孩子在学习或游戏中受挫时，应该教育他们克服沮丧和悲观的思想，帮助孩子分析失败的原因，用积极心态对待暂时的失败。那么，父母应该如何帮助孩子拥有“输得起”的精神呢？

要了解孩子的优缺点

现在的孩子都有一个通病，就是抗压能力差、抗挫能力低，遇到失败就会退缩。如果自己的孩子是“赢不了就不玩”，非赢不可的类型，父母千万不能顺势要求孩子要做到更好，或者让孩子永远立于不败之地。其实，孩子更需要一点失败，让孩子体会一下百味人生，才能懂得赢的可贵。

如果自己的孩子本来就是内向型的性格，父母应该积极鼓励孩子，不要给孩子过高的要求。孩子遇到困难时，父母要温和地鼓励孩子、激励孩子循序渐进地完成任务。孩子经过努力获得了成功，才会懂得付出的努力，才能体会到坚持才可能成功的道理。当孩子取得成功时，孩子的自信

心也就会增强，下次遇到困难时，也能更加勇敢地挑战自己。

培养孩子勇敢面对失败

两三岁的孩子，父母认为让其经历挫折未免太早。因此，当孩子遇到挫折时，父母就心疼得不得了、安慰孩子，为孩子的失败找借口，并且尽力避免孩子再次受到挫折。父母这样做，不能让孩子真正体会成功与失败的意义、不能让孩子在失败中很好地锻炼自己，要知道经历失败是人生中很重要的课程。

乐乐就是一个“输不起”的孩子，当看到别人比自己做得好时，她会非常不高兴。妈妈看到这种情况，便对孩子说：“宝宝的画画技术很不错，不过宝宝还要继续努力，这样会有更大的进步，宝宝可以看看小朋友是怎么画的，可以跟人家好好学学。”

当孩子面对失败时，父母应该给予孩子面对失败的勇气，让孩子跌倒了还能爬起来。当孩子在这方面获得成功时，才会对自己更加有信心。

正确看待成功和失败

孩子产生输不起，或者不能面对自己失败的心理时，大多时候是受父母对失败与成功的定义所造成的。父母应该反思一下自己，只有赢了别人才是真正的成功吗？

父母可以把成功的含义用孩子可以接受的语言告诉孩子，比如，成功就是做一件事情的时候，尽自己最大的努力去完成，而不是打败其他人。要让孩子明白，努力把事情完成就是对自己最大的肯定，就是成功的，而不需要外在的一些东西。当自己失败了，并不是自己不行，自己也不会因此失去别人的肯定，失败也能收获一些东西。

父母也可以在聊天时，跟孩子分享自己成功与失败的经历。让孩子知道父母也有失败的时候，父母不要觉得孩子太小不懂得，跟孩子说这些是为了让孩子更多地了解父母，对失败与成功有更深刻的体会。

要对孩子进行适度的安慰

孩子受到挫折时，父母适度地安慰孩子，这非常有必要。父母要理解孩子此时的心情、安抚孩子，等孩子冷静下来后再给孩子讲道理，告诉孩子怎么做才会更好一点，这样孩子也容易接受。

比如孩子玩游戏失败了，不愿意去玩。这时，父母应该告诉孩子，游戏都有一定规则，玩游戏要遵守游戏的规则，这样才会有更多的小朋友一起玩，多玩几次，才能熟练，熟练了后才能变成高手。父母一定要给予孩子耐心的指导和温柔的支持，这样孩子才能勇敢地面对失败。

心理箴言

现代社会竞争激烈，生存压力大，父母往往希望孩子能变得更强，能够不断取得成功。而忽视了孩子在失败中也能学到很多经验。失败能暴露一个人的不足之处，能使人学会谦虚，懂得更努力地去学习。孩子在了解到失败的正面作用后，就能学会用平和的心态处理失败，也就能有效增强孩子的抗挫能力。

◀ 钢管桩沉桩

▼ 逆流而上

▲鸟瞰图

▼70m 梁架设

▲重装上阵

▲北航道桥

◀南航道桥

▼海中平台

杭州湾跨海大桥关键技术研究与实践

吕忠达　　等著

人民交通出版社
China Communications Press

内 容 提 要

杭州湾跨海大桥地处强潮海湾，建设条件复杂，工程规模浩大，为解决跨海长桥设计和施工中遇到的特殊困难和问题，对GPS全天候测量控制技术，大型预应力混凝土箱梁预制、运输和架设，大直径超长钢管桩设计、制造、防腐和施工，海洋环境混凝土耐久性，灾害天气对大桥行车安全影响等关键技术问题进行了专项研究，并付诸工程实施，解决了海上长桥工程测量、大型预应力混凝土箱梁早期裂缝控制、重型箱梁梁上运输和架设、大直径钢管桩施工及混凝土耐久性等工程难题，为保障大桥顺利建设和运营期行车安全及桥梁使用寿命提供了理论依据和工程指导，并为我国跨海桥梁建设提供了成功范例。

本书可供从事桥梁设计、施工、科研的工程技术人员和管理人员参阅。

图书在版编目（CIP）数据

杭州湾跨海大桥关键技术研究与实践/吕忠达等著．—北京：人民交通出版社，2008.1

ISBN 978-7-114-06941-3

Ⅰ.杭… Ⅱ.吕… Ⅲ.跨海峡桥－桥梁工程－工程技术－杭州市 Ⅳ.U448.19

中国版本图书馆CIP数据核字(2007)第206063号

书　　名：杭州湾跨海大桥关键技术研究与实践
著 作 者：吕忠达　等
责任编辑：张征宇　刘永芬
出版发行：人民交通出版社
地　　址：（100011）北京市朝阳区安定门外外馆斜街3号
网　　址：http://www.ccpress.com.cn
销售电话：（010）85285838，85285995
总 经 销：北京中交盛世书刊有限公司
经　　销：各地新华书店
印　　刷：北京市密东印刷有限公司
开　　本：787×1092　1/16
印　　张：16
字　　数：400千
版　　次：2008年3月第1版
印　　次：2008年3月第1次印刷
书　　号：ISBN 978-7-114-06941-3
印　　数：0001—3500册
定　　价：46.00元

序

XU

随着我国现代化建设和各项事业的不断发展，对便捷的交通设施的需求越来越强烈，为我国桥梁建设带来了难得的机遇。在改革开放的二十多年来，我国已在长江、黄河等大江大河上修建了大量的桥梁，使我国的公路和铁路运输事业有了很大发展，但是从我国经济发展和社会需求来看，还远远不能满足要求。尤其是在路网日趋完善的今天，大型的水域“天堑”越来越成为交通的瓶颈，在此背景下，以杭州湾跨海大桥为代表的一批跨海桥梁的建设踏上了历史的舞台。

虽然我国在江河和湖泊上的桥梁建设中积累了一定的经验，但在跨海桥梁的设计、施工等方面仍然是一片空白。作为中国跨海桥梁的代表，杭州湾跨海大桥进行了许多开创性的工作和有益的尝试，并取得了举世瞩目的成绩。

由吕忠达等同志编著的《杭州湾跨海大桥关键技术研究与实践》一书全面介绍了杭州湾跨海大桥的建设条件、海上桥梁设计方案研究，以及跨海长桥测量、大直径超长钢管桩、海上钻孔桩、深水区承台与墩身、70m 和 50m 箱梁整体预制和运输架设、混凝土结构耐久性等关键技术的研究与实践情况，集中体现了杭州湾跨海大桥建设过程中的经验、教训和创新成果。

在此，我郑重地向从事桥梁设计、施工、科研的工程技术人员和管理人员以及桥梁爱好者推荐这本书，一是希望大家能从中汲取所需，对各自的工作有所帮助，更重要的是希望大家能够从中获取创新的源泉和动力，不断提高我国桥梁建设整体水平，为我国交通事业的发展作出更大的贡献。

中国工程院院士
同济大学教授　范立础

前　言

QIANYAN

杭州湾跨海大桥是目前世界上最长的跨海湾大桥，该项目从1994年启动工程预可行性研究，2002年5月国务院批准项目建议书，2003年3月国务院批准工程可行性研究报告，前期工作历时十年。从2001年12月至2003年9月相继完成初步设计和技术设计。2003年11月开工，2007年6月全桥贯通。

杭州湾是世界三大强潮海湾之一，海面宽阔，建桥条件受气象、水文、地质、冲刷及浅层气等多种自然条件的影响，施工环境极其恶劣。大桥工程规模浩大，工程之初面临着技术无规范、设计无蓝本、施工无装备、管理无经验等诸多难题和挑战。为此，交通部和浙江省专门成立了杭州湾跨海大桥技术专家组，对重大技术问题进行研究和把关。"杭州湾跨海大桥工程关键技术研究"课题由交通部立项。经过潜心研究和精心论证，提出了施工决定设计和工厂化、大型化、机械化的设计和施工原则。工程前期针对建设条件进行了大量的专题研究、施工方案征集、现场打桩实验，超前进行了大型水上运架设备和陆上特重型运梁设备实施性方案研究，在这些研究和试验工作的基础上形成了大桥海上工程的总体方案。由于前期准备工作充分、设计理念正确、施工技术先进、施工组织和工程管理严密，使大桥建设得以顺利实施。

杭州湾跨海大桥建设中充分研究和借鉴了世界跨海大桥的经验和教训，在大桥建设过程中许多设计单位、科研单位、大专院校、工程咨询单位和施工单位进行了大量具有开拓性的研究工作。杭州湾跨海大桥的建设凝聚了众多科技工作者和工程技术人员的辛勤劳动和智慧。

"杭州湾跨海大桥关键技术研究与实践"所研究的课题，是我国桥梁建设由陆上进入海洋碰到的新问题，这些课题的研究成果，对工程的可行性、安全性、经济性和建设周期等都有重要的影响，对运营阶段充分发挥桥梁的使用功能和发挥其社会、经济效益也有重要的影响。杭州湾跨海大桥在科研、设计和施工中所取得的成果，不仅为大桥的建设奠定了基础，也为我国跨海桥梁设计与施工积累了宝贵的经验。杭州湾跨海大桥在技术上的成就主要体现在：提出了正确的设计理念和作出了正确的方案决策，抓住了跨海长桥的核心技术，取得了一批经实践验证并具有重要实用价值的研究成果。

本书汇集了交通部科技计划项目"2003-319-H01-010 杭州湾跨海大桥工程关键技术研究"的主要研究成果，介绍了海上工程的实施情况，对工程中发生的问题进行了初步分析。

参加本书编写的主要人员及分工为：第一章、第二章、第十三章由吕忠达编写；第三章由吕忠达、孟凡超、王仁贵、黄燕庆编写；第四章由朱瑶宏、熊绍隆编写；第五章由朱瑶宏、肖根旺编写；第六章由林文体、汪德隆编写；第七章、第八章由吕忠达、林国雄编写；第九章由吕忠达、赵剑发编写；第十章由吕忠达、林原编写；第十一章由方明山、干伟忠编写；第十二章由陈艾荣、张宝胜编写。林国雄同志对全书进行了全面的审阅和订正。在本书的编著过程中得到了杭州湾大桥工程指挥部王勇总指挥和方夏平、金建明、胡维宏等副总指挥以及蒋善平、董孟等同志的大力支持和帮助，我的导师周绪红教授在大桥关键技术研究和本书编著过程中给予了悉心指导和大力支持，在此表示诚挚的谢意。

吕忠达

2007 年 11 月

目 录

MULU

·第一章·

绪论

第一节 引　　言

杭州湾跨海大桥是我国“五纵七横”国道主干线中沈阳至海口沿海大通道跨越杭州湾的最便捷通道。大桥位于钱塘江入海的河口海湾，海湾北面为浙江省杭嘉湖平原和我国的经济中心上海市，南面为姚北平原和我国东南沿海重要港口城市宁波(图 1.1-1)。大桥北起嘉兴海盐郑家埭，跨越宽阔的杭州湾海域后止于宁波市慈溪水路湾，全长 36km。大桥工程包括北引线、北引桥、北航道桥、中引桥、南航道桥、海中平台、南引桥和南引线及交通工程沿线设施等。

图 1.1-1　杭州湾跨海大桥位置图

杭州湾位于我国改革开放最具活力、经济最发达的长江三角洲地区，大桥横跨杭州湾中部，连接沿海港口城市宁波和长江三角洲的重要工贸城市嘉兴，是我国沈海国道主干线跨越杭州湾最便捷的通道，建成后可缩短宁波至上海间的陆路距离约 120km，使宁波等浙东南地区与上海的联系更加紧密，可更充分地发挥上海的经济辐射和聚集功能，促进上海浦东的开发与发展，进一步加强上海在长江三角洲的“龙头”地位，带动和促进浙江、上海、江苏经济的快速持续发展。杭州湾跨海大桥也是浙江省2010年规划建成的“两纵、两横、十连、一绕、一通道”公路网主骨架的重要组成部分，可与沪杭、杭甬高速公路一起构成长江三角洲南翼沪、杭、甬经济金三角和交通金三角，加速环杭州湾地区的城市化进程和提升该地区的国际竞争力。

根据2000年10月进行的环杭州湾24小时OD调查，杭州湾南北往来的自然车交通量已达23 000辆/日，其中上海及苏南地区往返宁波及浙江东南沿海之间的车辆已达万辆以上。大桥的建设将大大降低运输成本和节省旅客在途时间，同时可使沪杭甬高速公路交通量分布更趋合理，并缓解杭州市的过境交通压力，促进浙江省经济的持续快速发展。本项目交通量预测结果如表1.1-1所示。

杭州湾跨海大桥各特征年交通量预测表（单位：辆/日） 表1.1-1

年份	小客车	中客车	大客车	小货车	中货车	大货车	合计	折算标准小客车
2008	5 039	1 602	1 250	9 249	4 830	1 996	23 966	44 889
2010	7 639	2 224	1 761	11 830	6 168	2 596	32 218	59 393
2015	11 363	3 052	2 339	15 312	8 248	3 548	43 862	79 909
2016	9 160	2 279	1 822	11 407	6 000	2 795	33 463	60 561
2020	12 101	2 944	2 279	13 879	8 028	3 683	42 914	77 410
2027	16 038	3 726	2 794	17 168	9 629	4 606	53 961	96 490

第二节 工程概况

根据交通量分析，杭州湾跨海大桥的年交通量（折合成小客车）将达到96 490辆/日。根据现行的公路工程技术标准和OD调查所得高峰小时系数和方向不均系数等参数，大桥按六车道高速公路设计，桥面宽33m，桥面布置见图1.2-1。

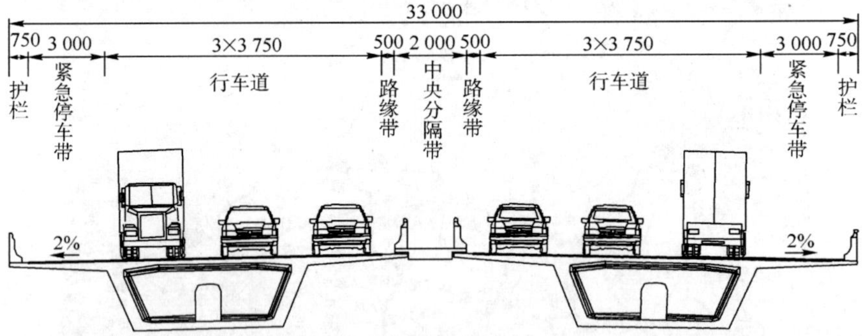

图1.2-1 杭州湾跨海大桥引桥桥面布置图（尺寸单位：mm）

主要技术标准如下。

(1)道路等级：双向六车道高速公路。

(2)设计坡度：最大纵坡≤3%，横坡2%。

(3)设计时速：100km/h(桥)、120km/h(线)。

(4)地震基本烈度：VI度。

(5)设计荷载：汽车—超20级，挂车—120。

(6)路基宽度:大桥路基宽度为 33m,引线路基宽度为 35m。

(7)设计洪水频率:1/300(大桥),1/100(引线)。

(8)设计基准期:100 年①。

(9)抗风设计标准:运营阶段设计重现期 100 年,施工阶段设计重现期 30 年。

(10)通航及船舶撞击力:见表 1.2-1。

通航标准与船舶撞击力 表 1.2-1

航　道	通航净空(m)	船舶吨位(t)	船舶撞击力(t)
北航道桥 单孔单航道	主跨　325×47 边跨　110×28	35 000(5 000)② 1 000	(3 000/1 500)② 940/470
南航道桥 单孔单航道	主跨　125×31 边跨　50×20	3 000 500	1 520/760 340/170
设计最高通航水位:5.19m			

大桥平、纵面线形根据航道、流迹、曲线、潮位、排水及地物等控制因素设计,从北至南分为:北引桥、北航道桥、中引桥、南航道桥和南引桥等几部分。全桥平面布置见图 1.2-2,全桥分区见图 1.2-3。其中北航道桥为跨度 70m+160m+448m+160m+70m 钢箱双塔斜拉桥,南航道桥为跨度 100m+160m+318m 独塔钢箱斜拉桥。海上引桥均为跨度 70m 预应力混凝土连续箱梁,南岸滩涂为跨度 50m 预应力混凝土连续箱梁,两岸陆地和北岸滩涂引桥为跨度 30~80m 预应力混凝土连续箱梁。全桥结构布置见表 1.2-2。

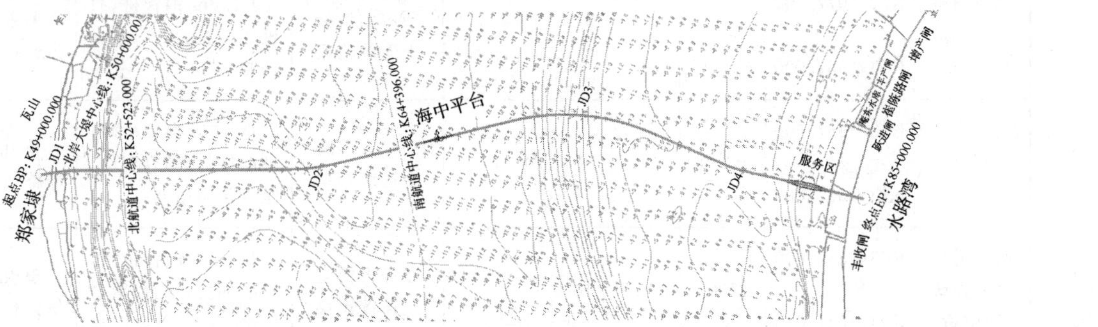

图 1.2-2　全桥平面布置图

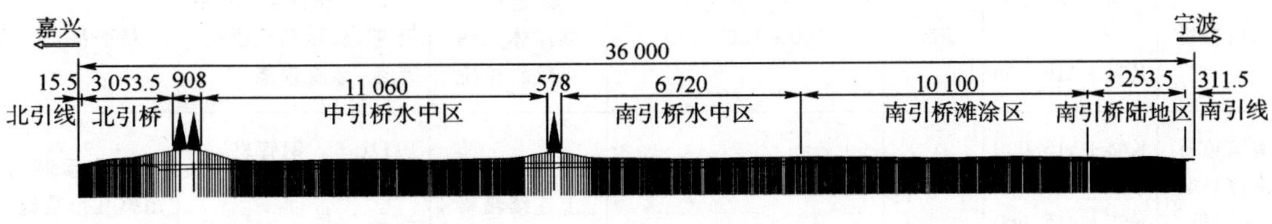

图 1.2-3　全桥分区图(尺寸单位:m)

①初步设计批复意见为:南、北航道桥采用 100 年,引桥采用 60 年并采用全预应力结构。

②桥墩防撞系统采取"统一规划,分步实施"方案,结合桥位区船舶通行密度,对万吨以上大型船舶实施引航、对桥下通行的船舶进行有效的交通管理,并采用有效的防撞设施,经论证,现阶段根据需要按 5 000 吨级船舶撞击桥墩考虑。

桥跨布置一览表

表 1.2-2

区域位置	起讫桩号（m）	工程长度（m）	桥跨布置（m）	结构形式	施工方案	
					下部结构	上部结构
北引线	K49＋000.000～K49＋015.500	15.5		软土路基	道路工程	
北岸陆地、滩涂区引桥	K49＋015.500～K51＋579.000	2 563.5	3.5＋15×30＋10×50＋3×60＋50＋50＋80＋50＋24×50	预应力混凝土连续箱梁	*D*1.0m、*D*1.5m、*D*2.0m 钻孔桩，旋转钻机成孔，承台、墩身现浇	30m梁满布支架现浇施工，50m梁移动模架现浇施工，其余各跨挂篮悬臂施工
北航道桥北侧高墩区引桥	K51＋579.000～K52＋069.000	490	7×70	预应力混凝土连续箱梁	*D*2.5m 钻孔桩，旋转钻机成孔，承台、墩身现浇	整孔预制、浮吊整孔吊装施工
北航道桥	K52＋069.000～K52＋977.000	908	70＋160＋448＋160＋70	五跨连续半漂浮体系钢箱梁斜拉桥	*D*2.5m、*D*2.8m 钻孔桩，旋转钻机成孔，承台、墩身现浇	桥面吊机架设
北航道桥南侧高墩区引桥	K52＋977.000～K53＋957.000	980	14×70	预应力混凝土连续箱梁	*D*1.6m 钢管桩，打桩船插打，承台、墩身现浇	整孔预制、浮吊整孔吊装施工
中引桥	K53＋957.000～K63＋337.000	9 380	134×70	预应力混凝土连续箱梁	*D*1.5m 钢管桩，打桩船插打，承台现浇，墩身预制吊装	整孔预制、浮吊整孔吊装施工
南航道桥北侧高墩区引桥	K63＋337.000～K64＋037.000	700	10×70	预应力混凝土连续箱梁	*D*1.6m 钢管桩，打桩船插打，承台、墩身现浇	整孔预制、浮吊整孔吊装施工
南航道桥	K64＋037.000～K64＋615.000	578	100＋160＋318	三跨连续半漂浮体系钢箱梁斜拉桥	*D*2.5m、*D*2.8m 钻孔桩，旋转钻机成孔，承台、墩身现浇	桥面吊机架设
南航道桥南侧高墩区引桥	K64＋615.000～K65＋315.000	700	10×70	预应力混凝土连续箱梁	*D*1.6m 钢管桩，打桩船插打，承台、墩身现浇	整孔预制、浮吊整孔吊装施工
南引桥水中低墩区	K65＋315.000～K71＋335.000	6 020	86×70	预应力混凝土连续箱梁	*D*1.5m、*D*1.6m 钢管桩，打桩船插打，*D*2.5m 钻孔桩，承台现浇，墩身预制吊装	整孔预制、浮吊整孔吊装施工

续上表

区域位置	起讫桩号(m)	工程长度(m)	桥跨布置(m)	结构形式	施工方案	
					下部结构	上部结构
南岸滩涂区引桥	K71+335.000 ~ K81+435.000	10 100	202×50	预应力混凝土连续箱梁	D1.5m 钻孔桩，旋转钻机成孔，承台、墩身现浇	整孔预制、梁上运梁架设
南岸陆地区引桥	K81+435.000 ~ K84+688.500	3 253.5	50+80+50+4×50+60×30+50+34×30+3.5	预应力混凝土连续箱梁	D1.0m、D1.5m 钻孔桩，旋转钻机成孔，承台、墩身现浇	满布膺架现浇施工
南引线	K84+688.500 ~ K85+000.000	311.5	311.5	软土路基	道路工程	

杭州湾跨海大桥工程实行项目法人责任制，2001 年 9 月成立项目公司——宁波市杭州湾大桥发展有限公司，由宁波、嘉兴两市共同出资组建。总投资 117.8 亿元，其中宁波方占 90%的股份，嘉兴方占 10%的股份。由项目公司委托杭州湾大桥工程指挥部全权负责杭州湾跨海大桥项目的前期研究和建设。全桥主体结构工程数量见表 1.2-3，总工期 5 年。大桥主体工程于 2003 年 11 月开工建设，预计 2008 年上半年建成通车。

全桥主体结构工程数量表　　表 1.2-3

名称	单位	数量	名称	单位	数量
混凝土	万 m^3	245	50m 预制混凝土箱梁	片	404
各类钢材	万 t	82	70m 预制混凝土箱梁	片	540
钢管桩	根	5 513	承台	个	1 272
钻孔桩	根	3 550	墩身	个	1 428
各类现浇箱梁	孔	157			

第三节　世界跨海长桥建设情况

一、世界主要跨海、跨湖长桥一览表

世界主要跨海、跨湖长桥一览表见表 1.3-1。

世界主要跨海、跨湖长桥一览表　　表 1.3-1

桥名	总长(km)	国家	施工年代	桥梁说明	荷载	跨越湖、海的说明
庞哈特雷恩 2 号桥 Pontchartrain Causeway No. 2	38.42	美国	1955~1969	1 536 孔×25.6m	公路	路易斯安那州，新奥尔良市庞哈特雷恩湖 Loisiana, New Orleans, Lake Pontchartrain

续上表

桥　　名	总长(km)	国家	施工年代	桥梁说明	荷载	跨越湖、海的说明
庞哈特雷恩 1 号桥 Pontchartrain Causeway No. 1	38.35	美国	1955～1957	2 217 孔×17.1m	公路	路易斯安那州，新奥尔良市庞哈特雷恩湖 Loisiana, New Orleans, Lake Pontchartrain
杭州湾跨海大桥	35.67	中国	2003～2008	海上 31.5km	公路	杭州湾喇叭口处
东海大桥	26.7 Σ30.87	中国	2002～2005		公路	上海芦潮港至小乌龟岛
青岛海湾桥	25.17	中国		Σ28.15km	公路	胶州湾内
金塘桥	21.00	中国	施工中	主跨为 620m 斜拉桥	公路	宁波，舟山间
切萨皮克湾第 1 桥 First Chespeake Bay	19.60	美国	1964 年完工	全长 28.40km	公路	弗吉尼亚州，切萨皮克湾 Virginia, Chespeake Bay
切萨皮克湾第 2 桥 Second Chespeake Bay	19.60	美国	1995～1998	全长 28.40km	公路	Virginia
大盐湖桥 Great Salt Lake	19.11	美国	1904		铁路	犹他州，大盐湖 Utah, Great Salt Lake
大带海峡工程 Great Belt Fixed Link	17.50	丹麦	1998	东桥 $L=6\ 790$m，西桥 $L=6\ 594$m	东桥：公路；西桥：公铁	大带海峡
瓜纳巴拉桥 Guanabara	13.30	巴西	1974 年完工		公路	里约热内卢
诺森伯兰海峡桥 Northumberland	12.93	加拿大	1997	跨岛的桥总长	公路	
沙特阿拉伯—巴林水道桥 Saudi Arabia—Bahrain Causeway	12.50	沙特	1986 年完工	工程总长 25km，李桥	公路	沙特阿拉伯水道及巴林岛间
七里桥 Seven Mile	10.90	美国	1982			Florida
濑户内海大桥—儿岛，坂出线	9.90	日本	1988			濑户内海
马拉开波桥	8.70	委内瑞拉	1962			马拉开波湖
New Orland's Interstate 10 over Escambia Bay	8.69	美国	2006.1 重开			
厄勒海峡桥 öresund	8.40	丹麦，瑞典	1999			

由表 1.3-1 可知：

(1)杭州湾跨海大桥桥长仅次于美国庞哈特雷恩湖上的 1 号桥和 2 号桥，在跨海桥梁中桥梁长度则名列世界第一；

(2)New Orland's Interstate 10 over Escambia Bay 桥，引桥跨度为 $L=20$m，2005 年 Katrina 飓风毁其东侧 38 孔、西侧 20 孔。

二、具有代表性的跨湖、跨海长桥

1. 庞哈特雷恩湖 1 号桥(1957)

庞哈特雷恩湖 1 号和 2 号桥是当今世界最长的桥梁。其中 1 号桥全长 38.42km，宽 10m，上部结构为跨度 17.1m 先张法预制 T 梁，共 2 217 孔，采用长线法制梁，每跨 7 片；下部结构为钢筋混凝土管桩及预制帽梁，管桩直径 1.37m，长 27.5m，重 30t；沉桩后，浮吊逐孔安装排架帽梁及 T 梁，施工速度为每日 8 跨，1955 年 2 月开工，1957 年元月完工，总工期 1 年又 323 天(图 1.3-1)。

图 1.3-1 庞哈特雷恩湖桥

2. 沙特阿拉伯—巴林水道桥(1986)

沙特阿拉伯—巴林水道桥(Saudi Arabria-Bahrain)是巴林与阿拉伯半岛联络的重要海上通道，总长 25km，途经 5 个海岛。其中桥梁总长 12.5km，为双向各两车道的公路桥。全桥除主通航孔为 150m 的预应力混凝土箱梁外，其他各孔均为 50m 的预应力混凝土箱梁。50m 跨梁的基础及墩身均为 2 根 ϕ3.5m 埋入式钢筋混凝土管柱，管柱插入岩层钻孔中，埋深 7m，在水面以下设有防撞套箍，管柱顶端安放预制的墩帽。

全桥共采用两套水上平台进行基础施工，每个平台上放两台钻机，钻孔穿过砂层后，再钻入岩层 7m，用液压装置下沉钢护筒到孔底；用起吊能力为 1 000t 的吊船将 ϕ3.50m、长 20～35m 的混凝土管柱插入到钢护筒中；拔出常备式钢护筒，在混凝土管柱底部灌注 4m 厚的水下混凝土，并在管柱与岩石的间隙中进行压浆；在 $-2.00\sim-4.50$m 处套入水下防撞连接梁，并在位于浪溅区的管柱内填实；最后安装预制墩帽。

图 1.3-2 沙特阿拉伯—巴林水道桥采用中心起吊船架梁

上部结构除跨度为 150m 预应力混凝土箱梁采用平衡悬臂预制节段拼装法施工外，其他 50m 预应力混凝土箱梁均采用 1 400t 中心起吊、运架一体浮吊进行安装(图 1.3-2)。

该桥在设计和施工上有以下特点。

(1)该桥处于高盐害环境，初步设计拟采用环氧涂层钢筋，后经技术经济比较改用抗盐害的优质高炉水泥及高等级的集料(basalt rock)，钢材均未再作处理。

(2)考虑到海中施工的困难,采用大型预制构件及大型浮吊施工的方案,本桥最先采用运架一体中心起吊浮吊进行架梁。

(3)本桥首先采用设置格式基础(placing grid foundation units for a main bridge pier)。

3. 丹麦大带海峡桥(1998)

大带海峡宽 15km,中间有一座斯普罗(Sprogo)小岛,由于大跨度悬索桥不宜通行铁路,所以设计分为三大工程:以斯普罗岛为中点,分为仅通公路的大带海峡桥东桥,仅通铁路的大带海峡东侧隧道及公、铁两用的大带海峡桥西桥。

大带海峡桥西桥是连接菲英岛和斯普罗岛间的公铁两用桥,全长 6 594m,桥下设有两个净高 18m 的通航孔,公路桥和铁路桥的墩身安放在同一个设置式基础上,上部结构各自独立。其布置为 114 跨 110m 及 24 跨 81.75m 并列的预应力混凝土箱形梁,每 10 跨为一联。公路为 2×3 车道,铁路为双线。公路桥墩身平面尺寸为 5×12.55m,铁路为 5×7.2m 及 34×22.5m 两种,自重 4 600t 至 7 100t。

基底用戽斗式挖泥船挖掘到高程−34m,再投放碎石夯平。预制场距桥址约 30n mile,设有 5 条流水线,其中 2 条为设置式基础,1 条为预制墩身,2 条为预应力混凝土箱梁。在预制场设有大件下海码头。设置式基础着床后,内部填砂以增加重量,四周抛石防止冲刷并防止船撞。墩身与设置式基础连接,用现浇混凝土连为整体。

该桥在设计和施工上有以下特点。

(1)大带海峡桥是世界上采用大体积预制构件及机械化拼装的典型桥梁,它改变了以后修建的数座桥梁的设计及施工方案。工程中采用了特殊的设置式基础、特大跨度的悬索桥及特殊的运架一体浮吊,使人耳目一新。

(2)为了尽量减少在海上恶劣条件下作业,减少对鱼类生态环境和对航运的影响,西桥基础、墩身及预应力混凝土箱梁均采用大型预制构件整体拼装法施工。共计预制构件 324 件,约 50 万 m^3 混凝土及 8.5 万 t 钢筋。主梁均采用双悬臂结构安装(图 1.3-3)。

图 1.3-3 大带海峡桥西桥主梁采用双悬臂结构安装

(3)全部预制构件均以特制的天鹅号自航浮吊完成,浮吊的平面尺寸为 65m×94m,高度为 74m,额定起重量为 6 700t。

4. 加拿大诺森伯兰海峡桥(1997)

诺森伯兰海峡桥(又名爱德华王子岛桥或联邦桥),是一座加拿大东北部本土通向爱德华岛的双车道公路桥,总长 12.93km,其中有 43 跨为跨度 250m 的预应力混凝土连续箱梁(图 1.3-4)。桥址处气候条件十分恶劣,冰封期由 11 月至翌年 5 月,潮差 4m,浪高 2m,时有强风。

跨度 250m 的预应力混凝土梁,由小型预制节段先组拼成两个单元,即长度为 190m 的双悬臂梁体及 60m 的挂孔,前者吊重为 8 200t,后者为 1 200t。

该桥有以下特点。

图 1.3-4 诺森伯兰海峡桥

(1)在严寒、强风、巨浪的施工条件下采用大规模 LEGO 积木式预制构件及机械化的方法施工，并以天鹅号浮吊运输及安装设置式基础及大跨度上部结构，是世界桥梁建造史上的一大创举。

(2)采用预制场预制、拼装、运输、码头出海及采用天鹅号浮吊安装的总体布局，实现了海上大型桥梁结构标准化、制造工厂化和施工机械化的要求。

5. 厄勒海峡桥(1999)

厄勒海峡工程(öresund Strait)是连接丹麦首都哥本哈根至瑞典马尔默(Malmo)间的国际通道，它由沉管隧道、人工岛及桥梁组成，总长 16km。桥梁总长 8 403m(图 1.3-5)。主桥为跨度为 141m+160m+490m+160m+141m 斜拉桥。西引桥 22 孔，东引桥 27 孔，跨径为 120m 和 140m，主桥和引桥均采用板桁组合结构。

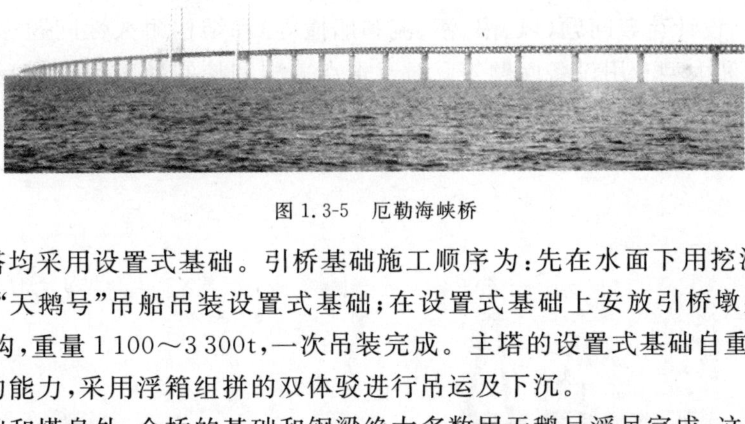

图 1.3-5 厄勒海峡桥

引桥及主塔均采用设置式基础。引桥基础施工顺序为：先在水面下用挖泥船挖出 30m×40m 的平面；用“天鹅号”吊船吊装设置式基础；在设置式基础上安放引桥墩身，墩身高 14～51m，为中空结构，重量 1 100～3 300t，一次吊装完成。主塔的设置式基础自重达 20 000t，超出了天鹅号浮吊的能力，采用浮箱组拼的双体驳进行吊运及下沉。

除主塔基础和塔身外，全桥的基础和钢梁绝大多数用天鹅号浮吊完成，这是天鹅号浮吊第三次大规模使用。吊重增加至 8 700t，吊船的总高度增至 120m。

综上所述，国外跨海、跨湖长桥有以下共同的特点：尽量采用大型预制构件，实现装配化、标准化和工厂化生产；采用大型机械设备、大型浮吊和海上工作平台，以最大限度减少海上作业、加快工程进度和减少施工风险；引桥基础多采用打入桩、装配式承台(或不设承台)和预制墩身，以实现快速施工，主墩基础视地质条件多采用设置式基础；引桥跨度有不断加大的趋势，以减少海上工程。

第四节　杭州湾跨海大桥的关键技术

我国20世纪80年代初开始研究连接珠海与香港的伶仃洋大桥(全长约27km),2003年重新规划港珠澳大桥,其跨海桥隧总长约38km。结合沈海线建设,先后开展调研的跨海大桥还有:旅顺至蓬莱的渤海湾大桥(长120km),上海崇明越江通道(南隧北桥方案,该工程南起浦东五号沟,经长兴岛,北止于崇明陈家镇,全长约25.5km)和琼州海峡跨海大桥(总长约31.6km)等。以上跨海大桥除上海崇明越江通道工程已于2004年12月28号开工外,其他工程尚处于前期调研阶段。20世纪90年代以后,我国先后修建了珠海淇澳大桥、汕头海湾大桥、厦门海沧大桥及舟山桃夭门大桥等一批跨海桥梁,但海面都较窄,除满足海轮通航需要设置较大跨度的通航孔外,桥梁设计与施工,与江河上的桥梁基本上没有区别,桥梁设计仍沿用1985年规范。因此,可以说在东海大桥和杭州湾跨海大桥建造以前,我国还没有真正意义上的跨海大桥。

东海大桥和杭州湾跨海大桥基本在同一时期设计和施工,是我国采用现代手段和理念进行海上桥梁建设的里程碑。东海大桥开工稍早于杭州湾跨海大桥,对于建造跨海长桥具有开拓性的意义。建造杭州湾跨海大桥,由于自然环境恶劣,工程规模浩大,缺乏海上施工经验,为避免重大失误,针对建桥条件进行了100多项专题研究、科学试验和技术咨询。前期工作表明,建造杭州湾跨海大桥,必须重点解决以下关键技术问题。

(1)海上桥梁总体设计。杭州湾跨海大桥(图1.4-1)是我国最早开展实施性研究和设计的海上长桥,无规范可循,需要制订适合跨海长桥的设计原则和技术标准;必须解决海上长桥特有的交通问题、设计荷载问题(风、浪、潮、流和船撞等)和结构耐久性问题;必须解决海洋环境中的施工问题和大型专用设备问题等。对于重点工程和控制性工程,在初步设计阶段还必须同步研究施工方案和关键性的施工设备,以确认其可行性,避免施工过程中发生方案性的变更。海上深水区引桥上、下部结构设计方案和南岸滩涂区引桥上部结构设计方案是本桥设计的重点和难点。

图1.4-1　杭州湾跨海大桥一隅

(2)杭州湾为钱塘江入海的喇叭形强潮河口海湾,潮差大,潮流强劲,钱塘江涌潮为世界一大奇观,必须解决建桥对钱塘江涌潮的影响、对乍浦港的影响和强潮河口桥梁基础冲刷三大难题。

(3)跨海长桥全天候运行测量控制。在宽约32km的海面上施工,无法按传统方法进行测量放样和高程控制,GPS控制测量须解决的特殊问题有:海上钢管桩采用GPS(RTK)放样,如何保证施工精度;由于桥位远离中央子午线以及地球曲率的影响,投影长度变形和方向变形将引起桥长缩短,在施工中,如何保证由图纸到地面放样正确;为设置加密网,海上首批施工的承台高程如何控制等。

(4)大直径超长钢管桩设计、制造、防腐和施工。海上引桥均采用钢管桩基础,由于本桥海上引桥特别长和特殊的地质、水文条件,钢管桩数量多、直径大、入土深,施工海区自然条件复杂,部分地段有较厚的沙层。钢管桩工程涉及超长钢管桩的制造、防腐、沉桩、阴极保护和承载力检测等一系列关键技术,但在开工前最关注的是:打桩锤能否满足本工程超长钢管桩的沉桩要求,配备的船机能否适应杭州湾的风浪、海流环境。

(5)海上钻孔灌注桩施工。海上钻孔桩施工与陆地有很大的区别,海上钻孔桩施工需要解决的问题有:南岸滩涂区超长栈桥的设计和安全问题,浅层气富集区段钻孔桩施工安全问题,海上大型钻孔平台和承台施工方案,以及泥浆选择和钻孔桩桩底压浆问题等。

(6)海上钢管桩基础承台和墩身施工。承台和墩身施工是本桥海上作业量最大的混凝土工程,其特点是数量多、战线长、施工直接受海水环境的影响,施工安全和结构防腐蚀问题非常突出。

(7)大吨位70m预应力混凝土箱梁整体预制、强潮海域运输和架设。海上深水区引桥均采用跨度为70m的先简支后连续的预应力混凝土箱梁,共计540片,总长18.27km,梁重2 200t。70m预应力混凝土箱梁施工包括:整孔制造,陆上搬运,海上运输、架设等,其中关键技术是大型箱梁整孔制造和重型运架设备的研制。

(8)大吨位50m预应力混凝土箱梁整体预制、梁上运输和架设。南岸滩涂区引桥长10.10km,采用跨度50m先简支后连续的预应力混凝土箱梁,共计404片,梁重1 430t,采用整孔预制、梁上运梁和架桥机架设的施工方案。50m梁运、架方案远超出目前世界陆上箱梁运、架的规模(质量和梁长),实施该方案涉及技术经济评估和特重型运梁设备的研制等。

(9)海洋环境下混凝土结构的耐久性问题。大桥处于海洋腐蚀环境,设计使用年限确定为100年,结构耐久性问题是贯穿本桥设计和施工的一个重要课题,为此,开展了海洋环境混凝土结构耐久性及对策研究。为检验防护措施的有效性和进行寿命预测,需要进行相应的耐久性试验研究和建立耐久性评估体系。

(10)海上长桥行车安全问题。大风、大雾是影响大桥行车安全的主要气象因素,为此,开展了"灾害天气对行车安全的影响和对策研究",以期建立风对行车安全的评估体系和建立行车安全的保障措施,尽量降低灾害天气对行车安全和交通的影响。

以上十个方面的问题,是本桥设计和施工中遇到的最关键的技术问题,为了解决这些问题,大桥建设者作出了不懈的努力。"杭州湾跨海大桥关键技术研究与实施"所研究的问题是我国桥梁建设由陆上进入海洋碰到的新问题,这些问题的研究成果,对工程的可行性、安全性、经济性和建设周期等都有重要的影响,对运营阶段充分发挥桥梁的使用功能和发挥其社会、经济效益也有重要的影响。杭州湾跨海大桥在科研、设计和施工中取得的成果,不仅为大桥的建设奠定了基础,也为我国跨海桥梁设计与施工提供了成功的范例。

·第二章·

杭州湾自然条件

第一节　杭州湾的地貌形态

杭州湾位于长江口的南翼，浙江省东北部。北岸上海市南汇咀至南岸宁波市镇海之间的断面，习称湾口，宽约100km。湾口外舟山群岛星罗棋布，并有得天独厚的深水港口和航道资源。湾口向上约90km处的海盐澉浦至慈溪西三闸之间，习称湾顶，宽约20km，湾顶以上是钱塘江河口。杭州湾水域面积约5 000km^2，平均水深8～10m，其平面外形为典型的喇叭形。杭州湾平面形态及水下地貌单元见图2.1-1。

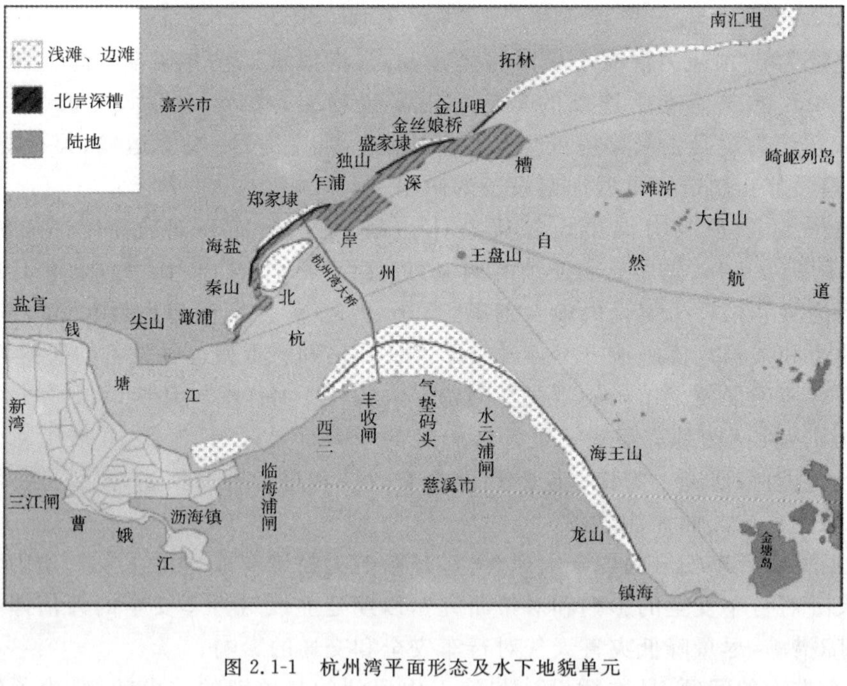

图2.1-1　杭州湾平面形态及水下地貌单元

杭州湾水域因动力因素不同和边界条件的差异而塑造了不同的地貌单元。

1. 北岸深槽

水域自金山起，自下而上依次发育有金山、全公亭、海盐等深槽，这些傍岸的深槽全长约65km。北岸深槽是明代修筑海塘岸线坍势得到控制后，潮流冲刷床面而形成的。

2. 白塔沙

北岸秦山至乍浦间水域内浅滩称为白塔沙。从实测资料分析，受钱塘江河口大片围垦的影响，白塔沙有淤高、横向展宽，并向乍浦方向延伸的趋势。

3. 庵东浅滩

南岸是淤涨型岸滩，总趋势是滩面淤涨，岸线向外推出。根据 1998 年 3 月测图分析，慈溪西三至龙山之间庵东浅滩面积约 55～60 万亩（1 亩＝666.7m^2），是浙江省沿海最大成片的滩涂，该片滩涂比较稳定。大桥穿过浅滩，穿越长度约 8～9km。

4. 西三潮沟

西三潮沟位于南岸庵东浅滩的西侧。大桥南段在西三潮沟的东侧末段，东向流速较大，有时还有涌潮，施工时要慎重对待。

海上深水区中引桥海域，海床面高程－10.0～－11.0m，南引桥深水区，海床面高程－10.0～－12.0m。海床面整体平坦，唯南引桥南端滩涂前沿区变化较为剧烈，在 2km 范围内床面由＋3.0m 变化至－10.0m。

北岸海堤除具有防洪功能外，同时兼有交通功能，本工程采取上跨方式过堤。南岸有八塘、九塘和十塘三处海堤，八塘已无防洪功能，九塘为备用防洪大堤，十塘是围涂新修筑的海堤，具有防洪功能，其设计标准为 50 年一遇，堤顶宽 7.0m。

第二节　工　程　地　质

杭州湾及其附近区域的大地构造单元处于扬子准地台和华南褶皱系的东端，两者以江绍断裂为界。杭州湾跨海大桥横跨以上两大构造单元，大部分落在扬子准地台一侧。本区地质构造稳定、地震活动微弱，属于相对稳定区块，场区发育的断裂自晚更新世以来已停止活动，对工程无影响。桥址区的地震基本烈度为Ⅵ度。

据物探资料，桥位区基岩面形态较为规则，呈现南浅北深、中间有所下凹的总趋势。北侧岩面高程－170.0～－190.0m，南侧岩面高程－120.0～－165.0m，中部最深处岩面低至－213.0m。

桥位处的地层以第四系覆盖层为主（图 2.2-1），勘探深度范围内土体根据地质时代及成因类型共划分为 13 层组，主要地层为亚黏土、亚砂土、淤泥质亚黏土、粉砂、细砂、砾砂、中细砂等。地层上部有较厚的软土层，中引桥深水区软土层厚 20～25m，南引桥深水区软土层厚约 40m，其主要物理力学性质指标（淤泥质黏土）为：$w=46.7\%$，$\gamma=17.2\text{kN/m}^3$，$e=1.331$，$I_L=1.14$，$a_{0.1-0.2}=0.64\text{MPa}^{-1}$，$E_s=4.03\text{MPa}$，$c=27\text{kPa}$，$\varphi=3.9°$，$N=5.8$ 击。淤泥、淤泥质亚黏土，含有机质，呈流塑状态，具有含水量（w）高，天然孔隙比 $e\geqslant1$，抗剪强度低，高压缩性等特性。整个桥位区均有软土分布，其厚度变化相对不大，总体呈北薄南厚的特征，属不良工程地质层。在软土层上有一层 6～8m 厚的亚砂土，起动流速低、易流动。桩基持力层为中密粉砂层，埋藏较深，其顶板高程一般在－60m 左右。

桥位区勘探深度范围内的地下水主要为第四系松散岩类孔隙水。按埋深条件可分为潜水、微承压水及承压水。

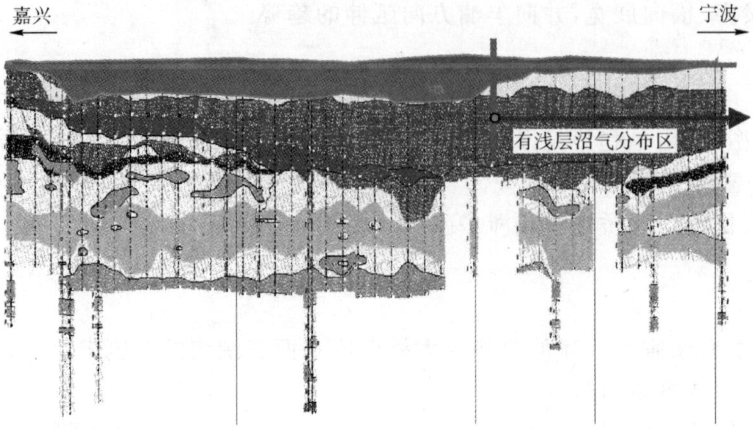

图 2.2-1　大桥工程地质纵断面图

潜水：主要分布于海底表层，含水介质为亚砂土。

微承压水：主要分布于埋深 30m 左右的土层中，含水介质为亚砂土、粉砂。

第一层承压水：埋深 50m 左右，含水介质为亚砂土、粉细砂。

第二层承压水：埋深 80m 左右，含水介质为中粗砂。

根据海水及浅层地下水的分析结果，按《公路工程地质勘察规范》(JTJ 064—98)判定：地下水对混凝土无腐蚀性，海水对混凝土具有弱腐蚀性；据《岩土工程勘察规范》(GB 50021—2001)判定，地下水及海水对钢结构均具有中等腐蚀性。

第三节　浅　层　气

一、浅层气分布情况

南岸浅层气分布情况为：

(1)场区淤泥质亚黏土及黏土层中局部存在浅层气，气体储存于微薄层粉砂夹层中，气量很小、气压低，不影响施钻；

(2)场区亚黏土层中有较多粉、细砂夹层或透镜体，部分粉、细砂夹层和透镜体储藏有浅层气，气压较高，地质钻孔过程中经常出现喷发现象，但气量有限，喷时间较短，停喷后仍可继续施钻；

(3)浅层气主要储存于 XZK208～XZK219、XZK263～XZK268、XZK278～XZK283、XZK288～XZK294 区段软土层底部的砂层内；

(4)场区浅层气压力与埋深基本成正比关系，埋藏深度相同的浅层气，初始气压亦基本相同。

二、浅层气的特征及对工程的影响

桥址浅层气是生物化学作用产生的生物气，浅层天然气的甲烷含量高达85%以上，属于典型的、未受重大次生作用影响的原生甲烷生物成因气。浅层天然气埋深为45～60m，关井压力0.4～0.5MPa。在XZK209、XZK210、XZK218、XZK267和CZK30等孔管口喷浆，夹带砂土喷高达20m左右。浅层天然气压力基本与埋深成正比关系，与气量无明显联系，分布范围一般与古河道一致，呈条带状，主要埋藏于砂层顶部。场区内多数气藏点气量有限，数小时至数天内可基本释放完毕。含气海积砂土为非饱和土，是气、液、固三相介质；陆地非饱和土与含浅层气非饱和海相沉积土的差异为：陆地非饱和土的气相与大气相通，处于敞开状态，孔隙气压力不变，孔隙水压力变化；含浅层气非饱和土的气相与大气不相通，处于封闭状态，孔隙气压力变化，孔隙水压力不变。

浅层气对土体工程性状的影响如下。

(1)浅层气对桩基承载力的影响：桥址区的上部淤泥质亚黏土不会引起地层较大的沉降，不会对桩基承载力与变形产生明显的影响；对顶板埋深50m的粉细砂层，如果在无控释放条件下土体剧烈扰动会显著降低桩基承载力，从而诱发不均匀沉降；试验所得含气砂层总沉降量最大值仅为总层厚的1/1 000～1/5 000，引起负摩擦力的可能性不大。

(2)浅层气无控制释放对土体工程性状的影响可认为是一种非饱和土的渗流破坏，诱发对土层的扰动，按扰动程度可分为剧烈扰动区、严重扰动区、轻微扰动区和含气层压密区。浅层气在无控条件下释放，对土体工程性状会有不利影响。

(3)浅层气控制释放对于含浅层气的砂土，不管是粉砂还是细砂，其抗剪强度均随着基质吸力的降低即浅层气气压水平的下降而有所增加。浅层气的释放会引起储气层的沉降，在初始基质吸力为20～100kPa范围内，浅层气释放引起的砂层总沉降量最大值为储气层总厚的1/1 000～5/1 000。

(4)本桥区域18～40m不等深度的第③、④层淤泥质亚黏土、黏土含气量小，气压低，且仅零星分布，不可能对桩基工程产生明显的影响，也不会因浅层气的存在引起较大的沉降。

(5)浅层气对桥梁施工的影响：浅层气对钻孔桩的施工有较大影响，承包人应认真研究，采取有效的措施，防止发生工程事故。

第四节　气　　象

杭州湾地处亚热带，四季分明，气温随季节变化明显。常年平均气温在16℃左右；最热为7月，乍浦、慈溪月平均气温分别为28.2℃、28.3℃，最冷为1月，月平均气温分别为3.7℃、4.1℃；极端最高气温为38.4～39.1℃，出现在7～8月；极端最低气温为－10.6～－9.3℃，出现在1月份。

杭州湾地区降水充沛，降水量南岸略高于北岸。慈溪、乍浦累年平均降水量分别为1 294.6mm、1 220.2mm，其中6月份最多，平均分别为177.6mm、173.4mm，12月份最少，平均分别为46.3mm、40.5mm。最多年降水量为1 754.2～1 810.7mm，最少年降水量为674.8～790.7mm。

该地区季风特征明显，冬季(1月)风向集中于西北方位，最多风向为NW～NNW风，春夏两季风向则集中于东南方位，最多风向为SE～E风，秋季风向分布范围较广，主要集中于NW～SE风向，其他风向出现相对较少。全年平均风速为3m/s左右，北岸略高于南岸。乍浦和慈溪累年10min平均最大风速分别为20.3m/s、22.6m/s，均出现在8月份，相应的风向分别为E风和SE风；极大风速南岸慈溪和北岸乍浦分别为31.9m/s(NNE)和32.2m/s(WSW)，分别出现于8月和7月。

大风，即极大风速出现≥17.2m/s或风力≥8级的风。它主要由冷空气、热带气旋、强对流(飑线、龙卷、雷雨)等天气系统造成。乍浦、慈溪两站全年平均大风日数分别为16.3天、11.1天，北岸多于南岸。全年各月均有大风出现，南岸慈溪8月份大风出现最多，其次为1月；北岸乍浦3～4月大风出现最多，其次为7～8月。

第五节　灾害性天气

一、台　风

台风是热带海洋上旋转的大气涡旋，是影响我国的主要灾害性天气之一，台风带来的风、雨、潮破坏力极大。杭州湾地区位于浙江北部沿海地区，台风影响时有发生。经对1949～2000年的台风进行普查，统计分析了杭州湾地区台风的影响情况及其相应的气候特征。

1. 影响台风概况

统计结果表明，1949～2000年，该地区共有133个影响台风，平均为2.56个/年，影响台风最早出现于5月份，最迟出现于11月份，其中8月份出现最多，其次为7月和9月。由于杭州湾地区特殊的地理位置，严重影响台风出现不多。

就乍浦至慈溪一带而言，严重影响该地区的台风仅20个，主要出现在7～9月，出现最多的是9月，占45%，其次为8月，占35%，详见表2.5-1。

严重影响台风时间分布　　表2.5-1

月　份	7	8	9	10
台风个数(个)	3	7	9	1
频率(%)	15	35	45	5

2. 台风影响下的风况

统计结果表明，影响该区域的133个台风中，导致乍浦至慈溪一带阵风达8级以上的台风有69个(表2.5-2)，占总数的52%，其中10级以上的有16个，12级以上的有1个，详见表2.5-2。对杭州湾区域影响最大的是4906号台风，该台风在乍浦至金山一带登陆，桥位地区风力达12级以上；其次是9711号台风，台风影响时，慈溪站最大风速达22.6m/s，极大风速达31.7m/s，相应的风向为ENE。

3. 台风影响下的雨量分布

影响杭州湾区域的133个台风中，乍浦至慈溪过程雨量超过100mm的有20个，占总数的16%，其中超过300mm的有2个(表2.5-3)。过程雨量最大的是6312号台风，乍浦台风过程雨量达 431.8mm，最大日雨量为 401.8mm；其次为 6214 号台风，慈溪台风过程雨量达 331.3mm，最大日雨量为 153.9mm。

阵风达 8 级以上的影响台风个数　表 2.5-2

风力	8 级	9 级	10 级	11 级	12 级以上
台风个数	34	19	11	4	1

过程雨量 100mm 以上的影响台风个数　表 2.5-3

过程雨量(mm)	100～200	200～300	300～400	>400
台风个数(个)	17	1	1	1

4. 正面袭击和严重影响台风个例分析

由于地形影响，正面袭击的台风极少。1949 年至今，仅有 1 个台风在该区域登陆，即 1949 年第 6 号台风。1949 年 7 月 24～25 日，台风在上海金山至浙江平湖间登陆，表 2.5-4 列出了 24～25 日台风中心位置及相关资料。由表 2.5-4 可见，该台风中心于 7 月 24 日进入杭州湾区域，台风中心瞬时风速达 45m/s。由于该台风发生年代较早，故气象站相关资料较少。据上海气象站记载，受该台风影响，25 日徐家汇极大风速 39m/s，最大风速 28.8m/s，风向 ENE；24 日慈溪庵东降水量 101mm，25 日上海徐家汇降水量 148.2mm。

1949 年第 6 号台风中心位置资料表　表 2.5-4

月、日	时　间	中心位置		中心气压 (hPa)	极大风速 (m/s)
		北纬(°)	东经(°)		
7.24	14:00	28.8	123.2	964	45
	20:00	29.6	122.5	966	40
7.25	02:00	30.4	121.7	968	40
	08:00	31.2	121.0	978	30
	14:00	32.1	120.8	983	20

对杭州湾区域影响较大的台风路径主要有两类。一是西北移路径：台风从菲律宾以东向西北方向移动，穿过琉球群岛，在浙江一带登陆，如 4906、5612、9711、8807 号台风等。二是转向路径：台风从菲律宾以东向西北方向移动，到达我国东海或在我国沿海地区登陆。详见台风路径图(图 2.5-1)。

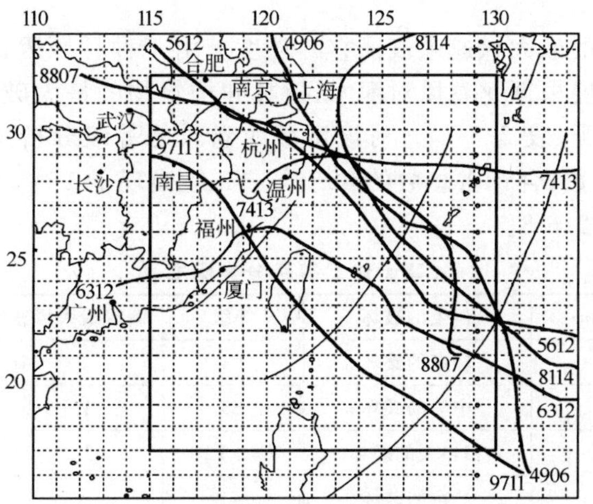

图 2.5-1　台风路径图

二、龙 卷 风

龙卷风是大气强烈旋转的空气柱，是小概率事件。调查表明，1949～2000年间，桥位周围的6个县市（平湖市、慈溪市、余姚市、海盐县、鄞县、金山县）共出现了个39次龙卷风，绝大多数与雷暴、冰雹等强对流天气密切相关。

1. 龙卷风的时空分布

该区域龙卷风出现最多的是慈溪市和金山县，均为13次，各占总数的33.3%；出现最少的是海盐县和鄞县，均为2次，各占总数的5.1%。详见表2.5-5。

龙卷风空间分布 表2.5-5

发生地点	平湖市	慈溪市	海盐县
龙卷风次数(次)	5	13	2
频率(%)	12.8	33.3	5.1

龙卷风多发生于3～9月，其中以7月出现最多，共14次，占总数的35.9%，其次为6月，共8次，占总数的20.5%。详见表2.5-6。

龙卷风时间分布 表2.5-6

发生时间(月)	3	4	5	6	7	8	9
龙卷风次数(次)	1	3	2	8	14	5	4
频率(%)	2.6	10.3	5.1	20.5	35.9	12.8	10.3

有关文献对龙卷风发生日变化的研究结果认为，龙卷风在一天中的任何时间都可能发生，而以午后发生的最多，其中15～16时为发生的高峰阶段，它显示了与大气辐射影响最大时段的一致性，即为强对流天气最易发生。统计结果表明，该区域绝大多数龙卷风在午后发生，其中发生的高峰时段是15～17时，与上述研究基本一致。

2. 龙卷风的强度

龙卷风一般采用它的最大风速来表征它的强度。由于种种原因，其最大风速的确切值实际上很难获取。通常主要根据龙卷风对灌木、树林和构筑物的最大破坏程度按照富士达F分级对龙卷风强度进行分类（表2.5-7）。对该区域龙卷风的等级分析表明，该区域龙卷风的强度以F1和F2级占大多数，合计占总数的82.1%，F3级出现了1次，为2.6%，F4级以上的龙卷风则未出现。详见表2.5-8。

富士达F等级分类标准 表2.5-7

等级	瞬时最大风速(m/s)	伴生的破坏	等级	瞬时最大风速(m/s)	伴生的破坏
F0	<33	轻度的破坏	F4	93～116	摧毁性的破坏
F1	33～49	中等的破坏	F5	117～140	难以置信的破坏
F2	50～69	相当大的破坏	F6～F12	141～330	不可思议的破坏
F3	70～92	严重的破坏			

龙卷风 F 等级分布　　表 2.5-8

F 等 级	F0	F1	F2	F3	>F4
龙卷风次数(次)	6	14	18	1	0
频率(%)	15.3	35.9	46.2	2.6	0

三、雾

1. 雾的分布

以水平能见度小于 1 000m 作为统计值。雾对海上航行和施工影响较大，尤其是大范围的浓雾，危害严重。该地区全年各月均有雾出现，夏季出现最少，冬季出现最多。北岸乍浦站全年平均雾日数为 35.6 天，南岸慈溪站全年平均雾日数为 21.5 天。最多年雾日数乍浦为 57 天，慈溪为 67 天。详见表 2.5-9。

累年各月雾日表(1954～2000 年)　　表 2.5-9

月 份		1	2	3	4	5	6	7	8	9	10	11	12	全年
慈溪	平均雾日(天)	2.8	1.5	2.3	2.3	1.5	1.1	0.4	0.6	1.6	1.9	2.4	3.2	21.5
	最多雾日(天)	10	5	8	7	7	6	2	10	8	8	11	13	67
	最长持续时间(h)	22.9	9.8	7.5	9.2	7.6	5.8	4.8	2.1	6.8	7.2	19.2	18.7	22.9
乍浦	平均雾日(天)	3.1	2.7	3.2	3.7	3.3	1.5	1.0	1.6	3.1	4.1	4.0	4.0	35.6
	最多雾日(天)	8	7	7	9	11	5	7	6	8	10	9	12	57
	最长持续时间(h)	20.8	14.1	18.7	19.0	12.1	7.1	4.7	8.3	10.8	9.3	13.2	24.8	24.8

雾有明显的日变化规律，雾的生成时间一般在下半夜到清晨日出之前，雾消散时间都在日出升温之后 2～3h 内。另外，雾生雾消时间还有季节性的变化。该地区发生的雾，主要集中在半夜前后到上午 9～10 时，中午前后到下午则出现较少。

2. 雾的持续时间

雾的持续时间是指雾连续不中断，或有中断但间隔不超过 1h，如超过 1h，则算另一次雾。慈溪站 4h 以内雾占总数的 76%，24h 以上的雾则未出现过，最长持续时间为 22.9h，出现在 1 月份；乍浦站 4h 以内雾占总数的 69%，24h 以上的雾仅出现 1 次，最长持续时间为 24.8h，出现在 12 月份。详见表 2.5-10。

雾的各级持续时间(1954～2000 年)　　表 2.5-10

雾持续时间		0～1	1～2	2～4	4～6	6～12	12～24	24～48	合计
慈溪	年平均次数	6.0	5.1	4.6	2.5	1.9	0.6	0	20.7
	频率(%)	29.0	24.6	22.2	12.1	9.2	2.9	0.0	100
乍浦	年平均次数	6.9	7.5	9.9	4.9	4.8	1.0	0.1	35.1
	频率(%)	19.7	21.4	28.2	14.0	13.7	2.8	0.3	100

3. 雾的范围

雾的范围大小，与雾的成因和季节密切相关。一般来说，冬季辐射雾常常是部分的，范围不会很大。而春季平流雾，常常是范围比较大的，水平范围宽约 300～400km，并且具有较大的厚度，一般为几十米到几百米。另外，在凌晨时有贴着海面的浮云阻碍视线，也不可忽视。

四、雷　暴

积雨云中发生激烈的雷电，并常伴有阵雨的现象称为雷暴。强雷暴伴有大风、暴雨或冰雹，偶尔还会出现龙卷风，常常造成局部地区的严重危害。对杭州湾区域各气象站的调查分析表明，该区域雷暴日数南岸多于北岸，雷暴初日为 3 月份，终日出现于 9～11 月份，且南岸较北岸出现略早，终止略迟。乍浦、慈溪全年平均雷暴日数分别为 32.1 天、36.6 天，其中 7、8 月雷暴日数出现最多，两月合计达全年的 45%～49%，最多月雷暴日数达 18～19 天，均出现在 7 月份，累年最多雷暴日数为 56～58 天。详见表 2.5-11。

各月雷暴日数（单位：天）及出现初终日（1954～2000 年）　　表 2.5-11

月份		1	2	3	4	5	6	7	8	9	10	11	12	全年	初日	终日
慈溪	平均	0.0	0.5	2.5	3.9	3.0	4.4	9.5	7.9	4.2	0.4	0.1	0.2	36.6	10/3	8/11
	最多	1	6	9	10	9	11	19	18	15	4	1	2	58	26/1	22/12
乍浦	平均	0.1	0.3	2.0	3.2	2.6	4.1	8.1	6.6	4.3	0.4	0.1	0.1	32.1	15/3	3/10
	最多	1	3	9	10	14	10	18	16	13	4	2	2	56	14/1	22/12
海盐	平均	0.0	0.4	2.5	2.5	2.2	3.3	7.4	5.8	2.6	0.4	0.1	0.0	27.2	15/3	23/9
	最多	0	5	8	7	6	6	18	12	12	4	2	1	45	4/2	23/8
金山	平均	0.0	0.3	2.3	2.6	2.5	3.7	8.1	6.3	3.1	0.5	0.2	0.1	29.7	15/3	7/10
	最多	0	3	8	6	6	7	17	11	11	4	1	1	48	17/2	21/8

五、雪

杭州湾区域降雪较少，最早出现于 12 月下旬，最迟出现于 3 月中旬，大多出现于 1、2 月份，北岸略多于南岸。慈溪全年平均降雪日数 9.4 天，最多年降雪日数为 22 天；累年平均积雪日数仅为 3.5 天，最多年积雪日数为 18 天。乍浦全年平均降雪日数 9.7 天，最多年降雪日数为 23 天；累年平均积雪日数仅 4.4 天，最多年积雪日数为 16 天。详见表 2.5-12。

各月降雪、积雪日数(单位:天)及出现初终日(1954~2000 年) 表 2.5-12

月份			7	8	9	10	11	12	1	2	3	4	5	6	全年	初日	终日
降雪日数	慈溪	平均	0	0	0	0	0.1	1.2	3.7	3.2	1.1	0.1	0	0	9.4	27/12	2/3
		最多	0	0	0	0	2	5	16	11	5	1	0	0	22		
	乍浦	平均	0	0	0	0	0.1	1.2	3.9	3.3	1.2	0.1	0	0	9.7	30/12	11/3
		最多	0	0	0	0	2	6	16	11	5	1	0	0	23		
积雪日数	慈溪	平均	0	0	0	0	0	0.3	1.4	1.7	0.1	0	0	0	3.5	20/1	6/2
		最多	0	0	0	0	0	5	11	9	2	0	0	0	18		
	乍浦	平均	0	0	0	0	0	0.4	1.7	1.9	0.3	0	0	0	4.4	19/1	12/2
		最多	0	0	0	0	0	5	10	11	4	0	0	0	16		

第六节 水　　文

一、潮汐特征

杭州湾北岸常设潮位测站,自上而下有澉浦、乍浦、金山咀和芦潮港站等;南岸海王山和镇海设有潮位测站。

外海潮波传入杭州湾,受到喇叭口平面外形的压缩以及水深变浅的摩擦效应作用,潮波逐渐由前进波变为驻波性质,日、夜潮不等现象明显,属浅海半日潮海区。常设潮位站的潮汐特征值如表 2.6-1。

杭州湾常设潮位站潮汐特征值 表 2.6-1

项目＼站名	北岸				南岸	
	澉浦	乍浦	金山咀	芦潮港	海王山	镇海
最高潮位(m)	6.56	5.54	4.98	4.09	3.72	3.38
发生日期(年、月、日)	1997.8.19	1997.8.19	1997.8.19	1997.8.19	1997.8.19	1997.8.18
最低潮位(m)	−4.36	−4.01	−3.37	−2.84	−2.39	−2.04
发生日期(年、月、日)	1951.8.22	1930.9.24	1969.4.5	1980.10.25	1980.10.25	1952.1.26
最大潮差(m)	8.93	7.57	6.34	5.10	4.26	3.67
发生日期(年、月、日)	1951.8.20	1962.8.2	1989.10.16	1987.8.11	1974.8.20	1981.10.16
平均高潮位(m)	3.05	2.52	2.16	1.89	1.45	1.11
平均低潮位(m)	−2.56	−2.12	−1.80	−1.38	−1.08	−0.66
平均潮差(m)	5.61	4.65	3.93	3.19	2.53	1.76
平均涨潮历时(时:分)	5:28	5:27	5:27	5:29	5:56	6:18
平均落潮历时(时:分)	6:57	6:59	7:01	6:57	6:29	6:07
统计年年限	1951~1999	1930~1999	1952~1998	1978~1998	1972~1997	1951~1997

二、桥位处设计潮位

桥位位于乍浦站上游 6.0km。桥位处设计潮位如表 2.6-2 所示。

桥位北岸设计潮位(单位:m) 表 2.6-2

频率P(%) 站名	0.33	1	2	5	备　注
乍浦站	6.10	5.75	5.50	5.25	考虑人类活动影响
设计高潮位	6.15	5.80	5.55	5.30	建议采用
设计低潮位		−3.58	−3.56		建议采用

三、桥位断面设计流速、流量

桥位断面设计流速、流量如表 2.6-3 和表 2.6-4 所示。

桥位各水文测点涨、落潮垂线平均最大流速 表 2.6-3

重现期(年)	乍浦站潮差(m)	垂线平均最大流速(m/s)	桥位							
			2001 年	2002 年	2003 年	2004 年	2005 年	2006 年	2007 年	2008 年
300 年一遇	8.4	v_f	1.98	2.68	2.98	2.69	2.95	3.53	3.36	4.78
		v_e	2.77	2.02	2.77	2.68	3.08	2.64	3.46	4.63
100 年一遇	8.2	v_f	1.93	2.62	2.92	2.63	2.88	3.44	3.27	4.68
		v_e	2.70	1.97	2.70	2.61	3.00	2.60	3.36	4.49
50 年一遇	8.0	v_f	1.89	2.56	2.85	2.57	2.82	3.34	3.18	4.57
		v_e	2.63	1.93	2.63	2.54	2.92	2.55	3.26	4.35
20 年一遇	7.8	v_f	1.85	2.50	2.79	2.52	2.75	3.24	3.08	4.46
		v_e	2.56	1.88	2.56	2.47	2.84	2.50	3.15	4.20
可能最大流速 $\bar{v}_m^{\infty}$			2.51	2.81	3.35	3.21	3.25	3.35	3.44	4.56
实测最大流速		v_f	1.58	2.18	2.4	2.2	2.49	2.68	2.62	3.77
		v_e	2.15	1.6	2.15	2	2.32	2.3	2.7	3.41

注:v_f、v_e:涨、落潮垂线平均最大流速,m/s。

桥位断面平均最大涨、落潮流速、流量及潮量 表 2.6-4

重现期(年)	乍浦站潮差(m)	潮别	桥位断面(根据 2000.9 资料)			桥位断面(根据 1999.5 资料)		
			断面平均最大流速(m/s)	断面最大流量(万 m^3/s)	潮量(亿 m^3)	断面平均最大流速(m/s)	断面最大流量(万 m^3/s)	潮量(亿 m^3)
300 年一遇	8.40	涨潮	2.93	81.5	97.3	2.89	81.8	100.8
		落潮	2.79	72.4	99.7	2.73	69.4	105.4
100 年一遇	8.20	涨潮	2.86	79.6	95.1	2.83	79.8	98.5

续上表

重现期(年)	乍浦站潮差(m)	潮别	桥位断面(根据2000.9资料)			桥位断面(根据1999.5资料)		
			断面平均最大流速(m/s)	断面最大流量(万 m^3/s)	潮量(亿 m^3)	断面平均最大流速(m/s)	断面最大流量(万 m^3/s)	潮量(亿 m^3)
100年一遇	8.20	落潮	2.71	70.4	97.4	2.67	67.7	102.9
50年一遇	8.00	涨潮	2.79	77.6	92.8	2.76	77.8	96.2
		落潮	2.64	68.5	95.1	2.61	66.0	100.4
20年一遇	7.80	涨潮	2.72	75.7	90.6	2.69	75.8	93.9
		落潮	2.57	66.5	92.7	2.54	64.3	97.9
实测最大		涨潮	2.32	63.7	76.4	2.31	66.4	79.6
		落潮	2.18	54.4	76.8	2.10	56.9	85.1

工可阶段在桥位断面进行了原形水文的观测,原形水文观测的结果汇总见表2.6-5。

原型水文观测项目特征值统计 表2.6-5

项目		特征值		
水文断面测绘	水文断面长度(km)	32.75		
	水文断面最大水深(m)	−13.4		
	断面平均水深(m)	−7.4		
	断面跨海距离(km)	27.5		
潮位	潮汐性质	不规则半日浅海潮汐		
	最高潮位(m)	3.68		
	最低潮位(m)	−3.00		
	最大潮差(m)	6.68		
	平均潮差(m)	5.30		
	涨潮历时	5h25min		
	落潮历时	6h59min		
潮流	潮汛	大	中	小
	涨潮最大流速(cm/s)	425	382	226
	落潮最大流速(cm/s)	396	271	167
	垂向平均涨潮最大流速(cm/s)	377	332	203
	垂向平均落潮最大流速(cm/s)	341	200	155
	涨潮流历时	5h43min		
	落潮流历时	6h40min		
泥沙	最高含沙量(kg/m^3)	9.605		
	最低含沙量(kg/m^3)	0.041		
	平均含沙量(kg/m^3)	1.2488		
盐度	最高盐度	12.394		
	最低盐度	8.982		
	平均盐度	10.787		
粒度	悬沙中值粒径(μm)	8.71		
	底质粒度 M_d(μm)	37.29		

大桥南航道是个急流区，在 2003 年各季进行了潮流观测，以了解每个季节大、中、小潮期间潮流变化的基本状况，尤其是最大流速及变化过程，为设计和施工提供准确的参数和可靠的依据。各季测到的最大流速为：

春季：516cm/s；夏季：464cm/s；秋季：452cm/s；冬季：345cm/s。

四、局部冲刷试验结果与冲刷计算

根据浙江省水利水电河口海岸研究设计院 2002 年 7 月进行的杭州湾跨海大桥桥墩局部冲刷模型试验，对桥墩局部冲刷规律和施工期间桥墩的冲刷进行了试验研究。同时根据大桥所处水域的水文、地质等情况，进行了冲刷计算分析。实测河床最低高程即大桥断面 1958～2001 年下包络线见图 2.6-1。

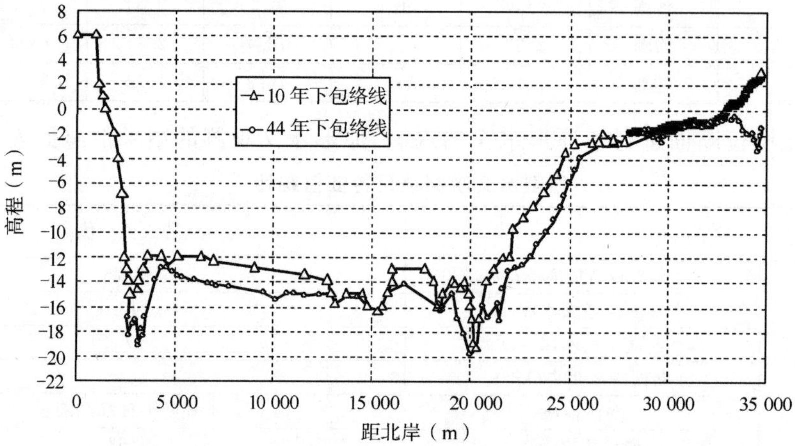

图 2.6-1　大桥海床断面 1958～2001 年下包络线图

桥墩冲刷计算依据桥址断面形态，不同设计条件下涨落潮垂线平均流速及涨落潮垂线平均最大流速、桥址断面长期冲淤演变情况、土层物理力学指标，按部颁《公路工程水文勘测设计规范》(JTG C30—2002) 计算，并参考美国联邦公路管理局桥梁冲刷评价手册 (*FHWA NHI01-001*，May 2001) 进行对比计算，计算中未计尖山河段治理、杭州湾围垦开发对桥址河段河势变化的影响。同时还采用正态断面模型对桥墩冲刷进行试验研究。计算和试验成果详见表 2.6-6 和表 2.6-7。

南、北航道桥及高墩区引桥桥墩冲刷计算和试验成果表　　表 2.6-6

桥墩类型	计算条件	冲刷前高程（m）	一般冲刷（m）	河床演变（m）	局部冲刷（m）	冲刷后高程（m）
方法一：《公路工程水文勘测设计规范》(JTG C30—2002)						
北高墩区	300 年一遇风暴潮	−10	9.3		6.3	−25.6
北通航孔主墩 1(6)	300 年一遇风暴潮	−12.3	7.0		7.6	−26.9
北通航孔主墩 2(5)	300 年一遇风暴潮	−12.3	7.0		8.3	−27.6
北通航孔主墩 3(4)	300 年一遇风暴潮	−12.3	7.0		10.8	−30.1
南通航孔主墩 1	300 年一遇风暴潮	−11.7	7.7		7.3	−26.7
南通航孔主墩 2(4)	300 年一遇风暴潮	−11.7	7.7		9.1	−28.5

续上表

桥墩类型	计算条件	冲刷前高程（m）	一般冲刷（m）	河床演变（m）	局部冲刷（m）	冲刷后高程（m）
南通航孔主墩 3	300 年一遇风暴潮	−11.7	7.7		14.1	−33.5
南高墩区	300 年一遇风暴潮	−11	8.4		6.3	−25.7
方法二：NHI 桥墩冲刷评价手册（美国）						
北高墩区	300 年一遇风暴潮	−10	0.9	9.3	7.4	−27.6
北通航孔主墩 1(6)	300 年一遇风暴潮	−12.3	0.9	7	8.4	−28.6
北通航孔主墩 2(5)	300 年一遇风暴潮	−12.3	0.9	7	9.6	−29.8
北通航孔主墩 3(4)	300 年一遇风暴潮	−12.3	0.9	7	14.9	−35.1
南通航孔主墩 1	300 年一遇风暴潮	−11.7	0.9	4.7	9.9	−27.2
南通航孔主墩 2(4)	300 年一遇风暴潮	−11.7	0.9	4.7	13.9	−31.2
南通航孔主墩 3	300 年一遇风暴潮	−11.7	0.9	4.7	16.9	−34.2
南高墩区	300 年一遇风暴潮	−11	0.9	5.4	8.0	−25.3
方法三：桥墩冲刷模型试验（河口所）						
北通航孔主墩 1(6)	300 年一遇风暴潮	−12.3	17.3			−29.6(−28.9)
北通航孔主墩 2(5)	300 年一遇风暴潮	−12.3	19			−31.3(−30.6)
北通航孔主墩 3(4)	300 年一遇风暴潮	−12.3	21.8			−34.1(−33.4)
南通航孔主墩 2(1)	300 年一遇风暴潮	−11.7	17.8			−29.5(−28.0)
南通航孔主墩 3	300 年一遇风暴潮	−11.7	21.3			−33.0(−31.5)
南通航孔主墩 4	300 年一遇风暴潮	−11.7	19.2			−30.9(−29.4)
南高墩	300 年一遇风暴潮	−11.7	17.1			−28.8(−27.3)

注：1. 采用《公路工程水文勘测设计规范》(JTG C30—2002)计算桥墩冲刷时，已将一般冲刷与河床演变一并考虑计算。

2. 桥墩冲刷模型试验中河床演变是以近 44 年河床下包络线作为起冲高程予以考虑的，一般冲刷和局部冲刷在模型中体现。

低墩区冲刷计算和试验成果表 表 2.6-7

里程范围	原床面高程（m）	河床演变高程（m）	一般冲刷后高程（m）	局部冲刷后高程（m）
方法一：《公路工程水文勘测设计规范》(JTG C30—2002)				
K50+000～K50+149	1.9	0	0	−3.0
K50+199～K50+385	1.0	−3.0	−3.0	−5.75
K50+385～K50+985	0	−5.0	−5.0	−7.11
K50+985～K51+380	−1.5	−7.0	−7.0	−19.54
K54+057～K54+920	−11.2	−13.0	−13.74	−21.85
K54+920～K57+920	−11.0	−15.0	−15.0	−22.93
K57+920～K59+920	−11.5	−16.0	−16.0	−23.52
K59+920～K63+237	−12.8	−16.0	−16.13	−25.13
K65+355～K68+790	−12.5	−16.0	−17.91	−31.86
K68+790～K70+550	−12.5	−19.4	−20.08	−36.66
K70+550～K71+835	−9.5	−17.0	−18.29	−32.91
K71+885～K72+285	−4.8	−15.0	−15.0	−22.36

续上表

里 程 范 围	原床面高程(m)	河床演变高程(m)	一般冲刷后高程(m)	局部冲刷后高程(m)
K72+285～K74+000	−3.0	−9.0	−9.0	−17.37
K74+000～K77+685	−1.3	−5.0	−5.0	−15.22
K77+735～K80+135	−1.0	−2.0	−2.0	−9.14
K80+135～K81+435	1.0	0	0	−9.0
方法二：桥墩冲刷模型试验(河口所)				
桥墩类型	计算条件	冲刷前高程(m)	冲刷深度(m)	冲刷后高程(m)
南深槽 60m 跨	300 年一遇风暴潮	−20.0	16.4	36.4(−34.7)
中引桥 60m 跨	300 年一遇风暴潮	−16.4	14.6	−31.0(−29.5)
海中服务区	300 年一遇风暴潮	−16.4	12.9	−29.3(−27.8)
北边滩 50m 跨	一般大潮	−5.0	7.2	−12.2
北边滩 65m 跨	一般大潮	−5.0	8.9	−13.9
南引桥 60m 跨	一般大潮	−5.0	11.9	−16.9

第七节　波　浪

一、波浪要素

乍浦站波浪要素特征值见表 2.7-1，由表 2.7-1 知：常浪向为 E 和 NW，强浪向为 E 和 ESE。春、夏季的常浪向为 E，秋、冬两季为 NW。年平均波高 0.2m，年平均周期 1.2s。全年 1.5m 以上波高仅占 0.6%。多年最大波高大于 2.5m 出现的方位分别在 E～ESE，出现在夏季，而 W～N 向的浪较小。9711 号台风过程中实测最大波高 3.5m，对应周期 7.2s，波向 ESE，相应风速 26m/s。桥区水域的波浪基本上为风浪，涌浪比例仅占 1.4%。

滩浒波浪测站情况：常浪向为 N～NNE，强浪向为 SSE 和 NNE。夏季常浪向为 SSE～S，冬季为 NNE～NNW。年平均波高 0.3m，年平均周期 1.2s，全年 1.5m 以上波高仅占 2%。

乍浦站各项波浪要素特征值　　表 2.7-1

项目	数值＼波向	N	NNE	NE	ENE	E	ESE	SE	SSE	S	SSW	SW	WSW	W	WNN	NW	NNW	全方位
全年	波向频率(%)	7.6	2.6	3.6	3.8	20.1	10.6	10.5	2.6	4.5	1.4	1.7	0.7	2.1	2.5	20.5	5.2	100
	平均波高(m)	0.1	0.1	0.2	0.3	0.2	0.3	0.2	0.2	0.1	0.1	0.1	0.1	0.1	0.2	0.1	0.1	0.2
	最大波高(m)	0.4	0.5	1.1	2.0	3.0	3.5	1.5	0.7	0.8	0.6	0.5	0.7	0.8	0.5	0.7	0.5	3.5
	平均周期(s)	1.0	1.1	1.2	1.4	1.3	1.4	1.3	1.2	1.1	1.1	1.1	1.1	1.1	1.2	1.1	1.0	1.2
春季	波向频率(%)	6.7	2.3	3.5	5.3	28.0	12.4	10.3	1.9	4.0	1.0	1.2	0.5	1.7	1.6	15.2	4.4	100
	平均波高(m)	0.1	0.1	0.2	0.3	0.2	0.2	0.2	0.1	0.1	0.2	0.1	0.2	0.1	0.1	0.1	0.1	0.2
	最大波高(m)	0.4	0.4	0.6	1.0	1.4	1.5	1.2	0.6	0.3	0.3	0.2	0.3	0.4	0.4	0.4	0.3	1.0
	平均周期(s)	1.0	1.1	1.3	1.4	1.3	1.4	1.3	1.1	1.1	1.1	1.1	1.1	1.1	1.1	1.1	1.0	1.2

续上表

项目	数值 \ 波向	N	NNE	NE	ENE	E	ESE	SE	SSE	S	SSW	SW	WSW	W	WNN	NW	NNW	全方位
夏季	波向频率(%)	2.9	1.9	3.5	3.4	25.3	15.4	17.0	3.9	7.9	2.0	2.7	0.7	1.6	1.3	7.7	2.8	100
	平均波高(m)	0.1	0.2	0.1	0.3	0.3	0.3	0.3	0.2	0.2	0.2	0.2	0.2	0.2	0.1	0.1	0.1	0.2
	最大波高(m)	0.2	0.5	1.1	2.0	3.0	3.5	1.5	0.7	0.8	0.6	0.5	0.7	0.3	0.3	0.5	0.5	3.5
	平均周期(s)	1.0	1.2	1.3	1.6	1.4	1.6	1.4	1.2	1.2	1.2	1.2	1.2	1.2	1.1	1.1	1.1	1.3
秋季	波向频率(%)	9.8	3.1	4.2	3.6	16.6	8.3	8.0	2.4	3.0	1.2	1.6	0.8	2.6	2.7	26.0	6.0	100
	平均波高(m)	0.1	0.1	0.2	0.3	0.2	0.2	0.2	0.2	0.1	0.1	0.1	0.2	0.1	0.2	0.1	0.1	0.2
	最大波高(m)	0.3	0.4	0.7	2.0	1.0	0.8	0.9	0.4	0.4	0.3	0.4	0.3	0.8	0.5	0.7	0.3	2.0
	平均周期(s)	1.0	1.1	1.2	1.4	1.3	1.3	1.2	1.2	1.1	1.0	1.1	1.1	1.1	1.2	1.1	1.0	1.2
冬季	波向频率(%)	11.2	2.9	3.3	3.0	10.1	6.2	7.0	2.0	3.0	1.3	1.3	0.6	2.5	4.5	33.5	7.6	100
	平均波高(m)	0.1	0.1	0.2	0.2	0.2	0.2	0.1	0.1	0.1	0.1	0.1	0.1	0.1	0.2	0.1	0.1	0.1
	最大波高(m)	0.3	0.5	0.5	0.5	0.5	1.0	0.5	0.4	0.4	0.3	0.5	0.3	0.4	0.5	0.5	0.2	1.0
	平均周期(s)	1.0	1.1	1.2	1.2	1.2	1.2	1.1	1.1	1.1		1.1	1.0	1.1	1.3	1.1	1.0	1.1

二、大桥南、北航道水域波浪观测资料分析

为获取桥址水域波浪记录数据，以达到全面认识和了解桥位全线水域波浪状况的工作目的。大桥施工期间在南、北航道水域附近各设了一个波浪观测站，波浪观测站位置见图 2.7-1，北岸观测站于 2002 年元月开始运行，南侧波浪观测站于 2003 年 2 月开始运行。

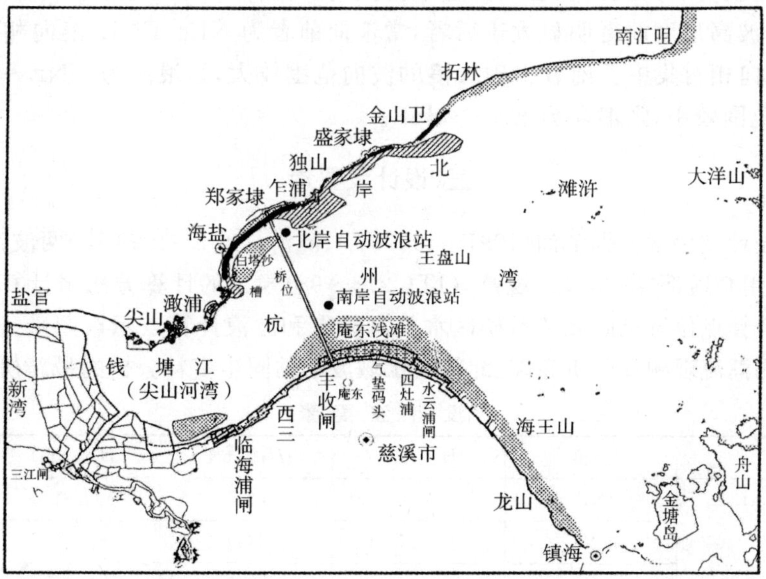

图 2.7-1 南、北两站测点位置示意图

1. 北岸站波浪观测资料分析

北岸观测站测得的年、月波要素见表 2.7-2。全年波高 $H_s \leqslant 0.5$m 的波浪出现频率为 92.33%，波高 H_s 在 0.6～1.0m 之间的波浪出现频率为 5.88%，波高 H_s 在 1.1～1.5m 之间的波浪出现频率为 1.52%，波高 $H_s > 1.5$m 的波浪出现频率为 0.20%。测得的最大波高 3.5m。其季节变化：波高 $H_s \leqslant 0.5$m 的波浪出现频率，冬季最大为 96.06%，其他各季为 90.30%～92.13%。

北岸波浪观测站年、月波要素值　　表 2.7-2

波要素 \ 月份	1月	2月	3月	4月	5月	7月	8月	9月	10月	11月	12月	年
周期 T_a 平均(s)	3.76	3.78	3.80	3.83	3.85	3.67	3.78	3.88	3.79	3.78	3.78	3.79
波高 H_s 平均(m)	0.11	0.15	0.17	0.20	0.23	0.20	0.21	0.25	0.20	0.18	0.16	0.19
波高 H_m 最大(m)	2.0	1.5	1.9	2.1	2.5	1.8	1.7	3.5	2.4	2.5	2.5	3.5

2. 南侧波浪观测资料分析

南侧波浪观测站于 2003 年 2 月开始运行，波浪采用美国 Inter Ocean 公司制造的 S4ADW 浪潮仪测量，每天记录 8 次，采样间隔 0.4s 或 0.5s。波高 H_s 平均全年为 0.3m，波高 H_m 最大为 4.8m。其波高尺度在夏、秋季较大，冬、春季相对较小些。波高 $H_s \leqslant 0.5$m 的波浪占绝对优势，但波高 H_m 在 0.6～1.0m 之间的波浪出现频率也可达 26.36%。波高 $H_m >$ 1.5m的波浪的出现频率为 2.85%。在波群显著的记录中，绝大多数系处于涨潮时段的记录，说明涨潮时发生波群和大波的机会大大多于落潮时。南部水域和北部水域的波浪状况存在比较明显的差异，波高尺度前者明显大于后者，常浪向前者为 NE～ENE，浪向相对分散；后者为 ENE～ESE，浪向相对集中。前者出现大浪的波向范围较大，强浪向为 NNE～ENE；而后者出现大浪的波向范围较小，强浪向为 ENE～SSE。

三、设计波要素

桥区水域设计波要素依据乍浦（1991～1997 年）、滩浒（1991～1999 年）两波浪站的实测波浪和风速资料，采用交通部《海港水文规范》（JTJ 213—98）规定的计算方法来计算，设计波要素见表 2.7-3，波浪计算点位置见图 2.7-2（桥区水文测验点和波浪计算点示意图）。设计波要素没有计及南航道南侧潮流观测及分析和南、北航道水域波浪站同步资料分析的最新研究成果。

设 计 波 要 素　　表 2.7-3

重现期(年)	方位	$H_{1\%}$(m)	$H_{4\%}$(m)	$H_{13\%}$(m)	$\overline{T}$(s)
300	NE	5.40	4.65	3.81	7.36
	ENE	6.27	5.44	4.53	8.04
	E	5.15	4.43	3.62	7.16
	ESE	5.31	4.57	3.74	7.25
	SE	5.12	4.41	3.60	7.15

续上表

重现期(年)	方位	$H_{1\%}$(m)	$H_{4\%}$(m)	$H_{13\%}$(m)	$\overline{T}$(s)
100	NE	4.99	4.28	3.50	7.04
	ENE	5.98	5.17	4.30	7.85
	E	4.82	4.14	3.38	6.94
	ESE	4.97	4.27	3.49	7.04
	SE	4.77	4.09	3.34	6.83
20	NE	4.27	3.66	2.98	6.52
	ENE	5.31	4.88	3.79	7.36
	E	4.29	3.68	2.99	6.52
	ESE	4.31	3.71	3.03	6.53
	SE	4.27	3.65	2.97	6.51

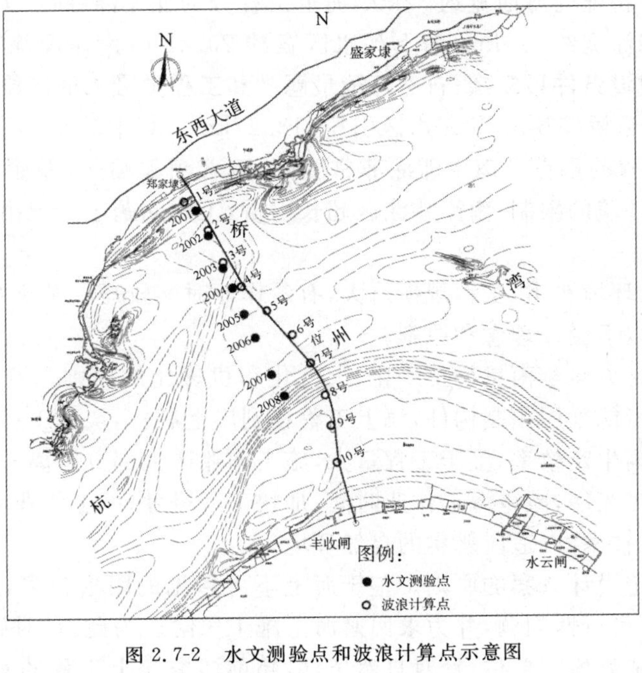

图 2.7-2　水文测验点和波浪计算点示意图

第八节　杭州湾自然条件对工程的影响

综上所述,从对工程建设的影响考虑,杭州湾自然条件有以下特点:

(1)工程海域宽阔,具有典型的海洋性气候特征,潮差大,流速大,有效工作日少;

(2)软土层厚,持力层深,给海上基础设计和施工带来一系列问题;

(3)南岸滩涂很长,施工条件严酷,采用常规设计方案和施工方法很难满足工期要求;

(4)环境的腐蚀作用严重;

(5)南岸滩涂多个区域浅层气富集,危及施工安全。

第三章

海上桥梁设计方案研究

第一节　设计理念和总体设计

一、跨海长桥的设计理念

杭州湾跨海大桥桥址处海面宽约 32km，海上工程分为北岸滩涂区、海上深水区和南岸滩涂区三部分。北岸滩涂宽约 1.5km，海上深水区宽约 20.4km，南岸滩涂宽约 9.7km。其中，海上深水区是全桥建设条件最复杂、自然环境最恶劣和工程量最大的区段，在此区段布置有北航道桥(908m)、南航道桥(578m)和深水区引桥(18.27km)，其中深水区引桥占深水区桥梁总长约 93%，是海上工程的重点。南岸滩涂非常宽阔，随着潮起潮落，滩涂区干湿交替，设备和人员进入困难，由于环境的限制，南岸滩涂区超长引桥，工期问题十分突出，南岸滩涂区引桥也是全桥工程的重点之一。

本工程海上施工环境恶劣，工程规模浩大，有效作业时间较短。基于对环境特点和工程特点的认识，业主提出以下设计理念和原则。

(1)要求总体设计方案全面贯彻工厂化、大型化和机械化的原则。海上桥梁结构，除必须在现场施工的外，尽可能采用预制构件，海上工程移到岸上制作，实现工厂化生产，以最大限度地减少海上作业，提高生产效率；鉴于工程量大，施工作业区大部分远离海岸，立足于采用大型预制构件，以减少施工工序，减少海上作业时间，加快工程进度；海上作业立足于采用强大的机械设备和先进的施工技术，以适应恶劣的自然环境。

(2)施工方案决定设计方案的原则。鉴于海上不可遇见的因素较多，施工风险较大，制订设计方案首先要解决可行性问题，并力求回避海上施工风险。为此，在对施工海域进行详勘和论证的基础上，主要依靠施工单位，针对自然条件，超前研究海上工程的实施性方案和研制施工所必须的专项大型设备，为制订设计方案提供依据。

(3)结构耐久性的原则。本桥设计使用寿命为 100 年，在海洋环境下，钢结构和混凝土结构的腐蚀问题十分严重，结构耐腐蚀问题不仅是设计问题，也是施工问题。为此，业主在建设过程中，高度重视结构的防腐蚀问题。

二、总体设计方案

根据上述理念和原则，大桥海上工程总体设计方案如下。

(1)深水区引桥均采用工厂化、机械化程度高和施工速度快的大直径钢管桩基础(图 3.1-1)，钢管桩总计 5 474 根，最长桩 89m，总用钢量约 37 万 t，采用大型船机施工和 GPS

(RTK)测量定位。

(2)除少量高墩外,深水区引桥均采用预制桥墩(图 3.1-2),预制墩共计 474 个,最大吊重 440t,混凝土总量约 6 万 m^3。

图 3.1-1　海上深水区引桥采用钢管桩基础

图 3.1-2　海上深水区引桥大部分采用预制桥墩

(3)深水区引桥均采用跨度 70m 大型混凝土箱梁(图 3.1-3),整孔预制,整孔运架,单片梁重 2 200t,共计 540 片,混凝土总量约 44.8 万 m^3,采用大型运、架一体船运输和吊装。

(4)南岸宽阔的滩涂区引桥采用钻孔桩基础,长栈桥施工;上部结构采用跨度 50m 大型混凝土连续箱梁,单片梁重 1 430t,共 26 联,计 404 片,混凝土总量约 23.8 万 m^3。采用整孔预制、梁上运输和架桥机架梁方案(图 3.1-4)。

图 3.1-3　海上深水区引桥均采用 70m 整孔预制箱梁

图 3.1-4　南岸滩涂区引桥采用 50m 整孔运、架箱梁

(5)北岸滩涂区引桥较短,采用钻孔桩基础,栈桥施工;上部结构采用移动模架制梁(图 3.1-5)和悬臂现浇两种工法施工。

(6)南、北航道桥根据通航要求,采用大跨度钢箱梁斜拉桥(图 3.1-6),采用大直径钻孔桩基础;主塔和墩身采用现浇施工。

(7)在南航道桥南 1.7km 处临海侧设海中平台,海中平台建筑面积 12 000m^2,在建设期间拟作为海上施工物资、设备基地和救援中心(图 3.1-7),后期改建为海事监控、紧急救援和观光旅游设施(图 3.1-8)。

图 3.1-5　北岸滩涂区 50m 箱梁采用移动模架制梁

图 3.1-6　南、北航道采用钢箱梁斜拉桥

图 3.1-7　海中平台一层及匝道桥布置图

图 3.1-8　改建后海中平台建筑图

(8)对海上各类混凝土结构(图 3.1-9)和钢结构,特别是处于浪溅区和水位变动区的结构,进行专项防腐蚀设计,以确保结构的设计使用寿命。

工程实践证明,设计理念抓住了影响本工程的最主要矛盾,明确了总体设计的方向。总体设计方案充分体现了既定的设计理念,最大限度地减少了海上作业,充分利用了当代桥梁建设的先进技术手段,符合海上工程的实际情况,对回避施工风险、加快工程进度,确保工程的顺利实施发挥了重大作用,在施工过程中从未发生过方案性颠覆。深水区引桥基础、深水区上部结构及南岸滩涂区引桥上部结构三部分工程的设计方案,对本桥工程影响最大,技术难度最大,且最具海洋工程的特征,是全桥设计和研究的重点。

图 3.1-9　承台处于腐蚀严重的水位变化区和浪溅区

第二节　海上深水区引桥基础

一、基 础 方 案

桥址处覆盖层厚，地基持力层埋置深，比较合适的基础形式为桩基础。在初步设计阶段，比较了钻孔桩、预应力管桩（PHC 桩）和钢管桩三种类型的基础方案。

1. 钻孔桩基础

钻孔桩桩径、桩长可根据设计需要确定，适用范围较广，施工技术成熟，无需大型起重设备，通过改善混凝土性能、增大钢筋保护层厚度及保留钢护筒作为牺牲厚度等措施，可满足结构的耐久性要求。

图 3.2-1　海上钻孔桩施工平台

但海上成桩须搭设坚固的钻孔平台（图 3.2-1），需要大量的船机伺服；钻孔桩施工工序多，周期长，速度慢；钻孔桩施工事故率较高，海上处理事故的成本高、时间长。与其他两种桩基方案比较，对于海洋环境，钻孔桩基础工程费用相对较高，工期较长，风险较大。

2. 预应力混凝土管桩基础（PHC 桩）

大直径预制混凝土管桩已有 40 年的使用历史，在美国多采用直径 1.1～1.6m 的桩，在欧洲及中东地区，直径已达到 2.5～3.5m。早期的 PHC 桩先用离心法制造管段，然后再用后张预应力索将管段连接成所需的长度。近年来由于生产工艺的进步，可以生产长度 30～60m 的 PHC 桩。在我国，PHC 桩已广泛应用于房屋建筑、码头和桥梁工程，由于受各种条件的限制，目前能够投入应用的 PHC 桩最大桩径为 1 200mm。

PHC 桩有以下突出的优点：

（1）具有良好的结构性能，它能承受较大的轴向力以及由于波浪、地震、船撞等产生的侧向力；

（2）采取适当防锈手段的 PHC 桩已有 40 年的使用历史，没有发生锈蚀问题。用环氧类油漆涂装的桩，已在海洋环境中使用了 30 年，未发现因氯离子浸入引起的破坏；

（3）PHC 桩在造价上要比同样承载力的钢管桩经济得多。

本桥由于桩太长，施工海域流速大，采用 PHC 桩存在以下问题。

（1）施工期单桩稳定性不足

根据计算分析，施工期当流速达到 2.5m/s 时，PHC 桩的抗弯能力及稳定性已不能满足要求。桥址区北段每月大于流速 2.0m/s 的天数为 3.5～12.0 天，南段为 18.5～23 天，满足要求的作业时间太少。

(2)运营期不满足河床冲刷后的结构受力要求,且其接头裸露易被海水腐蚀

桥址海区北段最大冲刷高程为－29.5m,南段最大冲刷高程达－34.7m,在此情况下,桩的自由长度较长,直径1 200mm的桩桩径相对较小,结构抗弯能力较差。计算表明,当海床冲刷高程低于－18.0m时,PHC桩的抗弯能力不能满足运营期结构受力要求,如采用PHC桩,须对河床进行防护。

(3)打桩施工困难

目前PHC桩最大起吊长度为60m左右,更长的桩必须接桩。本桥大部分桩的长度超过80m,必须接桩,海上接桩难度很大,接头部位可靠性较差。对于超长PHC桩,不仅打桩困难,而且打桩过程桩头混凝土易破损,桩身混凝土易开裂。

3. 钢管桩基础

钢管桩作为大型结构物的基础始于20世纪50年代后期,用于南、北美洲及中东海域的海上钻孔平台,60年代以后,大量用于海港码头,70年代以后在桥梁上被大量采用。

本桥水中基础不仅要承受上部结构的垂直荷载,而且还要承受梁体温度力、制动力、波浪力和船撞力等多种水平荷载。由于冲刷深,桩的自由长度大,要求桩基具有较大的水平刚度。钢管桩自重轻、抗弯能力强、施工期稳定性好;直径可根据设计需要确定,在国内现有施工条件下直径可达1 600mm,有利于抵抗水平荷载作用;可设计成斜桩,有利于增强基础抵抗水平荷载的能力;吊装和运输方便,抗锤击能力强,打桩容易,施工速度快,可适应桥址区域气象、水文、地质条件;钢管桩防腐技术比较成熟,可根据不同部位的腐蚀环境采取相应的防腐措施。

由以上的分析可以看出,在三种桩基中PHC桩最经济,但不适应杭州湾的水文地质条件,不能满足本桥的结构要求。钻孔桩与钢管桩基础两种方案均属可行,两种基础比较详见表3.2-1。

基础方案综合比较表 表3.2-1

项目＼基础形式	钢管桩	钻孔桩
桩基形式	中引桥:18-ϕ1.5m 南引桥:20-ϕ1.6m	中引桥:8-ϕ2.5m 南引桥:8-ϕ2.5m
力学性能	力学性能优,抗弯能力强	普通钢筋混凝土结构,抗弯性能略差,抗压性能好
单桩容许承载力	较高	高
结构合理性	好	一般,直桩抗水平力较差
结构可靠性	好	好
结构耐久性	能满足要求	能满足要求
施工期稳定性	不受流速限制	不受流速限制

续上表

项目 \ 基础形式	钢管桩	钻孔桩
施工设备要求	大型打桩船，桩架高度 80～90m，起吊能力＞80t，桩锤能量 300～400kN·m；一定数量的水上混凝土工厂	一般能力的钻孔机械即能满足要求，但数量要求较多；混凝土浇注量高达 91 万 m^3，需众多的水上混凝土工厂及相应的运输船舶
施工难度	容易	较大。需搭设施工平台，下沉大直径钢护筒，钻孔深度较深；施工工作量较大
施工速度	较快，一艘打桩船平均每天可打桩 3～8 根	基础施工期长
经济性	1.0	1.384

鉴于钢管入桩基础力学性能优越、经济性较好，且在减少海上作业量、加快施工速度方面具有明显的优势。因此，在初步设计阶段，中、南引桥水中低墩区均推荐采用钢管桩基础。由于受当时国内打桩船能力的限制，钢管桩长度不宜超过 75m，桩长超过 75m 时需乘潮作业，施工难度大。在中、南引桥部分地质条件恶劣的区段，钢管桩桩长超过 80m，对此部分区段采用了钻孔桩基础，单幅布置 4－ϕ2.5m 钻孔桩（图 3.2-2）。施工图阶段，国内企业已经拥有数条能力更大的打桩船，其最大起吊能力为 80m＋水深，使钢管桩的设计桩长超过 80m 成为可能。根据这一情况，施工图阶段适时将上述区段的钻孔桩基础改为钢管桩基础：中引桥基础变更为单幅布置 9－ϕ1.5m 钢管桩（图 3.2-3）；南引桥基础变更为单幅布置 10－ϕ1.6m 钢管桩（图 3.2-4）。

变更后，两种基础的技术经济比较见表 3.2-2。

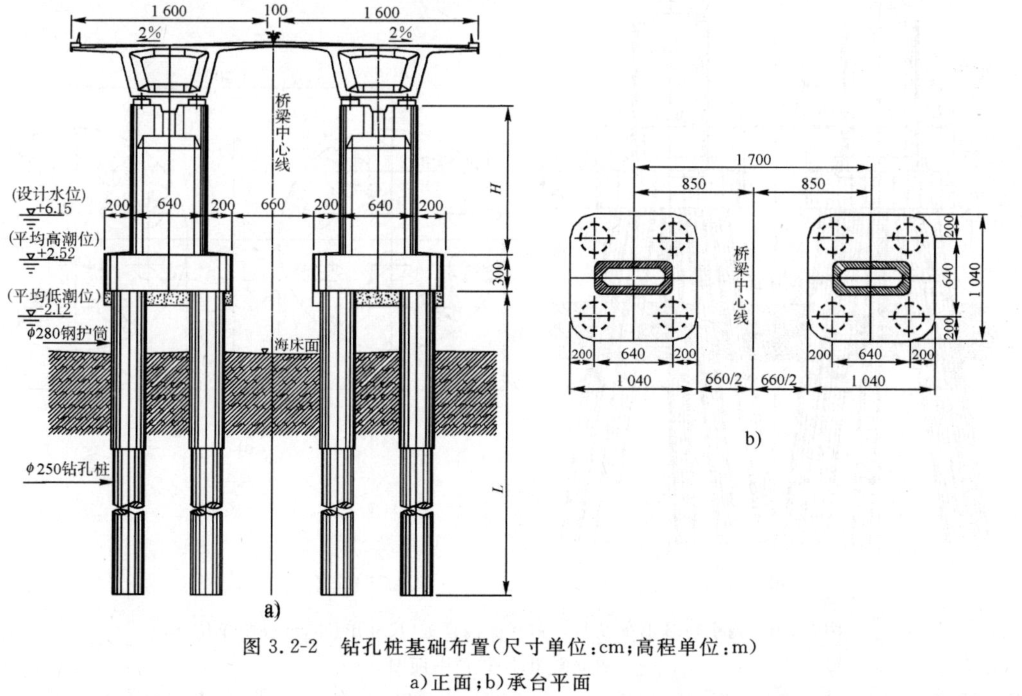

图 3.2-2　钻孔桩基础布置（尺寸单位：cm；高程单位：m）

a）正面；b）承台平面

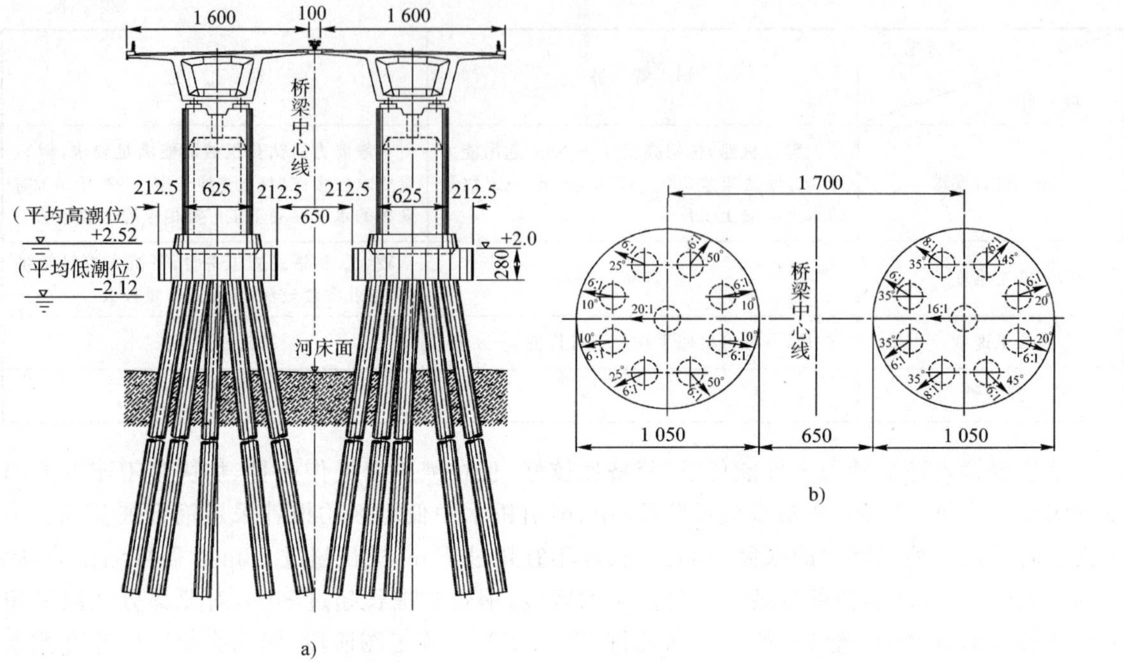

图 3.2-3　中引桥基础布置 9－ϕ1.5m 钢管桩（尺寸单位：cm；高程单位：m ）

a）立面图；b）桩位平面图

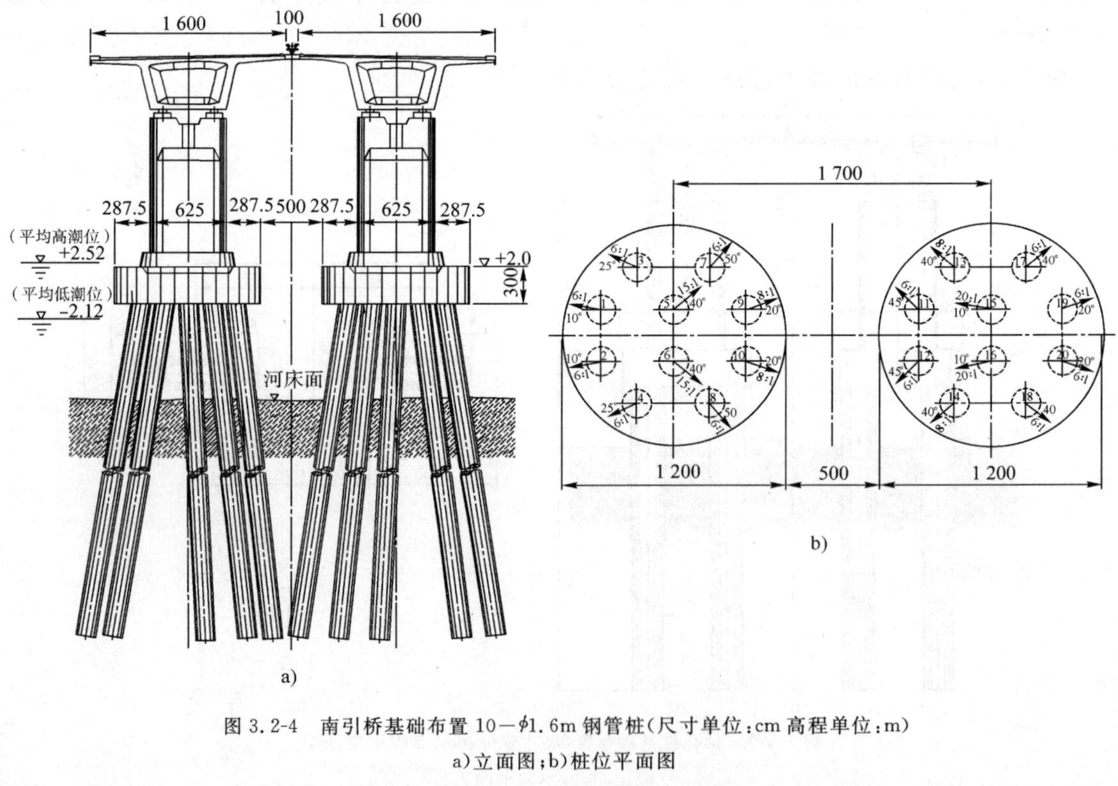

图 3.2-4　南引桥基础布置 10－ϕ1.6m 钢管桩（尺寸单位：cm 高程单位：m）

a）立面图；b）桩位平面图

钢管桩、钻孔桩基础方案比较表 表 3.2-2

项目		规格	中引桥 70m 梁	南引桥 70m 梁
墩数			20	18
钻孔桩	承台尺寸(m)		10.5×10.5×3.5	10.5×10.5×3.5
	桩基数量(根)		8—ϕ2.5	8—ϕ2.5
	桩长(m)		100	100
	承台混凝土(m^3)	C40	14 955	17 281
	钻孔桩混凝土(m^3)	C30	85 733	95 625
	封底混凝土(m^3)	C20	2 630	3 083
	钢筋(t)		8 485	9 512
	钢护筒(t)		7 160	9 188
	建安费(万元)		29 409	33 698
钢管桩	承台尺寸(m)		ϕ10.5×2.8	ϕ12.0×3.0
	桩基数量(根)		18—ϕ1.5	20—ϕ1.6
	桩长(m)		83.9	84.5
	承台混凝土(m^3)	C40	8 248	15 686
	钢管桩(t)		23 214	31 280
	钢筋(t)		1 488	2 404
	填芯混凝土(m^3)	C30	7 613	10 782
	封底混凝土(m^3)	C20	1 697	2 973
	建安费(万元)		19 056	26 987

初步设计阶段，南、北航道桥两侧的高墩区引桥，对钻孔桩、钢管桩和复合桩三种基础形式进行了比较，根据当时的施工设备条件，推荐采用钻孔桩基础。施工图阶段，除北航道桥北侧高墩区引桥采用栈桥施工，打桩船不能进入，仍维持钻孔桩基础方案外，南航道桥两侧高墩区及北航道桥南侧高墩区引桥，均变更为钢管桩基础(表 3.2-3)。

南、北航道桥基础方案变更表(单位：m) 表 3.2-3

位置		初步设计钻孔桩方案		施工图钢管桩方案	
北航道桥	北侧高墩区	4×ϕ2.5	桩长 95	维持原方案	
	南侧高墩区	4×ϕ2.5	桩长 101	10—12ϕ1.6	桩长 78～80
南航道桥	北侧高墩区	4×ϕ2.5	桩长 96～101	10—12ϕ1.6	桩长 85
	南侧高墩区	4×ϕ2.5	桩长 96～101	10—12ϕ1.6	桩长 85

南、北航道桥高墩区基础方案经济比较见表 3.2-4。

南、北航道桥高墩区基础方案经济比较表 表 3.2-4

位置	基础形式	建安费(万元)	差值(万元)	百分比(%)
北航道桥高墩区引桥	钻孔桩基础	30 334	3 728	12.3
	钢管桩基础	26 606		
南航道桥高墩区引桥	钻孔桩基础	30 110	4 568	15.2
	钢管桩基础	25 542		

经过初步设计阶段的方案比选及施工图阶段的变更，除南、北航道桥和北航道桥北侧高墩区基础外，海上深水区引桥均采用钢管桩基础。实践表明，这是一项非常正确的决策，不仅降低了工程成本，更重要的是为降低施工风险和加快工程进度奠定了基础。

二、钢管桩结构方案研究

钢管桩的结构与钢管桩的制造方法、防腐蚀方案和锤击沉桩均有密切的关系，钢管桩结构研究了以下几种方案。

(1)厚壁钢管桩方案(方案1:钢管桩采用牺牲壁厚防腐)。旧金山奥克兰海湾二桥钢管桩壁厚40～70mm，桩长一般为80～90m，采用牺牲壁厚的防腐方案，不再进行其他防腐处理。其优点是在设计使用期内不需维护，具有较好的经济性和综合性。但这种方案用钢量大、厚板卷制和焊接困难，需要大型打桩锤，需要在海上接桩，施工难度大、周期长。

(2)直焊缝钢管和螺旋焊缝钢管组合方案(方案2:防腐蚀以阴极保护为主，辅以局部涂装)。该方案从腐蚀环境考虑，分为上、下两段:上段桩钢板壁厚28～32mm，采用直焊缝钢管；下段桩钢板壁厚20～22mm，采用螺旋焊缝钢管。钢管桩防腐以阴极保护为主，辅以局部涂装。该方案上段桩采用较厚的钢板，主要为满足打桩要求和预留较富裕的牺牲厚度。上段桩由于管壁较厚，必须采用直缝钢管，下段桩管壁较薄，可采用螺旋缝钢管。上段桩制作时，须先制成长3m左右的直缝管节，用多根管节焊拼成上段桩，再用环焊缝把上段直缝钢管与下段螺旋缝钢管拼接成整桩。本方案的优点是，上段桩牺牲厚度比较富裕，能承受较大的锤击力，但制桩工序较多，生产效率较低，不利于工厂化生产。

(3)螺旋焊缝钢管桩方案(方案3:钢管桩防腐以涂装为主，辅以阴极保护)。因本桥钢管桩数量太大(37万t)，采用螺旋焊缝钢管桩，具有适合工厂化整桩生产的突出优点。根据螺旋钢管桩制桩的设备能力和国产卷板的生产能力，上段桩板厚采用22mm，下段桩板厚采用20mm。为满足设计使用寿命需要，在钢管桩外表进行防腐涂装、安装阴极保护(牺牲阳极)系统并适度预留牺牲厚度。采用上述方案，89m的长桩可整桩制造、整桩涂装，具有生产效率高、质量稳定和防腐蚀可靠的优点，唯在设计使用寿命期内需要更换阳极块。

(4)鉴于螺旋焊缝存在剪力强度偏低，可能在锤击下沉过程中发生强度破坏，林同棪公司建议钢管桩采用直缝钢管。为此，专门进行了螺旋焊缝钢管桩的打桩试验，根据试验结果及随后的工程实践，证明在本桥桩长、桩径、壁厚和打桩设备的条件下，螺旋焊缝不存在强度问题。

由于锤击沉桩的需要，规范对桩径和壁厚的关系作出了规定。对于大直径的钢管桩(例如桩径3m)，管壁的有效厚度+全寿命的牺牲厚度，与打桩所需要的最小管壁厚度比较接近，采用方案1既能满足打桩阶段对钢管桩的强度和刚度的要求，又能满足结构全寿命的牺牲厚度防腐蚀的需要。对于大直径钢管桩，方案1无疑是一个综合性较好的方案。但对本桥ϕ1 500mm和ϕ1 600mm的钢管桩，打桩阶段要求的钢管桩最小壁厚22～23mm与有效厚度+全寿命的牺牲厚度相差甚远，采用方案1则不具合理性。方案2和方案3都能满足打桩要求和耐久性要求，与方案2比较，方案3具有适合整桩工业化生产、制桩效率高、质量好、成本低的突出优点，本桥钢管桩结构推荐采用方案3，即钢管桩采用螺旋焊缝整桩制造，壁厚满足打桩要求，防腐蚀采用涂装为主，辅以阴极保护的方案。

三、钢管桩防腐蚀设计

杭州湾潮差大、水流急、含沙量高，钢管桩基础处于恶劣的腐蚀环境，为满足服役 100 年的要求，钢管桩必须具备安全、可靠、完善的长效腐蚀防护系统及相应的阴极保护监测分析系统。

经过对多种不同的腐蚀防护方案的系统运行成本和工程的整体性价比分析，确定采用以高性能熔结环氧粉末复合涂层为主，以牺牲阳极阴极保护方法为辅的联合保护方案，并设计安装相应的阴极保护在线监测分析系统。其中高性能熔结环氧粉末复合涂层服役寿命不小于 50 年，阴极保护系统采用可更换结构的高效铝合金牺牲阳极，牺牲阳极首次的更换周期设计为 30 年。钢管桩防腐蚀方案综述如下。

1. 钢管桩整体分区涂装高性能熔结环氧复合涂层(SEBF—6 系列)

钢管桩泥下部位腐蚀较轻，该部位采用单层高性能熔结环氧涂层结构防护(SEBF—6-1)，涂层表面具有一定的粗糙度，增加钢管桩与海泥的握固力，该涂层具有耐磨抗菌的特点，涂层厚度≥300μm。

钢管桩的海水全浸区域位存在双相流冲刷和海水中漂浮物冲击，该部位采用双层高性能熔结环氧涂层结构(SEBF—6-1/SEBF—6-2)，外层具有耐划伤抗冲击耐磨防污特性，涂层的厚度≥600μm。

钢管桩的潮差区、飞溅区及大气区，采用加强级三层高性能熔结环氧涂层结构(SEBF—6-1/SEBF—6-2/SEBF—6-3)，外层涂层具有最好的耐划伤和耐候性，耐海水表面漂浮物划伤和太阳紫外线老化的特点，涂层的总体厚度≥800μm。为确保复合涂层各层之间的配套性，大直径超长钢管桩涂装采用一次预热三区分时间步涂敷工艺。

从过去 40 多年的熔结环氧粉末防腐涂层工程应用结果来看(图 3.2-5、表 3.2-5)，20 世纪 60 年代的熔结环氧粉末防腐涂层的阴极剥离大约 30mm，涂层的服役寿命在 10 年左右；80 年代的熔结环氧粉末防腐涂层的阴极剥离提高到 10mm，涂层的服役寿命达到 30 年；杭州湾跨海大桥钢管桩采用的 SEBF—6 系列熔结环氧粉末防腐涂层的阴极剥离提高到 3mm，并且该复合涂层具有很强的耐冲刷、耐冲击和耐紫外线老化特性，其整体复合涂装的防护涂层体系可服役寿命应在 50 年以上(涂层破损率不高于设计值 15%)。

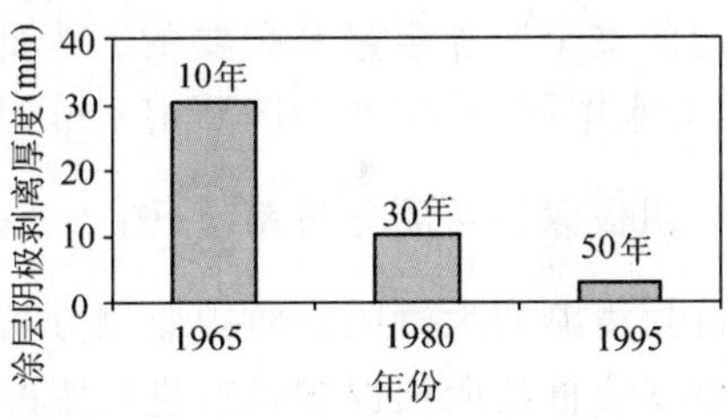

图 3.2-5　涂层阴极剥离性能随年代发展变化

各类涂层性能比较　　表 3.2-5

性　　能	单　　位	环氧煤沥青标准	熔结环氧标准	SEBF—6 系列	标 准 方 法
固体含量	%	≥80	100	≥100	GB/T 1725—1979
硬度		≥0.4		0.7	GB/T 1730—1993
抗冲击	J	5(25℃)	>1.5(−30℃)	5(−30℃)	CAN/CSA-Z 245.20M
弯曲	3°/PD	有裂纹	无裂纹	无裂纹	CAN/CSA-Z 245.20M
附着力	级	6(24h)	1～3(24h)	1(30 天)	CAN/CSA-Z 245.20M

续上表

性　　能	单　　位	环氧煤沥青标准	熔结环氧标准	SEBF—6 系列	标 准 方 法
阴极剥离	mm	12～36	<8	3	CAN/CSA-Z 245.20M
吸水率	%	≤0.4	—	0.19	SYJ 28—87
体积电阻率	Ω·m	$\geqslant 1.0\times10^{10}$	$>1.0\times10^{13}$	1.0×10^{14}	GB/T 410—1989
击穿强度	MV/m	≥20	>30	35.1	GB/T 410—1989
服役年限	年	≥ 10	≥ 30	≥ 50	—

2. 采用可更换结构的高效铝合金牺牲阳极阴极保护系统

可更换的高效铝合金牺牲阳极阴极保护系统理论上是一个半永久性的腐蚀防护系统。考虑到一次性资金投入强度和综合性价比的要求，牺牲阳极的更换周期要设计的相对合理，更换周期太短，施工费用分摊成本过高，更换周期太长，工程一次性投入过大。分析表明，当牺牲阳极更换周期为 30 年时，具有相对较高的综合性价比。原则上只要按照设计的更换周期及时更换牺牲阳极，则系统的腐蚀防护效果就不会受到影响。牺牲阳极选用高效铝合金阳极，材料利用效率较高，并且节能环保。采用水下固定、水上焊接的阳极组安装固定工艺，比传统的水下焊接工艺更可靠，安装效率更高，并且更容易实现牺牲阳极系统的更换。

3. 钢管桩预留一定的安全腐蚀余量

由于钢管桩以较大的垂直角度进行沉桩，钢管桩在垂直方向的腐蚀环境分布变化较大，尤其是在空气海水交界面和海水海泥交界面腐蚀环境更为复杂，容易产生不均匀腐蚀，适当的留有一定的安全腐蚀余量是必要的。为此，对于腐蚀环境相对较轻的泥下区域预留 2mm 腐蚀余量，对水中区、水位变动区预留 4mm 腐蚀余量。

4. 阴极保护监测分析系统（图 3.2-6、图 3.2-7）

杭州湾跨海大桥阴极防护监测分析系统作为腐蚀防护系统完整性的重要组成部分，实时对大桥钢管桩的阴极保护状态进行跟踪分析，一旦出现异常情况可及时预报报警，提醒大桥维护人员对腐蚀防护系统进行及时维修。

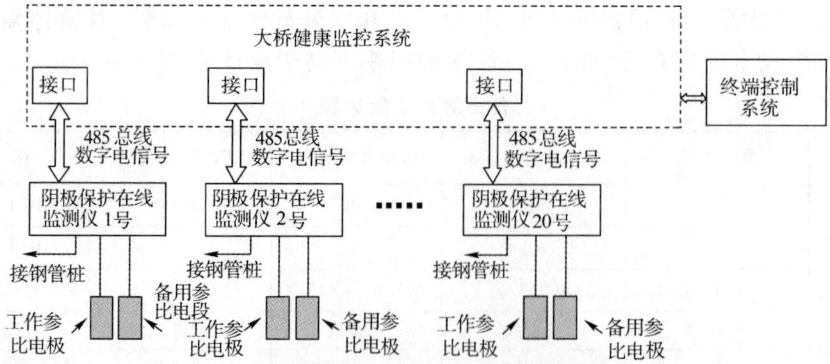

图 3.2-6　杭州湾跨海大桥阴极保护监测分析系统结构图

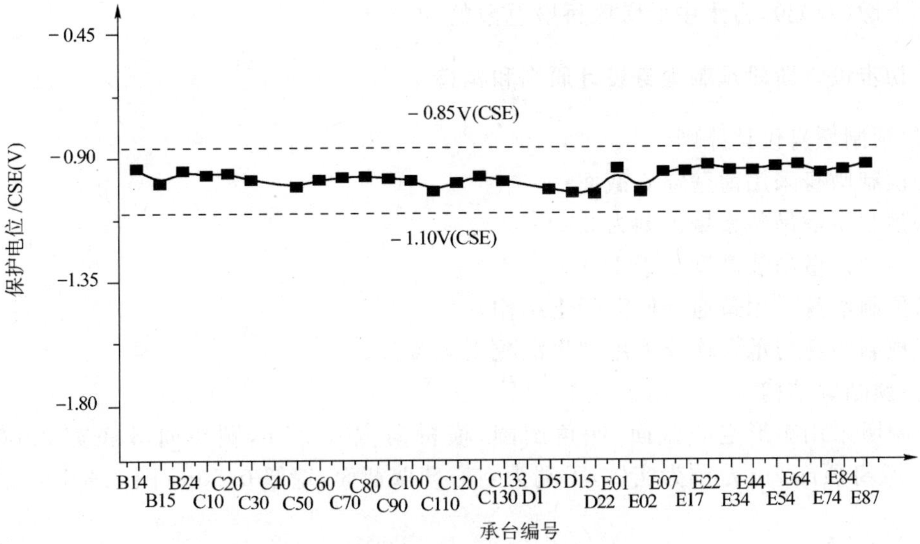

图 3.2-7　杭州湾跨海大桥钢管桩保护电位分布实测值

综上所述，杭州湾跨海大桥钢管桩安全服役 100 年，主要从以下四个方面进行保证：SEBF—6 系列高性能熔融结合环氧复合涂层服役 50 年，末期涂层破损率不高于 15%；牺牲阳极采用可更换结构，首次更换周期为 30 年；钢管桩泥下部位预留 2mm 安全腐蚀余量，其余部位预留 4mm 安全腐蚀余量，作为安全储备；安装在线式阴极保护实时监测分析系统，对腐蚀防护状态进行实时监测分析。

5. 小结

深水区引桥基础涉及范围长达 18.13km，是海洋环境对工程影响最大的部分，引桥基础方案的选择，对结构、工期、造价，乃至成败都有重大影响。经综合比选确定：深水区引桥采用钢管桩基础；钢管桩采用螺旋焊缝管；防腐方案采用环氧粉末涂层＋牺牲阳极的阴极保护＋预留牺牲厚度。所选方案满足结构和耐久性要求，对自然环境有较好的适应性，适合工业化生产，机械化程度高，打桩速度快。本工程钢管桩直径大，大部分桩长超过 80m，沉桩需要的打桩船和打桩锤的能力已远远超过目前我国海港码头的施工水平，需要更新设备。配合钢管桩基础设计，进行了波流力、钢管桩填充混凝土的结构性能、打桩和承载能力等几项试验，为顺利实施打下了基础。

第三节　海上深水区引桥墩身

海上低墩区桥墩数量多、墩身矮，初步设计阶段结合海上的施工条件，对墩身方案进行了深入比较，推荐中引桥低墩区 K54＋097～K63＋197(C02～C132 号墩)和南引桥水中低墩区 K66＋925～K71＋685(E23～E93 号墩)的桥墩采用预制墩方案，其余墩身采用现浇施工。

1. 水中低墩区桥墩设计基本情况

中、南引桥水中低墩区范围为 K54＋027～K63＋267、K65＋385～K71＋685，全长 15 540m，共计 226 个墩(双幅)，墩身平均高度 8.9m，其中吊重小于 350t 的桥墩采用预制墩，计 202 个墩(双幅),占水中低墩区桥墩总数的 89.3%。

2. 初步设计阶段预制墩身设计原则和构造

(1)预制墩身设计原则

①预制墩身采用薄壁空心截面;

②预制桥墩吊装重量控制为 350t;

③预制桥墩吊装高度小于 15m;

④预制墩身采用普通钢筋混凝土结构;

⑤预制墩身与承台连接采用现浇混凝土湿接头。

(2)预制墩结构

预制墩采用矩形空心截面,四角倒圆,横桥向宽 6.25m,顺桥向墩底宽 2.60m,墩顶宽 4.0m。墩身顶部 2m 范围为实体,下端为空心薄壁截面,壁厚 0.50m(图 3.3-1)。

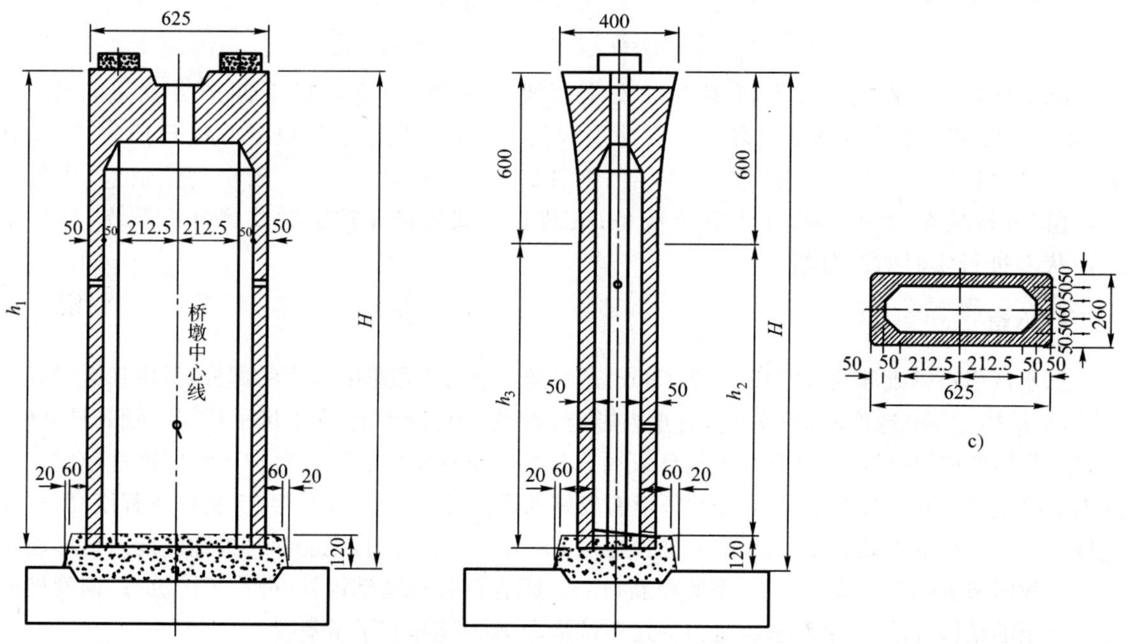

图 3.3-1 预制墩结构(尺寸单位:cm)

a)正剖面;b)侧剖面;c)墩身截面

预制墩身均采用一次整体预制,墩身与承台之间采用现浇混凝土湿接头连接。湿接头高度 1.2m(图 3.3-2)。

3. 预制墩身施工

(1)施工步骤

预制场建设、墩身外模支立、钢筋吊入安装、墩身内模支立、混凝土浇筑并养护、拆除模板、预制墩身出运、预制墩身吊装就位、墩身与承台之间进行临时连接、现浇接头混凝土。

(2)施工主要设备及大型临时设施

①墩身预制场；

②预制墩身下海码头；

③400t 龙门吊机；

④2 000t 墩身运输船；

⑤500t 吊船。

(3)墩身预制

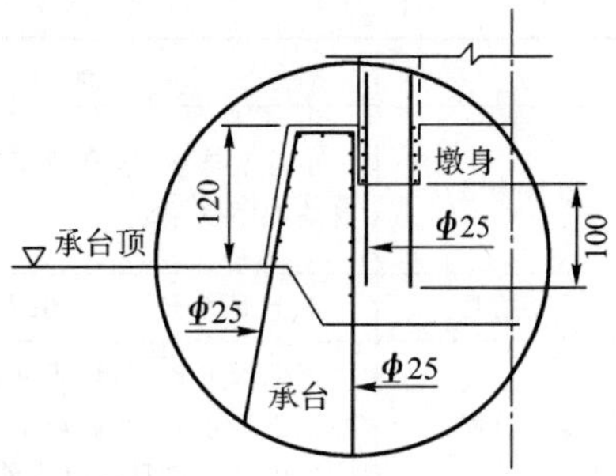

图 3.3-2　预制墩与承台连接细部(尺寸单位:cm)

预制墩身为薄壁空心结构，采用竖立式浇筑方案，模板采用精制刚性模板，取消内部穿锚拉杆，消除混凝土内部腐蚀通道，增强混凝土耐久性。

钢筋在车间内加工，绑扎成整体骨架，整体吊装入模板。

采用海工耐久混凝土，由混凝土搅拌车或输送泵向布料机供应，要求均匀地向预制墩身四壁灌注，预制墩身为薄壁结构，灌筑高度较大，要加强振捣，防止混凝土离析漏振，形成蜂窝麻面。需按规定进行潮湿养护，拆模后宜用塑料布包裹，防止尘埃污染。

为保护墩底预留钢筋，在墩身底部设临时钢托架。

(4)预制墩运输

预制墩运至出海码头，竖立吊放在运输船上，为减少锚碇作业、加快安装进度，一次宜同时运送一孔内的四个预制墩身。运输驳船上须设置牢靠的墩身临时固定装置，防止运输船只风大倾侧，引起预制墩身滑动和失稳现象发生。

4. 预制墩吊装

承台顶部预留槽内设置具有导向功能的墩身临时支点(图 3.3-3)，预制墩身吊装就位前，必须再次测量复核临时支点的顶面高程，必须确保支点顶面齐平，高程误差不大于±2mm，利用大型吊船将预制墩身安装就位，复测墩身平面位置及倾斜度，必要时利用千斤顶调整。随后应用卡环卡紧墩身和承台上的预留钢筋，尽快固定墩身位置。

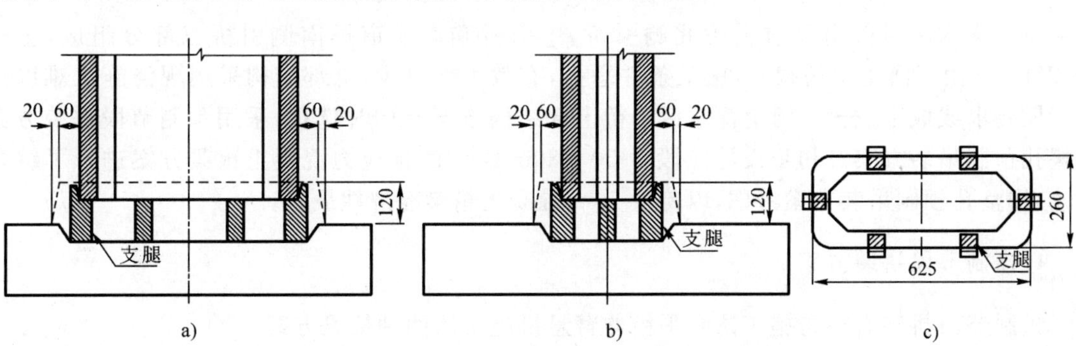

图 3.3-3　预制墩安装时临时支点(尺寸单位:cm)

a)正剖面；b)侧剖面；c)平面图

5. 预制墩身与现浇墩身方案比较

预制墩与现浇墩方案技术经济比较见表 3.3-1。

桥墩方案比较表　　表 3.3-1

项　目	现浇桥墩	预制桥墩
墩身构造	矩形实体墩，墩身截面尺寸 6.25m×2.6m。墩身高度不受限制	矩形空心墩，墩身截面尺寸 6.25m×2.6m，墩身壁厚 0.5m，墩帽为实体截面。墩高小于 15m，整体预制；质量不大于 350t
施工机具	水上混凝土工厂，50t 吊船	最大吊重 350t，需 500t 以上的吊船
施工难度	施工难度较大，现场绑扎墩身钢筋，浇筑墩身混凝土工程量大，作业环境差，施工期需采取抗风和抗浪措施。墩身混凝土养护困难	预制墩身高度为 9～13m，水上吊装预制墩身有一定难度。但大大减少现浇混凝土工作量。需设大型预制场及下海码头
施工工期	较长。每墩施工期 20～40 天	较短。每墩施工周期 4～7 天(吊装及接头混凝土灌注)
工程数量	混凝土 73 366m³； 钢筋 3 668t	预制混凝土 43 280m³，钢筋 6 244t； 现浇混凝土 17 735m³，钢筋 1 322t
造价(万元)	16 094	14 172
结构可靠性	现浇桥墩无拼接缝，在保证混凝土施工质量的条件下，结构耐久性较好	预制墩身混凝土质量有保证；底部与承台之间采用现浇混凝土接头，采用可靠的施工方案和工艺，可以保证质量和结构的耐久性

通过以上比较可知，两种方案各有利弊，墩身预制方案的突出优点体现在可减少海上工作量，施工周期短，养护条件好，有利于加快工程进度、保证工程质量；主要缺点是预制墩与承台连接的湿接头，如果构造或施工处理不好，结构耐久性难以保证。鉴于东海大桥施工在前，湿接头存在的问题已经充分暴露，有条件采取有针对性的措施，考虑到海上桥墩太多，作业条件差，权衡利弊，海上低墩区推荐采用预制墩方案。

为充分发挥墩身预制场的作用，应施工单位的要求，施工图阶段对预制桥墩适用范围进行了调整：墩高扩大到 17.38m，墩身重量扩大到 440t，即海上全部低墩区引桥均采用预制桥墩。

第四节　海上深水区引桥上部结构

海上深水区引桥由北航道桥北侧引桥、中引桥和南航道桥南侧引桥三部分组成，全长 18.27km。由于海上引桥很长，施工条件恶劣，有效工作日少，上部结构采用现浇施工难以满足工期要求或成本过大。海上深水区引桥上部结构方案有两种选择：采用预制节段拼装方案或整孔预制吊装方案。初步设计阶段对 50～80m 跨度的预应力混凝土箱梁方案进行了综合比较，按整孔预制吊装方案考虑，以跨度 70m 混凝土箱梁经济性最好。

1. 预制节段拼装方案

预制节段拼装有逐跨施工法和平衡伸臂悬拼施工法两种架梁方案。

逐跨施工法(图 3.4-1)：采用逐跨施工法架梁，主梁的跨度一般不超过 50～55m。预制节段由海上运输，墩顶节段用浮吊安装，并与墩身临时固接，其余节段采用上行式架桥机多吊点分别起吊，一次性整孔拼装，每孔需设湿接头。该施工方法在国外应用广泛，国内应用较少。其施工速度较快，一台架桥机架一孔(单幅)梁约需 7 天。海上引桥架设需要 6 套架桥机才能满足工期要求。

平衡伸臂悬拼施工法：采用可以行走的架桥机进行逐孔平衡悬臂拼装施工，架桥机支承于前一个桥墩及已架设的梁上，对称悬拼箱梁节段，中间合龙后，整体移动架桥机至前一墩顶，如此循环。该施工方法适用跨度为 64～200m。图 3.4-2、图 3.4-3 为孟加拉国贾木纳桥采用悬拼法架梁的场景和平衡杆布置，该桥跨度为 99.375m，共 49 跨，全长 4.8km，架梁历时 570 天。用悬拼法架梁，一台架桥机每孔梁约需 10 天。架设海上全部引桥梁需要 8～10 台架桥机才能满足工期要求。

图 3.4-1　逐跨施工法

图 3.4-2　平衡伸臂悬拼施工法

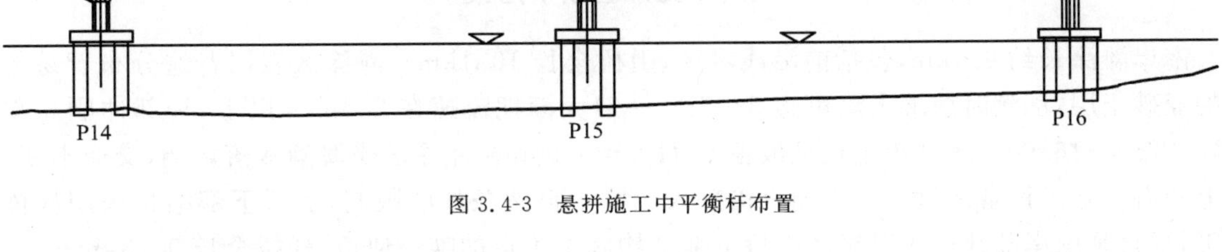

图 3.4-3　悬拼施工中平衡杆布置

2. 整孔预制架设方案（图 3.4-4）

箱梁在预制场整孔预制，采用运、架一体的大型浮吊整孔吊装，在可作业天气情况下，一台浮吊每天至少可安装 1 片梁。按每年 180 个有效工作日测算，一台浮吊三年可完成全部架梁任务。

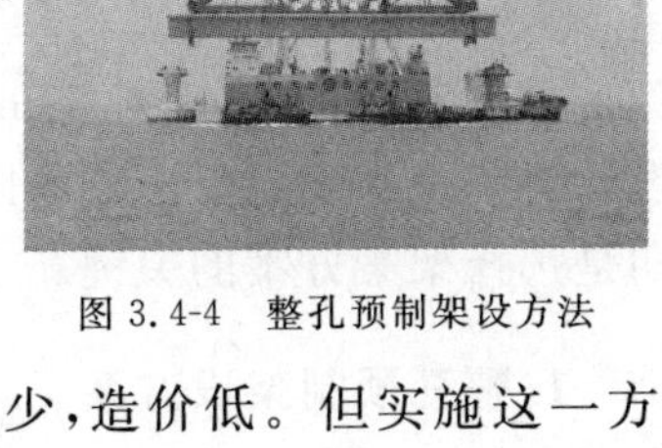

图 3.4-4　整孔预制架设方法

3. 方案比较

预制节段拼装方案和整孔预制吊装方案综合比较见表 3.4-1。

整孔预制吊装方案，海上作业时间短，风险小，工期短，工点少，造价低。但实施这一方案，必须解决重型箱梁整孔预制，陆上移运和海上专用运、架船舶三个问题。初步设计推荐海上深水区引桥采用跨度为 70m 的预应力混凝土连续箱梁、整孔预制吊装、先简支后连续的方案。

施工方案综合比较表

表 3.4-1

项目＼方案		吊、运、架一体化整孔预制吊装方案	逐孔拼装方案
工程量	孔数	261	261
	主梁片数	540	452
	预制件数	540	10 881
主要施工设备	移梁设备	2 500t 运架一体化专用浮吊 1 台	200t 轮胎走行式龙门吊机 2 台
	运梁设备		800t 驳船 6 艘
	架梁设备		2 200t 逐孔拼装架桥机 6 台
施工进度	架梁速度	1 孔/每天(单幅)	1 孔/7 天(单幅)
	全年有效工作日	183 天/每年	183 天/每年
	完成架梁所需时间	36 月	42 月
	风险评估	海上作业时间短,风险较小	海上作业时间长,风险较大
对结构耐久性影响		整体性好,无干拼或胶接接缝,有利于结构防腐	拼接缝多,体内预应力防腐要求高
经济指标		264 万元/片	272 万元/片

第五节　南岸滩涂区引桥

一、南岸滩涂区引桥方案

南岸滩涂长约 9.7km,包括前沿浅水区,引桥全长 10.1km。滩涂区表层普遍分布着易起动的亚砂土层,涨潮时前端水深可达 3～5m,一般大潮期流速在 2.5m/s 以上,局部冲刷高程 −15.22～−16.90m,100 年重现期波浪高 $H_{1\%}=3.90$m。滩涂区受海潮涨落影响,交通不便,陆上和海上施工设备及材料均不能直接进入。鉴于自然条件的限制,引桥下部结构采用栈桥施工,栈桥是南岸陆地进入滩涂区引桥下部结构施工工点的唯一通道,栈桥全长 9.78km。

根据滩涂区的自然条件,对 40m、50m、60m 三种跨度的预应力混凝土连续箱梁进行了比选,经综合比较,推荐跨度为 50m 预应力混凝土连续箱梁方案,梁高 2.8m,标准联长 8×50m。

二、南岸滩涂区 50m 混凝土箱梁设计与施工方案研究

根据滩涂区的特点,50m 箱梁考虑了整孔预制架设、预制节段拼装和移动模架现浇三种设计与施工方案。南岸滩涂区引桥 50m 箱梁架设,是控制全桥总工期的关键线路,确保总工期是选择架梁方案的关键。

1. 整孔预制架设方案

(1)主要施工流程

①箱梁在梁场整孔预制;

②通过提升站将箱梁提升到梁面,放置在 1 600t 大型运梁车上;

③运梁车沿已架箱梁，将待架箱梁运至架梁位置；

④采用 1 600t 架桥机架梁；

⑤一联箱梁吊装完成后，现浇墩顶湿接头，张拉负弯矩预应力束，完成由简支变连续的体系转换。

(2)施工进度和工期适应性

运梁车满载行驶速度 3～5km/h，正常架设一片箱梁约需 8h，每天至少可架一片梁。按每年 180 个有效工日计算，南岸滩涂区一个施工作业面，27 个月即可完成全部架梁任务，可满足全桥总工期的要求。

(3)主要投入

①主体结构加强

为适应梁上运梁的负荷要求，要加强主体结构，包括主梁梁高由 2.8m 增加至 3.2m 和墩身加强。

②大型箱梁制、运、架设备研制

预制箱梁重 1 430t，长 49.4m，主要运架设备包括：1 600t 专用轮胎式运梁车 1 台(梁上运输)、800t 轮胎式搬运机 2 台(场内运输)、1 600t 专用架桥机 1 台，并设置 1 600t 大型提升站一座。

③工程造价

采用整孔预制架设方案，上部结构工程造价为 70 369 万元。

2. 预制节段拼装方案(图 3.5-1)

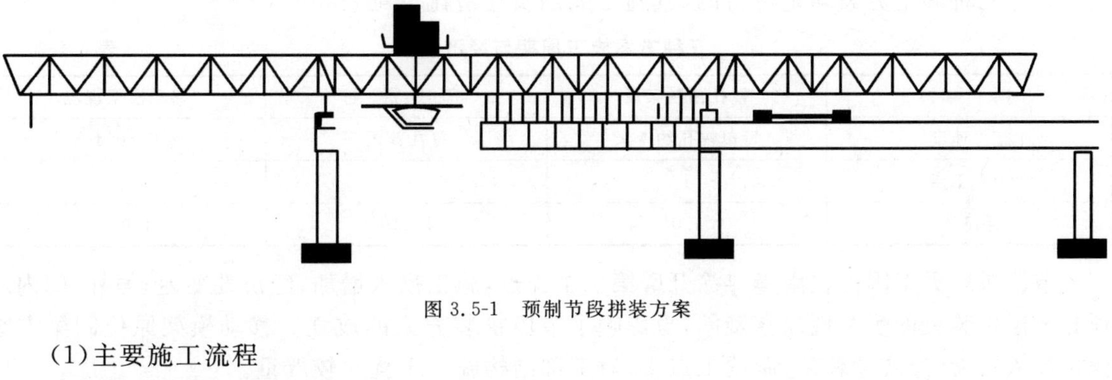

图 3.5-1 预制节段拼装方案

(1)主要施工流程

①节段在预制场预制；

②节段重约 96t，用轮胎式运梁车运输节段；

③起吊、移动、悬挂一孔(单幅)14 个节段；

④节段二次定位，端面涂环氧树脂；

⑤浇筑湿接头混凝土；

⑥穿钢绞线，张拉预应力钢筋，形成连续整体；

⑦架桥机移至下一孔，继续下一孔梁的拼装；

⑧进行由简支变连续的体系转换。

(2)施工进度和工期适应性

50m 梁采用节段拼装方案，每孔梁的施工周期约 4～7 天。为满足工期要求，节段拼装施工需设两个作业点(单幅)同时向前推进。

(3)主要投入

①为增开滩涂第二个作业点，须增建 5km 专用运梁栈桥一座。

②为满足箱梁节段的运输和架设，需要 100t 专用轮胎式平板车 10 台(梁上及栈桥运输)；100t 轮胎式搬运机 2 台(场内运输)以及 1 600t 逐孔拼装架桥机 4 台，同时在岸上和海中各需设置 100t 提升站一座。

③工程造价：采用预制节段拼装方案，上部结构工程造价为 71 493 万元。

3. 移动模架原位制梁方案

(1)施工进度和工期适应性

50m 箱梁单幅每孔制梁周期约 14 天，为满足工期要求，滩涂区 202 孔梁(单幅)需分成 4 个工点、共计 8 个施工作业面同时施工。

(2)主要投入

①为满足运输要求，现有的宽 8m、长 9.78km 的施工栈桥须拓宽至 13m；

②不需要设置预制场，也不需要大型的运架设备，仅需投入 8 台移动模架；

③工程造价：采用移动模架现浇方案，上部结构工程造价为 74 845 万元。

4. 上部结构施工方案综合比较

以上三种施工方案均是可行的，其施工周期及经济比较见表 3.5-1。

三种方案施工周期与经济比较 表 3.5-1

项　目	整孔预制架设	节 段 拼 装	移动模架现浇
施工速度	每单幅孔约 1 天	每孔 6 天	每孔约 14 天
施工工点	1	4	8
经济比	1.0	1.016	1.064

节段拼装方案因需在南岸滩涂开辟第二个工点，施工投入增加，经济性变差；另外，国内对预制节段拼装梁的耐久性尚存疑问，也影响了节段拼装方案的成立。移动模架原位制梁方案栈桥投入较大，经济性较差，制梁工点多，对下部结构施工干扰比较严重。

整孔预制架设方案具有架梁速度快、可满足工期要求的突出优点，但整孔预制箱梁很重，按常规方案施工，主体结构需要进行较大规模的加固。为尽量减少主体结构加固的工程量，提出了由 4 片箱梁共同承担运梁荷载的开创性构思(详见本书第十章)。在制订方案过程中，通过国内外调研，解决了关键设备研制及经济合理性两个基本问题。经以上方案比较，初步设计推荐南岸滩涂区引桥采用跨度 50m 预应力混凝土连续箱梁方案，50m 箱梁采用整孔预制、梁上运输和架设、先简支后连续的施工方案。

实践表明，南岸滩涂区引桥选择箱梁整孔预制架设方案是正确的，南岸滩涂引桥原为全桥工期的控制点，采用整孔预制架设方案后，在全桥上部结构各施工标段中，于 2006 年 11 月率先完成了架梁任务。

第六节 海上其他工程的设计优化

本桥初步设计阶段，设计单位先后完成了初步设计审查稿(2002.7)、送审稿(2002.10)、补充方案(2002.12)和正式稿(2003.3)。在初步设计部审后，又完成了招标施工图和施工图。在这个过程中，对初步设计方案进行了多次重大的优化或变更，使设计日臻完善。

一、北航道斜拉桥塔型的选择

北航道桥推荐方案为80m＋160m＋448m＋160m＋80m五跨钢箱梁斜拉桥，初步设计阶段对A形塔和钻石形塔进行了详细比较(图3.6-1)。赞成采用A形塔的理由为：刚劲挺拔、造型新颖，具有金三角的象征意义，符合景观设计的总体理念。

支持采用钻石形塔的理由为：北航道桥桥下净空高(约47m)，A形塔导致承台规模庞大(100.79m×37.75m)，由此带来一系列问题：

(1)承台平面尺寸过大，有凹角，系梁为薄壁结构(壁厚60cm)，不利于防撞；承台位于浪溅区，配置有大量的预应力索，不利于防腐蚀；横向挡水面积大，波浪力大；

(2)钻石形塔承台平面尺寸为48.5m×23.7m，A形塔与钻石形塔比较，围堰封底混凝土和承台混凝土增加61%，钻孔桩工程量增加47%；

(3)施工风险增大，索塔基础和承台施工需要建立大型海上施工平台、安装大型吊箱围堰和进行大体积混凝土施工；承台平面尺寸过大，不仅增加了施工难度，也增加了海上施工的风险。

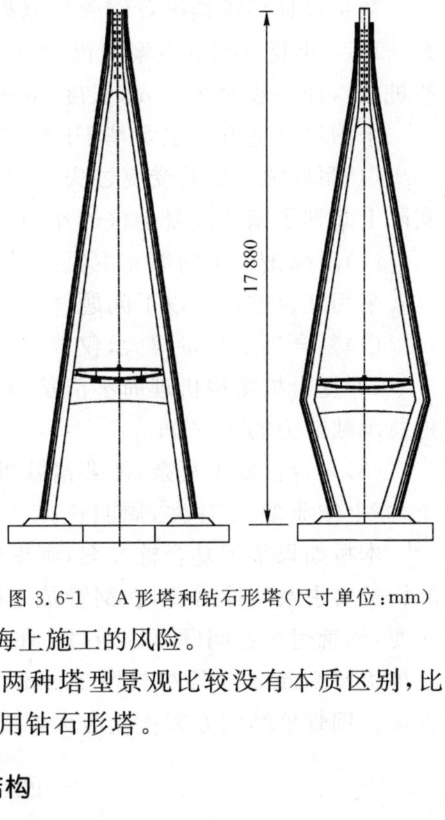

图3.6-1 A形塔和钻石形塔(尺寸单位：mm)

钻石形塔有利于减少承台平面尺寸、降低施工风险，两种塔型景观比较没有本质区别，比例都很协调，从回避施工风险考虑，北航道桥最后推荐采用钻石形塔。

二、海上高墩区引桥结构

南、北航道桥两侧的高墩区，是海上低墩区引桥和大跨度斜拉桥之间的衔接区，从跨径过渡和墩高协调考虑，原拟采用跨度为80m的混凝土连续刚构桥，等高梁(梁高4m)，采用小节段平衡伸臂现浇法施工，全桥单幅共分四联：

北航道：75m＋7×80m	联长：635m	路面高程：34～52m
12×80m＋65m	联长：1 025m	路面高程：52～23m
南航道：65m＋8×80m	联长：705m	路面高程：23～40m
65m＋8×80m	联长：705m	路面高程：40～25m

上述方案主要存在以下问题。

(1)结构问题：连续刚构边跨和中跨的比例1∶1偏大；跨度80m采用等高梁不合理；长联

(1 025m)采用连续刚构,约束力将很大。结构的不合理性将带来一系列问题。

(2)施工问题:高墩区引桥全长 2×3 070m,采用平衡伸臂现浇施工方案,不适合海洋环境,混凝土灌注质量难于保证;边跨部分梁段须在海上满布支架施工,施工困难,风险较大。

经综合考虑,高墩区引桥以全部采用与低墩区一至的 70m 混凝土箱梁为宜,架梁无特殊困难,总体布置基本协调。高墩区采用 70m 梁方案,满足功能要求,简化了桥梁类型和施工组织,充分利用了大型设备的能力,有利于缩短工期、降低工程造价,也有利于施工安全和保证工程质量。

三、钢管桩结构方案优化

初步设计预审稿推荐钢管桩基础采用复合型钢管桩,即在钢管桩内全长填充混凝土的方案。1970 年复合型桩方案在巴西首次开始使用,在随后的一些大型桥梁上也相继被采用。这些桩的口径一般为 2～4m,长度 50～120m。

采用复合桩方案主要基于以下考虑:

(1)耐腐蚀。钢管受腐蚀失去支撑作用时,填充的钢筋混凝土可代替钢管支撑结构荷载,实际上起到了钢筋混凝土桩的作用。

(2)防撞击。桩内填充混凝土可提高钢管桩抵抗漂流物撞击的能力。

采用复合桩存在以下问题:

(1)复合桩工程量很大,仅填芯一项增加混凝土工程数量达 31.5 万 m^3;

(2)复合桩结构机理尚不清楚,仅混凝土填芯一项,桩的承载能力将损失约 100t(约损失桩总承载能力的 14%);

(3)复合桩施工复杂,需要清除桩芯土柱、清洗钢管桩内壁、吊装长钢筋笼和灌注桩芯混凝土,海上作业多,工序多,周期长。

本桥如果采用复合桩方案,则钢管桩基础的优越性将损失贻尽。考虑钢管桩与承台联结的构造要求及防撞需要,在钢管桩上段局部填充钢筋混凝土是必要的,全长填充混凝土则没有必要,钢管耐久性问题可以通过别的途径解决。为此,在初步设计报批稿中钢管桩基础改为上段桩板厚 22mm、下段桩板厚 20mm、桩内局部填充混凝土(填充混凝土底面高程为－12.0m)方案。钢管桩结构方案优化后大幅度减少了圬工数量和海上作业。

四、海上承台高程设置问题

北岸乍浦平均高潮位＋2.52m,平均低潮位－2.12m,承台顶高程一般可依据下列原则设置:

(1)从防船撞考虑,承台顶面宜高出平均高潮位;

(2)从景观和防止小船、漂流物撞击桩考虑,低潮位时宜不露桩;

(3)从承台施工和防腐涂装考虑,围堰封底混凝土底面宜高出最低平均潮位。

初步设计预审阶段承台顶高程设定为＋2.0m,大至接近平均最高潮位。按这种布置,围堰封底混凝土底面高程为－1.6m(－2.0m),围堰封底混凝土底面高于最低平均潮位,设置承台套箱不能避免水下作业,并且需要采用水下混凝土封底。考虑到海上承台太多,频繁进行水下作业施工较困难、风险较大,而且承台的水下部分很难进行防腐涂装,为此,在初步设计报批稿中将海上引桥承台顶面高程由＋2.0m 提高至＋3.0m，大大简化了海上承台的施工组织，降低了施工风险。

杭州湾跨海大桥设计方案的形成过程，是一个对海上工程认识的深化过程，也是一个观念冲突的过程。从以上方案比选过程可以看到，很多方案性的分歧，并不仅仅是技术经济上的优劣比较，而是理念的分歧，正确的理念决定正确的设计。对于自然条件恶劣、风险大、不可预见因素多的跨海长桥，本桥提出的设计理念具有很强的针对性、前瞻性和先进性，对保证整个工程的顺利实施发挥了重大作用。

· 第四章 ·

建桥对杭州湾水环境的影响与桥墩局部冲刷研究

在大桥工程可行性研究和初步设计阶段，为解决建桥对钱塘江涌潮和乍浦港的影响，同时优化桥轴线与桥跨布设，提供桥墩局部冲刷深度的可靠数据，开展了“杭州湾大桥河工模型与桥墩局部冲刷研究”。

第一节　桥位水域水流泥沙运动与河床演变规律

杭州湾为钱塘江入海的喇叭形强潮河口湾，其口门开阔(湾口南汇至镇海宽达 100km，湾顶澉浦至西三宽约 20km)，水浅潮强，涌潮汹涌。外海潮汐传入杭州湾后，潮波逐渐由前进波向驻波转变，高潮位向内沿程递增、北岸略高于南岸，低潮位则相反，向内沿程递减且北岸略低于南岸，致潮差向内至澉浦沿程递增且北岸潮差略大于南岸，澉浦多年平均潮差 5.61m，实测最大潮差 9.0m。

杭州湾北部澉浦至金山近岸为北岸深槽，是上海经济区南翼重要的出海黄金水道，沿线已建有秦山核电厂、乍浦港、嘉兴发电厂、上海石化总厂等国家重点工程。深槽上段、秦山下游因白塔山而形成的白塔沙近年有淤高、展宽、东伸趋势。

杭州湾南部为巨大的、向北突出的庵东浅滩，其上游近岸有一因反向流造就的西三潮流沟，上接尖山河段南股槽，浅滩下游近岸为金塘水道，宁波港即位于此。湾中部相对较为平坦。

钱塘江于澉浦注入杭州湾，流域面积 49 876km^2，芦茨埠站多年平均流量为952m^3/s。钱塘江流域每年 3～7 月为丰水期(梅雨)，8 月至翌年 3 月为枯水期，实测最大洪峰流量 29 000m^3/s，考虑新安江水库的调蓄作用，杭州闸口站百年一遇的洪峰流量为26 400m^3/s。

钱塘江来沙较少，杭州湾泥沙主要由长江口入海泥沙经南汇边滩与杭州湾口输入。湾内泥沙以细颗粒悬移质为主，中值粒径在 0.004～0.016mm 之间。水体平均含沙量 0.5～4.4kg/m^3，湾顶澉浦断面附近、庵东滩地与南汇边滩前沿含沙量较高，北岸深槽与金塘水道较低，大潮含沙量高于中、小潮，冬、春季节高于夏、秋季。

钱塘江河口与杭州湾河(海)床变化主要取决于悬移质的运动，且上、下游交换频繁。夏半年钱塘江径流丰沛，致河口冲刷、杭州湾淤积、呈“上冲下淤”变化；冬半年钱塘江径流偏枯，河口淤积、杭州湾冲刷供沙，致“上淤下冲”；从而使杭州湾海床呈现“冬冲夏淤”季节性变化特征。湾内北部为冲刷区，南部系淤积区，中间为过渡区。新中国成立以来，钱塘江河口大规模治江围涂，澉浦以上江道淤积 26.3 亿 m^3，澉浦至金山水域淤积 15.8 亿 m^3(主要淤积于澉浦至乍浦水域，乍浦下游相对较为稳定)。

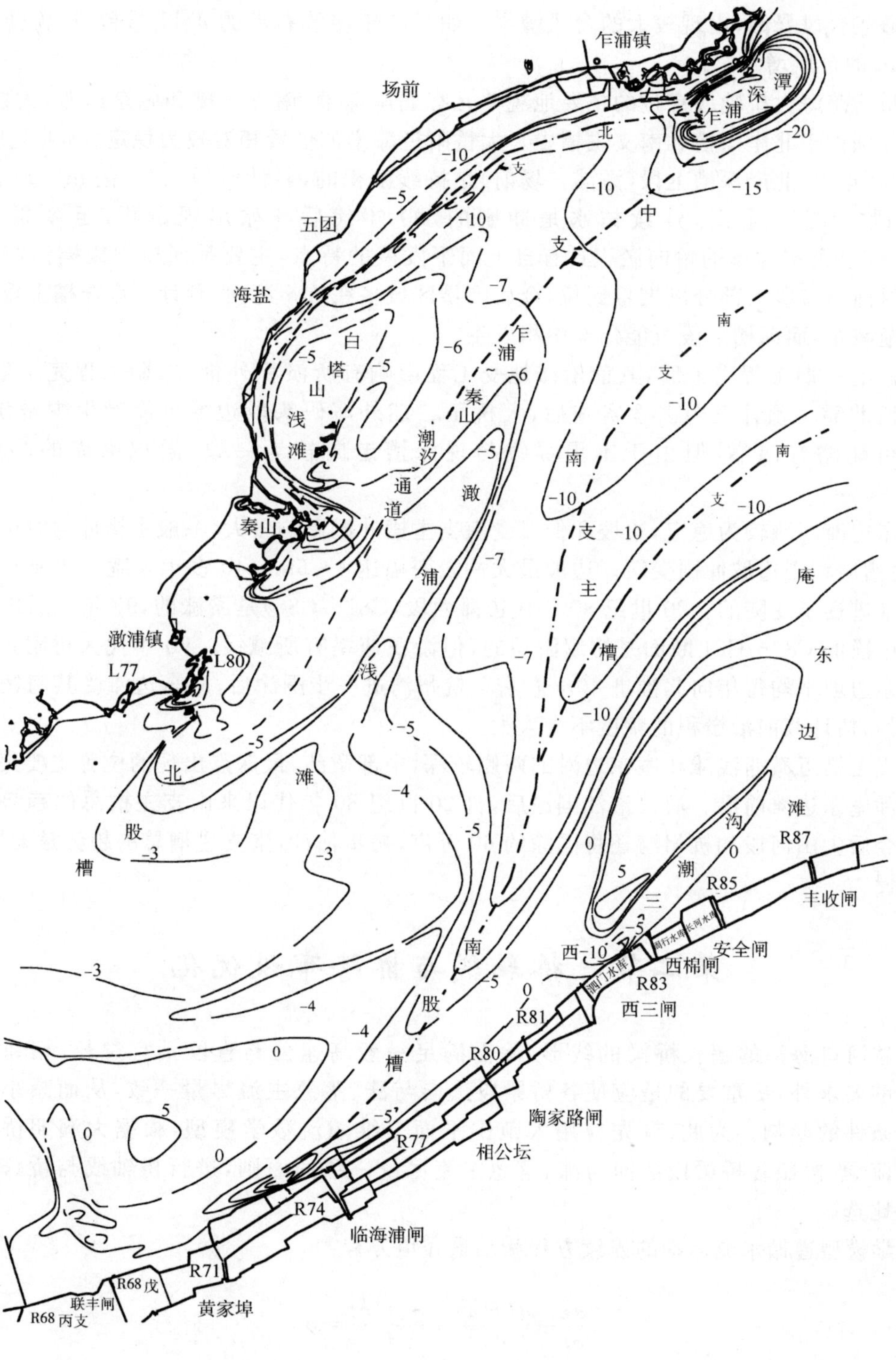

图 4.1-1 澉浦—乍浦水下地形(1998 年 4 月)

杭州湾地处中低纬度，夏、秋季节常受台风影响，平均每年约 1.6 次。台风若与天文大潮相遇便形成台风暴潮，出现较大的台风增水。如登陆于温岭石塘的 9711 号台风，曾使乍浦出现 1.48m 的台风增水。

杭州湾跨海大桥轴线穿过的主要地貌单元有北岸深槽、南支主槽和庵东边滩，大桥北、南通航孔分别位于北岸深槽和南支主槽中。大桥附近滩槽的位置相对较为稳定(图 4.1-1)。

近 30 年来，北岸深槽上段(澉浦—场前)是持续淤积的，累计淤积 1.06 亿 m^3；20 世纪 80 年代下段(场前—金山)连续枯水是冲刷的，90 年代后开始出现淤积，至今累计冲刷 0.57 亿 m^3。北岸深槽的单向淤积具有自上而下发展的特点，主要是河口大规模治江围涂引起的。目前河口段大部分已围垦到位，今后围垦区域多在杭州湾内，预计北岸深槽上段所受影响将逐渐减小，而深槽下段可能仍有淤积发生。

乍浦港一期工程完工后，其前沿滩地受工程影响有所淤积外推，二期工程完工后，前沿陡坎有所北靠。预计三期工程实施后，大桥至二期外海码头段边滩可能产生少量淤积，深槽陡坎可能略有南靠，但由于围堤堤线与现深槽走向较为一致，淤积南靠的幅度不会太大。

庵东边滩高滩较为稳定，边坡和低滩受南支主槽冲淤影响较大，一般主槽冲刷时边坡淤积变陡，主槽淤积则边坡冲刷变缓。边坡最大冲淤变幅达 4～5m。40 多年来庵东边滩总的趋势是向北推进逐步变陡的。20 世纪 80 年代边滩西段(C81～C85)是淤涨的，90 年代后出现冲刷后退。中段的 C87～C91 断面是持续淤积的，但淤积速率有所减缓。90 年代大桥附近的 C87 断面庵东边坡平均每年向北推进 40m 左右。杭州湾进一步围涂后，庵东边滩受其南侧王盘山体的制约，估计其前沿淤积的幅度不会太大。

南支主槽近澉浦浅滩和庵东边滩的两侧较深，中部微凸，最深点出现的位置主要集中在澉浦浅滩和庵东边滩前沿。河口治江围涂后，自 20 世纪 80 年代以来南支主槽总的趋势是淤积萎缩。今后尖山河段和杭州湾还将围涂约 60 万亩，初步估计，南支主槽总的趋势是萎缩淤积，但较缓慢。

第二节　桥轴线与桥跨布设优化

跨越河口海湾的超长桥梁的线形，除需满足一般高速公路直段不宜过长、相邻弯点反向旋转的要求外，更重要的是应使各桥梁段法向与涨、落急主流尽量一致，从而减小建桥对水动力条件的影响。为此，首先应用大范围平面二维潮流数学模型，根据大潮期桥位河段的平面流场，按照各桥梁段法向与涨、落急主流尽量一致的原则，进行桥轴线与桥跨布设方案初步比选。

数学模型遵循水流运动的连续方程和动量守恒方程：

$$\frac{\partial z}{\partial t}+\frac{\partial(Hu)}{\partial x}+\frac{\partial(Hv)}{\partial y}=0$$

$$\frac{\partial u}{\partial t}+u\frac{\partial u}{\partial x}+v\frac{\partial u}{\partial y}+g\frac{\partial z}{\partial x}-fv-\frac{W_x}{H}+gu\frac{\sqrt{u^2+v^2}}{C_z^2H}=\frac{\partial}{\partial x}\left(\varepsilon_x\frac{\partial u}{\partial x}\right)+\frac{\partial}{\partial y}\left(\varepsilon_y\frac{\partial u}{\partial y}\right)$$

$$\frac{\partial v}{\partial t}+u\frac{\partial v}{\partial x}+v\frac{\partial v}{\partial y}+g\frac{\partial z}{\partial y}+fu-\frac{W_y}{H}+gv\frac{\sqrt{u^2+v^2}}{C_z^2 H}=\frac{\partial}{\partial x}\left(\varepsilon_x\frac{\partial v}{\partial x}\right)+\frac{\partial}{\partial y}\left(\varepsilon_y\frac{\partial v}{\partial y}\right)$$

式中：z——潮位(m)，即水面到某一基准面的距离；

u,v——分别为 x、y 方向上的垂线平均流速分量(m/s)；

H——某一基准面下的水深(m)；

g——重力加速度，$g=9.81\text{m/s}^2$；

f——柯氏力参数($f=2\omega\sin\varphi$，φ 为纬度，ω 为地球自转速度)；

C_z——舍齐系数，取 $C_z=\frac{1}{n}H^{\frac{1}{6}}$，$n$ 为糙率系数；

$\varepsilon_x,\varepsilon_y$——分别为 x、y 方向的涡动扩散系数；

x,y——直角坐标；

t——时间。

上述方程组的初始条件：

$$z(x,y)|_{t=0}=z_0(x,y)$$

$$u(x,y)|_{t=0}=u_0(x,y)$$

$$v(x,y)|_{t=0}=v_0(x,y)$$

边界条件：

水边界：$z(x,y,t)=z^*(x,y,t)$(“＊”表示已知值)。

陆边界：$\vec{v}_n=0$，法线方向流速为零。

然后选用显式迎流有限元模式离散求解，计算模式采用的无结构三角形网格具有容易拟合复杂边界地形条件、局部加密方便、适应性强的特点。

大范围水流数模的计算范围以南汇咀—镇海为下边界，钱塘江海宁(盐官)和曹娥江三江闸为上边界。计算范围包含了整个杭州湾，总面积达 6 750km^2，计算域内共布设了 2 015 个三角形单元和 1 100 个有效节点，杭州湾北岸深槽等水流、地形变化大的水域及桥位断面附近的网格适当加密，计算网格的最小空间步长仅为 500m(图 4.2-1)。

数学模型选用 2000 年 9 月份测量的 1∶5 万杭州湾水下地形图，并应用同期实测 18 条垂线(金山断面 III2001～III2006、乍浦断面 I2001～I2008、澉浦断面 G2001～G2004)同步大、中、小潮各 28h 全潮水文测验资料进行了验证。结果表明(图 4.2-2、图 4.2-3，仅列大潮验证结果)，潮位过程吻合良好，高低潮位的计算误差 0.20m 以内占 92.7%；流速过程基本吻合，相对误差在 20%以内占 77%；断面潮流量过程与实测值基本吻合，断面潮量计算与实测相对误差一般都小于 5%。

在验证满足相应规程的基础上，计算了一般大潮期涨、落潮平面流场，根据前述各桥梁段法向与涨、落急主流尽量一致的原则，对不同桥轴线与桥跨布设方案进行了初步比选，然后应用实体定床模型试验对数模的初选方案进行了进一步比较，得到了为设计采用且即将竣工的桥轴线和桥跨布设的推荐方案(图 4.2-4)。

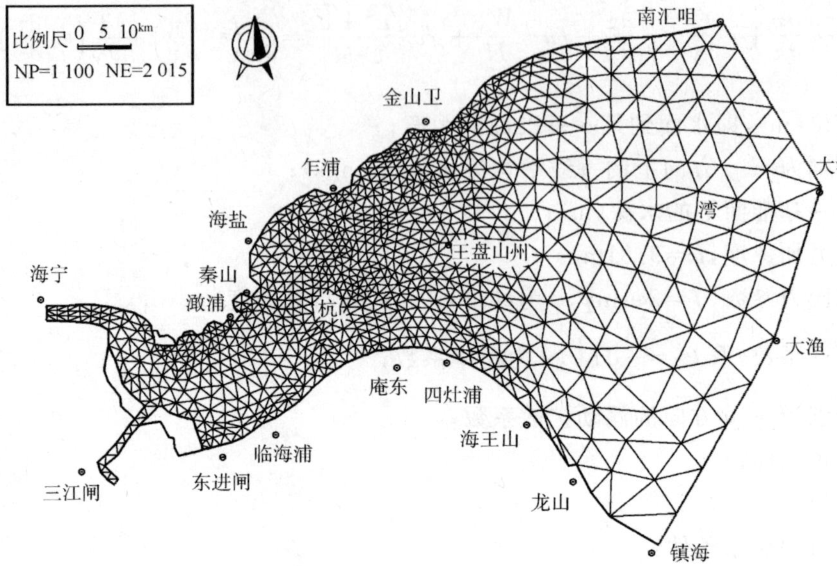

图 4.2-1 大范围计算网格示意图

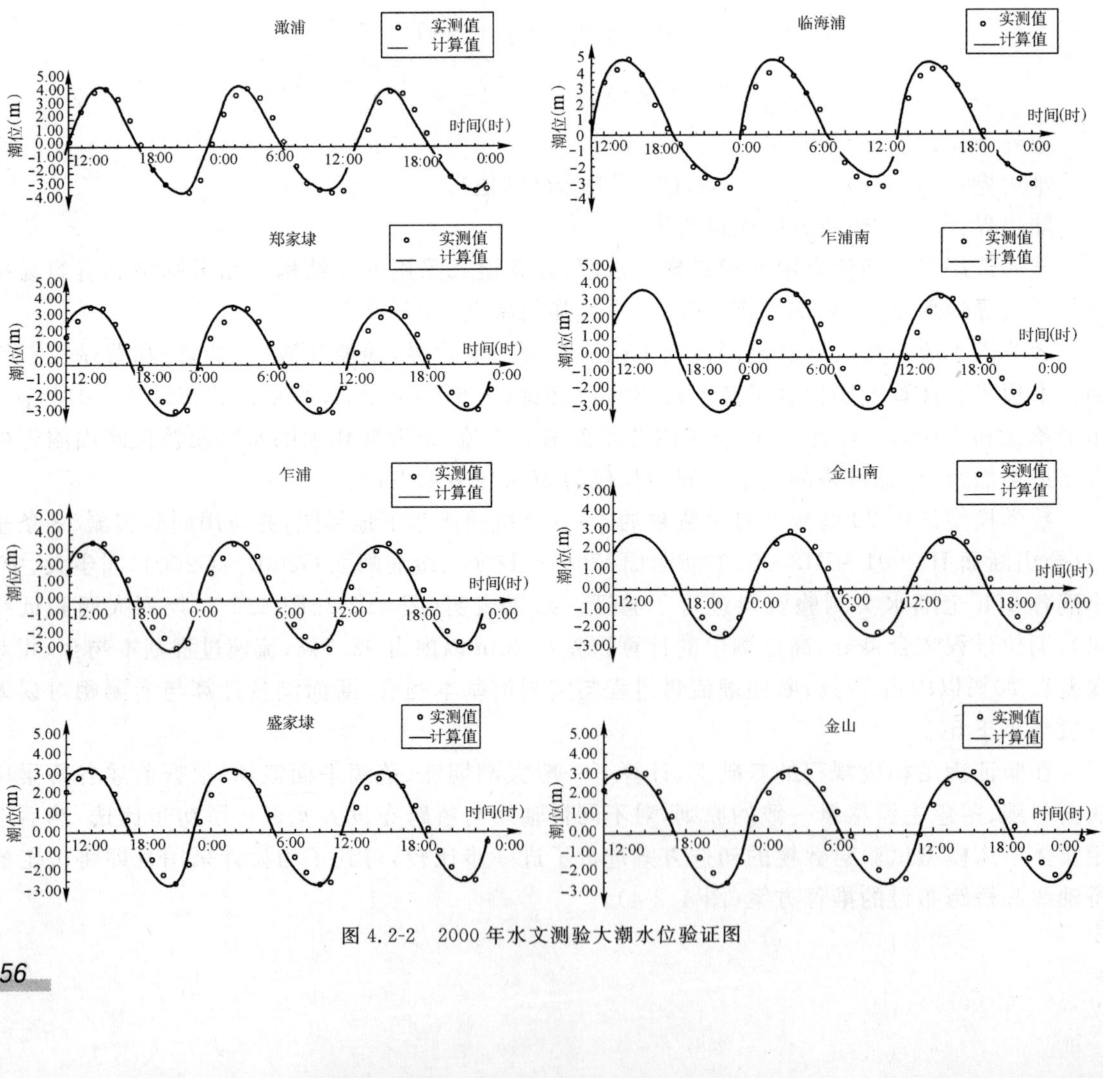

图 4.2-2 2000 年水文测验大潮水位验证图

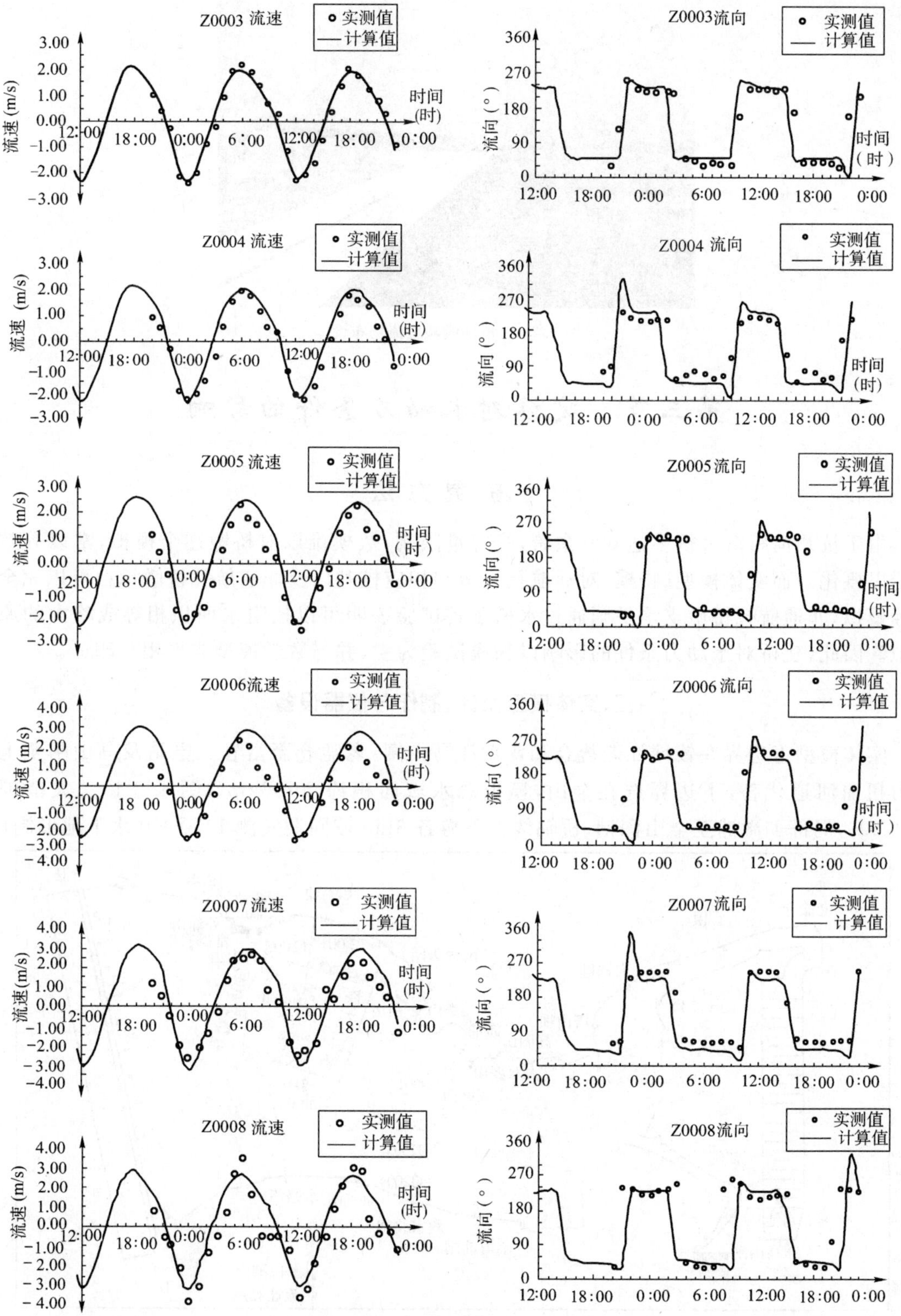

图 4.2-3 2000 年水文测验大潮流速流向验证图

图 4.2-4　桥轴线顺应流场布设

第三节　建桥对水动力条件的影响

一、研 究 方 法

由于杭州湾跨海大桥多达 600 余跨，受容量限制，数模难以对桥墩逐个模拟，常以等效糙率予以概化。而实体模型（物模）对通航孔主墩和相应桩基以及非通航孔桥墩承台可以完全按实际模拟，非通航孔桥墩支承桩则通过水槽预备试验表明可以按阻水面积相等或略大的原则模拟。因此，建桥对水动力条件的影响以物模试验为主，并与数学模型成果相互印证。

二、实体模型设计、制作与仪器设备

实体模型上边界在钱塘江老盐仓和曹娥江马山闸，老盐仓至富春江电站及马山闸至上浦闸由扭曲河道代替，下边界选在金山，模拟总水域面积约 2 200km^2（图 4.3-1）。大范围按 1/50 000，局部如澉浦至金山深槽、桥轴线上下游各 3km 按同期实测 1/10 000 水下地形制作。

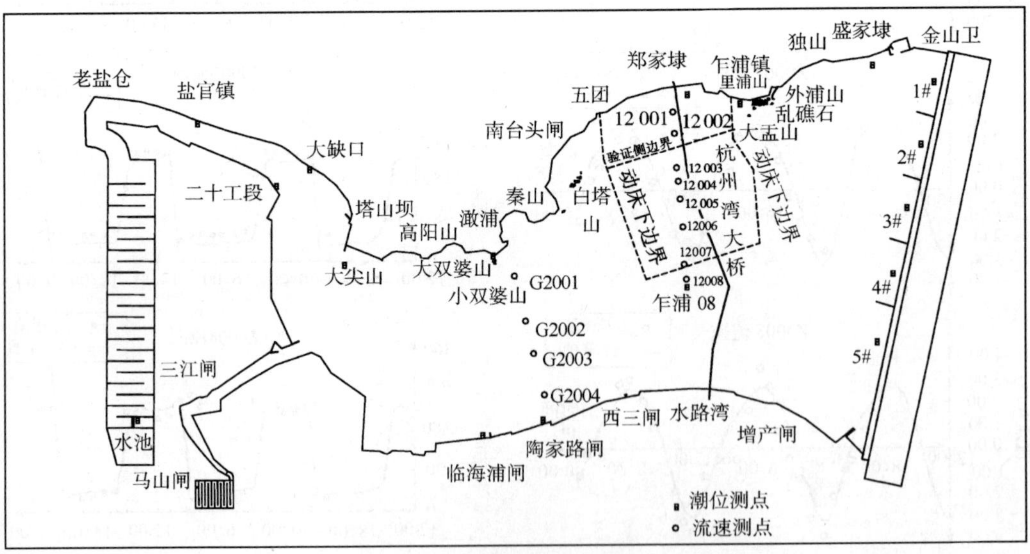

图 4.3-1　杭州湾交通通道实体模型及验证测点平面布置图

综合比较选平面比尺 $\lambda_l=1\,000$，垂直比尺 $\lambda_h=100$，模型变率 $\eta=10$。

对于变态整体模型，水流运动可以由平面二维非恒定流运动方程与连续方程描述：

$$\frac{\partial u}{\partial t}+u\frac{\partial u}{\partial x}+v\frac{\partial u}{\partial y}+g\frac{\partial z}{\partial y}=-g\frac{u\sqrt{u^2+v^2}}{c^2R}+2\omega_{地}\ v\sin\varphi$$

$$\frac{\partial v}{\partial t}+u\frac{\partial v}{\partial x}+v\frac{\partial v}{\partial y}+g\frac{\partial z}{\partial y}=-g\frac{v\sqrt{u^2+v^2}}{c^2R}-2\omega_{地}\ u\sin\varphi$$

$$\frac{\partial h}{\partial t}+\frac{\partial}{\partial x}(uh)+\frac{\partial}{\partial y}(vh)=0$$

通过相似变换，可得以下必须满足的相似条件。

重力相似：

$$\lambda_u=\lambda_v=\lambda_h^{1/2}$$

阻力相似：

$$\lambda_c^2=\frac{\lambda_l}{\lambda_R}$$

对于阻力相似，变态模型河底与河岸应分别考虑，由于钱塘江河口极其宽浅，边壁糙率系数影响甚微，因而仅需满足河底阻力相似：

$$\lambda_{n_b}=\frac{\lambda_h^{2/3}}{\lambda_l^{1/2}}$$

水流连续相似：

$$\lambda_{t1}=\lambda_l/\lambda_u$$

以上式中：$\lambda_u,\lambda_{n_b},\lambda_{t1}$——分别为流速比尺、河底糙率比尺与水流运动时间比尺。

此外，模型还满足表面张力与紊流限制条件。各相似比尺如表 4.3-1 所示。

模型相似比尺　　表 4.3-1

相似准则	计算式	理论值	实际
平面比尺	λ_l		1 000
铅直比尺	λ_h		100
流速比尺	$\lambda_u=\lambda_v=\lambda_h^{1/2}$	10	10
水流连续时间比尺	$\lambda_{t1}=\lambda_l/\lambda_u$	100	100
糙率系数比尺	$\lambda_{n_b}=\frac{\lambda_h^{2/3}}{\lambda_l^{1/2}}$	0.68	0.64
沉降速度比尺	$\lambda_\omega=\frac{\lambda_h}{\lambda_l}\lambda_u$	1	0.72
起动流速比尺	$\lambda_{v_c}=\lambda_u$	10	10.0～12.5
含沙量比尺	$\lambda_s=\lambda_{s^*}$	潮汐河口模型： 由冲淤验证确定	0.25
河床变形时间比尺	$\lambda_{t_2}=\frac{\lambda_{r_0}}{\lambda_s}\lambda_{t1}$		727

模型采用较为先进的多台水泵变频调速多口门闭环水位控制系统生潮。由两台总线工控机利用积分分离的PID算法，按所要求的下边界潮汐过程线控制五个口门22套变频器，通过50余台水泵向模型提供潮汐水流。同时，实现生潮系统的工作协调、参数处理、工况显示、打印记录、

人机对话等，从而组成一闭环控制回路。经多年的实践，该系统重复性好，控制精度较高。

水位测量采用珠江水利委员会科研所研制的自动跟踪式精密水位仪，测量精度较高，分辨率为 0.01mm（相应原型 1mm）。采用微型旋桨流速仪测量模型流速，流速率定指标分辨率为 ±1 个脉冲，并从日本、挪威购置 5 台高精度的流速流向仪，不仅可显著提高流速测量精度（流速分辨率为 0.1cm/s 与 0.01cm/s），而且可同时准确测量流向。

三、模 型 验 证

模型利用 2000 年 9 月 16～17 日大潮、9 月 5～6 日中潮、9 月 9～10 日小潮期间施测的 18 条垂线全潮水文测验及同步的潮位资料进行了验证。上边界采用流量控制，钱塘江按验证时段富春江电站下泄流量过程施放，曹娥江按照花山站 1983 年以后 9 月的多年平均流量 114m^3/s 施放；下边界选择相应的金山断面实测潮位过程。模型验证精度较高，尤其是桥位断面潮位、流速及流向过程均吻合良好（参见图 4.3-2，仅列大潮验证结果）。8 站 96 个高、低潮位与潮差中误差超过 20cm 的仅占 13.5%；桥位断面 8 个测点的 88 个涨、落急流速中相对误差超过 20%仅占 1.1%、半潮平均流速中相对误差超过 20%的占 13.6%；10 站 110 个流向误差超过 10°的占 21.8%；流量过程吻合良好。

同时，还用 2001 年 6 月南、北航道 10 条船同步表层漂流迹线进行了验证，结果表明，原型、模型流路吻合良好。

四、建桥影响的方案试验

根据交通部有关规范，建桥影响选取 $p=0.33\%$ 洪峰流量或潮流量。建桥水域主要由潮流控制，而杭州湾为典型的强潮河口海湾，潮差愈大，潮流愈强劲。为此，比照交通部有关规范，选取数模计算得到的潮差频率 $p=0.33\%$、1%、2%、5%的特大潮以及 2000 年 9 月实测大、中、小潮潮位过程作为下边界金山的设计控制条件，上边界设计条件为富春江电站多年平均流量。

按推荐桥轴线与桥跨布设方案建桥后，相应于潮差频率 0.33%的大潮，涨潮时下游近区高潮位抬高 8cm，上游至澉浦则有所降低，为 5～7cm；低潮位变化主要在桥位近区，落潮时上游南、北岸分别抬高 6cm 与 5cm，下游则降低 6cm 与 5cm（参见图 4.3-3）。建桥对流速的影响亦主要在桥位近区，除桥孔中部因水流集中流速略有增大，涨潮墩台上游头部、落潮墩台下游头部因桥墩的隐蔽流速有所减小等共性外，其余总体为流速有所降低，降幅一般在 6%以内；南、北通航孔流向的影响在 3°以内。建桥后，潮量有所减少，相应于潮差频率 0.33%的大潮，桥上游 1.3km 处断面涨落潮量分别减少 4.8%、4.6%（表 4.3-2），至澉浦断面减少 1.5%、1.4%，但对一般大潮而言，澉浦断面仅减少 1.0%与 0.7%。

建桥后桥位上游 1.3km 与澉浦断面潮量变化 表 4.3-2

潮 型	潮量类型	桥位上游 1.3km 断面	澉浦断面
一般大潮	涨潮量变化(%)	−3.57	−1.03
	落潮量变化(%)	−3.44	−0.73
100 年一遇	涨潮量变化(%)	−4.31	−1.36
	落潮量变化(%)	−4.12	−0.98
300 年一遇	涨潮量变化(%)	−4.82	−1.49
	落潮量变化(%)	−4.57	−1.38

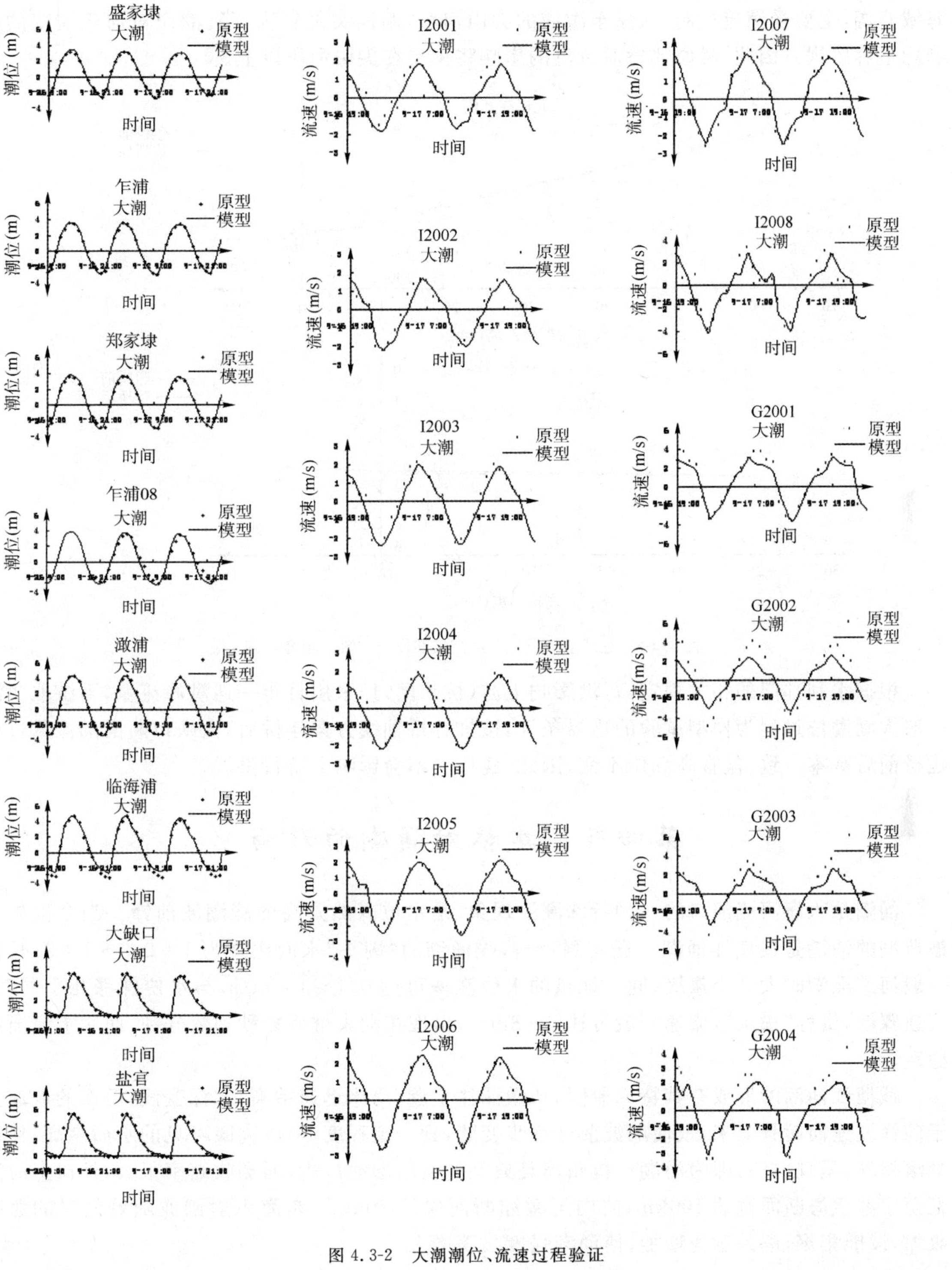

图 4.3-2 大潮潮位、流速过程验证

钱塘江洪水主要受梅雨控制，一般出现在每年3～7月(梅雨期)，而每年8～10月为秋季大潮，潮汐动力较为强劲。海宁八堡以上江道相对狭窄，径流特别是洪水影响较大；澉浦下游海域开阔，主要受潮流控制；八堡至澉浦的尖山河段，断面突然扩大，径、潮流对河床演变的影响均不容忽视。因此，考虑建桥对行洪的影响将主要在尖山河段以上。

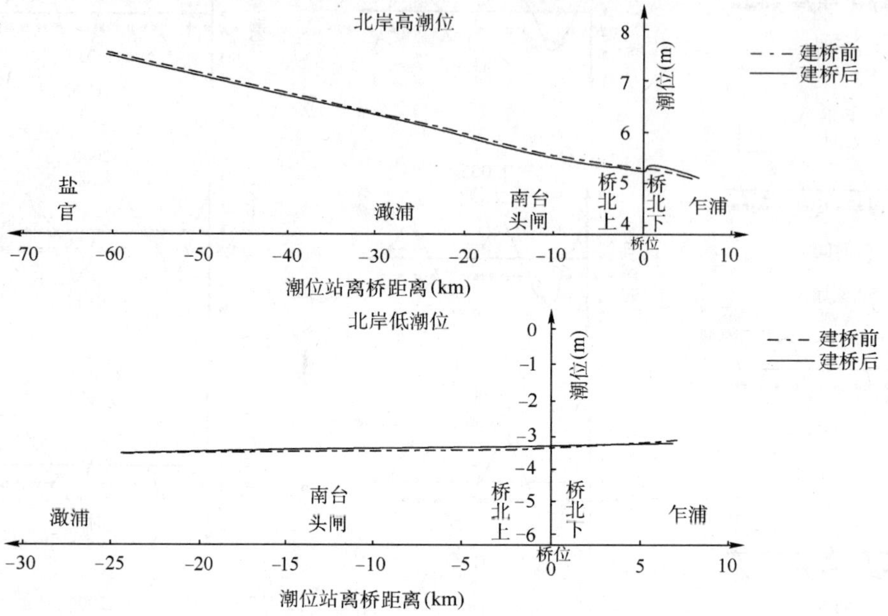

图4.3-3　建桥前后沿程各站高低潮位变化图(300年一遇)

根据水利部门的相关规定，行洪影响上游(杭州闸口)采用百年一遇洪峰流量，下游取实测一般大潮潮位过程为模型试验的边界条件，按推荐桥轴线方案建桥后，大缺口断面潮流量过程建桥前后基本一致，盐官高潮位不变，因此，建桥将不会影响上游行洪。

第四节　建桥对涌潮的影响

涌潮是入海河流河口的一种特殊潮汐现象，是水位骤然升高的涨潮波前锋。当今世界上最典型的涌潮是钱塘江涌潮。据实测资料，强涌潮的“潮头”水面比降为1∶2.9～1∶9.4，比一般河道涨潮时大2个量级，同一地点的水位涨率可达0.1～1.0m/s，与水位骤涨几乎同时，流速骤增，俗称“快水”，流速一般可达6～8m/s，出现在潮头过后数秒到数分钟，而后水流渐趋稳定。

钱塘江涌潮的形成有其特殊原因，从澉浦往上游，河床迅速抬高，水深变浅，后面的波速大于前锋波速而超赶上来，致使潮波前坡逐步变陡，到一定程度，形成肉眼可见的水面壅高，伴以翻滚掺气，呈现白浪，即为涌潮。杭州湾是典型的喇叭形河口湾，河宽收缩率很大，外口上海南汇至宁波镇海断面宽达100km，向内至澉浦断面仅约20km。东海入射潮波随着两岸的急剧收缩，波能集聚，潮差迅速增加，使涌潮强度显著增大。

钱塘涌潮的大小与下游的潮汐、河床地形以及上游径流密切相关。一般来讲，下游澉浦潮差增大，涨潮历时缩短，相应的涌潮增强；反之，涌潮减弱。钱塘江八堡以下的尖山河段，河道宽阔，受潮势及径流强弱变化影响，主槽剧烈游荡，当逢长期枯水，只剩江心洲南面一支，则涌潮较弱；逢长期丰水，北支串通，则涌潮较强。

形成涌潮的必要条件是纵向沙坎的存在使水深较小且沿程向内逐渐减小，而喇叭口平面形态使潮差沿程向内递增，从而使涌潮强度显著增加。这两个大范围的基本地形因素不会因建桥有任何改变。在此前提下，影响涌潮大小的主要因素是潮差和低水位（天文潮、径流、河床形态等的直接结果）。由于杭州湾跨海大桥地处澉浦下游 20km 处的郑家埭至水路湾断面，离起潮点 32km，因此，建桥不会对天文潮、径流及大范围河势、河床产生明显影响，唯一可能的是建桥引起局部涨潮流的扰动，从而影响澉浦的潮差及涨潮历时。

试验表明，推荐方案建桥后，在潮差频率 $p=1\%$ 的特大潮潮位过程、上边界为杭州闸口站多年平均径流量的试验条件下，澉浦涨潮历时几无变化，潮位过程与建桥前基本一致，仅低潮位抬高 0.03m，高潮位降低 0.06m，潮差减小 0.09m，不足澉浦潮差 6～8m 的 2%。试验同时表明，建桥后盐官涌潮潮头高度的降低仅在 0.02m 以内，不足潮头高 2～2.5m 的 1%。

因此，建桥对钱塘江涌潮基本没有影响。

第五节　建桥对乍浦港及南、北航道的影响

为探讨建桥对乍浦港及南、北航道的影响，应用前述整体模型进行了动床试验研究。

一、动床模型设计、选沙与测试仪器

钱塘江河口底、悬沙粒径差异不大，河口河床变形取决于悬移质运动。因此，模型主要考虑悬移质运动的模拟。根据潮汐河口一维不平衡输沙方程和河床变形方程：

$$\frac{\partial(AS)}{\partial t}+\frac{\partial(AvS)}{\partial x}+\alpha\omega BS-\alpha\omega BS^{*}=0$$

$$\frac{\partial(QS)}{\partial x}+r_0 B\frac{\partial z_0}{\partial t}=0$$

通过相似变换，可得以下必须满足的相似条件。

悬移相似：

$$\lambda_{\omega}=\frac{\lambda_{\mathrm{h}}}{\lambda_l}\lambda_{\mathrm{u}}$$

挟沙相似：

$$\lambda_{\mathrm{s}}=\lambda_{\mathrm{s}^*}$$

河床变形相似：

$$\lambda_{t2}=\frac{\lambda_{\rho}'\lambda_l}{\lambda_{\mathrm{s}}\lambda_u}=\frac{\lambda_{\rho}'}{\lambda_{\mathrm{s}}}\lambda_{t1}$$

河口河床冲淤交替，因而，对于悬移质动床模型，还应遵循起动相似 $\lambda_{u_c}=\lambda_u$，各相似比尺亦如表 4.3-1 所示。

钱塘江河口泥沙粒径较细，为了同时满足起动与悬移相似条件，只有采用轻质沙。采用轻

质沙后将会出现 $\lambda_{t1} \neq \lambda_{t2}$ 的时间变态问题。为此，单个潮汐过程由水流运动时间比尺 λ_{t1} 控制，以保证水流运动相似；模拟时段的试验潮汐个数则取决于河床变形时间比尺 λ_{t2}，以满足河床变形相似要求。

对具有往复流特征的典型非恒定流河口，当采用轻质沙后，挟沙相似与河床变形时间比尺只能由冲淤验证试验确定，即假定不同的 λ_s，由 $S_m = \frac{S_p}{\lambda_s}$ 得到模型含沙量，再由河床变形相似得 λ_{t2}，用以控制模拟的试验时段，以冲淤量及其分布与天然基本符合者为准。

建桥河段与上游的尖山河湾及下游的北岸深槽均有频繁的泥沙交换，而且泥沙粒径不仅随水域的不同而异（上游澉浦断面的涨急悬沙中值粒径是下游乍浦断面的 1.5 倍），还随时间呈现规律性的变化，不同潮次，大中潮粗，小潮细，涨落急粗，高低平潮细。但河床的冲淤变化主要取决于涨落急时的悬沙与床沙的交换，因而选取桥位上下游的澉浦与乍浦两断面大潮涨落急时的悬沙与床沙的平均粒径作为选沙依据。

钱塘江河口底，悬沙粒径差异不大，据 2000 年 11 月大范围的水文测验结果（表 4.5-1），澉浦至乍浦河段大潮涨急时刻的悬沙中值粒径与底沙中值粒径的平均值为 0.022 mm，属细粉沙，受絮凝作用的影响，平均沉速较大，采样试验值为 0.137cm/s，起动流速 0.60～0.75m/s，泥沙淤积体干密度约 1.2t/m³。

各断面实测中值粒径(单位：mm)　　表 4.5-1

断　面	悬　沙			床　沙	悬床沙均值
	大潮涨急	大潮落急	均值		
乍浦断面	0.010	0.009	0.010	0.037	0.022
澉浦断面	0.016	0.015	0.015	0.025	

研究河段的河床变形主要取决于悬移质的运动，因此，本模型为悬移质动床模型，并按悬移与起动要求选沙。

经比较分析，选用无锡树脂厂和浙江余杭争光化工厂生产的苯乙烯二乙烯苯的共聚珠体（习称塑料沙）作模型沙，其中值粒径 $d_{50}=0.25\text{mm}$，沉降速度 $\omega_m=0.19\text{cm/s}$，起动流速 v_{cm} 约 6cm/s（水深 4～9cm，相应原型 4～9m），密度 1.05t/m³，干密度 0.66t/m³。因此得到：

沉速比尺：

$$\lambda_\omega = \frac{0.137}{0.19} = 0.721$$

起动流速比尺：

$$\lambda_{v_c} = \frac{0.60 \sim 0.75}{0.06} = 10.0 \sim 12.5$$

由此可见，所选的模型沙（塑料沙）基本满足起动与悬移相似条件。此外，由塑料沙铺就的地形阻力与阻力相似的要求差异亦不大，使得动床试验不必采取其他加糙措施。

模型加沙系统配备 4ZS—12 自吸沙泵 2 台，高浓度含沙水经输沙管，通过具有两排相同间距排沙孔的加沙管输往模型的上下游加沙断面，由微机控制半潮加沙历时，结合搅拌池适当的浓度控制满足模型中半潮平均含沙量的相似。回水以切线方向冲入搅拌池，形成立轴环流并有适度的平轴旋滚，从而起到水力搅拌的作用。

含沙量利用南京水利科学研究院生产的插入式光电测沙仪测量，以半潮平均值进行验证与方案试验的控制。涨潮时下游加沙，落潮时上游加沙，通过微机控制半潮加沙历时来模拟不同的大、中、小潮平均含沙量。

动床试验采用武汉大学研制的二维自动地形测量仪进行模型地形测量，不仅可提高测量精度和速度，同时还提供了实时地形变化监测的可能。

二、动床模型的验证

在水流验证的基础上，利用2000年9月与2001年4月实测水下地形以及相应的实测水沙过程对海盐湾河床冲淤变化进行验证，以确定含沙量比尺λ_s与河床变形时间比尺λ_{t2}。首先，假定不同的含沙量比尺进行试验，以冲淤量及分布与天然基本符合者为准。

含沙量按半潮平均进行控制与验证，以建桥河段2000年9月实测含沙量作为依据，建立半潮平均含沙量与乍浦潮差的关系曲线，通过试验潮型的乍浦潮差得到上游、下游含沙量控制过程及相应的加沙历时。

验证动床范围上至五团、下至乍浦，长13km，离岸6.5～7.5km，总水域100km^2，参见图4.3-1。

验证范围内，2000年9～11月河床以冲为主，平均冲刷0.42m，2000年11月至次年的4月河床以淤为主，平均淤积0.38m。由于2000年9月至2001年4月时段内，验证河段既有冲刷又有淤积，据此，先后连续进行冲刷与淤积验证，从而保证了得到的含沙量比尺与河床变形时间比尺的可靠性。

在验证期内含有秋季大潮期与冬季小潮期，动力条件差异较大。经对乍浦水位资料统计分析，2000年9～11月的平均潮差为5.23m，2000年11月至次年的4月平均潮差为4.85m，据此设计不同的潮型，现选用的验证潮型潮差分别为5.25m与4.83m，基本上反映了两段验证时期的动力差异。

经冲淤验证，当$\lambda_s=0.25$、$\lambda_{t2}=727$时，其验证结果与实际吻合较好，不仅冲淤部位一致，且量级基本相同。验证结果表明，各河段冲淤量相对误差一般不超过15%，最大也仅26%。现场实测断面原型、模型深泓冲淤厚度，验证误差一般在0.5m以内，最大也仅0.8m，其均方差为0.4m，综合上述，动床验证达到了较高的精度，从而使方案试验有了可靠的基础。

三、动床模型方案试验

杭州湾跨海大桥需跨越乍浦港区，距乍浦港一期码头4.2km。动床模型试验将着重探讨建桥对乍浦港及乍浦至秦山航道的影响，以确保乍浦港的安全运行。

方案试验的初始地形选2000年9月实测水下地形，动床范围上至五团、下至外蒲山(乍浦深潭前沿)，长15km，宽距北岸20km(包括南通航孔)，模拟总水域300km^2，参见图4.3-1。分析杭州湾的历史演变与近代过程，杭州湾南岸庵东一线为凸岸，主流从未切穿庵东滩地临近南岸，相反是一直向北淤涨，滩面基本处于单向淤积环境，深槽则紧邻滩面前沿陡坡，因此，方案试验庵东滩面以定床代替。

动床部分的底板高程按可能冲刷高程设计，底板上用模型沙按2000年9月实测地形铺设。

由于钱塘江河口的潮汐季节变化较大，在潮型的选择上必需考虑梅汛期、秋季大潮、冬季小潮的潮汐差异。据分析，乍浦多年4～7月、8～11月、12月～次年3月的平均潮差分别为4.74m、4.76m与4.46m。下边界潮型根据各季节多年平均潮差大致相当的原则选取3～4天连续大、中、小潮的组合作为基本单元，各季节代表潮型的平均潮差分别为4.77m、4.77m与4.46m。上游径流量分季节取平均下泄流量，分别为1 550m^3/s、568 m^3/s、691 m^3/s，以反映各方案对河床冲淤影响的一般规律。

根据不同季节水流、泥沙运动与河床演变的明显差异，方案试验分别就现状、建桥、乍浦港三期规划实施，按秋季大潮期、冬季小潮期、梅汛期三大时段的潮流特征，连续进行了相应原型一年时间的试验。定床试验结果表明，建桥仅对桥位近区流态有一定影响，远区流态与潮量均变化甚微，不致出现大范围的明显淤积，从而不会产生因大范围淤积使潮量进一步减少导致再淤积的累积效应，因此抓住了不同季节冲淤变化的差异，一年的试验结果可以基本反映建桥的终极影响，即试验结果能较客观地预测未来。

试验结果表明，建桥后由于通航孔使主流集中，致北航道即乍浦至秦山深槽的深泓将有所冲刷，并以北通航孔中轴线上下游各0.5km为最，可冲刷2.6m左右，向上游至五团锐减至约1.2m，下游更小，约冲刷0.7m，显然这是深槽涨强于落所致。再往上、下游分别为秦山与乍浦深潭，因水深加大，加之距离渐远，建桥的影响甚微。然建桥使进潮量略有减少，因而2km宽的深槽除桥址上下游各0.5km的范围内仍冲刷0.3m外，上、下游分别淤积0.2m与0.1m。显然，建桥对乍浦至秦山航道无明显的不良影响。

乍浦码头前沿因处深槽北部，致略有淤积，其量值小于0.4m，考虑到船舶经常停靠、起航产生扰动，淤积量还会更小一些。乍浦港三期围涂与码头工程预计在杭州湾跨海大桥后实施。围涂后主流有所外逼，致围区外侧包括上下游有0.1～0.2m冲刷。因此，可以认为建桥对乍浦港不会有明显的不良影响。

南通航孔按3 000吨级设计，根据初步设计考虑船型，满载吃水深4.1～6.5m，要求床面高程在－8.0m以下。多年来南通航孔及其附近床面高程均在－10.0m以下，加之流速大于北通航孔，致建桥后因水流向通航孔集中使南航道1km宽水域有所冲刷，自上而下分别0.2m、1.0m与0.5m，显然南航道的安全运行更无问题。

第六节　桥墩局部冲刷研究

一、模型设计

本模型需研究桥墩冲刷坑的深度及形态，必须模拟由桥墩引起的下降流、马蹄形漩涡等，变态模型不能满足铅直方向物理量的相似以及物理量沿铅直方向的分布相似，因此必须按正态模型设计。

综合考虑，确定几何比尺$\lambda_l=100$，模型长28m，宽3.5m，其中动床段长16m，模型平面布置见图4.6-1。

为使模型能较好地模拟原型的水流运动，除几何相似外，还需满足必要的动态与动力相似条件。

惯性力重力比相似：

$$\lambda_u = \lambda_l^{1/2} = 10$$

水流连续相似：

$$\lambda_t = \lambda_l / \lambda_u = 10$$

杭州湾乍浦河段主要受潮流控制，为此，模型按双向非恒定流设计，主要研究桥墩在运行与施工两种工况不利潮流条件下的冲刷情况。

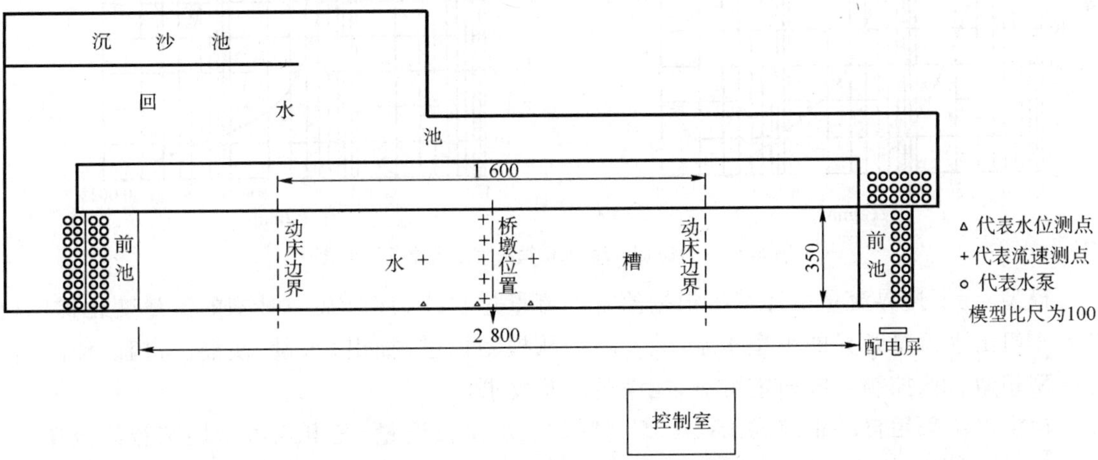

图 4.6-1 桥墩冲刷模型平面布置示意图(尺寸单位：cm)

由于断面模型的主要任务是研究桥墩附近冲刷坑深度及冲刷坑形态，因此模型沙选择主要考虑模型沙的起动相似 $\lambda_{u_c} = \lambda_u$ 以及水下休止角的相似。

从地质勘测资料分析可知，杭州湾跨海大桥轴线附近河床可能冲刷部分组成较为一致，中值粒径约 0.049mm，拣选系数为 1.75，相对密度 2.71，水下休止角约为 30°，根据沙玉清公式计算，其起动流速为 0.55～0.63m/s。

经过对多种模型沙的比选，最终选取经 CCA 防腐剂处理过的木粉作为本次试验的模型沙，其中值粒径为 0.12mm，浸水后为 0.27mm，拣选系数为 1.80(图 4.6-2)，与大桥附近床沙的拣选系数接近；试验木粉(充分浸水后沥干)相对密度为 1.12，起动流速约为 6cm/s，则

$$\lambda_{u_c} = \frac{0.55 \sim 0.63}{0.06} = 9.1 \sim 10.5$$

可见起动流速比尺接近于计算值，此外，木粉的水下休止角与天然沙的水下休止角也较接近，因此选择木粉作为模型沙可以较好地模拟杭州湾跨海大桥河段的床沙在潮流作用下的冲刷过程及冲刷形态。

二、模型控制系统及测试仪器

模型上、下边界为多级水泵双向流量控制，边界涨落潮流量和潮位过程由不同桥梁段的局部潮流数学模型提供。局部数学模型亦采用有限元模式，模拟长度均为 10km，模拟宽度

800～1 918m，两侧以固壁概化，取滑移边界条件，水边界上游为水位，下游为流速，边界条件及验证点水位、流速由大范围数模提供，验证结果无论水位、流速均拟合良好，高低潮位误差一般在 10cm 以内，涨落急流速误差一般在 5%以内。

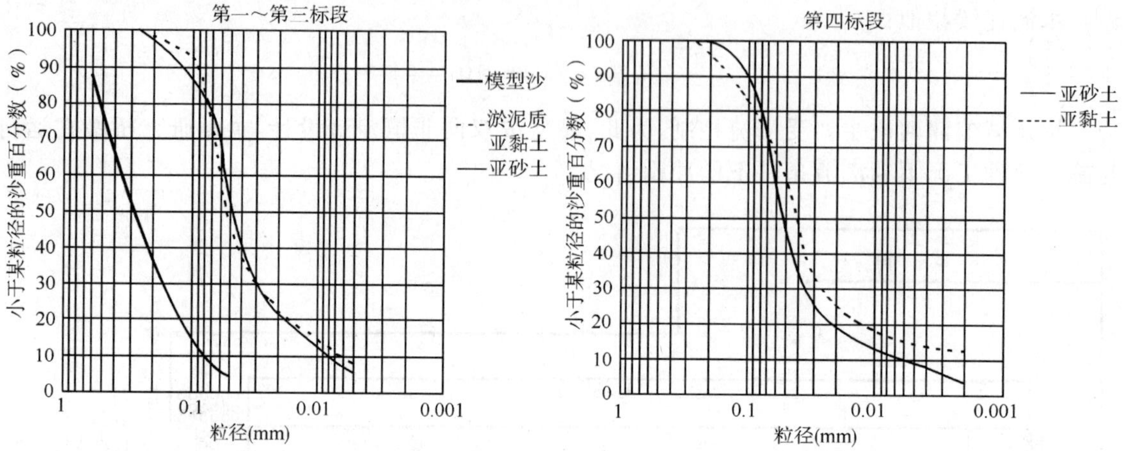

图 4.6-2　杭州湾跨海大桥轴线附近床沙级配曲线图

模型上、下边界流量由计算机根据给定的流量过程线，针对某一时刻的流量变化梯度，控制若干组出水流量各异的小型水泵（共 76 台）从模型抽进（抽出）水量，使潮位过程、流速过程与原型相似。该控制系统稳定可靠，能满足试验要求。

模型水位采用自动跟踪式 JS—B 型精密数字水位仪测量，光电式微型旋桨智能流速仪测量流速，模型水下地形采用简易光电式人工地形仪测量。

三、模型水流验证

运行期采用对桥墩最不利的设计潮流（潮差频率为 0.33%的特大潮），施工期采用潮差频率为 10%大潮的设计潮流，上述设计潮流首先由大范围数学模型给前述局部数模提供上下游水边界条件，再由局部数模得到不同类型桥墩处设计潮流的潮位和流速过程。经过调试，不同方案下水槽模型的潮流过程、流速过程均与数模提供的数据吻合良好，且水槽内水流受边壁影响较小（验证结果及水槽横断面流速分布略）。

四、桥墩局部冲刷模型方案试验

1. 试验条件

(1)水流条件

桥墩局部冲刷如前述，按运行期与施工期两种工况考虑，分别为潮差频率为 0.33%的特大潮和 10%的大潮。施工期设计潮流相对弱一些，冲刷后床面高程相应会高一些，但因承台浇筑前桩基上端自由，受力状况不利，因而必须考虑这一工况。位于南、北岸边滩处的桥墩由于滩地高程较高，水深太浅，特大潮常出现露滩，因此仅选择一般大潮进行试验。

(2)冲刷起始高程

桥位所处的乍浦河段紧邻上游大冲大淤的尖山河湾，当遭遇连续枯水年时，该河段将出现较强烈的冲刷，加上桥位处仍宽达 30km，主槽难免有所摆动，致断面各点历年冲淤变幅仍达4.7～7.3m，而且出现几率也并不小，如庵东滩地以北深槽（南航道以南），2001 年 9 月实测床面高程－12.7m，2000 年 4 月却深达－19.2m，为此分析近 44 年每年 2～3 次实测水下地形图，得到杭州湾跨海大桥轴线最低冲刷高程包络线，作为桥墩最不利冲刷的起始高程。采用床面高程下包络线与潮差频率 $p=0.33\%$的特大潮组合看似偏于保守，仔细分析则并非如此，如前所述，河床冲淤变化本来就较频繁，一年 2～3 次测量又不一定能测得当年该点最深床面，加之不同频率潮差差异并不大，如 $p=0.33\%$的特大潮，乍浦潮差为 8.10m，而 $p=10\%$时潮差为7.43m，两者的流速差异也仅 10～20cm/s，因此，运行期床面工况取 44 年来的下包络线是较为合理可靠的。对施工期桥墩冲刷深度试验则选用 2001 年实测地形上各桥墩处高程作为冲刷试验起始高程。

(3)桥墩结构形式

选取南北通航孔各主墩、边墩以及非通航孔的代表墩、服务区等进行模型试验，各桥墩均根据工程设计单位最新提供的推荐桥墩结构图进行制作。

(4)试验组次

综上所述，根据不同水流条件、不同起冲高程以及不同的桥墩结构形式，进行了南、北通航孔主墩与边墩，中、南引桥，南、北边滩及海中服务区共 17 组试验。

2. 试验成果与分析

(1)潮汐冲刷过程

建桥后，桥墩前方水流一般在垂线最大流速相应高度稍下位置形成分界面。分界面以上水流，受阻转向水面，引起水面壅高；分界面以下水流，受阻转向河底，形成下降水流，在近床底造就一横轴反向漩流，与纵向水流结合为绕墩柱两侧流向背流侧的马蹄形漩涡，于是桥墩周围的床沙被冲起带向下游，冲刷坑即由此形成，被冲起的泥沙，随漩涡运行至桥墩尾部，在漩涡转而向上时，泥沙下沉落淤成为纵向长条形小丘。

图 4.6-3 为北主墩与南深槽桥墩冲刷坑高程随时间变化图，可以看出，初期桥墩附近河床快速下切形成冲刷坑，随后冲刷迅速减小并渐趋稳定。显然，一个潮后冲刷坑即接近最深点，这里需要说明的是图中横坐标为由水流连续时间比尺 λ_{t1} 换算得到的原型历时，考虑选轻质沙产生的时间变态，根据对木粉进行若干试验的经验，一个潮约相当于 2～3 天时间。

此外，从模型试验中还可以看出桥墩冲刷坑在同一潮周期内的演变情况，在涨急过后测点高程出现相对低点，然后由于流速的减小略有回淤，至高平潮后期测点高程相对较高；随着落潮流流速不断加大，测点高程再次出现相对低点，至低平时又略有回淤。上述规律亦可从1988 年 9 月大潮期钱塘江二桥进行的桥墩局部冲刷坑定点逐时观测资料中得到印证（略）。

(2)冲刷坑深度

试验中取冲刷相对稳定时冲刷坑最深点深度为桥墩最大可能冲刷深度。

模型试验中，南、北通航孔模拟分别接近与超过半跨，非通航孔则同时模拟几跨，因此桥墩局部冲刷坑试验值实为自然冲刷（未建桥仅因潮流加强引起的冲刷）、普遍冲刷（建桥使过水断面有所缩窄引起的冲刷）与局部冲刷（因桥墩阻水形成马蹄形漩流引起的冲刷）三部分之和。

而床面下包络线由近44年实测资料分析得到，该时段既有桥位河段连续枯水年的普遍冲刷，也包含潮流特别强劲的时段，因此，以下包络线作起冲高程所得试验值应扣除自然冲刷部分。为此，进行了不建桥仅因潮流增强产生的自然冲刷试验，表4.6-1为各桥墩在不同潮流条件下的冲刷坑深度，运行期修正值即为扣除该量值后各类桥墩最深河床高程。

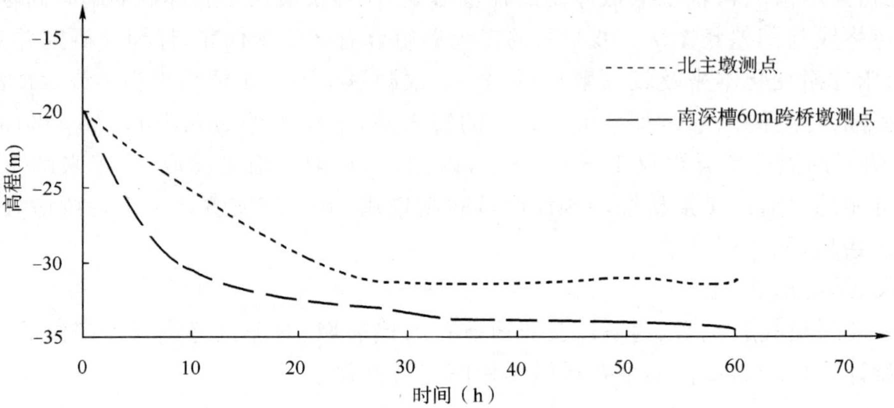

图4.6-3　冲刷坑深度历时变化图(模型试验)

桥墩冲刷坑深度(单位：m)　　　　表4.6-1

桥墩类型	冲刷前高程		冲刷深度		冲刷后高程		
					运行期		
工况	运行期	施工期	运行期	施工期	试验值	修正值	施工期
北通航孔主1(6)墩	−19.3	−13.2	10.3	9.0	−29.6	−28.9	−22.2
北通航孔主2(5)墩	−19.3	−13.2	12.0	11.3	−31.3	−30.6	−24.5
北通航孔主3(4)墩(A形双塔主墩)	−19.3	−13.2	14.8	14.0	−34.1	−33.4	−27.2
南通航孔主2(1)墩	−16.4	−11.7	13.1	12.5	−29.5	−28.0	−24.2
南通航孔主3墩(A形独塔主墩)	−16.4	−11.7	16.6	14.3	−33.0	−31.5	−26.0
南通航孔主4墩	−16.4	−11.7	14.5	12.6	−30.9	−29.4	−24.3
南高墩区80m跨	−16.4	−11.7	12.4	12.1	−28.8	−27.3	−23.8
南深槽60m跨	−20.0	−12.7	16.4	15.5	−36.4	−34.7	−28.2
中引桥60m跨	−16.4	−11.7	14.6	13.3	−31.0	−29.5	−25.0
海中服务区(大管桩)	−16.4	−11.7	12.9	12.0	−29.3	−27.8	−23.7
北边滩50m跨*	−5.0		7.2		−12.2		
北边滩65m跨*	−5.0		8.9		−13.9		
南引桥60m跨*(边滩前)	−5.0		11.9		−16.9		

注：1.标“*”的工况为一般大潮；

2.运行期为300年一遇特大潮与近44年河床下包络线高程组合；

3.施工期为10年一遇特大潮与2001年实测河床高程组合。

由表 4.6-1 可知，运行期北通航孔主墩最大冲刷深度为 14.8m，冲刷坑最深点高程为 —33.4m，边墩最大冲刷深度 12.0m，冲刷坑最深点高程为—30.6m；南通航孔主墩最大冲刷深度 16.6m，冲刷坑最深点高程为—31.5m，边墩最大冲刷深度 14.5m，冲刷坑最深点高程为—29.4m；非通航孔桥墩冲刷坑在南深槽处最深，该处河床较深，流速亦相对较大，其最大冲刷深度为 16.4m，冲刷坑最深点高程为—34.7m。施工期北通航孔主墩最大冲刷深度为 14.0m，冲刷坑最深点高程为—27.2m，边墩最大冲刷深度 11.3m，冲刷坑最深点高程为—24.5m；南通航孔主墩最大冲刷深度 14.3m，冲刷坑最深点高程为—26.0m，边墩最大冲刷深度 12.6m，冲刷坑最深点高程为—24.3m；非通航孔桥墩冲刷坑在南深槽处最深，该处河床较深，流速亦相对较大，冲刷坑最大深度为 15.5m，最深点高程为—28.2m。

模型试验表明，冲刷坑深度随流速的增加而增大；在水深较大的情况下，水深的变化对于冲刷坑深度的影响不大。

(3)冲刷坑形态

由于本项研究水流为双向非恒定流，桥墩均为桩基承台型，在潮水作用下，涨潮时下游侧水流向下形成漩流，河床刷深，在上游侧尾部形成长条形小丘，两侧由于水流动能增加冲刷并向上游延伸，落潮时上游侧水流向下形成漩流，河床刷深，而在下游侧尾部则形成长条形小丘，两侧亦由于水流动能增加冲刷并向下游延伸，随着冲刷坑深度加大，水流挟带泥沙的能力逐渐减弱，直至达到冲淤相对平衡。各桩间由于桩的挤压水流更趋集中，水流紊动强度亦有所增强，一般情况下冲刷最深。图 4.6-4 为冲淤基本平衡时北航道主墩冲刷坑形态，桩群间冲刷最深，桥墩两侧形成两条冲刷槽，上下游头部则形成长条形小丘，共同构成了桥墩的冲刷坑。

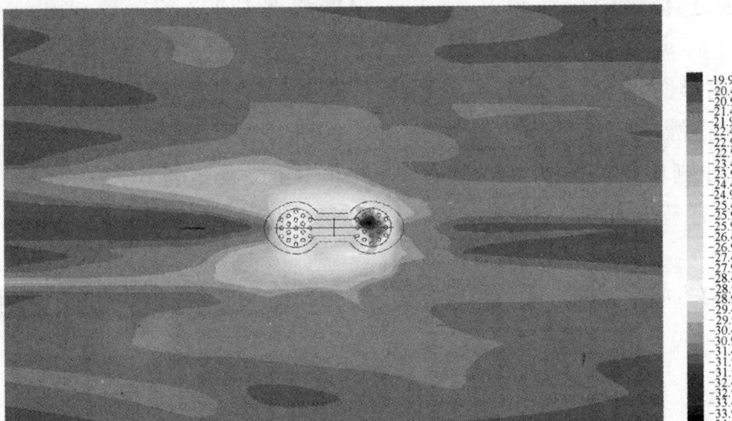

图 4.6-4 北航道主墩冲刷坑形态

由于北通航孔主墩涨潮流强于落潮流，最深点出现在靠下游侧的桩群中，而南通航孔因涨、落急主流流速相近，主墩冲刷坑最深点则可能出现在任一侧的桩群中，南深槽 60m 跨桥墩的最深点一般会出现在中间部位。

(4)试验成果综合分析

冲刷坑深度随流速的增加而增大，如南副通航孔处由于流速较北通航孔处大，其冲刷坑深一些，南深槽流速最大，加之为斜桩，因而该处桥墩附近冲深最大。

当涨潮流较为强劲时，最大冲刷深度在桥墩偏下游侧，两侧的冲刷槽向上游延伸长度大于下游，如北通航孔主墩的冲刷坑；当落潮流较为强劲时，最大冲刷深度在桥墩偏上游侧，两侧的冲刷槽向下游延伸长度大于上游；当涨落潮流强度相当时，桥墩上下游侧冲刷深度相差不多，两侧的冲刷槽向上下游延伸长度也较为接近，如南通航孔主墩的冲刷坑。

当桩的排列与水流方向一致时，各排桩之间过流较大，冲刷较深，桥墩两侧的冲刷相对较弱；当桩的排列与水流方向不一致如呈梅花状时，各排桩之间过流较小，则桥墩两侧的冲刷相对较强。

采用斜桩的非通航孔桥墩冲刷坑较深，除了上述流速偏大的原因外，主要是由于斜桩阻水面积大，此外斜桩阻水后，部分本来向上的水流由于斜桩的导水作用转而向下，使得下降流强度加大，冲刷坑深度加深。

根据与钱塘江资料吻合相对较好的 C. R. Neill 公式、参数取值范围较广的周玉利公式、由钱塘江二桥～六桥的实测及试验资料推求的公式以及公路桥位勘测设计规范推荐使用的公式对桥墩冲刷进行了计算，由于各公式多为恒定流条件下推求，且公式中对于墩型等的参数选择相对较少，致计算值相互差异较大，因此，未列公式计算结果。

为进一步佐证试验结果的可靠性，曾将本试验结果与钱塘江二、四、五、六桥的试验进行了系统的比较，包括各桥墩结构形式、模型比尺、河床质特征、模型沙选择、最大冲刷坑深度，并与钱塘江二桥实测桥墩冲刷情况进行了对比分析，表明上述冲深数值基本合理。

杭州湾跨海大桥试桩结果更进一步证明了试验结果的合理性与可靠性，位于杭州湾跨海大桥中部的 C 组试桩共有 16 根桩组成，其桩径为 1.2m，迎流面共有三排组成，间距为 7m，经大潮的平潮期测量，试桩冲刷最低高程为－18.9m，试桩位置与 2000 年 9 月水文测验时流速测点 I2007 位置接近，测量时乍浦潮差 5～6m，根据测点 I2007 的资料可知试桩测量时该位置流速约为1.8～2.6m/s，由于杭州湾中部除深槽外河床年际变化相对较小，根据 2000 年和 2001 年 9 月水下地形图可知，该试桩位置河床高程为－12.0m 左右，综上所述，桩径 1.2m、间距 7m 的三排试桩在涨落急流速为 1.8～2.6m/s 的潮流冲刷后冲刷坑深度约为 6.9m，方案试验中，相应条件下冲刷坑深度亦为 7m 左右，由此可见，现场试桩试验与模型试验在冲刷深度以及最深点所在位置等方面结果是相当接近的。

第七节　该项目成果的可靠性、创新与应用

一、成果可靠性

由国内知名的水流、泥沙和桥梁等方面的 13 位院士、专家组成的专家组一致认为，成果的下述主要结论是合理可信的：

(1)近 40 年来，庵东边滩持续向北淤涨，但速率已明显变缓，杭州湾跨海大桥河段滩槽位置相对稳定；

(2)定床试验得到，杭州湾跨海大桥建设对水环境的影响不大，对钱塘江涌潮、上游泄洪基本没有影响；

(3)动床试验表明，建桥对乍浦至秦山航道和乍浦港无明显不良影响，南航道船只的安全通航也不会因建桥而受影响；

(4)桥墩局部冲刷试验分运行期与施工期两种工况进行,试验得到的运行期床面冲刷高程和施工期的冲刷深度是合理的,试验中,对杭州湾冲淤幅度较大的海床提出了以多年实测河床下包络线作为冲刷起始高程的概念,具有创新性。

二、科研创新与成果应用

1. 桥轴线与桥跨布设方案优化

由于杭州湾口门开阔、水浅潮强、涌潮汹涌,桥位河段水流为典型的非恒定往复流,加之桥长孔多,研究难度为国内外罕见。本项目在长系列实测资料分析的基础上,利用大范围潮流数学模型与实体定床模型,根据大潮期桥位河段的平面流场,按照各桥梁段法向与涨、落急主流尽量一致的原则,进行了桥轴线与桥跨布设方案的优化,从而使推荐方案对水动力影响最小,该方案被设计采用。

2. 涌潮的实体模拟

钱塘江涌潮是举世闻名的自然奇观,保持其不受涉水工程的显著影响是建设者必须遵循的基本原则。本项目由于采用了先进的潮汐控制技术与高精度的测试仪器,从而在实体模型中成功地模拟了涌潮的形成与发展,并得出了推荐方案对钱塘江涌潮基本没有影响的可靠结论,为工程的立项与开工扫清了第一道障碍。

3. 建桥对乍浦港与南北航道的影响研究

建桥将使主流向通航孔有所集中,可能引起航道冲刷,而毗临的乍浦港将会有所淤积。由于本项目动床模型设计合理,模型沙选择适当,冲淤验证精度较高,从而在同一模型中正确模拟了口外海滨段的冲刷和淤积,得到了建桥对乍浦港与南、北航道无明显不良影响的科学结论。

4. 桥墩局部冲刷深度的探讨

杭州湾跨海大桥桥长墩多,局部冲刷深度不仅关系到桥梁的安全,而且对工程投资影响甚大。针对桥位水域潮强流急、河床冲淤变幅大、主流时有摆动的特点,本项目提出了以多年河床下包络线作为桥墩冲刷的起始高程的新概念,并运用正态水槽模型,探讨了各桥梁段不同类型桥墩在运行期与施工期的局部冲刷坑深度、形态与相应床面高程,成果已被设计采用。试验得到的施工期桥墩局部冲刷坑深度为现场试桩试验所证实。

鉴定委员会一致认为:该项科研对涌潮的实体模拟、同一模型中口外海滨段的冲刷和淤积的同时模拟、多年河床下包络线作为桥墩冲刷的起始高程的新概念、分布式浑水生潮系统和沙量随潮变化的加沙系统四方面均有显著创新,研究成果总体达到国际先进水平,其中,涌潮的实体模拟、分布式浑水生潮系统和沙量随潮变化的加沙系统的研制达到国际领先水平,后两者可推广应用于潮汐河口悬移质动床实体模型试验,桥墩局部冲刷坑的研究成果可为具有往复流特征的潮汐河口类似桥梁设计参考应用。2002 年 9 月 26 日,浙江省科技厅与浙江省水利厅对本项目进行了鉴定,鉴定意见认为本项目成果总体达到了国际先进水平,其中实体模型中涌潮的模拟方法和试验技术以及分布式浑水生潮系统和沙量随潮变化的加沙系统方面达到了国际领先水平。

第五章

跨海长桥测量控制关键技术研究

第一节 引 言

大桥 GPS 施工平面控制网包括首级网和加密网，首级网(图 5.1-1)是控制大桥整体位置的基准。为满足施工测量的需要，在海中每隔 1.8km 左右首先安排一批桥墩的承台施工(称优先墩)，利用在 21 个优先墩承台上布设的 GPS 控制点和海上 B 平台上布设的参考站点，形成海上测量加密网。

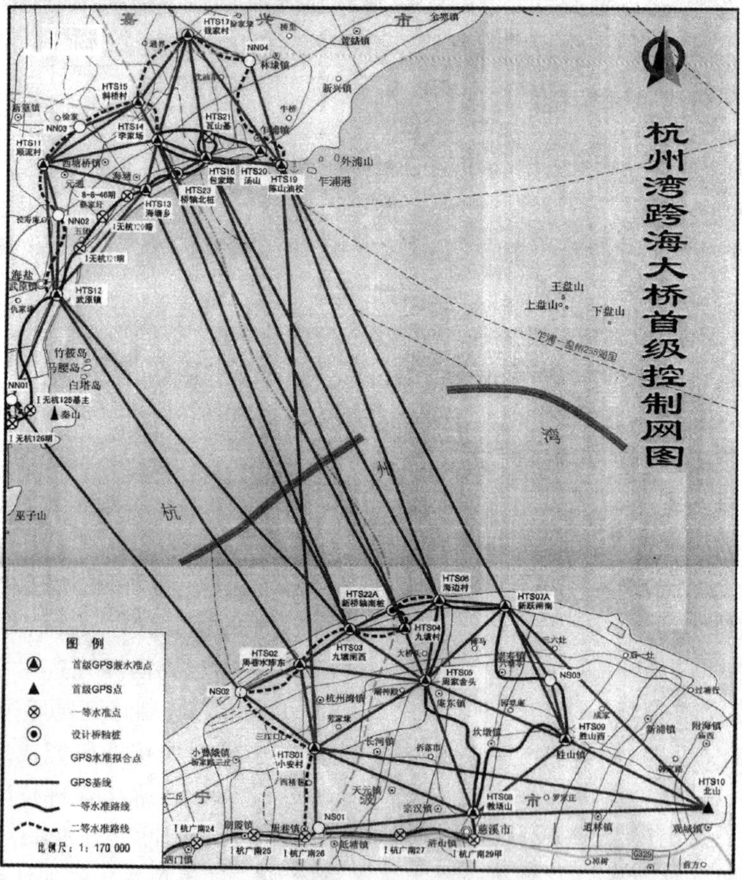

图 5.1-1 杭州湾跨海大桥首级控制网

21个优先墩的承台高程用GPS拟合高程控制，待优先墩承台全部建成以后，再用对向观测的三角高程导线进行高程贯通测量，用贯通测量的成果反过来修正优先墩承台的GPS拟合高程，并用于后续施工的承台和墩身的高程控制。全桥中线贯通测量前，两岸的基准高程由南岸经杭州到北岸联测。

由于海面太宽，需要解决以下海上GPS测量特有的技术问题：

(1)建立连续运行的GPS工程参考站系统，实现实时平面定位精度3～5cm、实时高程定位精度5～10cm的精度要求，为海上钢管桩和钢护筒施工实时定位提供服务；

(2)建立大桥工程独立的施工坐标系，避免由于投影变形引起的误差，确保施工放样正确；

(3)在高程贯通测量完成前，海上无高程控制点的情况下，满足海上优先墩承台施工高程控制精度的要求。

第二节　建立连续运行的GPS工程参考站系统

RTK以其定位快速、高效、高精度和高可靠性的特点逐步成为放样测量的重要手段，它在离参考站15km范围内实时定位精度已达厘米级。因此，在宽阔的海面上，采用RTK进行海中桥梁基础的施工放样是唯一的选择。本桥RTK实时定位主要用于：钢管桩、钢护筒和优先墩承台的施工定位，以及栈桥和平台等海上临时施工结构的定位。为满足实时定位精度的要求，必须建立GPS工程参考站系统，并采取相应措施保证GPS工程参考站安全、可靠、全天候连续运行，以保证正常施工需要。

按工程分布，在大桥南、北两岸和海中B平台上各建了一个固定式GPS工程参考站，保证在桥位区内任何一点离某一参考站的距离小于13km。双频GPS接收机在桥位施工区域内任何一点至少可以接收到两个参考站的信号，双重或三重覆盖可以为RTK测量提供必要的冗余度，以便实现测量结果的实时检校，也为系统整体运行的连续性和可靠性提供必要的保障。

系统采用现代通信技术、计算机网络和GPS相结合，在整个工程范围内提供GPS高精度定位服务和RTK测量服务。连续运行的GPS工程参考站系统，实时平面定位精度和实时高程定位精度满足工程要求。GPS工程参考站系统除提供RTK实时定位服务外，还提供GPS静态测量数据后处理服务、RTK差分实时导航定位服务和实现跨海大桥变形监测。

GPS工程参考站经过4年多的运行，系统工作正常，保证了海中和滩涂区的施工测量精度，特别是在5 000多根钢管桩沉桩定位中发挥了重要作用。由772根钻孔桩资料统计，用RTK进行施工定位，偏位均值4.9cm，中误差5.4cm，约为限差10cm的一半；由3 055根钢管桩资料统计，在连续运行的GPS工程参考站系统的支持下，用船载GPS系统定位，偏差均值和中误差约在2/3限差内。钻孔桩和钢管桩的定位精度均满足施工规范的要求。

连续运行的GPS工程参考站和RTK技术，是针对海上基础施工定位的一项集成技术，在本桥获得了成功应用，并在实践中形成了规程和细则，弥补了国内跨海大桥工程测量的一个空白。

第三节　建立大桥工程独立的施工坐标系

一、问题的提出

杭州湾跨海大桥用 1954 年北京坐标系统进行设计，这个坐标系的基准面是克拉索夫斯基椭球体面，由于坐标系本质上是属于前苏联的大地测量坐标系，其定位及椭球的大小与我国大地水准面符合得都不好，尤其东部地区高程异常值达 60 多米。它的平面坐标是国家统一坐标系三度带高斯平面直角坐标，杭州湾跨海大桥桥位区中心经度是 121°06′，位于 1954 年北京坐标系高斯三度带投影第四十带的边缘。如果将设计图按北京 54 坐标系标示的墩、台位置放样到施工高程面上，将会发生两种变形：投影长度变形和投影角度变形，投影长度变形将使大桥实地放样长度比设计长度缩短 4.559m，投影角度变形将使大桥方向扭转约 8″。

投影长度变形的近似理论计算式为：

$$\Delta = -\left(\frac{y_{\mathrm{m}}^2}{2R^2} - \frac{h+\zeta}{R}\right)D \tag{5.3-1}$$

式中：y_{m}——桥位区的横坐标均值；

R——地球平均曲率半径；

D——两点的间距；

h——桥位区施工平均高程；

ζ——桥位区平均高程异常值；

$h+\zeta$——平均施工高程面到椭球体面的高度。

由式(5.3-1)可见：桥位区离开高斯投影中央子午线(y_{m})越远，高度(h)越大，投影长度变形越大。本桥桥位位于北京 54 坐标系高斯三度带投影第四十带的边缘，高程异常值达 60m，投影长度变形超过规范的限值。跨海图形的角度在北京 54 坐标系下也将发生显著变形。

由以上分析可见，1954 年北京坐标系不能适应杭州湾跨海大桥平面控制和施工测量的需要，不能用来作为施工放样的依据，而必须建立本桥独立的施工坐标系。

二、杭州湾跨海大桥施工测量坐标系的选择

建立独立施工坐标系的目的有两个：一是尽可能减少投影变形，尤其是投影长度变形；二是不要因为坐标转换而损失控制网的 GPS 观测精度。为此坐标系的选择应遵从以下条件。

(1)应采用工程椭球作为大桥独立施工坐标系的参考椭球。

(2)工程椭球的定位、定向、扁率宜与 WGS 84 椭球完全一致。

(3)工程椭球的长半径 a 可按式(5.3-2)计算：

$$a = a_{84}\left[1 + \frac{\overline{h}_{\text{施工}} + \zeta_{\mathrm{m}}}{N_{84}}\right] - H_{\mathrm{d}} \tag{5.3-2}$$

式中：H_{d}——抵偿高程；

N_{84}——桥位区的 WGS 84 平均纬度的卯酉圈曲率半径；

ζ_{m}——WGS 84 椭球桥位区的平均高程异常值；

a_{84}——WGS 84 椭球的长半轴；

$\overline{h}_{施工}$——桥梁施工平均高程。

(4)采用高斯投影，高斯投影的中央子午线应通过桥位测区中心的经线。

根据以上4条原则建立的杭州湾跨海大桥的独立施工坐标系，本文称之为84工程平均高程面坐标系统。虽然84工程平均高程坐标系在保持GPS观测的精度上更优越，投影长度变形更小，但考虑现行规范的限制，杭州湾跨海大桥独立施工平面坐标系还是选择了65m高程坐标系。为使投影变形控制在误差允许的范围内，要解决以下两个问题。

(1)大桥在65m高程坐标系下的定位

固定桥梁的终点或起点，让起点、终点的原方位保持不变，让施工面上的长度与设计长度相等，具体的做法是：

用控制点的54坐标系实地放样桥梁起点BP和终点EP。

在实地，用控制点的65m坐标系测量已放样到实地的BP和EP点的65m坐标值。

固定终点EP，计算EP至BP在65m坐标系下的方位角。

利用设计的桥梁平曲线控制点参数，计算出终点至各交点到起点间的距离和交角，在保持这些角度元素和距离元素不变的情况下，推算出在65m坐标系下，大桥平曲线控制点参数，包括重新推算出BP的65m坐标值。

利用新的大桥平曲线控制点的参数和原各点里程及桥墩间的跨度推算各桥墩中心的65m坐标系的坐标。这样做可以使原设计桥梁的形状、大小和方位放样到施工高程面上保持不变，各墩位的里程也不会变，但由于长度变形的积累，大桥的起点将会沿原设计方向伸长，而其他交点也会不同程度地伸长(见表5.3-1)，即放样到实地后，桥梁的位置和原设计在地形图上标定的位置有变动，例如杭州湾跨海大桥起点就向北延伸了4.559m。在与其他附属建筑衔接时应注意这个问题。

设计坐标与实地坐标比较表 表5.3-1

点		设计54坐标(m)	实地54坐标(m)	坐标差值(m)
BP	x	6 248.036	6 252.1269	−4.090 9
	y	8 599.553	8 597.5394	2.013 6
$JD1$	x	5 457.301	5 461.3300	−4.029 0
	y	9 216.780	9 214.8660	1.914 0
$JD2$	x	6 091.202	6 094.2687	−3.066 7
	y	4 191.506	4 190.4287	1.077 3
$JD3$	x	7 017.625	7 019.5021	−1.877 1
	y	1 961.585	1 961.5751	0.009 9
$JD4$	x	0 143.260	0 144.1307	−0.870 7
	y	2 610.615	2 610.5774	0.037 6
EP	x	4 594.235	4 594.2350	0.000 0
	y	4 140.259	4 140.2590	0.000 0

(2)北京54坐标系与54工程65m高程坐标系的坐标转换关系

在设计图上除了墩台、桩基的位置，还有其他结构物的位置都是用 54 坐标标注，这些坐标必须将其转换成 65m 高程坐标系坐标才能进行放样。因此，必须导出设计图坐标转换至独立坐标系坐标的转换公式，以方便施工放样。这个公式可以由平面坐标的平移、旋转并用起点、终点两种坐标的差值来导出，其形式为：

$$\begin{pmatrix} x \\ y \end{pmatrix}_{65} = \begin{pmatrix} \Delta x_0 \\ \Delta y_0 \end{pmatrix}_{65} + \begin{pmatrix} \cos\theta & -\sin\theta \\ \sin\theta & \cos\theta \end{pmatrix} \begin{pmatrix} x \\ y \end{pmatrix}_{54} \tag{5.3-3}$$

校核公式为：

$$\begin{pmatrix} x \\ y \end{pmatrix}_{54} = \begin{pmatrix} \Delta x_0 \\ \Delta y_0 \end{pmatrix}_{54} + \begin{pmatrix} \cos(-\theta) & -\sin(-\theta) \\ \sin(-\theta) & \cos(-\theta) \end{pmatrix} \begin{pmatrix} x \\ y \end{pmatrix}_{65} \tag{5.3-4}$$

要提请注意的是，这个公式只能用于设计图所标示的 54 坐标系的坐标值转换成放样用的 54 工程 65m 高程坐标系相应的坐标值，不能用做控制点的坐标转换，因为这个平面坐标仅仅是根据以上桥梁的定位和定向步骤导出的，并不是两种坐标系统之间的真正关系。

第四节　高精度 GPS 拟合高程在海上施工中的应用

一、问题的提出

在跨海高程贯通测量完成之前，两岸统一的高程基准用由北岸经杭州基岩点到南岸联测(278km)的一等水准成果。在优先墩基础施工阶段，海上无高程控制点，因此必须解决利用南、北两岸的高程公共点推求海上观测点高程的问题。解决这个问题的关键是海上 GPS 拟合高程的中误差能否达到要求的精度。在杭州湾地区如果能找到一种拟合法，仅仅利用两岸一定分布密度的高程公共点，高精度内插出海上的高程异常值，它的应用价值不仅在杭州湾跨海大桥的建设中发挥较大的作用，还可为同类型跨海大桥工程提供借鉴。

二、GPS 拟合高程的误差及传播规律

1. GPS 大地高与 GPS 拟合高程的关系

GPS 大地高是 GPS 观测基线向量计算得到的测站点 P 到 WGS 84 椭球体面上的距离，用符号 H 表示。H 是一个相对量，采用不同的椭球定位会有不同的量值。高程指的是 P 点到似大地水准面的距离，称之为正常高，用 h 表示，我国采用 1954 年黄海高程系统或 85 年国家高程系统，它是似大地水准面为基准的正常高系统。GPS 大地高和高程的关系可用下式表示：

$$h = H - \zeta \tag{5.4-1}$$

式中，ζ 是似大地水准面到椭球体面的差距，称之为高程异常值，它和地球的质量分布有关，如果高精度的 ζ 值可以求得，由式(5.4-1)可得高程 h，用这种方法求得的高程为 GPS 高程。

通常称利用 GPS 和水准测量成果确定正常高的方法为 GPS 高程。工程应用的一般是拟合法，是 GPS 高程最常见的一种方法，它要求在待测点的周围布测一定密度、分布合理的水准

点，在其上进行GPS观测，求得这些点的大地高，称这些点为高程公共点。用高程公共点的ζ值内插待测点的ζ值，它的准确程度很大程度上取决于高程公共点的密度和合理的分布。

2. GPS拟合高程的精度

由式(5.4-1)知，$h=H-\zeta$，利用误差传播定律，得：

$$m=\pm\sqrt{{m_h}^2+{m_\zeta}^2} \tag{5.4-2}$$

式中：m——相对于起算点的高程的中误差；

m_h——相对于起算点的大地高的中误差，可以做到优于10mm；

m_ζ——内插待定点高程异常值的中误差。

ζ的拟合精度主要受到下列因素综合影响：公共点水准高程和GPS大地高测量精度；公共点分布密度和均匀性；拟合采用的数学模型；测区的地形等。地形起伏大，ζ值相对变化大，相对拟合趋势曲面的摆动也就大，即便考虑了地形影响的改正也难得到高精度的ζ值；地势平坦的测区内，ζ的变化有一定的规律性，ζ值相对于拟合趋势曲面的摆动小，就有可能拟合出高精度的ζ值。杭州湾跨海大桥测区地形平坦，根据分析，在测区内ζ值的变化有较强的规律性，这为在海中拟合出高精度的ζ值提供了有利的客观条件。

为了寻求在海上没有任何高程公共点的情况下，高精度GPS拟合高程的求导和施测方法，在杭州湾大桥南、北两岸各约100km^{2}的范围内，均匀布测了几十个高程公共点(公共点的大地高用B级网或C级网精度施测，水准高程用一、二等水准施测)，用这些点做了大量拟合高程异常值的试验，并根据对这些试验的分析，总结出了实用的施测方法，现已应用在杭州湾跨海大桥工程的高程控制中。

三、直接多项式曲面拟合法及其试验

设点的ζ与平面坐标x、y有以下函数关系：

$$\zeta=f(x,y)+\varepsilon \tag{5.4-3}$$

式中，$f(x,y)$是ζ中的趋势值，即多项式拟合曲面上的ζ值用ζ_e表示，ε为似大地水准面相对于拟合曲面的差距或称拟合残差。则有：

$$\left.\begin{aligned} h=H-\zeta=H-(\zeta_e+\varepsilon)&=(H-\zeta_e)-\varepsilon \\ \text{设：}\qquad h_e&=H-\zeta_e \\ \zeta_e&=f(x,y) \end{aligned}\right\} \tag{5.4-4}$$

由多项式拟合值算得的高程h，现用h_e表示，它是P点到拟合曲面的距离，误差是ε。可见要提高GPS高程的精度，只有提高拟合曲面与似大地水准面的密切程度。设：

$$f(x,y)=a_0+a_1x+a_2y+a_3x^2+a_4y^2+a_5xy \tag{5.4-5}$$

利用高程公共点的ζ值在$\sum\varepsilon^2$为最小值的条件下，求出a_0、a_1、a_2、a_3、a_4、a_5 6个拟合参数，并通过相关指数检验。然后将待测点的平面坐标x、y及6个参数代入上式，得待测点的ζ_e值和h_e。

以下举多项式曲面拟合法试验的两个实例，试验将高程公共点分为两组，用来计算拟合参数的点称为计算点，用来检查拟合结果的点称检核点。

1. 多项式曲面拟合法试验一

选取南岸区分布均匀的 11 个高程公共点作为计算点求 6 个拟合参数，内插南岸区的 9 个检核点的 GPS 高程，并与水准高比较，外推北岸区的 17 个检核点的 GPS 高程，并与水准高比较，两项试验结果都列于表 5.4-1。

南岸内插和外推检核表　　表 5.4-1

南岸区内插南岸区的检核			南岸区外推北岸区的检核			
水准高程 h(m)	GPS 高程 h_e(m)	h_e-h(cm)	水准高程 h(m)	GPS 高程 h_e(m)	h_e-h(cm)	离岸距离(km)
5.061	5.054	−0.7	7.780	7.744	−3.6	≤5
5.031	5.047	+1.6	8.819	8.746	−7.3	≤5
5.294	5.324	+3.0	6.001	5.906	−9.5	≤5
8.522	8.547	+2.5	8.726	8.661	−6.5	≤5
9.963	9.986	+2.3	160.634	160.593	−4.1	≤5
8.760	8.790	+3.0	9.069	9.034	−3.5	≤5
9.781	9.789	+0.8	12.855	12.804	−5.1	≤5
8.987	9.028	+4.1	7.177	7.109	−6.8	≤5
10.191	10.217	+0.26	7.177	7.098	−7.9	≤5
由表的数据可以计算出：内插南岸区拟合高程中误差 2.5cm；外推北岸 5km 以内区域拟合高程中误差 6.7cm；外推北岸 5km 以外的区域拟合高程发生异变，误差达到 20cm 左右。可以看出：外推的精度将大大降低，5km 以外的拟合高程会发生了异变			7.010	6.928	−8.2	≤5
			6.073	6.002	−7.1	≤5
			5.422	5.368	−5.4	≤5
			4.269	4.181	−8.8	≤5
			4.503	4.440	−6.3	≤5
			2.404	2.248	−15.6	>5
			4.378	4.202	−17.6	>5
			2.484	2.215	−26.9	>5

2. 多项式曲面拟合法试验二

南、北岸内插检核去掉北岸 5 km 外的高程公共点，用南、北岸 19 个高程公共点作为计算点求 6 个拟合参数，内插南、北岸 15 个检核点的 GPS 高程，并与水准高程比较，见表 5.4-2。

多项式曲面拟合法试验二　　表 5.4-2

水准高 h(m)	GPS 高 h_e(m)	$h-h_e$(cm)	水准高 h(m)	GPS 高 h_e(m)	$h-h_e$(cm)
5.061	5.055	0.6	10.191	10.219	−2.8
5.031	5.048	−1.7	7.177	7.165	+1.2
5.294	5.325	−3.1	7.010	6.997	+1.3
8.522	8.548	−2.6	6.073	6.072	+0.1
9.963	9.959	+0.4	5.422	5.438	−1.6
8.760	8.762	−0.2	4.269	4.253	+1.6
9.781	9.791	−1.0	4.503	4.513	−1.0
8.987	9.030	−4.3			

由试验结果可以计算出：在杭州湾大桥桥位区，用 19 个南、北岸高程公共点求拟合参数，用多项式曲面拟合法内插北岸区、南岸区 15 个检核点的 GPS 高程，中误差 2.0cm，大于 2 倍中误差的值有一个，取显著水平 0.05，经检验这个点为异常点。

四、过渡曲面的拟合方法及试验

1. 过渡曲面的拟合方法

杭州湾海域宽 32km，仅用两岸的高程公共点，用多项式曲面拟合法内插海中的高程异常值，所得结果波动较大。为此，可先选择一个形状已知的数学曲面，利用两岸的少数高程公共点，将曲面与桥位区的似大地水准面相对位置固定下来，以减少它们的随意性，将这种曲面称为过渡曲面。用多项式曲面拟合法求过渡曲面到似大地水准面的高程异常改正值 δ_ζ，按此方法所求得海中高程异常值，相对于多项式曲面拟合法，波动要小得多，更有利于大桥工程的应用。由图 5.4-1 可见：

$$\left.\begin{aligned}\delta_\zeta &= \zeta_g - \zeta = (H - h_g) - (H - h_e) = h_e - h_g \\ h_e &= H - \zeta = h_g + \delta_\zeta\end{aligned}\right\} \quad (5.4\text{-}6)$$

式中：δ_ζ——相对于过渡曲面的高程异常改正值；

h_g——相对于过渡曲面的高程。

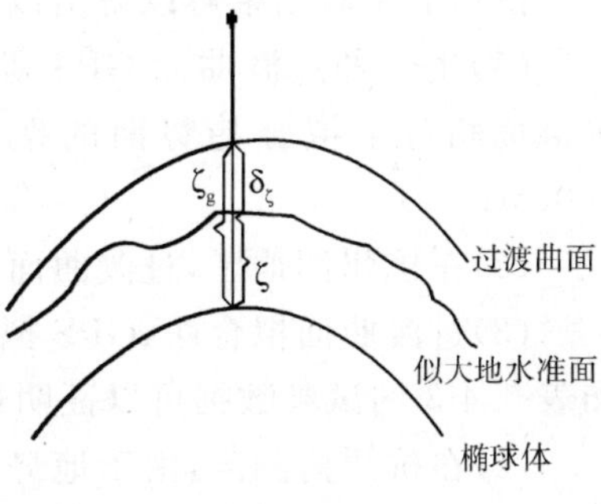

图 5.4-1 过渡曲面

高程公共点的 ζ 可由 $\zeta = H - h$ 求得，任何一个待定点，过渡曲面相对于椭球体面的高程异常 ζ_g 值，可以根据过渡曲面的数学模型由它的平面坐标计算得到，于是公共点的 δ_ζ 值可求。过渡曲面的选择是尽可能与局部似大地水准面相似又可以用数学公式描述的曲面，下文中 A 曲面、B 曲面即为这样一种曲面，对于极平坦测区也可以选用椭球体面。过渡曲面相对于似大地水准面的定位，可在测区四周选择 3～4 个高程公共点，在这些点上令 $h=h_g$，即 $\delta_\zeta=0$，可求出所有 GPS 观测点的 h_g 值。而过渡曲面和大地水准面的差距 δ_ζ 可用多项式曲面拟合的方法求得，由公式（5.4-6）求得这些点的 h_e。

2. 过渡曲面拟合法试验之一

选择 A 曲面、B 曲面和 WGS 84 椭球体面为过渡曲面，在两岸分别选择两个高程公共点，令其 $h=h_g$，进行曲面相对于大地水准面的定位，求得各 GPS 观测点的 h_g，然后分别用多项式曲面拟合法求得各待测点的 δ_ζ 和 h_e，与水准高的比较见于表 5.4-3。

过渡曲面拟合高程 表 5.4-3

水准高 h	用过渡曲面 A				用过渡曲面 B				过渡曲面用 WGS 84 椭球体面			
(m)	h_g (m)	δ_ζ (cm)	h_e (m)	$h-h_e$ (cm)	h_g (m)	δ_ζ (cm)	h_e (m)	$h-h_e$ (cm)	h_g (m)	δ_ζ (cm)	h_e (m)	$h-h_e$ (cm)
7.177	7.211	−4.3	7.168	0.9	7.211	−4.3	7.168	0.9	7.210	−4.3	7.167	+1.0

续上表

水准高 h	用过渡曲面 A				用过渡曲面 B				过渡曲面用 WGS 84 椭球体面			
(m)	h_g (m)	δ_ζ (cm)	h_e (m)	$h-h_e$ (cm)	h_g (m)	δ_ζ (cm)	h_e (m)	$h-h_e$ (cm)	h_g (m)	δ_ζ (cm)	h_e (m)	$h-h_e$ (cm)
5.031	5.083	−4.1	5.042	−1.1	5.084	−4.1	5.043	−1.2	5.082	−4.1	5.041	−1.0
5.294	5.338	−1.5	5.323	−2.9	5.339	−1.5	5.324	−3.0	5.336	−1.5	5.321	−2.7
10.191	10.188	−1.2	10.176	+1.5	10.187	−1.2	10.175	+1.6	10.184	−1.2	10.172	+1.9
7.010	7.018	−2.5	6.993	1.7	7.018	−2.5	6.993	+1.7	7.017	−2.5	6.992	+1.8
6.073	6.084	−1.7	6.067	0.6	6.084	−1.7	6.067	0.6	6.084	−1.7	6.067	0.6
4.503	4.535	−2.2	4.513	−1.0	4.535	−2.2	4.513	−1.0	4.536	−2.2	4.514	−1.1
GPS 拟合高程中误差 m=1.68cm，内符合精度 0.88cm					GPS 拟合高程中误差 m=1.72cm，内符合精度 0.86cm				GPS 拟合高程中误差 m=1.68cm，内符合精度 0.87cm			

由以上试验结果可以得出以下结论：

(1)用三种过渡曲面 GPS 高程的内符合精度基本相等，并且在一定程度上反映了大地水准面相对于拟合趋势面的摆动，可见两岸高程异常值相对趋势面的摆幅应不会超过 2.0cm；

(2)在杭州湾地区，过渡曲面选用 A、B 曲面或椭球体面，拟合结果差别不大；

(3)过渡曲面拟合法，GPS 拟合高程的中误差平均 1.7cm，没有出现异常点，比较表 5.4-2 和表 5.4-3 的试验数据可以证明过渡曲面拟合法比多项式曲面拟合法稳定；

(4)在杭州湾测区，由于地势极为平坦，用三种过渡曲面内插待测点的 GPS 拟合高程，中误差基本一致，因此可以选择椭球体面作为过渡曲面，用相应大地高代替 h_g。

3. 过渡曲面拟合法试验之二

这项试验是用 WGS 84 椭球体面做过渡曲面，以大地高代替高程的试验，在南、北两岸分别选择两个高程公共点，令这些点上的大地高 H 等于正常高 h，进行椭球体面相对于似大地水准面的定位，求得各待定点的 h_g，并进行表 5.4-4 的计算和统计，由统计结果可知：定位后过渡曲面平均比似大地水准面低 2.2 cm，无论是用南岸的检核点，还是用北岸的检核点，或用南、北岸全部的检核点进行统计，结果基本一致，因此由过渡曲面定义的高程 h_g，加上这个常数−2.2cm，所得 GPS 高程的中误差为 1.83cm，可见海中即使无高程公共点，由 h_g 加上−2.2cm，所得 GPS 高程的中误差将优于±2cm。总 Δ 平均数 − 2.2cm，h_e 的中误差=±1.83cm。

椭球体面作为过渡曲面 GPS 高程统计 表 5.4-4

南岸					北岸				
水准高 h (m)	h_g (m)	$h-h_g=\Delta$ (cm)	h_e (m)	$h-h_e$ (cm)	水准高 h (m)	h_g (m)	$h-h_g=\Delta$ (cm)	h_e (m)	$h-h_e$ (cm)
10.191	10.184	+0.7	10.162	+2.9	7.177	7.210	−3.3	7.188	−1.1

续上表

南岸					北岸				
水准高 h (m)	h_g (m)	$h-h_g=\Delta$ (cm)	h_e (m)	$h-h_e$ (cm)	水准高 h (m)	h_g (m)	$h-h_g=\Delta$ (cm)	h_e (m)	$h-h_e$ (cm)
9.964	10.011	−4.7	9.989	−2.5	6.073	6.084	−1.1	6.062	+1.1
8.760	8.797	−3.7	8.775	−1.5	7.177	7.210	−3.3	7.188	−1.1
8.987	8.997	−1.0	8.975	+1.2	5.422	5.455	−3.3	5.433	−1.1
5.031	5.082	−5.1	5.060	−2.9	4.503	4.536	−3.3	4.514	−1.1
9.781	9.773	+0.8	9.751	+3.0	4.269	4.273	−0.4	4.251	+1.8
5.061	5.077	−1.6	5.055	+0.6	7.010	7.017	−0.7	6.995	+1.5
5.294	5.336	−4.2	5.314	−2.0					
8.522	8.531	−0.9	8.509	+1.3					
南岸平均数 $\Delta=-2.1$cm					北岸平均数 $\Delta=-2.2$cm				

本工程创建的过渡曲面拟合法，使跨海 GPS 拟合水准的测量精度优于 3cm，满足了海上优先墩承台施工高程控制的需要，并使 1.8km 长跨度的 GPS 拟合水准高差达到了三等水准测量精度。

· 第六章 ·

大直径超长钢管桩制造、防腐与沉桩关键技术

海上中引桥、南引桥、北航道桥南侧高墩区，南航道桥两侧高墩区和海中平台，均采用钢管桩基础，钢管桩总计 5 474 根，直径分别为 ϕ1 500mm 和 ϕ1 600mm，桩长 71～89m，总用钢量达 37 万 t。89m 长桩是我国迄今为止最长的钢管桩，大直径超长钢管桩不仅对沉桩设备和工艺提出了新的要求，也对钢管桩制造和防腐蚀技术提出了新的课题。

第一节　钢管桩制造

大桥钢管桩为变壁厚结构，上段桩壁厚 22mm，下段桩壁厚 20mm，材质均为 Q345C。钢管桩采用整桩制造工艺，从钢卷到制作成管坯，所有的工艺过程均在螺旋焊管机组上连续自动实现，生产流程为：钢卷开卷→钢带矫平→钢带头尾对接焊→铣边坡口→螺旋卷制成型→内外螺旋缝焊接→在线超声波检测→钢管切断下线→管坯检测。螺旋焊缝采用大功率交直流双电源双丝自动埋弧焊工艺，要求进行 100%超声波探伤和 2%射线照相探伤，质量为一级焊缝标准，纵轴弯曲矢高要求≤30mm。

一、螺旋法制管工艺和制管设备研制

螺旋法制管是高效率制造钢管桩的方法，图 6.1-1 为制管示意图。螺旋焊管机组由六部分组成：钢带送进台（前桥）、成型机、钢管输出支承台（后桥）、液压系统、电控系统和焊接系统。前桥上主要装备是：承卷台、预递送机、五轴矫平机、钢带对接焊台、钢带边导向轮、钢带边铣削机床和主递送机。前桥相对于成型台可在 45°～80°范围调节钢带送进角度。

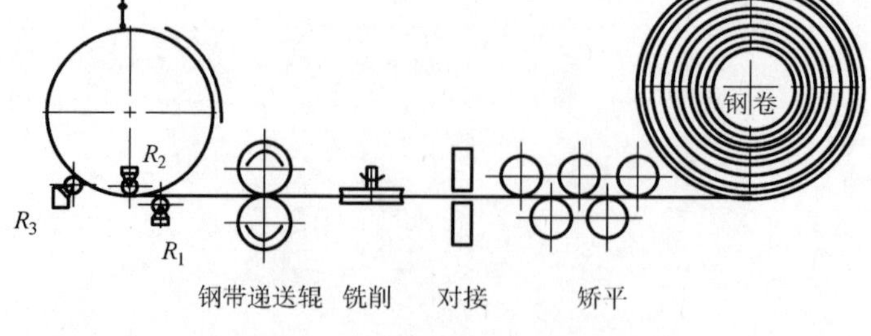

图 6.1-1　螺旋焊管制造过程示意图

螺旋焊管的成型机为三组成排的辊轮，如图 6.1-1 中的 R_1、R_2、R_3 所示。排轮的中心连线为三条立体平行线，相当于三辊卷板机的三辊中心线，但每个轮子的轴线与排轮的中心连线成螺旋角补角，轮子转动的方向与钢带运动的方向一致，当钢带送入成型机内就被螺旋卷动成型。螺旋变形的曲率是通过调节 R_1、R_2、R_3 之间的距离参数来实现的。事实上，钢带的几何尺寸是非理想化的，所以螺旋结合处的间隙大小将随时发生变化。当间隙太大时（超过了1/10钢板厚），内缝埋弧焊将产生漏弧甚至焊穿，间隙为负值时，则交合处会产生由挤压而引起错边或叠边。机组后桥通过液压控制随时进行±0.8°的摆动，迫使已成型的钢管与钢带交合处的夹角发生变化，从而使得交合点的间隙可及时调整，保证内焊缝自动埋弧焊顺利焊接。

大桥钢管桩工程实施之前，我国最大的螺旋焊管机组能生产的钢管最大直径为 ϕ2 540mm，最大长度为 36m。为了满足制作超长钢管的特殊需要，在消化吸收原有进口设备技术的基础上，研制了新型螺旋焊缝钢管制造成套设备，该设备的主要性能如下。

钢管直径范围：ϕ400～ϕ3 650mm。

钢管最大长度：100m。

钢管壁厚范围：5～25.4mm。

钢带宽度范围：700～2 000mm。

适用钢材材质：Q235、Q345、X42～X70。

钢卷最大质量：40t。

图 6.1-2 为螺旋焊缝钢管制造成套设备卷制钢管的实景。

图 6.1-2　螺旋焊管制造实景

二、变壁厚螺旋焊缝钢管和生产技术

大桥钢管桩上、下段钢管壁厚不相同，按以往的制管方法，必须先分别预制上、下节不同壁厚的钢管，然后再用环形焊缝对接成整桩。为保证钢管生产的连续性，以加快生产进度，本工程采用整桩一次卷制成型工艺。为解决变壁厚带来的问题，研发了“变壁厚螺旋焊管”新工艺，并获得了实用新型专利。该工艺特殊之处是在 A 管段和 B 管段交接处形成不等厚钢带对接的焊缝 A_1B_1。

“变壁厚螺旋焊管”生产工艺是先进行厚与薄的钢带对接，后进行螺旋制管，在图 6.1-3 中，a_1 钢带板厚为 22mm，b_1 钢带板厚为 20mm，则前半根 A_1 厚度为 22mm，后半根 B_1 厚度为 20mm。第二根前半根 B_2 为 20mm，后半根 A_2 为 22mm，第三根又与第一根相同，依次连续生产。

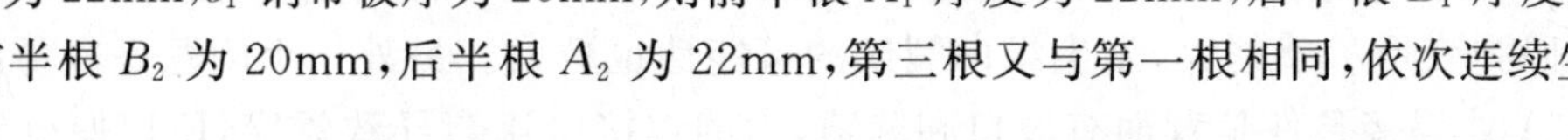

图 6.1-3　变壁厚螺旋焊管

在生产过程中需要根据厚薄钢管的长度计算出钢带的用量。例如：ϕ1 500mm、L=88m 钢管桩，上节桩长 46m，下节桩长 42m，两根上节桩长共 92m，两根下节桩长共 84m，则需要钢带的长度为：

$$L_{22}=92/\cos\alpha=92/\cos 71.3°=287(\text{m})$$

$$L_{20}=84/\cos\alpha=84/\cos 71.3°=262(\text{m})$$

钢带在使用到预计的长度时，剩余钢卷就被切断后下线待用，换上另一厚度的钢卷制管，如此重复。钢管的切断处为两根上节桩长中点和两根下节桩长中点，按以下排列连续制管：

$$(\underline{42}++\underline{\underline{46}})+(\underline{\underline{46}}++\underline{42})+(\underline{42}++\underline{\underline{46}})+(\underline{\underline{46}}++\underline{42})+\cdots$$

式中，括号外的“+”为切断处；括号内的“++”为不等厚钢管的分界处；$\underline{42}$ 为下节桩长度42m；$\underline{\underline{46}}$ 为上节桩长度 46m。

当变换钢管桩长度时可采取不同长度的组合形式。

这是一种连续成型、整体预制钢管的制管工艺。钢带更换对接时间为 0.5h，占厂房面积 320m^2。如果大桥钢管桩采用钢管对接的制管工艺，则上、下桩坡口加工、对口和焊接的时间需要 2h，占厂房面积 810m^2。采用变壁厚螺旋焊管制造工艺，具有自动化程度较高、施工方便、省工省时、占用厂房面积少等特点，适合大规模超长钢管桩的制造施工。

三、厚壁螺旋缝高速自动埋弧焊工艺

在螺旋焊缝焊接时，钢管壁厚大、焊缝质量要求高和焊接速度要求快，这三个要素对螺旋焊缝自动埋弧焊工艺是互相制约的。为解决这一问题，研究开发了厚壁螺旋缝高速自动埋弧焊工艺。厚壁螺旋缝高速自动埋弧焊工艺是在在线预精焊技术基础上，采用强大电流交直流双电源多丝自动埋弧焊工艺实现的。

1. 在线预精焊技术

螺旋焊管由钢带螺旋状卷曲焊接成型，其螺旋缝采用双面自动埋弧焊工艺焊接，如图 6.1-4。

以往的焊接工艺是在图 6.1-4 的 A 处（钢带螺旋成管的初始部位，螺旋缝刚交合后最低点）设置内焊焊枪，完成内螺旋缝焊接。在 B 处（或后面的螺旋缝处选择便利于外焊工作的一处）设置外焊焊枪完成外螺旋缝焊接。这种工艺只对内、外螺旋缝分别进行一次焊接，这对常规的薄壁钢管生产并不会产生明显的质量缺陷。但是，当钢管厚度 $t\geqslant 16$mm 时，特别是钢材的屈服强度 $\sigma_s\geqslant 345$MPa 时，钢管内螺旋缝往往会出现纵向裂纹缺陷。分析认为，在 A 处焊接时，焊缝熔池（熔化的铁水）在冷却凝结过程中，钢板在此处产生回弹变形，此时的焊缝还未形成足够强度，焊缝两侧的钢板还在发生错动（相对位移），从而导致焊缝开裂。钢板厚度越大，强度越高，回弹变形量就越大，发生纵向裂纹的可能性也越大。另外一个问题是容易出现未焊透现象，因 A 处焊接条件是背面有坡口和缝隙，大的焊接电流会导致焊穿，所以厚壁钢管内焊的熔透深度不足，稍有焊偏就容易出现未焊透现象。

为了解决上述问题，我们采用在线预精焊技术：

(1)在钢带螺旋成管的初始部位 A 处设置第一次内焊焊枪，对钢带螺旋缝进行预内焊；

(2)在螺旋焊管延伸方向离 A 处半个螺距的 B 处设置外焊焊枪，对钢带螺旋缝进行外焊；

(3)在螺旋焊管延伸方向离 A 处一个螺距的 C 处设置第二把内焊焊枪，在上述预内焊的基础上对焊缝进行精内焊。

预内焊可采用较小的焊接电流，一般为 600A 左右，以焊渣能自动脱落为宜，所以预内焊的焊缝熔深较小。在预内焊焊缝凝固过程中，钢板发生回弹变形，使高温状态下的局部焊缝可能产生裂纹(图 6.1-5)。预内焊其实是一种连续的定型焊，其目的之一是固定螺旋缝，使之不开口和不错动；目的之二是为下一步外焊创造条件，使外螺旋缝焊接时背面有衬托，无缝隙，不容易焊穿。

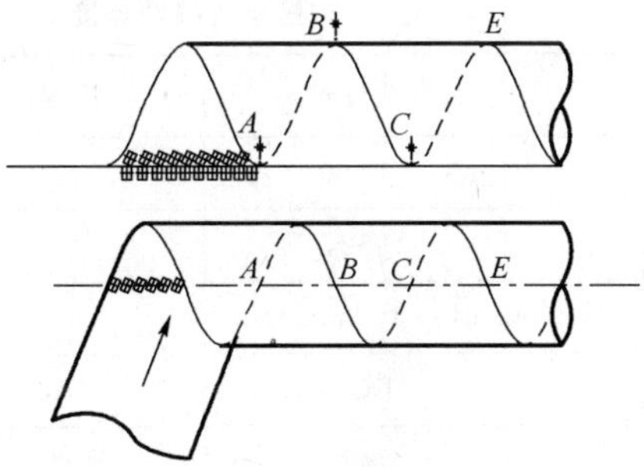

图 6.1-4　螺旋法成型示意图

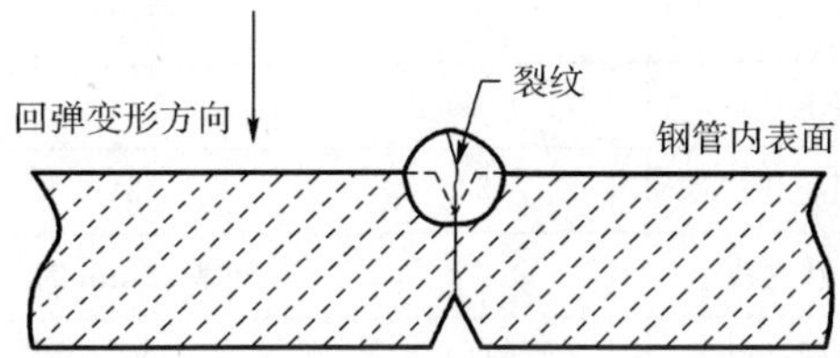

图 6.1-5　预内焊后焊缝示意图

当预内焊的螺旋缝转动到 B 处时，设置在此处的焊枪对外缝进行焊接，此时背面有预内焊焊缝固定和衬托，可形成良好的外焊缝(图 6.1-6)，由于已有预内焊焊缝衬托，故外焊可采用合适的强焊接电流，可使焊缝熔透深度达到板厚的 2/3 以上。在 C 处对焊缝进行第二次内焊，即精内焊，精内焊的主焊丝焊接电流为预内焊的 2 倍左右，使焊缝熔透深度达到板厚的2/3以上，把预内焊焊缝全部熔化并形成新的焊缝(图 6.1-7)。超声波检测和 X 射线检测显示，新焊缝在严重焊偏时可能会发生未焊透情况，但从未发现过纵向裂纹。

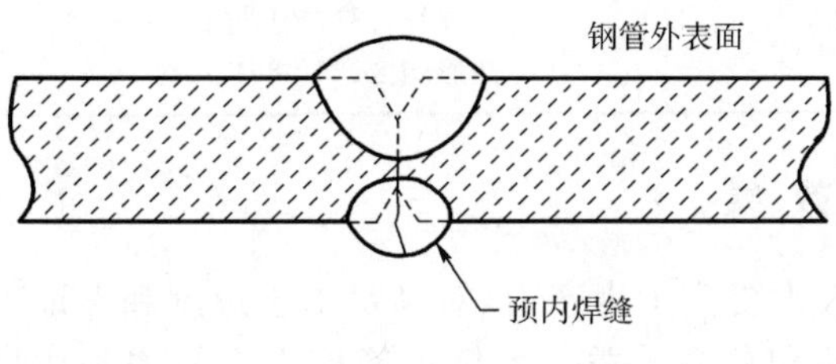

图 6.1-6　外焊后焊缝示意图

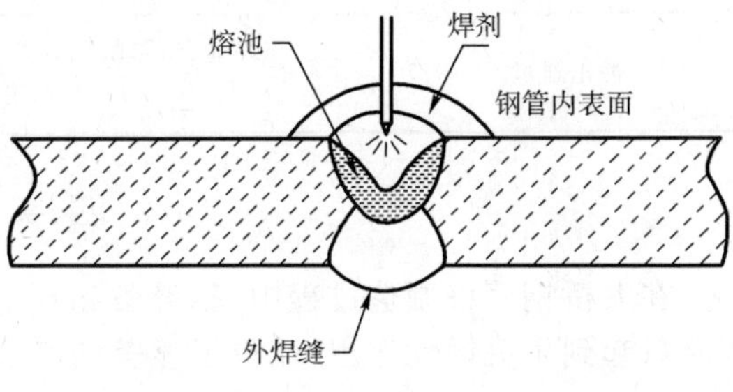

图 6.1-7　精焊熔化了预焊焊缝示意图

在大桥钢管桩制造初期，采用传统工艺生产焊管 2 046t，焊缝总长度 8 325m，发现有缺陷焊缝长度累计达 2 879m，缺陷长度比例达到了 34.6%，对每根钢管进行焊缝返工的时间是钢管在线生产时间的 27 倍(手工焊修补)，生产流程受到严重影响。采用螺旋焊管在线预精焊工艺后，总缺陷量降到了 1%以下，实现了正常的流程作业。

2. 多丝自动埋弧焊工艺

自动埋弧焊通常是用一根焊丝实施焊接的，多丝自动埋弧焊是由两根或两根以上的焊丝同时对一道焊缝进行埋弧焊的方法，多丝自动埋弧焊可对焊丝进行各种接电和排列，以达到不同的目的。经多个技术方案的试验，大桥钢管桩的螺旋缝外焊和精内焊采用双丝自动埋弧焊工艺，焊丝纵列布置。前焊丝接直流焊接电源，调节焊接参数，以焊接熔深为主要目的；后焊丝接交流焊接电源，调节焊接参数，以焊缝成形良好为主要目的。前后焊丝共同对焊缝熔池的作用，使焊接冶金反应充分，可达到焊接速度快（是单丝焊的2倍以上）和焊接质量好的效果。螺旋焊缝高速埋弧焊焊接工艺参数见表6.1-1，焊接接头性能见表6.1-2。

焊接工艺参数 表6.1-1

名称	内螺旋焊缝预焊接	外螺旋焊缝焊接		内螺旋焊缝精焊接	
		前焊丝	后焊丝	前焊丝	后焊丝
焊接电流(A)	700	1 200	800	1 300	800
电弧电压(V)	34	32	42	32	42
焊接速度	板厚22mm时：1 000mm/min；板厚20mm时：1 100mm/min				
焊丝极性	DC+	DC+	AC	DC+	AC
焊丝倾角	不设置	后倾10°	前倾5°	后倾5°	前倾10°
焊丝间距(mm)	—	20		15	
焊接坡口	无间隙双面V形坡口，坡口角60°，钝边9mm				
焊接材料	焊丝ϕ4H08MnA，焊剂SJ101				

焊接接头机械性能 表6.1-2

名称	标准要求	结果
拉伸强度	2件拉伸，470～690MPa	550MPa，540MPa
弯曲试验	4件侧弯，$D=3a$，180°	4件侧弯合格
冲击试验	焊缝、热影响区各3件冲击，0℃，Akv不小于34J	焊缝：54J，50J，60J；热影响区：80J，86J，102J

四、实施效果

在大桥钢管桩制造过程中，新设备和新工艺大大提高了生产力，对满足工程进度和保证工程质量起到了关键性作用，取得了显著的经济效益和社会效益。大桥钢管桩生产效率和质量情况见表6.1-3。

钢管桩产量质量效率统计表 表6.1-3

名称	结果	备注
2004年度总产量	3 196根	年度计划不少于3 000根
最高月产量	391根，2.54万t	2004年11月
焊缝一次合格率	99.0%	2004年11月
最大存桩量	310根	成品128根+半成品182根
单桩成品制造周期	平均5天，最快2天	含防腐涂装等所有制作时间
管节对接环缝数	0	5 474根桩无一采用环缝对接
出厂不合格数	0	5 474根桩打桩中从未发现不合格品

钢管桩制造工厂设有三条生产线，月平均制桩 283 根，日制桩纪录 14 根，焊缝一次合格率 99.0%，制桩能力与沉桩需求基本平衡。锤击下沉的 5 474 根钢管桩无焊缝打裂和变形情况，说明钢管桩板厚选择适当，焊接质量良好。大规模的生产实践表明，采用螺旋焊缝钢管桩和整桩制造的方案，钢管桩生产效率很高，质量稳定，对顺利实施钢管桩工程发挥了重大作用。

第二节 钢管桩防腐蚀

一、防腐蚀总体设计

大桥钢管桩防腐蚀设计采用以高性能熔结环氧涂层为主，辅以牺牲阳极的阴极保护，并预留一定腐蚀余量的联合防腐蚀方案。钢管桩阴极保护寿命按照 30 年设计，假定阴极保护初期钢管桩涂层的破损率为 1%，阴极保护末期涂层的破损率为 15%。

1. 高性能涂层体系

钢管桩不同部位处于不同的腐蚀环境，因此对钢管桩的不同部位进行有针对性的涂层设计，具体方案如下。

(1)泥下区：在泥下部位，即承台以下约 40m 至桩尖的范围内，采用改性 SEBF—6-1 型重防腐型环氧粉末涂料，涂层厚度≥300μm。该层涂层表面的粗糙度与钢管桩原材质粗糙度相当，大约在 30～80μm 左右，不露底且整体平整，而且涂层耐磨，抗细菌侵入。

(2)水下区：在承台以下约 8～40m 的范围内为水下区，钢管桩涂装采用普通双层结构，内层采用重防腐型 SEBF—6-1 型涂料，最小厚度为 300μm；外层采用耐划伤、抗冲击、耐磨、防污的环氧粉末涂层 SEBF—6-2，厚度最小为 300μm；双层涂层的厚度≥600μm，以满足钢管桩水下部位泥砂和水流长期冲击、抗磨损和耐污损的需要。

(3)水位变动区：在承台以下约 8m 范围内为水位变动区，采用加强型双层环氧涂层，即三层涂层结构，内层采用重防腐型 SEBF—6-1 型涂料，最小涂层厚度为 300μm；中间层采用耐划伤抗冲击耐磨的环氧粉末涂层 SEBF—6-2，最小涂层厚度为 300μm；外层采用耐划伤和耐候性好的 SEBF—6-3 涂层，最小涂层厚度为 200μm；三层总体涂层厚度≥800μm。该涂层体系不仅具有良好的抗机械划伤和抗磨损能力，而且耐老化和抗紫外线辐射，减少外层涂层的粉化和失色现象。

图 6.2-1 为大桥钢管桩涂层结构示意。

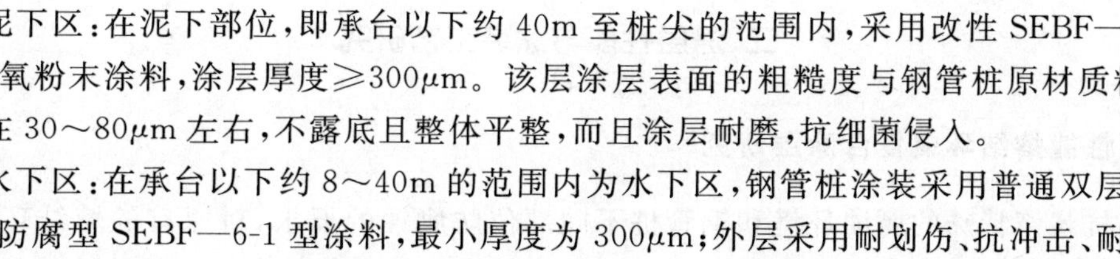

图 6.2-1 钢管桩涂层结构示意图

2. 高性能涂层下的阴极保护体系

在大桥所处的海水环境中，由于海水的电导率低，牺牲阳极只能在短距离进行有效保护，常规的以阴极保护为主的防护方法，必须在每一根钢管桩上设置多个点进行保护。按这种设计，在流速大、海水混浊的海洋环境中，进行阳极水下焊接是不安全和不可靠的，它也将对防护效果产生直接影响。在高性能防腐涂层体系基础上设计的阴极保护系统，与常规的海洋钢结构的阴极保护系统不同，由于高性能涂层的绝缘性能较好，同样条件下阴极保护电流的辐射距离加大，使得采用局部安装阳极保护整体的方案成为可能，试验和计算结果也确认，采用局部安装阳极的方法完全满足阴极保护最小电位准则。

大桥钢管桩阴极保护设计，采用以每个承台为单位的保护体系，承台下的钢管桩每隔一根桩设一个点，对整个承台钢管桩进行保护，而不必在每根钢管桩上设保护点。

3. 采用水下卡环固定、水面馈电焊接的局部阳极安装方式

在流速大、泥沙混浊的海水中，水下焊接阳极块施工和检测都十分困难，为此，提出了"水下卡环固定，水面馈电焊接"的牺牲阳极安装方案，它既能保证高性能涂层的完整性，又能在水上快速完成组合式镯型阳极的安装和馈电装置焊接、防腐。

二、涂层性能与涂装工艺研究

1. 高性能熔结环氧复合涂层研究

针对杭州湾特殊的腐蚀环境和钢管桩不同部位防腐蚀的要求，对原有的熔结环氧涂层性能进行改性，采用适合海洋腐蚀环境特点的，具有综合性能最佳的高性能的改性熔结环氧粉末涂层，以满足长效防腐蚀要求。

钢管桩不同部位对涂层性能要求各不相同。

(1)泥下区：由于大桥钢管桩的泥下地质多数为沙土、粉沙土，而且该区域海洋生物和细菌种类及数量较多，对钢管桩具有较强的腐蚀能力。考虑台风等自然灾害的影响，对钢管桩(摩擦桩)泥下区的长期机械损伤和稳定性要有足够的可靠性。

(2)水下区：杭州湾海域泥砂含量较高，流速快，还受到近海海洋细菌和海生物以及工业、生活污水的侵蚀。该区涂层必须具备抗渗透、抗冲击、耐磨损、抗污损、抗化学侵入的要求。

(3)浪溅区和水位变动区：该区的腐蚀和磨蚀的环境最为苛刻，主要受到：海水飞溅加日照造成的干湿交替环境；钢铁表面由于海水飞溅，干燥时间短，很难形成保护性的膜层；以及日光照射加之海浪的冲击作用等因素的影响。因此，该区涂层体系应具有良好的抗机械划伤和抗磨损能力，并且对于外层改性涂料应具有良好的耐候性，能抵抗紫外线的辐照，减少外层涂层的粉化和失色现象。

根据钢管桩所处不同部位(泥下区、水下区、浪溅区)特定的防护层要求，在原有的SEBF/SLF重腐蚀防护技术的基础上研究成功了SEBF—6-1、SEBF—6-2和SEBF—6-3系列涂料，在钢管桩的特定部位通过特殊的涂装工艺将以上三种粉末分别涂敷，形成不同的复合涂层结构。

SEBF—6-1、SEBF—6-2和SEBF—6-3防腐涂料分别达到如下主要性能指标。

(1)黏结强度:SEBF—6-1 黏结强度＞70MPa,达到国家标准的 2 倍。

(2)抗阴极剥离:SEBF—6-1 涂层的阴极剥离值＜3mm。

(3)附着力:按标准要求,一般涂层试样在 95℃蒸馏水中浸泡一天取出,达到一级的撬剥标准,SEBF—6-1、SEBF—6-2 和 SEBF—6-3 涂层试样在 95℃蒸馏水中浸泡 30 天,同样达到一级的撬剥标准,附着力远远超出普通涂料。

(4)抗划伤能力:SEBF—6-3 划伤深度为 250μm,远优于标准指标(500μm)。

(5)抗紫外老化能力:SEBF—6-3 涂层的抗老化色差值比常规环氧涂层低 60%。

2. 高性能熔结环氧复合涂层施工

高性能的粉末涂料和配套的涂层结构是获得优异涂层体系的前提条件,而可靠和高效的涂装生产线以及正确可控的涂装工艺是实现优质涂层结构的载体和途径。

钢管桩桩长从 71m 至 89m,桩径为 ϕ1 600mm 和 ϕ1 500mm,其涂层数量巨大,结构复杂,工期要求紧。研发大直径超长钢管桩高效涂装生产线、高效涂装工艺流程以及钢管桩三层涂层的涂敷质量控制等成为主要的研究内容和攻关方向。

(1)钢管桩复合三层外防腐涂层涂敷生产线的设计

根据钢管桩防腐长度、涂层厚度和三层熔结环氧粉末 SEBF—6-1、SEBF—6-2 和 SEBF—6-3 胶化、固化时间、热特性等,设计并建造了一条从喷涂长度和管径目前均居世界第一的三层外防腐涂层全自动涂敷生产线,配置了齐全的质量检测设备,涂敷生产线具有高效、连续、稳定、24h 生产的特点。避免了天气及人为等因素对涂层涂敷质量的影响,确保各工序连续,从而确保最终的涂装质量。

三层涂层涂敷生产线采取一字形串联式的布局,生产线全长 240m。其中抛丸前及涂敷冷却后的传输带(兼检测平台)布置在室外;钢管桩预热、抛丸除锈、吸尘、中频加热、粉末喷涂、固化和水冷却的生产线长 54m,其设备布置在室内,出冷却区后在室外的传输带上降至常温后进行涂敷后的质量检测,生产线布置如图 6.2-2。

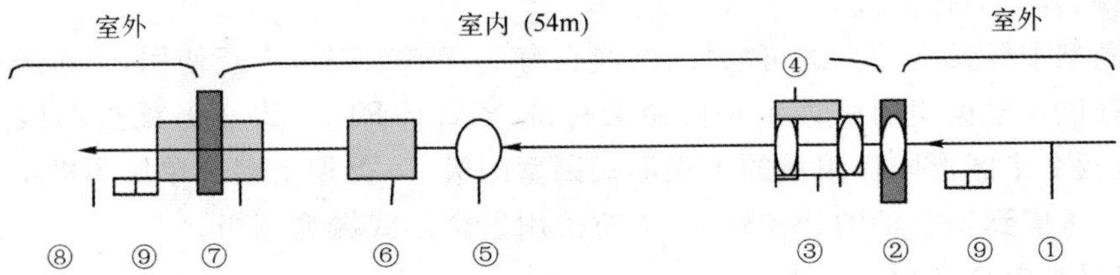

图 6.2-2 外防腐三层涂敷工艺自动化生产线平面图

①斜轮传输架;②预热炉;③两台抛丸除锈机;④除尘器;⑤中频加热炉;⑥喷粉室和筛滤处;⑦冷却装置;⑧电火花及最终检验台架;⑨传输控制室

(2)钢管桩复合三层熔结环氧粉末防腐涂装工艺研究

通过一次预热,将三种高性能粉末按时序分别涂敷在钢管桩外壁,是钢管桩涂装施工的难点,为此必须对三层涂敷工艺进行试验研究。通过对 SEBF—6 系列涂料体系在胶化和固化过程中涂料的热特性研究,调整生产线的总体布局、功能,掌握钢管桩不同部位的涂装参数,通过多种工艺的试验和比选,制定确保质量和稳定性的工艺制度。

钢管桩进入涂装线时，在桩顶、桩尖倒置的情况下，生产线具有自动改变粉末喷涂层别的功能，保证每根桩按设计预定的长度和涂层结构进行涂装，同时解决了各涂层体系的相容性和一致性。

通过对钢管桩涂装生产线、涂装工艺及质量控制的试验研究，形成了日涂敷钢管桩 6 000～6 500m^2 的生产能力，涂层质量满足设计要求。

三、阴极保护设计与施工

1. 阴极保护设计

基于高性能防腐涂层体系的阴极保护系统，充分考虑了涂层对阴极保护系统的影响，不完全等同于常规的阴极保护系统，因此，在实验室研究和现场试验的基础之上，提出了以下钢管桩阴极保护设计的基本原则。

(1)针对全寿命的动态设计

为了确保阴极保护系统在 30 年有效使用寿命过程中能始终有效地发挥作用，必须动态地考虑钢管桩上高性能熔融结合环氧粉末防腐涂层的破损率，分别利用初期阴极保护电流密度、平均阴极保护电流密度和末期阴极保护电流密度计算海水中钢管桩阴极保护所需要的阳极数量。从实际计算结果来看，利用末期阴极保护电流密度计算出的阳极数量高于利用初期和平均阴极保护电流密度计算出的结果，如果不采用针对全寿命的动态设计，很有可能在阴极保护系统使用末期，阳极材料尽管还存在，但却无法提供足够的保护。

(2)合理选择阳极材料和形式

牺牲阳极型阴极保护系统，是由一种比被保护金属电位更负的金属或合金与被保护的金属电连接所构成。用于海水中阴极保护的牺牲阳极材料主要有锌合金牺牲阳极和铝合金牺牲阳极。由于铝的密度低于锌，而其理论电容量又高于锌，在输出电流基本相同的情况下，一块铝合金牺牲阳极的重量不到相同尺寸锌合金牺牲阳极重量的一半，所以，为了减少钢管桩的负荷，选用高效铝合金牺牲阳极。

考虑到镯型阳极具有较高的可靠性，已经在海底管道工程中广泛使用，大桥采用镯型牺牲阳极保护钢管桩。根据美国腐蚀工程师协会标准 NACE RP0492—99，镯型阳极分为两种类型：一类是由两个半圆形阳极组成的半壳形式镯型阳极，一类是由多个单块阳极组成的组合形式镯型阳极。考虑到钢管桩的管径较大，本桥采用组合形式镯型阳极。

(3)确保最小电位准则

确保钢管桩具有合适的电位分布是阴极保护设计须解决的一个关键技术问题。国内外的相关规范都规定施加阴极保护后被保护结构电位应该达到比－0.80V(相对于海水银/氯化银参比电极)或者－0.85V(相对于铜/饱和硫酸铜参比电极)更负。

此外，为了确保钢管桩始终具有合适的电位分布，进行了末期阴极保护电位分布的推算。利用美国大西洋大学 Hartt 教授等人经多年研究、提出的一套计算钢管桩或海水管道表面的阴极保护电位分布的公式，推算出了在阴极保护系统有效使用寿命末期时钢管桩表面的阴极保护电位分布。从计算结果来看，当钢管桩表面涂层破损率达到 15％时，钢管桩表面各处电位均比－0.80V(银/氯化银参比电极)更负，说明钢管桩表面各处均能始终得到保护。

2. 阴极保护施工

基于上述设计思想，同时为了使防腐涂层的破坏降低到最低，增加阳极固定的可靠性，确保在较短时间内能完成安装施工，采用集中布设镯型阳极组结构以及陆上组装、水下固定阳极组结构、水上焊接导电装置的设计方案，安装后的基本结构如图 6.2-3 所示。

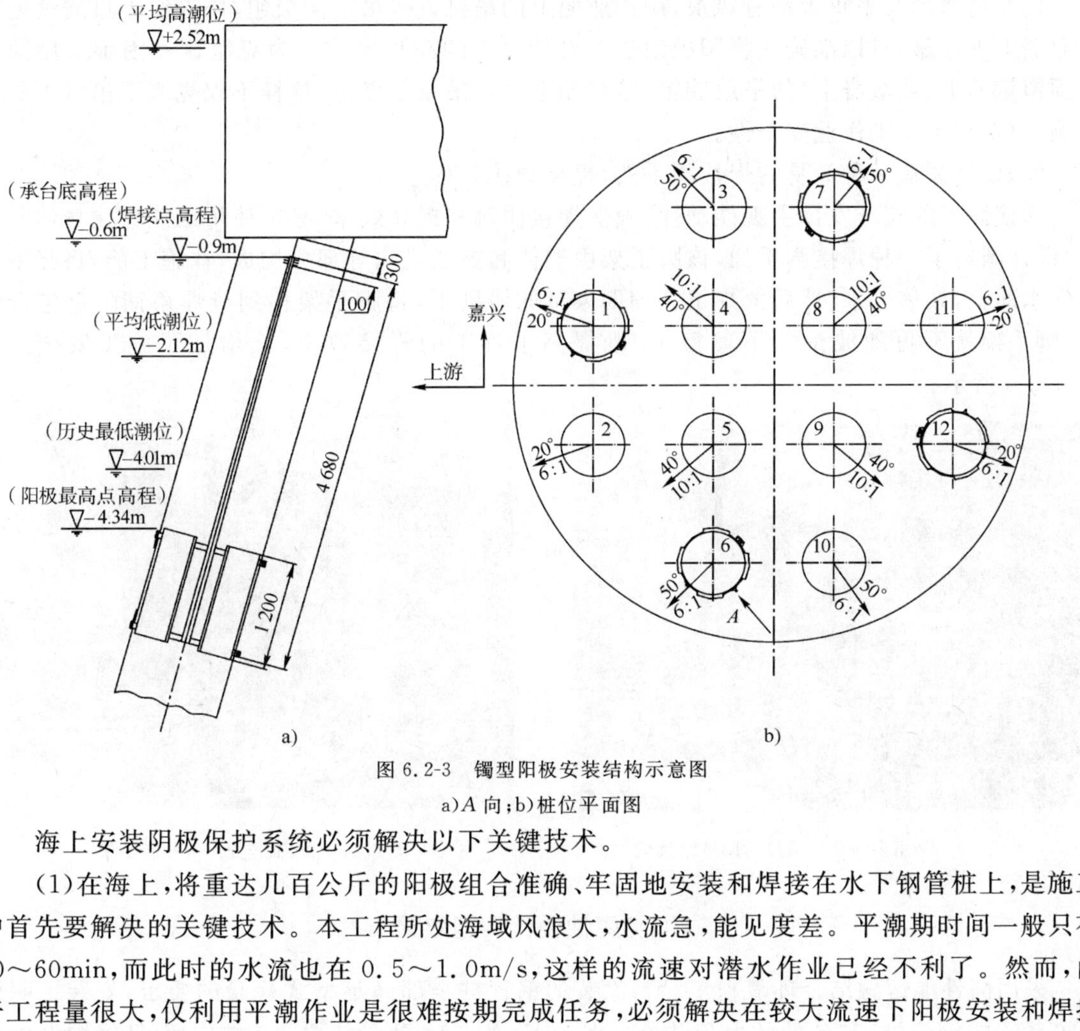

图 6.2-3　镯型阳极安装结构示意图

a) A 向；b) 桩位平面图

海上安装阴极保护系统必须解决以下关键技术。

(1)在海上，将重达几百公斤的阳极组合准确、牢固地安装和焊接在水下钢管桩上，是施工中首先要解决的关键技术。本工程所处海域风浪大，水流急，能见度差。平潮期时间一般只有 40～60min，而此时的水流也在 0.5～1.0m/s，这样的流速对潜水作业已经不利了。然而，由于工程量很大，仅利用平潮作业是很难按期完成任务，必须解决在较大流速下阳极安装和焊接问题。

(2)快速焊牢馈电角钢并作好防腐处理，是施工中的另一关键技术。按规范要求，牺牲阳极应安装在低于最低潮位 300mm 以下部位。为便于对导电连接焊缝进行防腐处理，将电连接点设在承台下 300～500mm 处，导电体选用 100×100×10 的角钢。为确保工程质量，进行焊接和防腐涂装时，海水不能溅到焊缝处，而每个潮期钢管桩露出水面的时间很短，必须在很短的时间内完成焊接和防腐工作。

为解决上述难题，采取了以下工艺措施。

(1)采用多向牵引定位法引导阳极组就位

阳极组是沿承台垂直入水的，尽管可用导链滑车把阳极组较准确地送到设计高程，但离钢管桩尚有一段横向距离。按常规作业，须派潜水员下水将阳极组推向钢管桩就位。然而，阳极组重500～800kg，潜水员难以推动，再加上高速水流作用，也很难掌握方向。为克服这一困难，采用多向牵引方案，引导阳极组就位，如图6.2-4所示。

(2)采用承台固定吊机吊装阳极组，使阳极组精确定位

杭州湾海域几乎每天都有风浪，用作业船上的吊机直接吊放阳极组，阳极组不可避免地随作业船上下颠簸，难以准确地将阳极组送达设计要求的高程定位。为克服这一困难采用固定在预留钢筋上(或墩身上)的吊放装置，接替船上吊机吊放阳极组，这样不仅克服了吊机不稳的影响，也增加了施工作业安全性。

(3)设计制造一种简易的焊接脚手架，提高焊接效率

为使焊工能充分发挥主观能动性，确保焊接质量和提高效率，必须使焊工能稳住身体。为此，设计制造了一种焊接脚手架，该脚手架由架体和夹紧机构等部分构成，在施工前，将脚手架放到水面上，架体入水，然后由焊工在辅助人员的协助下，将脚手架移到待焊角钢附近进行固定，脚手架就不再随波浪上下颠簸了，既提高了焊工的焊接效率，又增加了施工安全。如图6.2-5所示。

图6.2-4 采用多向牵引法拉动阳极组就位

图6.2-5 施工作业用焊接脚手架

四、防腐蚀设计实施效果

采用高性能熔融结合环氧粉末涂料涂装的钢管桩全部满足型式检验的要求，安装了阴极保护系统的钢管桩，其各处的电位均在−1.10V(Ag/AgCl参比电极)左右，而且保护电位分布均匀，表明整根钢管桩采用涂敷高性能复合防腐涂层和牺牲阳极的联合防护方案达到了预期的设计要求。表6.2-1为钢管桩三层复合涂层形式试验检测汇总资料，表6.2-2为同一墩位不同位置钢管桩的不同高度上电位测量结果。

三层复合防腐涂层形式试验检测资料汇总表 表6.2-1

序号	试验项目	技术指标	测试结果	结论	执行标准
1	阴极剥离(65℃,48h)	≤6mm	3.27mm	合格	SY/T 0413—2002附录C
2	抗15°弯曲(0℃)	无裂纹	无裂纹	合格	Q/CNPC 38—2002附录D

续上表

序号	试验项目	技术指标	测试结果	结论	执行标准
3	抗15J冲击	无针孔	无针孔	合格	Q/CNPC 38—2002 附录 E
4	附着力(24h,95℃)	1级	1级	合格	SY/T 0315—97 附录 H
5	底层断面孔隙率	1级	1级	合格	SY/T 0315—97 附录 E
6	底层黏结层孔隙率	1级	1级	合格	SY/T 0315—97 附录 E
7	耐50kg划伤	≤500μm(无漏点)	350μm,无漏点	合格	Q/CNPC 38—2002 附录 F

各类钢管桩表面不同高度上的电位测量结果(单位:V) 表 6.2-2

各类钢管桩	相对海床面 0m	相对海床面约 3m	相对海床面约 6m	相对海床面约 9m
安装阳极组的钢管桩	−0.958	−0.967	−1.015	−0.995
与安装阳极组的钢管桩相距最近的钢管桩	−0.912	−0.955	−0.980	−0.960
承台中心的钢管桩	−0.905	−0.908	−0.954	−0.942
与安装阳极组的钢管桩相距最远的钢管桩	−0.850	−0.856	−0.880	−0.927

第三节 钢管桩沉桩

一、钢管桩沉桩施工概述

2003 年以前,国内钢管桩工程的施工大多局限于内河和沿海码头,钢管桩工程施工水域水文条件较好,桩长、直径较小。东海大桥是在杭州湾跨海大桥施工之前难度最大的外海沉桩工程,沉桩直径 ϕ1 500mm,最长桩 82m,总根数 5 319 根,用钢量近 25 万 t,沉桩水域的流速、潮差较小。

在杭州湾跨海大桥之前,国内打桩设备的施工能力相对较低,不能满足杭州湾水域沉桩的要求。国内打桩船桩架高度超过 70m 的仅 5 条,而且全部是固定桩架,一般配备 D—100 及以下的柴油锤。东海大桥开始试用 D—128 和 D—160 柴油锤。

长期以来,常规的打桩定位采用经纬仪、全站仪,通过近距离桩位设基准点,用交会或测距的方法施工,受视线的限制,定位距离、定位精度和定位实时性都有所限制。这种方法劳动强度大,受天气影响大,晚上不能作业,测量定位精度低,人工记录,可靠性不足,不能满足杭州湾海域沉桩施工的定位要求。

现行钢管桩沉桩的技术规范和质量标准大都沿用港口工程的技术规范,对于外海施工其适用性有些差异。

二、大桥钢管桩沉桩施工难点

杭州湾是世界上三大强潮海湾之一，施工条件恶劣，潮差大，实测最低潮位－4.01m，最高潮位5.54m；流速大，实测涨潮最大流速5.16m/s，落潮最大流速4.18m/s；波浪高，实测北岸最大波高3.23m，南岸最大波高4.72m；年台风影响次数大于2.56次。桥位区地质复杂，软硬土层交错分布，桩基入土深度深，穿过最厚砂层超过20m，单桩承载力大。

本桥钢管桩工程具有钢管桩直径大、桩长和工程量大的特点，地质条件较复杂，水文、气象条件恶劣，而且工期紧，必须在两年内跨台风、季风期连续施工。

在杭州湾进行沉桩施工，必须研究解决的问题包括：打桩船在恶劣的气象水文条件下的适应性和稳定问题；超长桩的吊高、吊重问题；锤型选用问题；海上沉桩的定位方法；安全可靠的操作工艺；发生特殊情况时的对策；超大吨位桩的承载力试验方法和判定标准；制定和掌握科学、合理的质量标准等。

三、沉桩施工设备的选择

1. 打桩船的选择

(1)锚碇系统的选择

锚碇系统设计主要是进行锚的重量和分布形式的分析和计算。锚的重量由沉桩和抗台驻位两种工况条件确定。

沉桩工况条件：

①水流流速 v：＜3.24m/s，20年一遇。

②波高 H：＜3.02m，T＝6.0s，全年实测最大波高。

③风速 v_f：＜20.7m/s，8级风。

④斜桩：≤6∶1，锤击力1 500kN。

⑤船型：80m×30m×2.8m，桩架高95m。

⑥平面布置：船轴线顺水流，如图6.3-1。

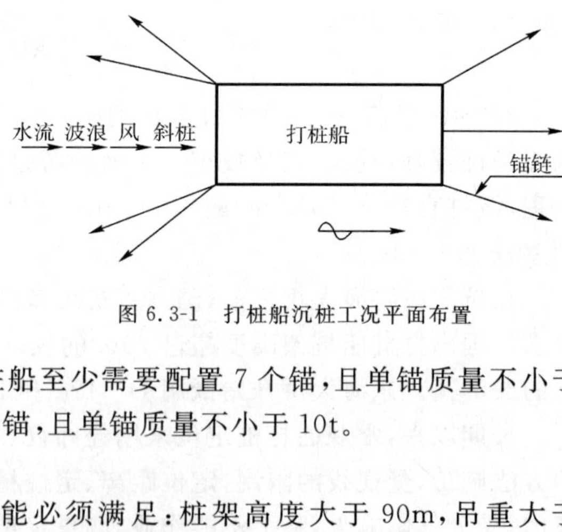

图6.3-1 打桩船沉桩工况平面布置

抗台驻位工况：

①水流流速 v_1：5.16m/s，实测最大流速。

②波高 H：4.75m，T＝7.46s，20年一遇。

③风速 v_2：30.9m/s，30年一遇。

根据桥涵施工手册计算：在沉桩工况下，打桩船至少需要配置7个锚，且单锚质量不小于7t；在抗台驻位工况下，打桩船至少需要配置7个锚，且单锚质量不小于10t。

(2)船机配置

用于杭州湾海域钢管桩施工的打桩船的性能必须满足：桩架高度大于90m，吊重大于100t。大桥工程前后共投入6艘打桩船，分别为：海桩8号，海力801号，航工桩7号，三航桩15号，天威号和打桩18号。所有打桩船都配备有GPS全球卫星定位系统和大能量的液压锤或柴油锤。主要大型打桩船的性能见表6.3-1。

大型打桩船性能表 表 6.3-1

序号	船 名	船型 长×宽×高(m)	吃水 (m)	桩架高度 (m)	锚 碇 系 统	所 配 锤 型	可打桩直径、长度(m)
1	海力 801 号	80×30×6	2.8	86+18	7×10t 锚,4 根定位桩	S—280 液压锤	ϕ2.5,80+水深
2	天威号	80×32×6	3.0	90	7×10t 锚,4 根定位桩	S—280 液压锤	ϕ2.5,80+水深
3	三航桩 15 号	72.6×27.0×6	2.6	93.5	6×7t 锚,2×10t 锚	D—160 柴油锤 HHK-20S 液压锤	ϕ2.0,80+水深
4	海桩 8 号	60×27×5.5	3.0	92	8×10t 锚	D—150 柴油锤 D—180 柴油锤	ϕ3.2,80+水深

其中海力 801 号和天威号两艘打桩船的船型、配备、功能相近,是目前国内最先进的多功能全旋转式起重打桩船。图 6.3-2 为海力 801 号打桩船,图 6.3-3 为天威号打桩船。其中,海力 801 号是针对大桥的特点而设计建造的。两艘船与国内其他大型打桩船比较,具有以下优势。

图 6.3-2 海力 801 号打桩船

图 6.3-3 天威号打桩船

①锚碇系统配备有 7 个 10t 锚和 4 根液压锚碇桩,打桩船在恶劣的工况条件下,驻位和沉桩稳性好。经过两年多的沉桩实践,在风速小于 12 级,波高小于 2.0m,流速小于 3.2m/s 时,打桩船驻位稳定。在风速小于 7 级,波高小于 1.5m,流速小于 2.5m/s 的条件下可进行沉桩作业。国际上其他先进的打桩船多没有配置液压锚碇桩,所以抗水流、抗风浪能力较弱。在杭州湾水域沉桩,只能选择高平潮或低平潮时间段施工,且季风风力大于 6 级时不能作业,有效作业时间很短,海力 801 号和天威号能较好地适应上述作业条件。

②桩架可360°全旋转，对平面扭角变化较大的钢管桩可以减少抛锚次数。同一墩位两个承台的钢管桩，只需抛锚一次就可完成全部打桩作业。固定式桩架打桩船沉放平面扭角变化较大的钢管桩，每沉完一根桩要重新抛锚定位，施工功效得不到发挥，且要进行横流作业，增加了船舶定位的难度。

③运桩驳船在现场不需另外独立抛锚，可直接靠驳打桩船。打桩船旋转桩架，可以方便吊桩进龙口、定位和打桩。大大提高了沉桩效率，同时减少了打桩船横向受水流力的风险。

④由于桩架可以外伸13～17m，同时可上下升降18m，沉桩可不受先后顺序的影响。对桩群中补打桩和试桩中复打桩容易适应；对高潮位需要打入水面以下的桩，也不需要作送桩，可升降桩架和液压锤直接打入水中。国内其他打桩船桩架不能外伸，没有上下升降的功能。

⑤沉桩操作机械化程度高，除拴扣、解扣需人工外，其他都是机械化作业。工人劳动强度低，安全保障性能好。这两条船的机械化和自动化程度远高于国内其他打桩船。

2. 打桩锤的选择

大桥钢管桩入土深度57～74m，其中部分桩要贯穿厚达20m的粉细砂层，其标贯击数最大值大于50，桩的极限承载力大于20 000kN，必须采用大能量打桩锤。

此前国内使用最大的柴油锤为D—100。东海大桥采用的最大的柴油锤为D—160。《港口工程桩基规范》(JTJ 254—98)提供的选锤经验资料无法满足大桥沉桩的要求。

(1)液压锤选型

根据沉桩波动理论，采用荷兰IHC公司提供的液压锤打桩分析软件对实际沉桩进行模拟。分析软件计算的预测值和实际试桩数据结果见表6.3-2。

软件计算值与试桩实际值对比表 表6.3-2

项目	桩号	桩长(m)	桩尖高程(m)	入土深度(m)	桩径(m)	总击数	锤击能量(kJ)	贯入度 贯入击数	锤击时间(min)	初打静阻力(MN)	复打静阻力(MN)	初打拉应力(MPa) 复打拉应力(MPa)	初打压应力(MPa) 复打压应力(MPa)
电算	T_1	76	−68.9	54.6	1.5	3 725	224	10mm	77	9.69	17.39	−101.3	212.6
								25击/25cm				−68.7	218.2
试桩	T_1	76	−68.9	54.6	1.5	2 355	214	8.9mm	60	8.85	14.28	−20.6	174
								—				—	—
电算	T_4	81.5	−76	63.5	1.6	3 105	224	8.3mm	98	14.38	24.08	−85.7	207.3
								30击/25cm				−87	213.2
试桩	T_4	81.5	−76	63.5	1.6	2 209	191	8.0mm	69	11.3	>20	—	204.5
								—				—	—

表 6.3-2 中试桩栏的初打静阻力为高应变动测值，复打静阻力为静载压力试验值。T_1 采用 S—280 液压锤沉桩，锤击最大能量 280kJ。T_4 采用 D—160 柴油锤沉桩，锤击最大能量 544kJ。

通过表 6.3-2 中的电算和试桩结果对比，选用 S—280 锤满足设计极限承载力和沉桩效率的要求。

(2)柴油锤选型

对柴油锤没有专用的打桩预测软件，参照液压锤打桩预测。

由于柴油锤的效率仅为液压锤的 30%～40%，所以运用液压锤软件分析时，锤击能量应乘以 30%～40%的效率系数。

对 D—160 柴油锤预测结果与实际沉桩情况见表 6.3-2。

大桥工程先后使用过表 6.3-3 中列出的各种锤型，实践表明 D—128 和 DELMAG150—42 柴油锤不能满足大桥沉桩要求。钢管桩沉桩施工中主要使用的是两台 S—280 液压锤、一台D—180柴油锤和两台 D—160 柴油锤。

打桩锤的型号及性能 表 6.3-3

序号	锤　型	锤芯重(t)	最大打击能量(kJ)	序号	锤　型	锤芯重(t)	最大打击能量(kJ)
1	D—128 柴油锤	12.8	435.2	5	DC250 液压锤	17.0	250.0
2	德国 DELMAG150—42	33.0	511.5	6	荷兰 HHK20S 液压锤	36.7	295.0
3	D—160 柴油锤	35.0	544.0	7	荷兰 IHCS—280 锤	13.6	280.0
4	D—180 柴油锤	37.5	590.0				

由荷兰 IHC 液压锤公司生产的 S—280 双作用液压锤，见图 6.3-4，是目前世界上最先进的打桩锤，它效率高(比同能量的柴油锤高出 50%～80%)、锤芯轻、速度高、作用时间短、低噪声、低振动、无废气公害。S—280 锤根据地层软硬，可方便地调节打击能量，可自动记录、打印每击的打击能量、总能量、贯入度和锤击数，为国内首次使用的液压锤。D—180 柴油锤，见图 6.3-5，采用德国技术由国内生产，是目前国内用于工程的最大能量的柴油锤。

图 6.3-4　S—280 液压锤

图 6.3-5　D—180 柴油锤

四、沉桩施工测量技术

大桥跨越海域超过 32km，无法用常规的方法进行打桩定位。沉桩受风、浪、流和天气影响，要选择适当的时机才能施工。随着 GPS 技术的发展，特别是 GPS-RTK 实时相位差分技术的出现，很好地解决了远海打桩定位的难题。它相对常规方法具有以下优点：系统可以在距离参考站 15km 范围内的海上打桩定位；系统工作环境不受通视、雨、雾等条件的限制；可以全天候工作；打桩定位效率高；能够在打桩过程中实时测定桩位的平面位置、桩顶高程和贯入度，实现打桩定位的全过程控制；可视化程度高，打桩定位全过程可由电脑程序控制。

1. 大桥钢管桩沉桩施工测量控制系统

钢管桩沉桩测量控制系统主要由 GPS 外部配制系统和打桩船 GPS 定位系统两大部分组成。

(1)GPS 外部配制系统

大桥施工控制网采用 GPS 全球定位技术建立，大桥首级控制网采用国标 B 级 GPS 精度进行观测，首级控制网的点位中误差±10mm。为保证施工定位精度，在南岸、北岸和海中 B 平台的首级网控制点上建立统一的 GPS-RTK 参考站系统，参考站仪器采用 Trimble 5700 接收机，分别采用不同的电磁波频率，以 CMR＋数据格式 24h 连续播发支撑 RTK 的 WGS 84 坐标和相关实时载波相位差分测量信息，不间断地提供给海中施工的 GPS 流动接收机，打桩船上的 GPS 接收机根据参考站发射过来的数据信号和自身接收到的卫星信号进行实时差分，计算出定位点的实时坐标。

(2)打桩船 GPS 定位系统

下面以海力 801 号打桩船 GPS 定位系统为例，说明打桩船 GPS 系统的工作原理及应用(图 6.3-6)。

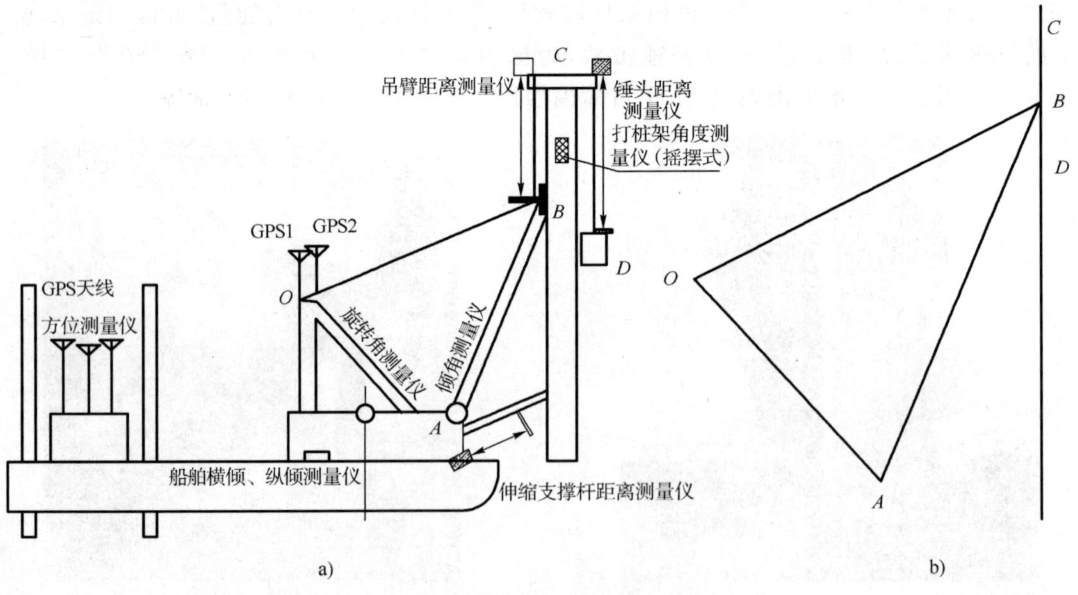

图 6.3-6 海力 801 号打桩船 GPS 定位系统

a)海力 801 号 GPS 定位系统布置示意图；b)船体部位几何位置示意图

①桩顶平面位置测量系统

GPS1 和 GPS2 的天线布置垂直于船体旋转车纵轴线位置，利用 GPS1 和 GPS2 测得 O 点坐标，利用倾角测量仪测得 AB 段倾角，结合 OA、AB 段长度计算得出 B 点坐标。利用激光测距仪测出 CB、CD 长度，结合桩架角度测量仪测得桩身倾斜度，计算得出 D 点坐标，即桩顶平面坐标。

②桩身倾斜度测量系统

利用桩架上的角度测量仪测得桩架倾斜度，由于沉桩过程中桩身与桩架保持平行，即得出桩身倾斜度。

③方位角测量系统

如果旋转车没有转动，即桩架轴线与船体纵轴线在同一直线上，则可利用 GPS1 和 GPS2 直接测得 OD 方向的方位角。如果根据需要旋转车进行转动，即桩架轴线与船体纵轴线不在同一直线上，则需要利用旋转角测量仪测出桩架的相对转角，然后计算出桩的方位角。

④桩顶高程测量系统

利用 GPS1 和 GPS2 测得 O 点高程，结合 A 点的关系计算出 D 点的高程，即桩顶高程。

⑤锤击能量及贯入度测量系统

在操作室内有自动控制能量系统，并实时监控锤击能量，同时记录锤击数，并结合桩顶下沉量可算出贯入度。

⑥数据显示及记录系统

操作室内设有电脑实时监控系统，对桩的坐标、高程、倾斜度等进行实时监控，记录并打印结果，如图 6.3-7 所示。

沉桩施工定位测量控制系统运行关系如图 6.3-8 所示。

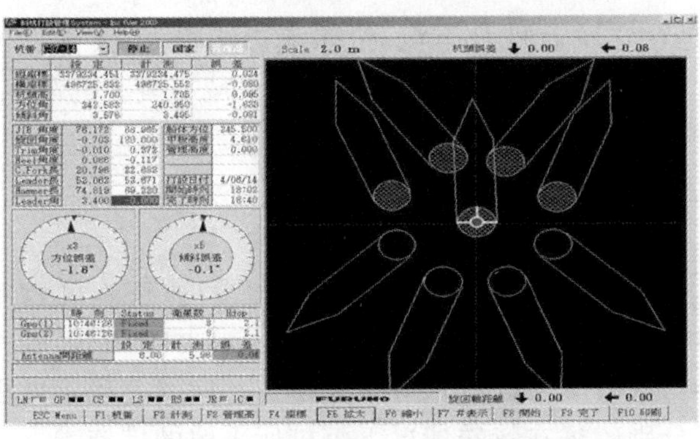

图 6.3-7 GPS 沉桩定位控制显示图

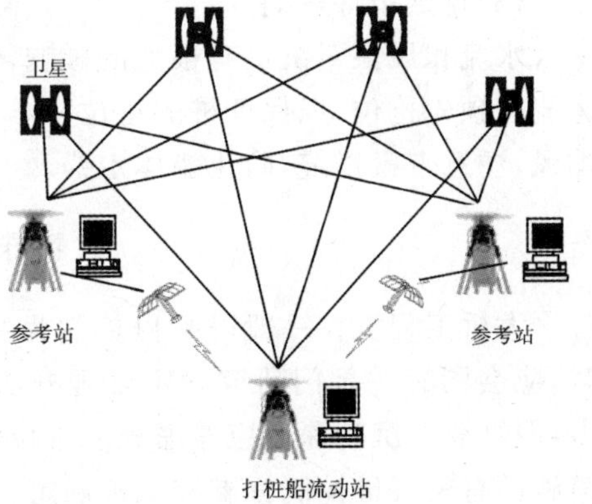

图 6.3-8 系统运行关系图

2. 坐标转换

GPS 采用 WGS 84 坐标系统，大桥施工测量平面坐标系统采用独立的施工平面坐标系，即 54 坐标工程 65m 高程坐标系。GPS 所观测成果为 WGS 84 坐标，通过七参数转换将 WGS

84 坐标转换到大桥工程施工坐标系统的工程坐标。

3. 确保沉桩定位准确的施工措施

(1)准确输入设计参数

将转换后设计坐标按要求输入到 GPS 定位系统的电脑中，对输入系统的设计参数要仔细核对，做到准确无误。

(2)沉桩前校核

沉桩前，特别是每个墩的第一根桩，下沉前利用两台 GPS 流动站对桩位进行校核，保证定位精确度。

(3)过程监控

沉桩过程中实时关注 GPS 显示屏上的数据变化，如果有异常，则立即停止锤击，利用 GPS 流动站对其进行校核。

(4)竣工复核

沉桩结束后，立即打印最终结果，并及时利用 GPS 流动站做 RTK 复核。

4. 误差分析

(1)GPS 接收机仪器标称精度误差

RTK 动态测量中，GPS 接收机仪器标称精度存在一定误差，一般平面误差为 10mm，高程误差 20mm。

(2)测量系统中的船体几何参数误差

GPS 测量系统中所涉及的船体几何参数存在一定误差，通过校核对比，得出该误差为 50mm，然后根据产生误差的规律，在沉桩过程中进行抢位以消除误差。

(3)自然条件影响

水流和风浪对沉桩有很大的影响，特别是在定位后桩身下沉时，水流影响很大，要根据流速流向预先抢位，以保证桩的正位率。另外，要密切关注天气变化，杭州湾水域有较大的阵风、季风，注意带紧锚缆，防止船体走锚。

五、特殊情况下采取的沉桩措施

大桥工程沉桩一般以高程控制为主，贯入度校核。如桩顶未达设计高程，而贯入度较小时，应会同有关部门研究确定处理办法。如桩顶已达设计高程而贯入度仍很大时，应继续锤击，但继续下沉的深度应考虑施工水位的影响，同时应会同设计等有关单位共同研究确定处理措施。有关沉桩控制标准经试桩确定。以下分别阐述在特殊情况下沉桩所采取的措施。

1. 防止溜桩的措施

地质资料显示，海床表面以下 20～40m 为淤泥质黏土，强度极低，标贯击数为 0～4。沉桩施工早期，10～30m 深时常发生突然溜桩，严重影响桩位精度，并造成沉桩设备不同程度的损坏。

对此，采取了如下措施：

(1)对于柴油锤，开锤不开油门干打；对液压锤，开锤时调小能量施打；当桩尖穿过溜桩层面，再进行正常施打；

(2)安装停锤遥控装置，发生溜桩，立即停锤；

(3)延长锤、桩套接部位长度，防止溜桩异步下落脱轨；

(4)放松吊锤钢丝索，如果发生溜桩，能确保及时自由跟进。

2. 超长桩下沉到设计高程的措施

高墩区引桥施工初期，采用德国 DELMAG 公司生产的 D150—42 柴油锤进行 B23 号墩钢管桩试打作业。总计沉桩 4 根，总锤击数分别为 8 217 击、6 020 击、5 914 击、4 316 击，最终贯入度接近，均无法沉至设计高程。实际桩顶高程与设计高程分别相差 6.1m、5.6m、1.3m、4.3m。上述 4 根桩其后改用 S—280 液压锤补打，均能顺利沉放到设计高程。为什么打击能量为511.5kN・m的 D—150 柴油锤不如最大打击能量仅为 280kN・m 的 S—280 液压锤呢？

分析原因是 D—150 柴油锤打击能量损失太大，作用在桩头的有效能量低。其中替打消耗能量占的比例较大。其后对替打结构进行了优化改造。原替打为 2m 长的双层垫板吊钟式结构，质量 20t，优化后的替打为单层垫板锅盖式结构，质量 9t。对替打进行改造后，沉桩效果有明显改善。采用改进后的替打，D—150 锤将另外 109 根桩长 72～75m 的钢管桩沉放到了设计高程。

为了使超长桩顺利穿过密实砂层，达到设计高程，进一步提高沉桩施工效率，新购置一台 D—180 型锤。采用 D—180 大能量打桩锤，配合锅盖式替打施工后，平均每天可沉桩 7～8 根，日沉桩最高纪录达 13 根，顺利完成了剩余高墩区钢管桩基础的沉桩任务。

实践证明，沉放穿越密实砂层的超长钢管桩必须配备大能量的打桩锤和采用能量损失小的替打设备。

3. 超长桩穿过硬土层的措施

超长桩入土深度最大达 74m，桩尖要穿过 20m 左右的密实砂层和硬土层，对此，即使采用较大能量的桩锤，也很难打到设计高程。在这种情况下，需采用减阻技术。常规的减阻办法是水冲吸泥减阻或水冲减阻，但这些方法成本高，效率低。大桥采用的办法是在桩尖外侧 50cm 高度范围内，增焊 ϕ25 断续环向钢筋 3 道，增加桩尖刚度，达到减振的目的。采用这一技术后，提高了沉桩穿透硬层的能力。

4. 浅水区沉桩施工措施

南引桥浅水区，低平潮时水位不足 3m，而大型打桩船的吃水深度都在 3m 以上。为了克服打桩船吃水不足问题，选用吃水相对较浅的打桩船，对其进行桩架加高、支架加强等一系列的改造。采用低潮位相对较高的小潮汛期间进行施工，大潮汛期间拖至深水区施工的施工方案。由于该区域桩长水浅，施工过程中采取高潮位时吊桩就位施打，低潮位进行船机维护保养，加强供桩、运桩等各环节的配合，最终顺利完成了该区域沉桩施工。

六、沉桩实施效果

大桥海中区引桥钢管桩沉桩工程从 2003 年 11 月 14 日施打第一根钢管桩，至 2005 年 12 月 30 日已全部完成，平均月沉桩近 260 根，工期比原计划提前近一年。四艘主要打桩船日沉桩效率比较接近，最高达 13～15 根/(日·艘)，月平均沉桩 100～140 根/艘。沉桩成果汇总见表 6.3-4。已沉桩质量全部合格，偏位都在允许偏差 $D/4$ 以内，平均偏位为 15.7cm；倾斜度满足规范要求；99.6%的桩达到设计高程；贯入度满足要求。仅有 21 根桩主要因地质原因未达到设计高程，但都做了大应变动测试验，检测结果满足设计要求。

沉桩成果汇总表　　表 6.3-4

锤型	桩长(m)	桩径(mm)	桩数(根)	总锤击数			最后贯入度			沉桩偏位(mm)		
				最大	最小	平均	最大	最小	平均	最大	最小	平均
D—150	72	1 600	2	8 217	6 020	7 118	0.41	0.34	0.38	353	215	284
	73		72	5 914	1 437	2 919	8.8	0	3.9	383	22	193
	74		18	4 407	2 021	2 373	6.4	1.8	4.7	277	28	163
	75		10	4 599	2 500	3 110	6.6	0.5	3.3	372	68	155
D—180	73		24	1 566	939	1 239	9.8	4	8.1	370	51	186
	74		30	2 362	955	1 345	9.8	2.7	7.8	380	32	187
	75		34	2 127	1 116	1 407	10.0	5.1	6.4	334	63	175
	76		40	4 215	1 067	1 630	9.9	1.8	9.2	323	39	185
	77		20	2 137	1 046	1 461	9.9	6.0	9.4	359	6	187
	78		48	3 417	1 170	1 490	9.8	4.7	9.4	340	36	180
	79		24	1 953	1 127	1 496	9.9	9.3	9.6	370	23	203
	82		96	6 841	1 122	1 491	9.9	0.7	9.4	388	19	170
	83		88	6 831	1 216	1 949	9.9	0.9	8.6	380	26	211
	84		112	7 655	1 259	2 155	9.9	0.5	8.3	388	24	162
	85		68	5 483	1 338	2 136	9.8	0	8.1	129	22	89
D—128	73	1 500	27	3 167	1 592	2 025	8.5	2.9	5.9	358	3	175
S—280	72	1 600	22	4 124	1 614	2 151	8.7	2.9	7.6	387	8	132
	74		24	3 633	1 496	2 131	8.7	2.5	6.4	387	21	127
	71	1 500	578	3 604	839	1 709	9.3	2.3	7.0	357	1	127
	73		207	3 167	1 007	1 512	9.5	2.9	7.4	371	1	132
	75		378	5 107	866	1 966	9.0	1.7	6.4	336	6	125
	78		494	6 588	1 202	1 793	9.5	0.2	6.8	310	19	116
	76	1 600	126	1 809	1 061	1 461	7.7	5.3	6.7			
	81		198	2 652	1 599	1 925	9.1	6.5	8.0			
	83		20	3 308	2 465	2 828	8.7	6.7	7.7			
	84		228	4 133	1 437	2 136	9.1	4.7	7.7			
	88		77	4 354	2 133	3 189	8.7	2.1	5.2			
	85		100	6 901	2 526	3 209	7.1	1.6	3.9			
	87		530	5 725	1 255	2 300	9.5	1.4	6.5			

续上表

锤型	桩长(m)	桩径(mm)	桩数(根)	总锤击数			最后贯入度			沉桩偏位(mm)		
				最大	最小	平均	最大	最小	平均	最大	最小	平均
D—160	79	1 500	162	3 996	938	1 798	17.9	0.5	8.3	301	0	122
	81		90	3 131	1 022	1 600	11.4	2.8	8.9	313	0	131
	83		342	8 004	595	2 248	9.9	0.5	5.8	309	14	139
	86		108	5 211	1 046	1 772	9.8	1.9	8.8	296	10	121
	87		4	2 030	1 262	1 545	14.0	9.4	11.2	150	13	137
	87.35		6	2 091	1 056	1 380	25.0	9.1	16.3	209	45	133
	88		54	3 795	1 419	2 469	9.8	1.1	7.3	262	0	138
	85	1 600	340	7 503	1 148	1 957	9.8	0.8	8.4	300	14	143
	86		22	5 823	2 004	3 116	8.3	1.7	5.9	277	14	156
	87		72	3 857	1 382	2 078	9.7	5.4	8.8	292	22	134
	89		4	1 731	1 167	1 389	11.4	9.2	10.4	196	156	179
	89.35		6	1 985	1 110	1 406	21.4	12.1	15.9	231	89	133

七、工程试桩

1. 试桩目的

(1)通过高应变动力检测分析桩在冲击力作用下产生的力和加速度，确定桩的垂直承载力，评价桩身完整性，并分析土的阻力分布、桩锤的性能指标、打桩时桩身应力及瞬间沉降特征，并将检测出的垂直抗压承载力结果与静载荷抗压试验结果进行对比分析。

(2)通过垂直静载试验验证沉桩工艺的可行性，确定桩的垂直承载力，并提出试桩穿过各土层的侧摩阻力及桩端的承载力。

(3)通过水平静载试验确定试桩的水平承载力和水平地基反力系数，检验试桩的抗剪、抗冲切能力。

2. 试桩内容

(1)确定试桩的单桩垂直和水平承载力。

(2)确定钢管桩在不同土层的桩侧极限摩阻力和桩尖阻力数值，并确定桩基合理的持力层。

(3)确定钢管桩的桩端闭塞效应。

(4)确定试桩轴向反力系数。

(5)根据试桩结果检验本工程的停锤标准。

3. 试桩方法

(1)利用工程桩作锚桩和测桩，沉桩前安装垂直和水平试验电阻式应变计，并做好应变计和数据电缆的防护工作。

(2)应用 PDA 大应变检测出桩的静阻力、桩身完整性、锤击能量等参数。其中复打与初打间隔 15 天以上。

(3)设计、安装锚桩、反力梁系统。系统采用 20 000kN 加力架。

(4)静压荷载采用快速维持荷载法,按照杭州湾跨海大桥专用技术规范要求终止加载和确定极限承载力。

(5)水平试验将三根钢管桩用槽钢连成一体,用手拉葫芦(或千斤顶)分级对试桩施加荷载,通过拉力传感器控制荷载。

(6)试验采用单向循环水平维持荷载法。设计施加水平荷载为 3 000kN,加载方法和终止条件按照杭州湾跨海大桥专用技术规范和设计要求执行。

4. 试桩成果

大桥对 C43 号墩、C101 号墩、E07 号墩、E68 号墩分别作了 4 组 8 根静荷载试桩和大应变动测,其试验成果见表 6.3-5。

杭州湾跨海大桥 T1～T4 组试桩垂直承载力成果表 表 6.3-5

组别(墩位)	桩号	桩径(mm)	锤型	桩尖高程(m)	总锤击数(次)	平均贯入度(mm)	能量(kJ)	极限承载力(kN) 初打		复打		静载		恢复系数	相关系数	设计允许承载力(kN)	安全系数
									平均值		平均值		平均值				
T1 组 C43 号墩	S1	ϕ 1 500	S—280	−68.9	1 642	8.9	237	8 393	8 848	13 654	14 280	15 000	14 625	1.61	1.02	6 318	2.3
	S2	ϕ 1 500	S—280	−68.9	2 355	4.2	189	9 304		14 904		14 250					
T2 组 C101 号墩	S1	ϕ 1 500	D—160	−80.99	2 030	10.8	155	10 900	10 600	15 126	15 033	14 000	14 000	1.42	0.93	6 256	2.2
	S2	ϕ 1 500	D—160	−80.99	1 437	14.0	192	10 300		14 940		14 000					
T3 组 B07 号墩	S1	ϕ 1 600	D—160	−82.89	1 709	9.7	180	13 100	13 050	21 400	21 150	>20 000	>20 000	1.62	0.95	6 556	3.1
	S2	ϕ 1 600	D—160	−82.89	1 292	11.6	202	13 000		20 900		>20 000					
T4 组 B68 号墩	S1	ϕ 1 600	D—160	−76.00	1 353	8.1		11 190	11 305	19 880	19 712	>20 000	>20 000	1.74	1.01	6 651	3.0
	S2	ϕ 1 600	D—160	−76.00	1 537	7.3		11 419		19 544		>20 000					

由表 6.3-5 可以看出:

(1)4 组试桩中,T1、T2 组(ϕ1 500mm)静荷载试验已达到破坏标准,极限承载力分别为 14 625kN、14 000kN。T3、T4 组(ϕ1 600m)试桩未达到破坏标准,极限承载力均大于 20 000kN。静载试验表明,钢管桩轴向承压极限承载能力满足设计要求。

(2)4 组桩大应变动测测得的极限承载力分别为 14 280kN、15 033kN、21 150kN 和 19 712kN,静荷载极限承载力与大应变动测结果相关性较好,相关系数分别为 1.02、0.93、0.95、1.01。大应变动测结果最大误差在 7%以内。

(3)4 组试桩分别进行了大应变初打和复打，其恢复系数分别为 1.61、1.42、1.62、1.74。

(4)与设计提供的承载力比较，T3、T4 组试桩极限承载力安全系数比 T1、T2 组大，与打桩的难易程度基本吻合。

(5)桩身锤击最大压应力：T1 组试桩测得最大压应力为 197.5MPa，T2 组为 166.3MPa，T3 组为 153.5MPa，T4 组为 204.5MPa，均小于 Q345C 钢的设计强度。

(6)4 组试桩还分别作了水平荷载试验。在 300kN 水平荷载作用下桩顶位移满足设计要求。

杭州湾跨海大桥大直径超长钢管桩，在设计、制造、防腐涂装、阴极保护和海上沉桩等方面采用了一系列新材料、新工艺和新设备，在实践中编制和完善了海上桩基施工技术规范和验收评定标准，形成的成套技术对发展我国跨海桥梁基础设计和施工技术具有重要意义。

· 第七章 ·

海上钻孔桩基础施工

第一节 引 言

钻孔桩基础以其适应性广和技术成熟，在我国桥梁工程中得到广泛应用，但在海洋环境中，因其施工周期长、成本高和事故率高，使用范围受到很大限制。本工程海上桥梁基础主要采用钢管桩，钻孔桩基础仅用于南、北岸滩涂区引桥，北航道北侧高墩区引桥，南、北航道桥基础，桩径为 $\phi1.5\sim\phi2.8$m，最长桩 125m。滩涂区引桥因特殊的地理环境，采用栈桥施工和钻孔桩基础几乎是唯一的选择。海上钻孔桩基础存在的问题在初步设计阶段已经注意到了，并在最后推荐的方案中，尽量用钢管桩基础取代原设计中的钻孔桩基础，但对于承受荷载特别大的基础仍无法完全避免。本章主要介绍海上钻孔桩基础施工中遇到的一些特殊问题，包括：南岸超长栈桥的施工和安全性；浅层气富集区钻孔桩施工安全；滩涂区围堰方案；强潮海域大型钻孔平台的设计和施工；海上大型承台围堰的设计和施工；海水泥浆问题；桩底压浆和承载力实验；海上钻孔桩施工中发生的事故及处理情况等。总结钻孔桩基础在海上施工中遇到的问题，为今后跨海大桥基础的设计和施工提供参考。

第二节 南岸滩涂区钻孔桩基础施工

一、南岸滩涂区自然条件

南岸滩涂宽阔、平缓，微向北倾，以淤长为主，宽约 9km。滩涂前沿海床变化较大，在 500m 范围内床面高程由 −3.0m 变化到 −5.36m，滩地上潮沟发育。本区段表层为 11～12m 起动流速很低的亚沙土层，其下为淤泥质亚黏土，层厚 40m 以上，桩基持力层埋深在 60m 以下。杭州湾海域为典型的半日潮，低潮位时露滩，涨潮时前部水深可达 3～5m，一般大潮流速在 2.5m/s 左右，2004 年 3 月，距岸 2km 左右的西三潮沟区实测流速超过 1.7m/s。

南岸滩涂区软土层下有浅层沼气分布，埋深 40～60m，浅层气中甲烷含量占 96%以上。在局部区段的淤泥质亚黏土、黏土层中，还分布有表层沼气，个别区段地表出现冒气泡现象，但气量较小。

南岸滩涂区地形宽阔，表层亚沙土起动流速低，潮沟发育，地形多变，存在浅层气富集区等自然条件，对滩涂区引桥基础施工影响很大。

二、南岸滩涂区长栈桥施工和安全性评估

为配合南岸滩涂区引桥基础施工，在引桥中线东侧21m处修建了一座施工栈桥(图7.2-1)。栈桥总长9.78km，宽8m，跨度15m，每400m设4×36m会让站一处。在栈桥上作业的车辆主要有：50～100t履带吊、混凝土罐车(28t)和运送钻机的汽车(40t)等，按招标文件的要求，栈桥按汽—超20、履—100、挂—120设计。栈桥的主要功能为设备、物质和人员的运输通道，尽量不用作施工平台和堆放场地。栈桥上部结构为贝雷桁架，下部采用钢管桩基础。用钢料指标：上部2.19t/m，下部1.79t/m，综合用钢料指标为0.5t/m^2，栈桥工程规模庞大，中标价为人民币1.7亿元。

栈桥按模块化设计，采用悬臂式导向架进行钢管桩施工(图7.2-2)，主要施工设备为80t履带式起重机和DJ90振动锤。栈桥施工实际综合进度为25.5m/天，最快每天可架两孔梁(30m)，修建栈桥的实际工期比合同工期缩短了一半时间。

图7.2-1　南岸滩涂长9.78km的施工栈桥

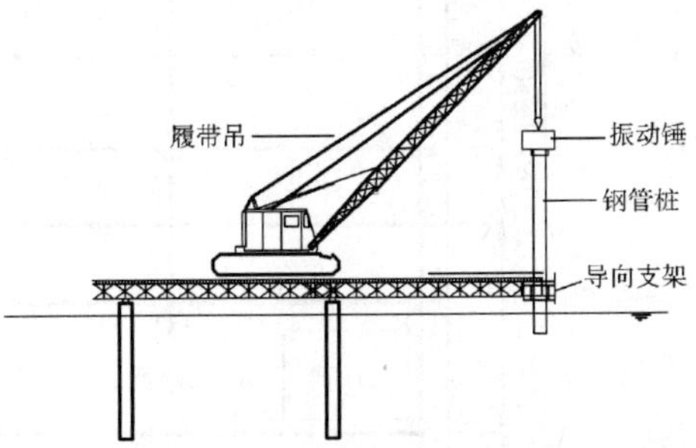

图7.2-2　栈桥采用模块化设计和悬臂导向架施工

南岸栈桥是维系南滩涂9km长引桥施工的唯一通道，由于栈桥很长，海床面不稳定，栈桥的安全性始终是施工期最关心的问题。栈桥的不安全因素主要来自潮流的冲刷，浙江河口海岸研究所提供的($p=10\%$)冲刷深度为：南岸滩涂近岸区冲深5m，庵东边滩外边缘(陡坎处)冲深可达11m。设计单位参考河工模型试验与桥墩局部冲刷研究成果，根据已建成栈桥段的流速和冲刷实测资料，给出各区段的冲刷深度，见表7.2-1。按各区段的冲刷情况，栈桥基础近岸每墩(中墩)为3ϕ600mm单排钢管桩，滩涂区前沿则加强为双排3ϕ1 000mm钢管桩。

栈桥冲刷深度与相应最大流速估计　　表7.2-1

离塘距离(km)	0～1.5	1.5～3.5	3.5～6.5	6.5～8.0	8.0～9.5
冲刷坑深度估算(m)	3.0	5.0	4.0	5.0	5.0～7.5
流速估计(m/s)	0.5～1.5	2.0～2.5	1.6～2.1	2.0～2.5	2.5～3.7

南岸滩涂区共计钻孔桩1 680根，直径分别为ϕ1.5m和ϕ2.0m。依托栈桥设置施工平台(图7.2-3)，平台平面尺寸为33.0m×27.8m，分为：钻孔区、施工通道和材料设备堆放区，每个平台上放置两台钻机。钻孔桩施工完成后，拆除钻孔区平台，保留施工通道及堆放区，留给墩身施工使用。

历经四年，证明栈桥功能定位准确。在栈桥运行期间，滩涂区地形发生了很大的变化，沿中线形成了一条冲沟，滩涂前缘冲刷较深(超过 7m)，但均没有超出预计值。围堰施工造成的局部冲刷也没有危及栈桥的安全，栈桥运行基本正常。但由于局部区段桥面正交异性板设计较薄弱，加上履带吊机频繁作业，桥面板维修工作量较大。

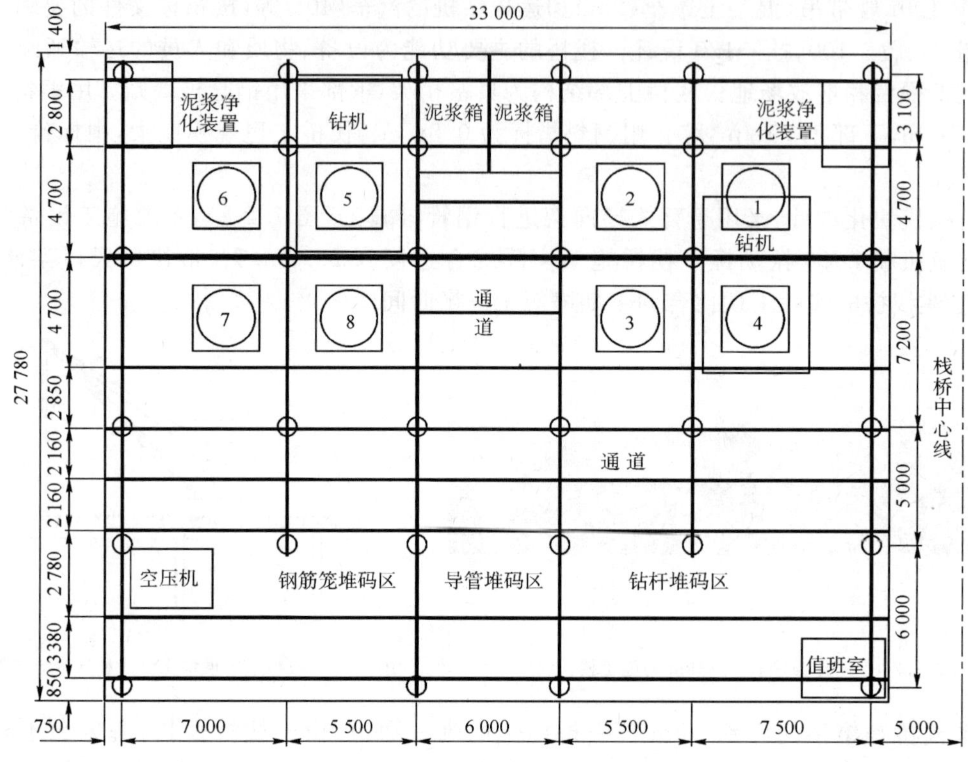

图 7.2-3 滩涂区施工平台(尺寸单位:mm)

三、浅层气富集区钻孔桩施工

本工程在勘察以前，杭州湾内尚无浅层气实际揭示，预可行性研究阶段初涉桥址区浅层气问题。1999 年江苏省工程物理勘察院在浅层地震勘探中显示距乍浦岸 6.5km 以南有浅层气分布。2001 年 10 月进行的工程地质初步勘察中，南航道桥以南约 6km 处的 CZK30 孔浅层天然气喷发强烈，造成钻探船只倾覆沉没。为此，杭州湾大桥工程指挥部于 2002 年 1 月委托有关单位对南岸滩涂区浅层气进行详勘和工程对策的专题研究。本阶段共勘探钻孔 116 个，其中有 31 个孔发生浅层气喷发(图 7.2-4)。喷发在一天以上的共有 7 个孔，其余大部分钻孔喷发持续时间都在 1h 内。浅层气主要分布在海底下 40～60m 深度范围内，砂质透镜体为生物气的主要储集体，气压 0.4～0.5MPa，与埋深基本成正比，其甲烷含量高达 96%以上，对钢结构和混凝土结构均无

图 7.2-4 浅层气喷发

腐蚀作用。

浅层气急剧释放会使土层产生剧烈的扰动，带走大量的土颗粒及水，引起流砂及土层的坍塌。防止在桩基施工过程中或桥梁建成后浅层气突然释放，是防治的主要方向。滩涂区钻孔桩施工前，在K75＋135～K76＋135、K77＋035～K77＋435和K79＋435～K79＋635几处浅层气富集区超前进行了有控排气，并在墩位两侧距桥中线20m共布置了234个钻孔进行零星放气。在钻孔进入含气层时，采取慢速减压钻进、避免快速提钻、加大泥浆密度和动态调整泥浆水头等措施，防止气体逸出，引起孔壁坍塌。在采取上述措施后，滩涂区钻孔桩施工中，没有发生过浅层气引起的工程事故。南岸滩涂区钻孔桩实际施工过程中浅层气问题并不十分突出，除采取了上述措施外，另外一个主要原因可能是：浅层气的静压力与同深度的水压力基本相等，而泥浆的静压力大于浅层气的静压力，从而有效地阻止了气体的逸出。

引桥F121号墩至F194号墩区段，在淤泥质亚黏土和黏土层中存在表层气，局部区段地表冒气泡，压力虽不大，但分布较广。由于不便于超前放气，护筒埋深又浅，钻孔过程中曾发生严重的孔壁坍塌事故。为此，将护筒底高程由原设计－6.0m加深至－18.0～－20.0m，基本上解决了坍孔问题，但由此增加了护筒钢材约3 300t。

四、钢板桩围堰和吊箱围堰

南岸滩涂区钻孔桩承台共计388个，承台底面高程：近岸－1.00m，远岸－0.50m。承台厚2.5m，直径分别为8.5m和9.8m。开工前滩面高程＋2.00～－3.00m。平均高潮位＋2.52m，平均低潮位－2.12m，平均潮差4.65m。由于近岸区地面高程大部分在－1.0m以上，潮位不高。鉴于以上情况，施工单位认为采用钢板桩围堰不仅安装和拆除方便，施工难度小、速度快，而且钢板桩为常备式构件，适合多次倒用，在承台多的情况下具有较好的经济性。为此，IX－B合同段近岸6.25km的244个承台施工决定采用钢板桩围堰方案。钢板桩围堰为圆形结构，直径分别为10.9m和11.4m，顶口高程5.1m，底口高程－10.9m，设计采用的局部冲刷深度为6.5m。施工现场共配置了18套15m长仿拉森Ⅳ钢板桩。

在决定采用钢板桩围堰方案时忽略了一个重要问题，即滩涂区表层为起动流速很低的亚沙土，其稳定性很差，采用钢板桩围堰终因冲刷太大最后导至施工方案被颠覆。本区段开工前海床面高程在－1.0～＋1.9m之间，由于钢板桩围堰体形很大，施工过程中海床面局部冲深至－6.0～－12.0m。由于冲刷太大，造成钢板桩围堰止水困难、大潮时局部钢板桩下沉、封底混凝土底填砂被淘空、封底混凝土开裂等现象。最后被迫中止钢板桩围堰方案，改用吊箱围堰。这是本桥施工过程中唯一一次重大的方案性变更，为此付出了很大的代价。

第三节 南、北航道桥索塔基础施工

一、南航道桥索塔施工平台及钻孔桩施工

南航道桥为单塔双索面斜拉桥，跨径为318m＋160m＋100m。D13号墩为索塔墩，D11、D14号墩为过渡墩，D12号墩为辅助墩，均为钻孔桩基础，桩径分别为ϕ2.8m和ϕ2.5m，共计90根钻孔桩。D13号墩基础共有38根ϕ2.8m钻孔桩，桩长120m，桩底高程为－120.8m；钢

护筒直径 3.1m，壁厚 18～20mm，底高程－45.0m，护筒总长度 52.0m，按照沉放护筒前实测的海底泥面高程(－13.5m)计算，入土深度为 31.5m。D13 号墩基础结构见图 7.3-1。

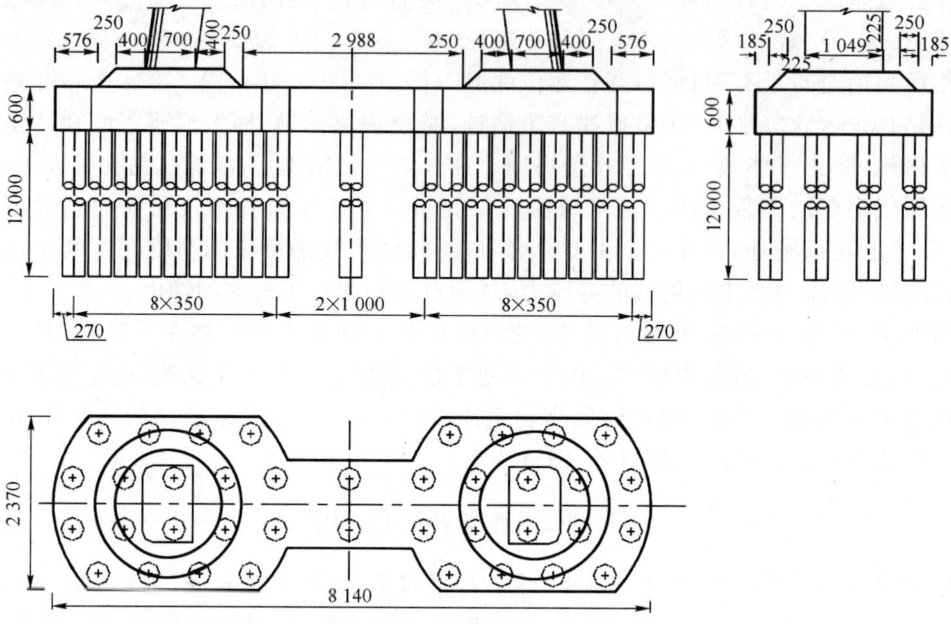

图 7.3-1　D13 号墩基础结构图(尺寸单位：cm)

D13 号墩施工平台兼顾钻孔桩施工、承台施工、索塔施工及保障施工人员的生活后勤。平台长 125m，宽 29m，分为上游起始平台、钻孔平台和下游辅助平台三部分。平台上配置了两台 QYU50 履带吊车、一台 300t・m 塔式吊机、四台 400kW 发电机组、四台 GYD300 钻机及空压机和泥浆处理设备等。由于离岸较远，为尽量减少恶劣天气对施工的影响，还布设了物资仓库及施工人员办公生活等设施。D13 号墩施工平台及伺服船机布置见图 7.3-2。

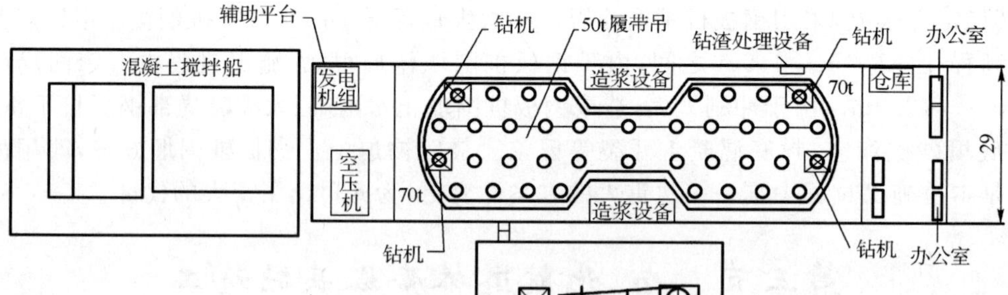

图 7.3-2　D13 号墩施工平台平面布置图(尺寸单位：m)

南航道桥地处杭州湾中部，仅能由北岸进场（南岸不能进入），离北岸码头约 20km。桥位处流速大、波浪高，每年受台风袭击，所以施工平台要具有足够的抗风、抗潮和抗浪能力。为此，平台设计考虑将钢护筒作为主要支撑结构。平台按 20 年一遇风、浪、流、潮工况及相应的冲刷深度设计，为防止涌浪顶托，平台面板留有消能孔隙，为防止波浪爬高涌入护筒，护筒顶口须设置防爬导流结构，台风期护筒加盖封闭。

平台结构见图 7.3-3。钻孔平台的支撑桩由 38 根 ϕ3 100mm、壁厚 18～20mm、长度 52m 的钢护筒组成。上、下游起始平台和辅助平台由 46 根 ϕ1 500×16mm 和 2 根 ϕ2 000×20mm 的钢管桩组成。钢护筒和 ϕ1 500mm 钢管桩的底口均下沉至高程－45.0m。平台在＋5.0m 和－1.0m 处设有平联。下游的起始平台和上游的辅助平台的上部结构由贝雷架、I25a 工字钢和 6mm 厚的花纹钢板构成。

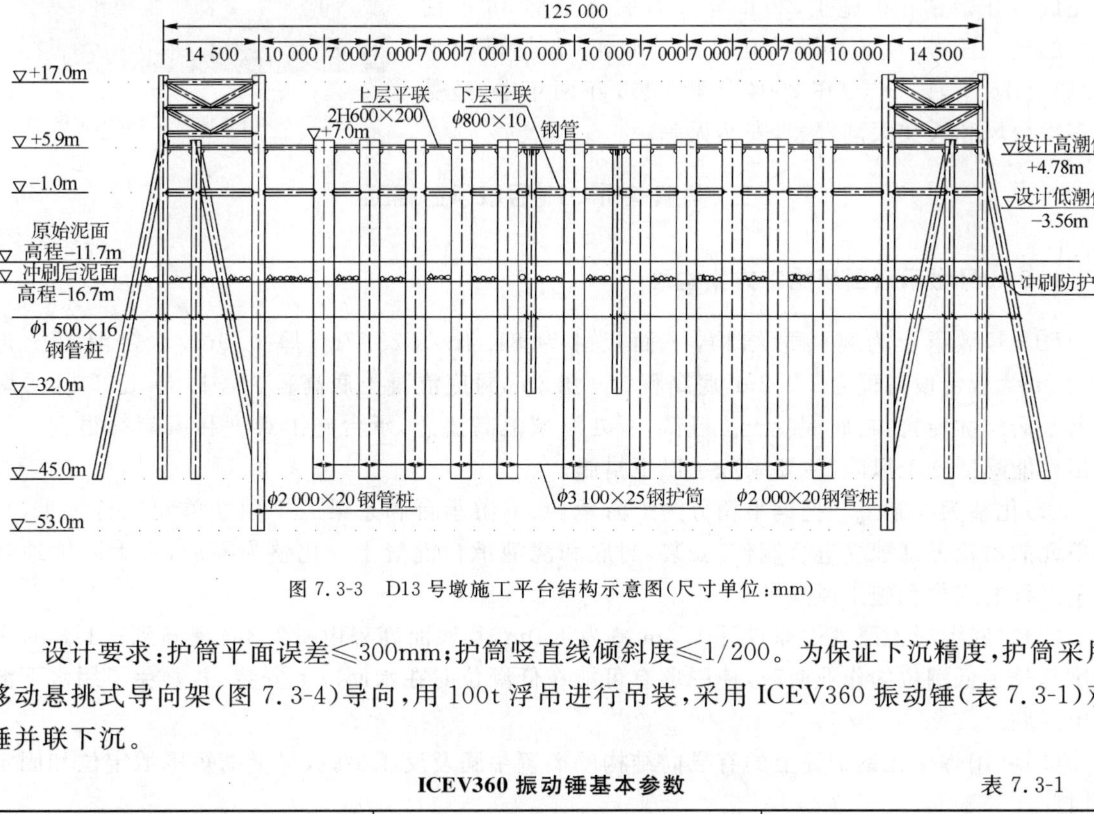

图 7.3-3 D13 号墩施工平台结构示意图（尺寸单位：mm）

设计要求：护筒平面误差≤300mm；护筒竖直线倾斜度≤1/200。为保证下沉精度，护筒采用移动悬挑式导向架（图 7.3-4）导向，用 100t 浮吊进行吊装，采用 ICEV360 振动锤（表 7.3-1）双锤并联下沉。

ICEV360 振动锤基本参数 表 7.3-1

振动锤外形尺寸(mm)			动力柜外形尺寸(mm)			质量(kg)		
长	宽	高	长	宽	高	振动锤	动力柜	液压头
3 607	660	2 515	4 724	2 083	2 440	16 363	11 000	1 700

力学性能				
偏心力矩	最大激振力	最大上拔力	系统振幅	功率
1 300N·m	3 203kN	2 000N	37mm	990hp/2 100r/m

注：1hp＝745.700W。

在平台施工过程中对海床面冲刷进行了跟踪监测，床面高程变化如下：

设计文件	－11.7m
施工前夕	－13.7m
天文大潮后最大冲深	－17.0m
平台设计最大冲刷高程	－24.3m

原拟对平台区床面进行抛石防护，根据实测资料平台尚处于安全状态，取消了原定抛石防护工序。

南航道桥D13号墩施工平台于2004年6月3日开始打桩，7月9日下沉第一根钢护筒，11月份下游侧平台基本完成后开始钻孔桩施工，2005年9月完成全部38根钻孔桩的施工任务，D13号墩钻孔桩基础施工（包括搭建平台）历时16个月。平台在2004年和2005年两年中，经受了多次台风和天文大潮侵袭，安然无恙。

图7.3-4 吊装直径3.1m钢护筒

二、南航道桥D13号墩承台施工

1. D13号墩承台围堰施工方案构思

D13号墩承台为哑铃形结构，平面尺寸为81.4m×23.7m，厚6.0m，承台混凝土近10 000m^3。承台顶高程为＋5.2m，底高程为－0.8m，封底混凝土底高程为－1.80m。D13号墩承台平面尺寸庞大，封底混凝土位置低，所处海域浪高流急，承台施工难度和风险都很大。为了尽可能降低施工风险，主要采取了以下措施。

（1）化整为零施工。把钢吊箱分为上游承台、下游承台和系梁三个独立单元进行施工，每个单元的吊箱分别独立进行制作、安装、封底和浇灌承台混凝土。化整为零后，最大限度地降低了工程的规模和施工风险。

（2）封底混凝土厚度由原设计1.5m减为1.0m，其底面高程由－2.3m提高到－1.8m，大幅度延长了低潮位的作业时间，使围堰有可能在低潮位时在水面以上安装，并避免了用水下混凝土封底。

（3）利用焊接在钢护筒上的有导向结构的搁置牛腿及反压牛腿，尽量缩短围堰定位和固定的时间。

要实现上述目标，必须满足以下条件。

（1）各独立单元的结构和重量，必须满足整体起吊、运输和下放的要求。为此，吊箱必须是单壁结构，围堰外侧采用聚氨酯保温。

（2）吊装上、下游承台吊箱单元，必须在潮位低于－1.8m，约150min内完成。在此时段内必须完成：围堰下放到位、精确定位和焊接部分反压牛腿初步固定三个工序，缺一不可。为此，要有可靠的导向结构和考虑周全的的施工组织设计。

（3）吊装上、下游承台围堰单元时，在落潮过程中，流速大于3m/s、浪高1.0m和六级风的情况下，浮吊必须横流驻位作业。为此，必须布置强大的锚碇系统，以确保安全。

2. 钢吊箱结构设计

钢吊箱分为上、下游承台和系梁三个单元(图 7.3-5):上(下)游吊箱单元长 34.858m,宽 25.516m,高 8.0m,吊装质量 365t;中间系梁区吊箱长 13.500m,宽 13.816m,高 8.0m,吊装质量 85t;三个单元总长 83.216m。钢吊箱为单层板架结构,底板与侧壁之间,侧壁各分块之间采用拼缝槽钢、螺栓连接。上(下)游区吊箱与系梁区吊箱交接处采取了封闭措施,吊箱顶口设置了钢管内撑。

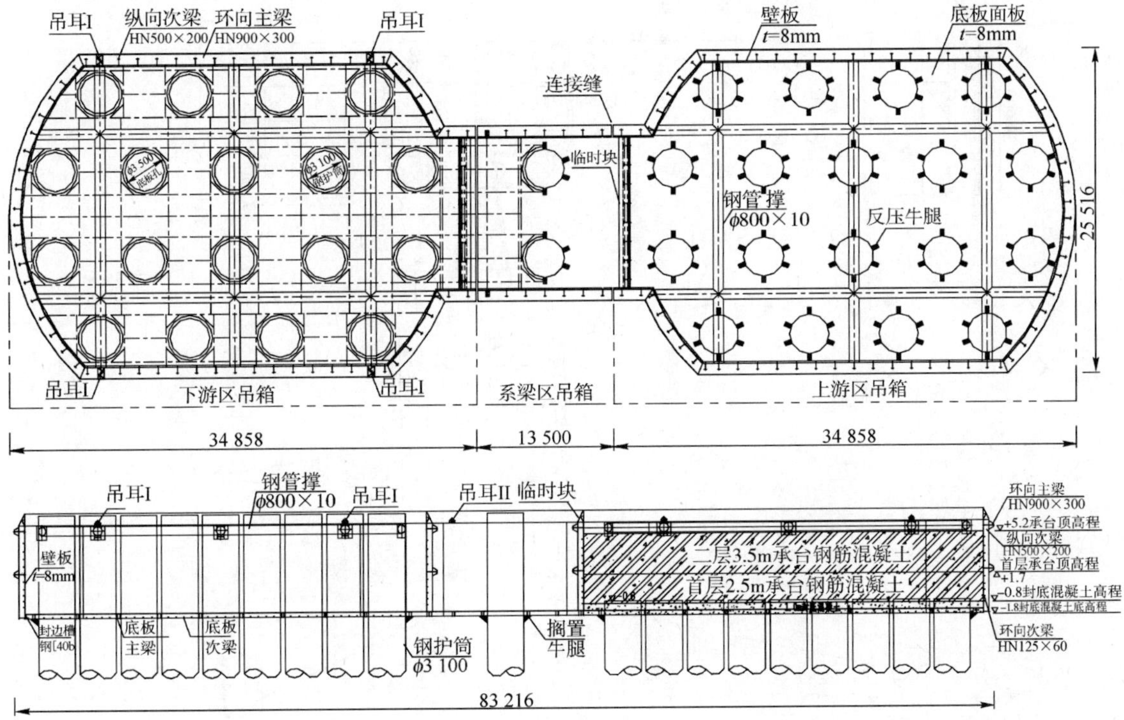

图 7.3-5 主塔承台钢吊箱结构图(尺寸单位:mm)

3. 承台吊箱安装及封底

以下游侧吊箱为例,安装工序为:

(1)在吊箱安装之前,利用低潮位在钢护筒上沿吊箱周边焊接带有导向装置的搁置牛腿。

(2)拆除护筒区的施工平台。用 550t 固定式扒杆起重船起吊下游承台吊箱(图 7.3-6)。

(3)当潮位退至-0.5m 时(避开落急),吊船横流驻位(图 7.3-7)。当潮位退至-1.8m 时,吊箱依靠导向板导向搁置在护筒牛腿上,吊船撤出。当日最高潮位 3.04m,最低潮位-2.58m,吊箱从下放至就位历时约 40min,位置精度满足底高程±20mm、轴线偏差±30mm 的验收标准。

图 7.3-6 用 550t 浮吊安装吊箱

(4)焊接钢护筒与吊箱底板之间的部分反压牛腿(图 7.3-8),使吊箱初步固定。在后续几个低潮位中,继续完成其余反压牛腿的焊接。

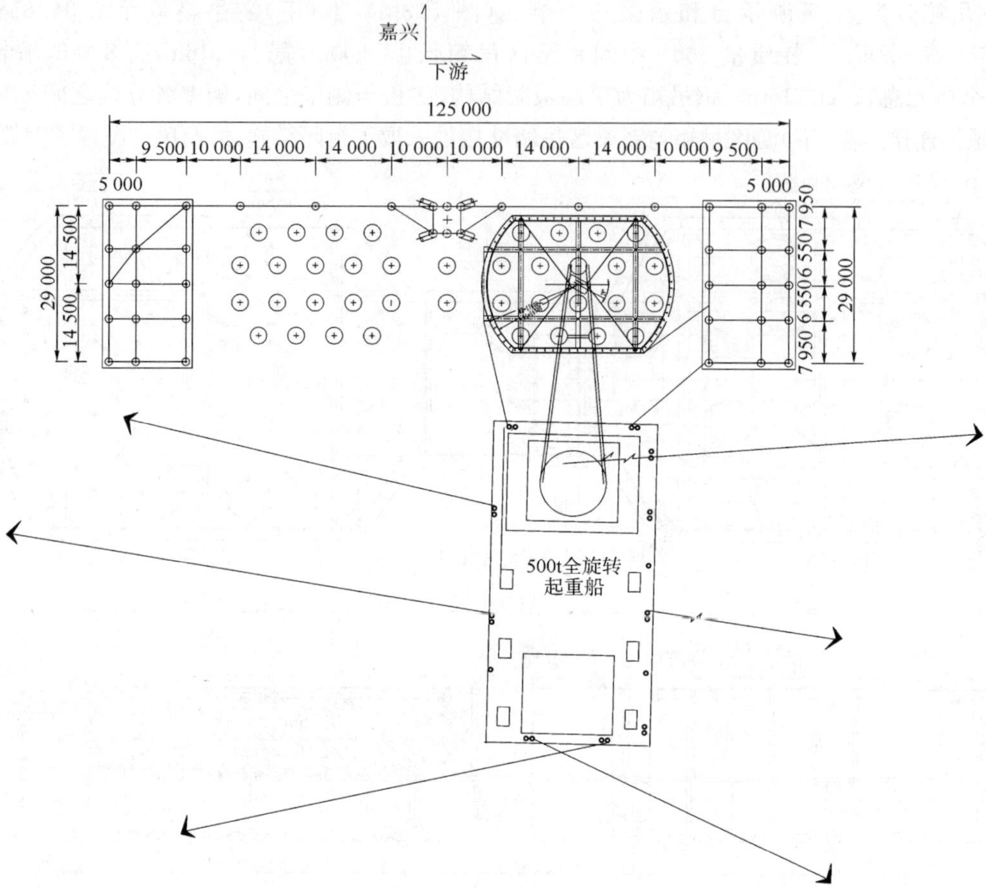

图 7.3-7 吊船横流驻位作业(尺寸单位:mm)

图 7.3-8 反压牛腿布置

(5)吊箱封底。封底混凝土利用低潮位采用干法施工，下游侧围堰共分两层四块，分两次浇筑封底混凝土。

4. 承台大体积混凝土施工

承台各单元吊箱单独进行混凝土施工。上、下游承台及系梁混凝土施工沿高度分两层，第一层高 2.5m，第二层高 3.5m，最大单次浇筑量为 2 485 m^3。承台混凝土施工采用生产能力为 160m^3/h 的“长大 18”和“航工 1603”两条水上搅拌船同时进行。每艘船可储备 1 200m^3 混凝土的原材料，各配备了两根旋转半径为 36.0m 的液压传动布料杆(图 7.3-9)。

图 7.3-9　下游侧承台混凝土浇筑

D13 墩下游侧承台围堰于 2005 年 10 月 2 日早晨下放就位，并临时固定；10 月 8 号完成全部反压牛腿焊接和封底准备工作；10 月 9 号封底；然后再相继安装上游侧承台吊箱和系梁围堰。其间，19 号台风擦肩而过，由于采用了分块施工法和一系列的技术措施，大大降低了工程规模和海上施工的风险，吊箱从吊装至固定时间很短，为台风期施工创造了条件。

三、北航道桥主塔墩施工平台及钻孔桩施工

北航道桥为跨度 70m＋160m＋448m＋160m＋70m 的双塔双索面斜拉桥，其中 B10、B11 为主塔墩，每墩 26 根 ϕ280cm 钻孔桩，桩长 125m，桩底高程为－125.8m，桩底进入粉砂、细砂层深度平均为 3.0m。钢护筒 ϕ3 100mm，壁厚 18～20mm，底高程－40.0m。主塔墩钻孔桩平面布置见图 7.3-10。

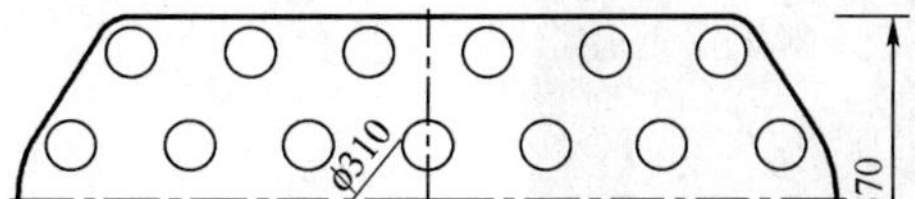

图 7.3-10　主塔墩钻孔桩平面布置(尺寸单位：cm)

与南航道比较，北航道海域水文条件相对较好，主塔墩承台平面尺寸较小，工点离岸近，B10 号墩有栈桥与陆地连接，施工均由岸上供料、供电。主塔墩施工平台长 72m，宽 42.5m，由辅助平台和钻孔平台两部分组成(图 7.3-11)。辅助平台由 ϕ1 200mm×14mm 钢管桩支撑，钻孔平台由 26 根 ϕ3 100mm×18mm 钢护筒支撑，筒底高程－40.0m，平台顶高程＋8.5m。

平台设桅杆吊机一台，最大起质量 120t，吊臂长 55m，可完成 B11 号墩全部钻孔桩的护筒设置、钻机安装和钢筋笼吊装等作业。平台的施工顺序为：先插打钢管桩形成周边辅助平台；然后在辅助平台上用移动式导向架定位下沉钢护筒（图 7.3-12）；利用钢护筒搭设钻孔区平台。

北航道桥 B10 号墩施工平台于 2004 年 6 月下旬开工，2005 年 10 月初完成最后一根桩的施工，基础工程历时 15 个月。从施工过程可以看到：北航道桥在辅助平台上下沉钢护筒比南航道桥在海上下沉护筒效率更高；在主塔墩平台上设置大吨位、长吊臂的桅杆式吊机比履带吊机效率更高，可少占用吊船，经济性好，使用也方便。

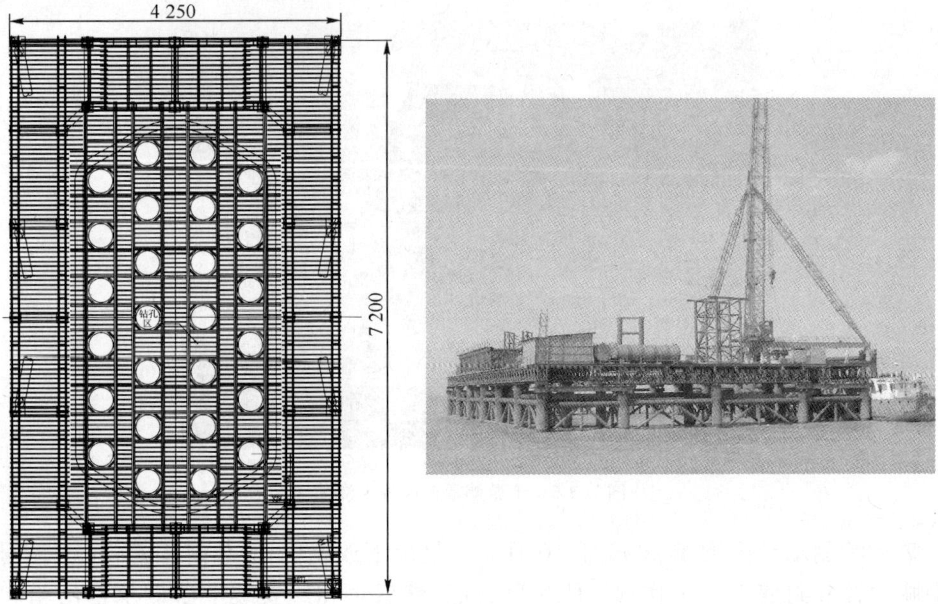

图 7.3-11　B11 号墩施工平台（尺寸单位：cm）

图 7.3-12　B11 号墩护筒导向架

四、北航道主塔墩承台施工

北航道主塔墩承台平面尺寸为48.5m×23.7m，厚6.0m，顶面高程为+5.2m，封底混凝土厚1.2m，封底底板高程为-2.0m。共计承台混凝土6 258.2m^3，封底混凝土1 016m^3。承台吊箱围堰与防撞套箱结合，为双壁结构，厚1.5m，高7.2m(图7.3-13)，利用施工平台面板作为吊箱底板。吊箱侧壁重约440t，底板重约350t。

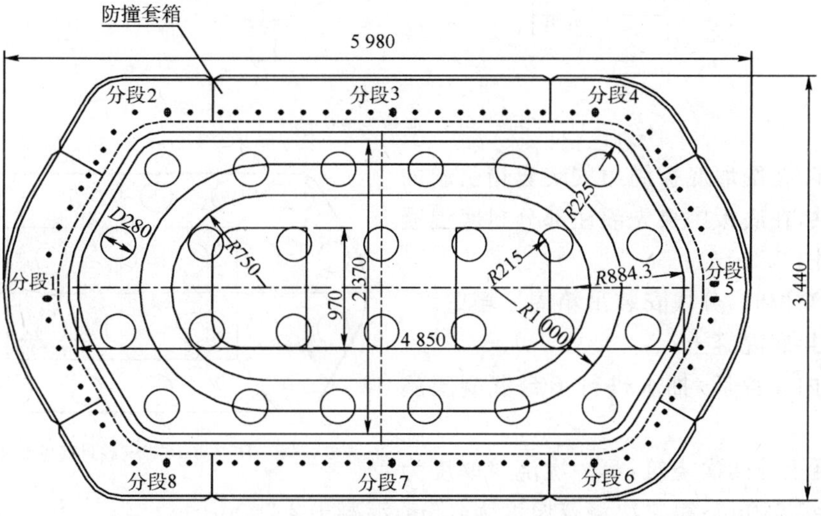

图7.3-13 防撞套箱平面布置(尺寸单位:cm)

为避开台风期，安排在2005年10月到翌年3月进行承台施工。根据潮汐资料统计，该时间段平均风速低于3.0m/s，风力均在8级以下。极值低潮位为-3.5m，潮水从-2.0m退至低平潮再涨至-2.0m历时1~3h，每月潮位低于-2.0m共计18天左右。

承台吊箱采用低工位法施工，围堰安装程序为：

(1)在低潮位时，用40台50t螺旋千斤顶，分阶段下放吊箱底板至设计高程-2.0m(图7.3-14)，并转换支承体系(图7.3-15)；

图7.3-14 吊箱底板下放

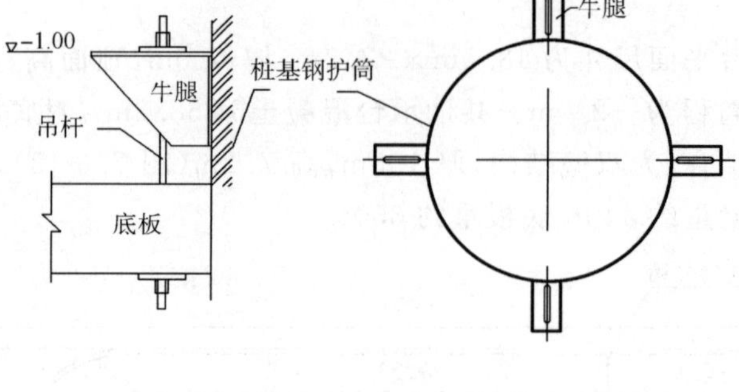

图 7.3-15　底板支承体系

(2)为消除在围堰底板周边安装套箱引起的底板中间反拱,在底板中央先灌注部分封底混凝土作为压载(图 7.3-16);

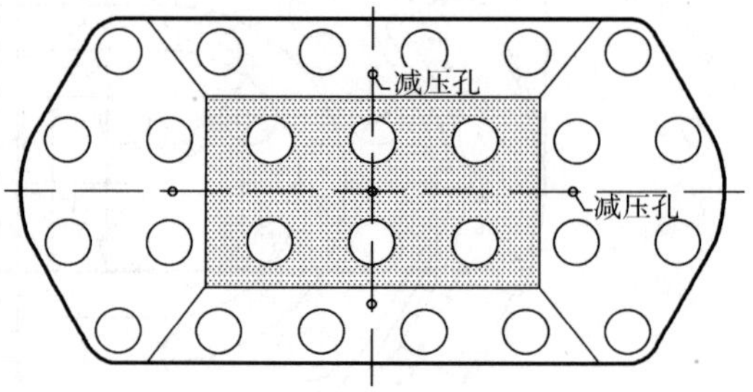

图 7.3-16　压载封底混凝土

(3)在低潮位时,分块安装吊箱周边箱壁;

(4)灌注封底混凝土;

(5)安装内支撑后,抽水进行承台混凝土施工。

承台混凝土分两次浇筑:第一次浇筑厚度为1.5m,混凝土 1 520m^3;第二次浇筑厚度为4.5m,混凝土 4 700m^3。

北航道主塔墩承台施工,利用防撞结构作为吊箱围堰,利用平台面板作为围堰底板,利用低潮位进行吊箱安装,这些安排不仅节约了大量的吊箱围堰结构钢用料,而且不需要大型的水上起吊设备,在本桥实施是成功的。但上述施工方案也存在一些问题:

(1)由于围堰安装均在低工位作业(潮位低于－2.0m),受潮汐影响很大,可作业时间很短,安装周期较长;作业面经常受水流和风浪侵袭,必须要有相应的安全措施,台风期不能施工。

(2)底板采用多个千斤顶下放,虽然采取了多种措施,但仍难控制同步,底板下放过程中,容易造成吊点各个击破,引起安全问题。本工序之所以没有发生大的问题,关键在于起吊设备的能力远远超过了底板的重量,今后应尽量避免类似作业。

第四节　海 水 泥 浆

一、需要研究的问题

泥浆是保证孔壁稳定,维护正常钻孔的重要条件,其质量和稳定性直接影响钻孔桩施工的成败。本桥根据不同的施工环境,在岸上和滩涂区钻孔桩施工中采用淡水泥浆,在海上钻孔桩施工中则就地取材采用海水泥浆。

美国加州交通局在桥梁施工规范中规定“如果征得监理工程师的同意,可以采用海水拌制泥浆进行钻孔灌注桩的施工”。2002 年 4 月开工的加州 Benicia/Martinez 大桥,共有 136 根

$\phi2.5m$的钻孔桩，平均深度55m，钻孔桩施工均用海水泥浆。2003年3月开工的Carquinez桥，共有24根$\phi3.0m$钻孔桩，平均深度100m，也全部采用海水泥浆。

香港《土木建筑物施工规范》中规定，“钻孔灌注桩泥浆一般应采用饮用水拌制，如果地下水水质过咸或受到污染应采取措施保证膨润土泥浆的稳定性。”该项规定没有提倡，也没有禁止使用海水泥浆钻孔。海水泥浆在香港的一些建筑工程中仍在应用，如：新鸿基地产在中环填海区国际金融中心施工时，即采用海水泥浆进行钻孔桩施工，其钻孔桩直径为2.5m，桩长85～89m。

在国内也有一些桥梁工程采用海水泥浆施工，如崖门大桥、胶州湾高速公路女姑口跨海大桥、青岛李村河灰管桥和广东镇海湾大桥等。

采用海水泥浆钻孔主要有两个问题需要研究和解决：

(1)采用海水泥浆钻孔，对钻孔桩结构耐久性的影响；

(2)海水泥浆本身的质量和稳定性问题。

二、海水泥浆对钢筋腐蚀性研究

根据钻孔桩的施工工艺，海水泥浆对钻孔桩钢筋笼的腐蚀可能发生在两个工序中：钢筋笼在海水泥浆中浸泡引起的腐蚀；灌注桩身混凝土后，残留在钢筋表面的Cl^-对钢筋的腐蚀。工程实践表明(凿桩头后观察)，不论采用淡水泥浆还是海水泥浆钻孔，泥浆最终都不会残留在钢筋笼上。另外，氯离子侵入钢筋表面，破坏钢筋的钝化膜，只有在有水和氧的情况下才会发生电化学反应，在海水浸没的混凝土中，由于缺氧，钢筋不会发生锈蚀。因此，主要研究钢筋笼在海水泥浆中浸泡引起的腐蚀问题。为此，在开工前委托武汉港湾设计研究院进行了专题研究。在专题研究中，模拟施工工况对浸泡钢筋进行了多种检测，如采用X－衍射、电子探针、线性极化法等进行钢筋腐蚀速率检测。

用$\phi25$螺纹钢分别浸泡在海水泥浆、掺阻锈剂海水泥浆及淡水泥浆中，测定其不同时间的腐蚀速率。目测结果示于表7.4-1。

海水泥浆浸泡钢筋目测试验结果 表7.4-1

项　目	海 水 泥 浆	淡 水 泥 浆	掺阻锈剂海水泥浆
钢筋浸泡12h	呈墨绿色，未发现锈斑	呈乌黑色，未发现锈斑	光亮
钢筋浸泡1天	呈墨绿色，未发现锈斑	呈乌黑色，未发现锈斑	光亮
钢筋浸泡2天	呈墨绿色，未发现锈斑	呈乌黑色，未发现锈斑	光亮
钢筋浸泡3天	呈墨绿色，未发现锈斑	呈乌黑色，未发现锈斑	光亮
钢筋浸泡7天	呈墨绿色，未发现锈斑	呈乌黑色，未发现锈斑	光亮

试验结果表明，在试验龄期内，钢筋浸泡在海水泥浆与淡水泥浆中的腐蚀速率基本相同，而掺阻锈剂后海水泥浆的腐蚀速率远小于海水泥浆与淡水泥浆，且由于钢筋笼浸泡的时间很短，没必要在海水泥浆中掺入阻锈剂。

三、海水泥浆的配制

海水泥浆必须具有良好的稳定性、适当的密度、良好的流变性能、良好的泥皮形成性、酸碱度和含砂率。根据本桥施工实际情况，采用表7.4-2作为海水泥浆性能的检验指标。

杭州湾跨海大桥海水泥浆性能指标 表 7.4-2

相对密度	黏度(s)	静切力(Pa)	含砂率(%)	酸碱度 pH	胶体率(%)	失水量(mL/30min)	泥皮厚(mm)	稳定性
1.06～1.10	18～28	1～2.5	≤4	8～10	>95	≤20	≤3	<0.03

配制海水泥浆的主要材料包括：黏土、增黏剂和分散剂。优良的工程造浆黏土为蒙脱石为主的钠基膨润土。使用增黏剂可防止钻孔坍塌，在泥浆受盐分或水泥污染时起保护凝胶的作用。一般工程中常用的增黏剂有羧甲基纤维素(CMC)、聚阴离子纤维素(PAC)、羧甲基羟丙基纤维素(CMH)和羧甲基纤维素 CMC 的衍生物 PAC 等。分散剂的首要作用是使进入水中的膨润土颗粒分散开来，形成外包水化膜的胶体颗粒，减少了内部阻力，常用的分散剂有碱类(如：Na_2CO_3)和木质素磺酸盐类(俗称 FCL 铁铬盐)。通过试验比较，选用 Na_2CO_3。

在拟定海水泥浆原料及掺量的基础上，按土量因素、增黏剂因素及分散剂因素设计泥浆配合比，通过性能对比试验确定经济合理的最终配比。采用桥址天然海水制浆，其物理化学指标见表 7.4-3。随着海水中 NaCl 浓度的增加，泥浆性质会发生明显变化，因此，在海水成分变化较大时，要及时调整泥浆配比。根据试验，加土量为 10%～12%，PAC 掺量占泥浆总量的 0.15%左右，加碱量为泥浆总量的 0.2%。

杭州湾跨海大桥桥址天然海水理化指标 表 7.4-3

类别 \ 检测项目	相对密度	pH	Ca^{2+}(mg/L)	Mg^{2+}(mg/L)	Na^{+}(mg/L)	Cl^{-}(mg/L)
天然海水	1.01	7.8	167.6	250.0	2 150	4 560.7

四、海水泥浆的使用情况

南航道桥和北航道桥钻孔桩施工中海水泥浆配合比见表 7.4-4。本桥海上钻孔桩采用海水泥浆护壁基本取得成功，它可就地取材，经济性较好，且制浆不受天气影响。主要存在的问题是：胶体率偏低，稳定性较差，泥浆静置一段时间后易发生清水离析。

海水泥浆配合比 表 7.4-4

位　置	海　水	黏　土	增 黏 剂	分 散 剂
南航道桥	375L	56.25kg(膨润土)	750g(PAC)	750g(纯碱)
北航道桥	300L	60kg(膨润土)	480g(CMC)	1 000g(纯碱)

第五节　桩底压浆及承载力试验

一、桩 底 压 浆

1. 桩底压浆概述

大量的钻孔桩承载力试验表明，桩底压浆可大幅度提高单桩承载力和刚度。钻孔桩在成孔过程中，由于孔壁和孔底土体受到扰动、地层内应力释放和孔底沉碴等，使钻孔桩的承载力降低，通过孔底压浆可恢复原状土的支承力和局部区段的摩阻力，从而提高钻孔桩的极限承载力。其机理与打入桩经过一段时间休止后，其承载力会大幅度提高(本桥钢管桩恢复系数为1.4～1.7)是一致的。桩底压浆本质上是恢复地基的承载力和扩大桩尖的支承面积，其作用是永久性的。由于钻孔桩在桩尖平面中距小于6倍桩径，桩群尚须作为整体基础进行验算。单桩承载力基于静压实验，对于大直径钻孔桩，目前普遍采用自平衡法进行桩的承载力测试，试验结果根据连续性原则，转换为与桩顶加载等效的单桩承载力和沉降值。由于对桩底压浆作用的持久性、对自平衡法与静压试验的等效性等尚存疑问，目前国内工程界多把桩底压浆作为安全储备处理。

桩底压浆的效果与压浆的工艺有密切的关系。过去国内主要有桩侧压浆和孔底直管法压浆两种压浆工艺。前者效果虽好，但因工艺较复杂，而未能推广；后者利用声测管进行一次性桩底压浆，简单易行，但浆体在桩端的分布很难控制。本桥采用国外的三阶段压浆法，即：第一阶段每个回路压浆300L，主要用于堵塞可能存在的漏浆孔隙；待浆体初凝后(约6h)，再对每个回路压浆300L，继续堵塞漏浆孔隙；最后进行正式压浆。总压浆量和压力与桩径、沉渣厚度及地质有关，本桥专用施工技术规范规定在同时满足下列条件后可停止压浆。

(1)总压浆量：ϕ1.5m桩，≥2 500L；ϕ2.8m桩，≥6 000L。

(2)压力≥4MPa，持荷时间≥10min。

检测表明，按上述工艺压浆，浆体基本集聚在桩尖端部。这一工艺随后在国内推广应用。

2. 压浆工艺

压浆由ϕ50mm声测管和ϕ25mm钢管组成U形回路，ϕ1.5m桩设三个回路，ϕ2.8m桩设四个回路。每个回路底部的U形钢管上设置3～5个直径为6mm的出浆孔，用橡胶套筒包裹。浆液由水泥、膨润土、减水剂和水组成，要求初凝时间<6h，7天的抗压强度大于5MPa。浇筑桩身混凝土后24～48h，在压浆管内注入清水，压开底部U形管上的出浆孔并压裂包覆在桩端的混凝土；浇筑混凝土10天后，即可进行桩底压浆；桩底压浆分三次进行，根据试验室测定的浆液初凝时间和终凝时间来确定每次压浆的时间间隔。每个回路在每次压浆后都要用清水冲洗管路，以免堵塞。

二、钻孔桩承载力试验

钻孔桩承载力试验采用自平衡法(O-CELL法)，终止加载条件为：

(1)总位移量≥40mm，本级荷载的下沉量大于或等于前一级荷载下沉量的5倍时，加载即可终止，取此终止时荷载小一级的荷载为极限荷载；

(2)总位移量≥40mm，本级荷载加载后24h未达稳定，加载即可终止，取此终止时荷载小一级的荷载为极限荷载；

(3)总下沉量<40mm，但荷载已大于或等于设计荷载乘设计规定的安全系数，加载即可终止，取此时的荷载为极限荷载。

海上钻孔桩有ϕ1.5m、ϕ2.0m、ϕ2.5m和ϕ2.8m四种桩径，总计2 318根桩。对其中的10根桩采用自平衡法进行了单桩承载力测试：试桩SZ1和SZ2位于南岸滩涂区同一墩位，分别由东南大学和新加坡 O-CELL 公司进行试验，以互相核对；对其中 3 根试桩在桩底压浆前、后分别进行了承载力测试，以分析压浆对单桩承载力和沉降的影响。单桩极限承载力的测试结果汇总于表 7.5-1，桩端极限承载力的测试结果汇总于表 7.5-2。

试桩极限承载力测试结果汇总表　　表 7.5-1

试桩编号			SZ1	SZ2	F144-3	F15-3	D13-23	D13-25	B10-9	B9-8
1	桩径(m)		ϕ1.5	ϕ1.5	ϕ1.5	ϕ2.0	ϕ2.8	ϕ2.8	ϕ2.8	ϕ2.5
2	桩长(m)		90.0	90.0	87.0	100.0	120.0	120.0	125.0	85.0
3	设计极限承载力(kN)		18 400	18 400	20 240	28 000	62 540	62 540	66 044	45 000
4	压浆前极限承载力(kN)/桩顶沉降(mm)				15 547/31.0		67 233/134.5		70 998/47.4	
5	压浆后极限承载力(kN)/桩顶沉降(mm)		41 400/60	42 567/87.8	31 043/98.1	39 504/48.6	72 909/41.0	80 721/61.8	80 272/14.6	76 737/
6	压浆后对应桩顶沉降 40mm 承载力(kN)		36 000	33 012	25 768	35 142	71 500	62 500		
7	压浆前后承载力比值(5/4)				2.0		1.08		1.13	
8	压浆后实测与设计承载力比值	5/3	2.25	2.31	1.53	1.41	1.17	1.29	1.22	1.71
		6/3	1.96	1.79	1.27	1.26	1.14	1.00		

试桩桩端极限承载力测试结果汇总表　　表 7.5-2

试桩编号			SZ1	SZ2	F144-3	F15-3	D13-23	D13-25	B10-9
1	桩径(m)		ϕ1.5	ϕ1.5	ϕ1.5	ϕ2.0	ϕ2.8	ϕ2.8	ϕ2.8
2	桩尖高程(m)		−85.0	−85.0	−87.50	−101.00	−120.80	−120.8	−125.80
3	下荷载箱高程(m)		−82.7	−83.5	−85.50	(−91.00)	−117.80	(−104.80)	−120.76
4	桩底土层		黏土	黏土	黏土	黏土、亚黏土	粉细砂	粉细砂	细砂
5	压浆量(L)/压强(MPa)		—	2 680/4.0	3 200/4.0	7 000/3.6	7 570/4.0	6 050/4.0	—
6	桩端承载力(kN)/相应沉降(mm)	压浆前			1 600/46.2		21 600/105.6		8 100/26.2
		压浆后	6 900/	6 580/42.7	7 470/65.4	13 330/17.0	28 800/10.0	28 182/22.4	11 700/6.5
		压浆前后比值			4.7		1.33		1.44

表 7.5-1 和表 7.5-2 中：单桩极限承载力按试验时的床面高程计算；桩端极限承载力包括了压力盒以下的桩周摩擦力；表中带括号项为单荷载箱，其余为双荷载箱；桩顶沉降值包括了桩自身的压缩变形。在表 7.5-1 中，除列出了按规范定义的单桩极限承载力值外，还列出了对应桩顶沉降 40mm 的单桩承载力。

由表 7.5-1 和表 7.5-2 可得出以下结论。

(1)SZ1 和 SZ2 两根试桩在同一位置，地质条件相同，直径和桩长相同，由国内外不同单位采用不同的设备和不同的软件进行测试和分析，测试结果基本一致。通过对比，可以认为试桩的检测方法、设备、仪器和分析软件是可信的。

(2)桩底压浆后，所有试桩的承载力均满足设计要求，实测单桩极限承载力与设计值之比为 1.17～2.31，离散性较大，均值为 1.61。

(3)桩底压浆后比压浆前提高单桩极限承载力 8%～100%，提高桩端承载力 33%～370%，并显著提高了桩的竖向刚度。桩底压浆除提高了桩尖的支承力外，浆液还被压入桩与土壤间的缝隙，在桩尖以上 10～20m 桩周摩阻力得到显著的提高。

(4)从表 7.5-1 可以看到，小直径桩比大直径桩压浆效果更显著。以 F144-3 桩(ϕ1.5m)与 D13-23 桩(ϕ2.8m)为例，两者截面面积之比为 3.48，压浆量之比为 2.37，单桩承载力提高系数之比为 1.08/2.0，说明压力和总压浆量对提高单桩承载力有很大的影响。对于不同的桩径、沉渣厚度和地质条件，压浆量、压力和压浆工艺应通过试验确定。

根据试桩报告，南引桥滩涂区的桩长均较原设计减短了 5m，工程数量核减见表 7.5-3，仅此一项减少工程费用约 3 554 万元。大量的试验证明桩底压浆可显著提高钻孔桩的承载力，但这一研究成果目前尚未纳入规范。

南岸滩涂区钻孔桩工程数量核减表　　表 7.5-3

项　目		数量变化
水下混凝土(m^3)	C25	−5 147.2
	C30	−11 288
钢筋(t)	R235 级	−1 17.0
	HRB335 级	−4 336.4
钢管(t)		−14.3

第六节　海上钻孔桩事故及处理

护筒、泥浆和潮汐是影响海上钻孔桩施工安全的三个重要因素。护筒变形是本桥海上钻孔桩施工过程中发生最多、影响最大的事故。在处理护筒变形过程中又频繁引发了漏浆、塌孔、埋钻、串孔和断桩等事故。由于处理护筒变形及由此引发的问题，工期延误了近半年，使南、北航道桥成为全桥贯通的控制性工程。

护筒变形集中发生在南、北航道桥主塔墩：北航道桥 B10 和 B11 两个主塔墩共有 ϕ2.8m 钻孔桩 52 根，发生变形的护筒计 13 根；南航道桥 D13 号主塔墩共有 ϕ2.8m 钻孔桩 38 根，发生变形的护筒计 14 根。护筒变形后卡钻高度在护筒底口以上 1～11m 不等。

护筒直径为 ϕ3.1m，壁厚 18mm(少数为 20mm)，材质 Q235A(少数为 Q345C)，底部设有 0.5～3.0m 高的加强箍，采用 ICEV360 振动锤下沉，入土深度 25～30m 左右。以 D13 号墩为例，钢护筒穿过的地层大部分为淤泥质黏土(图 7.6-1)，其主要指标为：$\gamma=1.8\text{g/cm}^3$，$c_q=20\sim40\text{kPa}$，$\varphi_q=4°$，标贯击数小于 8。

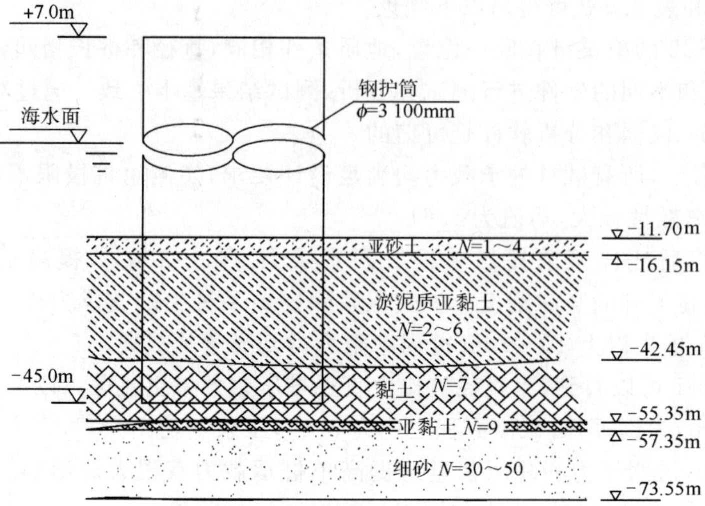

图 7.6-1　护筒入土范围地质示意图

护筒变形的主要原因：一是护筒的壁太薄，其壁厚与直径之比仅为 1/172；二是淤泥质黏土层内摩擦角仅 3°～4°，土壤处于流动状态，土压力很大。武汉港湾工程质量检测中心于 2004 年 6 月在本桥南航道第 13 号墩 18 号钢护筒下沉过程中，对护筒环向动载应力、轴向动载应力、土压力和护筒变形等进行了测试。护筒全长 52m，分 37m 和 15m 两节，直径 3 100mm，壁厚 20mm，钢材为 Q235，底部 3m 外壁设置加劲箍。护筒下沉入土深度 29.35m，流速 2.0m/s，测试阶段潮位＋4.5～＋2.3m。用振动锤下沉。

测试结果如下。

(1)护筒下沉最后阶段，环向动载应力见表 7.6-1。护筒下沉过程中环向动载应力在下沉的最后阶段最大，峰值出现在距底口 2m 处，环向动载应力为－96MPa(压应力)。

护筒环向动载应力表　　表 7.6-1

护筒底以上高度(m)	2	6	10	14	18	22
应力峰值(MPa)	－96.4	－31.5	—	－52.5	－25.0	－20.5

(2)护筒入土 20.4m 轴向动载应力最大，峰值亦出现在底口上 2m 位置，应力峰值为－22.8MPa(压应力)。

(3)在护筒下沉至设计高程时，土压力测试结果见表 7.6-2。

护筒土压力测试结果(单位：kPa)　　表 7.6-2

测试时间	第一节护筒下沉结束	护筒下沉至设计高程	护筒到位后第二天
护筒底口上 2m 处	559.4	1 046.3	858.2
护筒底口上 16m 处	141.1	375.1	337.6

(4)钢护筒下沉到位后测得的护筒变形值列于表 7.6-3，表中测点位置为距护筒底口距离。

护筒到位后变形值　　　　表 7.6-3

测点位置(m)	27.0	26.0	25.0	24.0	23.0	22.0	21.0	20.0	19.0
变形量(mm)	−1.39	−2.98	−2.69	−1.05	−1.10	−2.19	−1.12	−1.35	−1.22

根据实测资料,护筒端部环向压应力已达 38～96MPa,而按薄壁圆管非弹性屈曲环向临界应力计算,其屈曲临界应力为 50～ 71MPa。在土压力作用下护筒的环向应力已达到屈曲临界应力,护筒因环向失稳而变形。

护筒变形后钻头不能通过,因此必须切除其变形部分(对于直径较小、入土较浅的护筒最好拔出重打)。从地质条件分析(图 7.6-1),淤泥质亚黏土层必须要设置护筒才能进行正常钻孔施工。因此,在护筒变形部分被切割后,必须另设护筒或形成相当于护筒的围幕,在淤泥质黏土层中,任何局部性的加固措施都存在很大的风险,都不能够保证钻孔桩的施工安全。在切割护筒变形部分以后,曾经采用过多种局部加固办法使钻孔施工不漏浆、不塌孔,但最成功最可靠的办法,还是在原护筒内另设套管,或采用旋喷桩形成围幕。

本桥在滩涂区钻孔桩施工、海上大型施工平台和围堰施工、海水泥浆的使用和钻孔桩孔底压浆等方面均取得了成功,并积累了宝贵的经验。经自平衡法检测,钻孔桩承载力均满足设计要求。施工中有些事故虽然可以避免,但钻孔桩施工工序多,时间长,发生事故的几率高,在海洋环境中不宜大量采用。处理海上工程事故不仅耽误工期,而且成本很高,当必须采用钻孔桩基础时,施工组织设计应力求回避风险,防止发生事故。

· 第八章 ·

海上深水区引桥承台与墩身施工

海上深水区引桥承台和桥墩数量多、施工持续时间长、施工环境恶劣。承台在潮位变化区施工，受水环境的影响很大；承台和墩身处于腐蚀非常严重的(E级)氯盐侵蚀环境，防腐蚀问题非常突出。由于数量多、腐蚀问题突出和施工条件恶劣，海上墩身和承台施工受到特别关注。

第一节　钢管桩基础承台

一、钢管桩基础承台结构

海上钢管桩基础承台共计517个，承台、封底和填芯共计混凝土28.4万m^3。依桩径和桩数不同，承台分为以下几种类型。

(1)ϕ10.5m×2.8m圆形承台，下设ϕ1 500mm钢管桩9根。

(2)ϕ12.0m×3.0m圆形承台，下设ϕ1 600mm钢管桩10根。

(3)ϕ13.0m×3.0m圆形承台，下设ϕ1 600mm钢管桩12根。

(4)长23.8m、宽10.8m、高3m长圆形承台，下设ϕ16 00mm钢管桩16根。

(5)长29.6m、宽12.0m、高3m长圆形承台，下设ϕ1 600mm钢管桩24根。

其中，前三类承台数量最多，第四类用于海中平台区加宽段，第五类用作钢管桩静载实验。承台套箱封底混凝土厚为0.8～1.0m。从景观考虑，承台顶面高程最初设定为+2.0m(与平均高潮位大致齐平)，初步设计提高到+3.0m，由于这项改变，海上所有的承台套箱避免了用水下混凝土封底的复杂工序。

二、套箱设计原则

套箱受风、浪、流、涌的直接作用(图8.1-1)，施工海域潮差较大，如果套箱按全天候和不漫顶的原则设计，则套箱结构将十分庞大。根据2002年原型水文测量资料，杭州湾全年平均波高0.19m，全年波高$H_s \leqslant 0.5$m的波浪出现频率为92.33%，波高H_s在0.6～1.0m之间的波浪出现频率为5.88%，波高H_s在1.1～1.5m之间的波浪出现频率为1.52%，波高$H_s >$ 1.5m的波浪出现频率仅为0.20%。考虑到套箱规模小、数量多、周期短，套箱按以下原则设计。

图 8.1-1 风浪冲击套箱

(1)按 10 年一遇高潮位(4.9m)、常见大浪(0.6m)及余高 0.5m 设置套箱顶面高程(6.0m),利用堰顶外圈走道结构抑制爬高。套箱按下列两种工况设计:按常遇工况验算,保证在一般气候和海况条件下套箱满足施工要求;按 20 年一遇风、浪、流条件验算,经简单加固和在套箱内灌水后,保证在恶劣天气情况下套箱不被摧毁。

(2)在特殊情况下,允许套箱漫顶,退水后用淡水清洗套箱后再继续施工。

按上述原则设计套箱,正确处理了特殊情况和正常施工的关系、安全与经济的关系,实践证明符合杭州湾的实际情况。本桥海上所有钢管桩基础承台套箱均按上述原则设计,施工过程经历了一般工况,也经历了台风和天文大潮的特殊工况,套箱施工基本顺利。

三、钢 套 箱

钢套箱由圆形(椭圆形)底板、筒形壁板和桩顶撑架三部分组成,桩顶撑架焊接在钢管桩顶面,钢套箱结构见图 8.1-2～图 8.1-4。初期承台混凝土分为两次灌注,在灌注第一次承台混凝土并达到强度后,拆除桩顶支撑架,再灌注第二层承台混凝土。后经优化,承台混凝土改为一次灌注,在封底混凝土达到强度后,撤出桩顶支撑架,绑扎承台钢筋,然后一次灌注完承台混凝土。

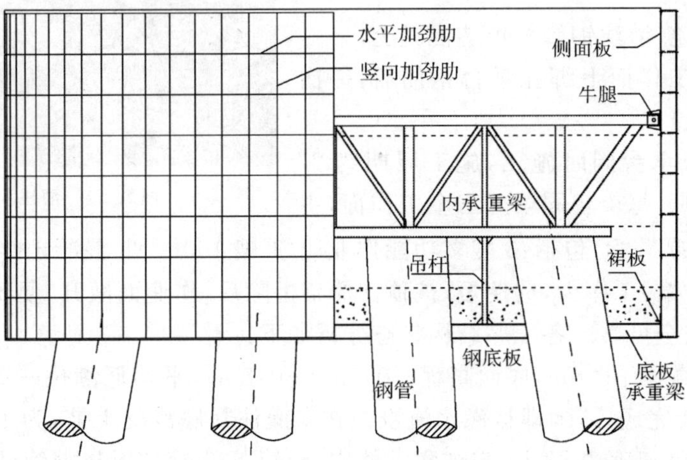

图 8.1-2 钢套箱结构图

图 8.1-3 圆形钢套箱支撑结构

图 8.1-4 椭圆形钢套支撑结构

承台混凝土分两次灌注方案的工序为：

(1)解除桩顶连接焊件，桩顶切平，退潮过程整体吊装钢套箱就位；

(2)焊接支撑架钢梁，使其固定在桩头上，焊接封堵板和底板卡箍；

(3)清除沉淀泥沙，灌注封底混凝土；

(4)套箱内抽水；

(5)绑扎承台钢筋，由于支撑架遮挡，工作条件较差；

(6)第一次灌注承台混凝土，混凝土顶面低于钢管桩顶约 30cm；

(7)拆除桩顶支撑架；

(8)吊装钢管桩内钢筋笼，灌注钢管桩填芯混凝土；

(9)第二次浇筑承台混凝土(图 8.1-5)；

(10)套箱内蓄淡水养护；

(11)整体拆除套箱。

承台混凝土一次灌注方案与两次灌注方案主要有以下不同：

(1)待封底混凝土达到强度后，即拆除桩顶支撑架；

(2)吊装钢筋笼，灌注钢管桩填芯混凝土；

(3)在敞开的工作面上绑扎承台钢筋后，一次灌注完承台混凝土。

图 8.1-5 灌注承台混凝土

同一墩位两个承台同时施工，施工周期约 27 天(一次灌注方案)。每个合同段开三个工作面，主要施工设备(二航局 V 标)包括：3 艘多功能作业船、1 艘 $160m^3/h$ 混凝土拌和船，1 艘 230t 起重船。一次灌注方案，工序少，周期短，桩顶支撑架拆除后，作业面敞开，便于吊装承台钢筋，但两次灌注工艺更安全可靠。各工序结构状态分析如下：

(1)套箱顶面高程＋6.0m，底面高程－0.6m(－0.8m)，平均低潮位－2.12m，平均高潮位＋2.52m，套箱安装完成后，随即被潮水淹没。在未灌注封底混凝土前，为了保持套箱稳定，套箱上部支撑架焊接在钢管桩顶上，与桩联成整体；套箱下部封口板与钢管桩焊接，与桩联成整体。套箱与钢管桩之间通过两层连接，保证结构的稳定。但由于作业时间短，工作条件差，下层连接往往是不可靠的，因此，在未灌注封底混凝土前，套箱处于比较脆弱的状态。2004 年，台风云娜正面侵袭时，未封底的四个套箱被摧毁(图 8.1-6)。由于台风预报有充裕的时间，这类事故一般是可以避免的。

图 8.1-6　套箱被云娜台风摧毁

(2)从套箱封底至灌注承台混凝土，需要完成一系列工序，须经历较长的时间。在这一时段，对于两次灌注方案，各工序中套箱与钢管桩之间都有较强的连接，受力明确，安全可靠。采用一次灌注方案时，当桩顶支撑架拆除后，整个套箱结构仅通过 0.8m 厚的封底混凝土固定在钢管桩顶上，套箱和钢管桩之间再无其他连接。封底混凝土本身为无筋或少筋混凝土，一般不宜用作复杂的传力结构，如果出现最不利荷载工况，可能出现安全问题。由于一次灌注方案具有明显的优点，考虑到：

①经过一个阶段的施工后，对海上施工环境有了进一步的认识，有条件回避风险，在确认安全的情况下可以采用一次灌注方案；

②套箱钢底板上的加劲肋方向朝上，与封底混凝土连接比较可靠，底板实际上为钢混结构，封底混凝土顶部配有少量钢筋，底板在结构上虽不够明确，但已不同于普通的素混凝土结构；

③封底是干法浇筑的混凝土，封底前钢结构表面可以清洗得很干净，混凝土的握裹力可靠，根据现场实验，极限握裹力最低为 $72t/m^2$，最高达到 $354t/m^2$，远比设计值 $15t/m^2$ 大。

鉴于以上考虑，并经结构验算后，有限制地采用了一次灌注方案。后期大多数承台都采用一次灌注法施工，由于控制严格，没有出过安全问题。海上承台施工采用一次灌注方案还是两次灌注方案，是一种风险决策，应根据情况掌握，关键是不能失控。

四、混凝土套箱

混凝土套箱布置见图 8.1-7，套箱由钢筋混凝土围圈和钢底板组成，顶部安装挡水围堰，套箱内焊接扁担梁(图 8.1-8)，套箱就位后，扁担梁支承并焊接在四根已切平的钢管桩上。混凝土套箱为预制结构，工厂根据现场实测的桩位在钢底板上预留桩位孔。

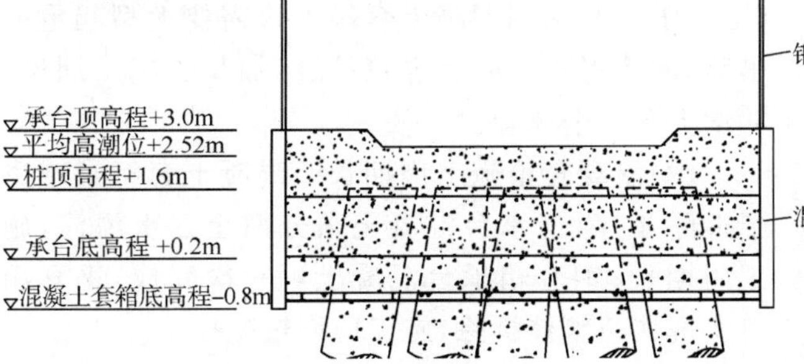

图 8.1-7　混凝土套箱布置

图 8.1-8　混凝土套箱结构

混凝土套箱与钢套箱施工工序主要有以下不同：

(1)为防止混凝土围圈胀裂，承台混凝土必须分两到三次灌注；

(2)混凝土套箱不须拆除。

混凝土套箱顶部的防水围堰，为方便施工，未设水平支撑，因此防水围堰成为结构的薄弱环节，台风期易被风浪损毁(图 8.1-9)。

图 8.1-9　台风期挡水围堰被风浪损坏

五、钢套箱与混凝土套箱的比较

施工初期，对于钢套箱和混凝土套箱有过激烈的争论。某跨海大桥施工中采用混凝土套箱，承台开裂曾十分严重，根据中港三航局大桥项目部“墩台裂缝情况调查汇总表”统计，在浇灌承台混凝土后，该桥外壁出现裂缝的套箱占已浇注套箱的 80%以上，裂缝长 1.0～3.5m，宽 0.20～0.80mm，深度 4～13cm。裂缝的存在严重影响海上承台的耐久性。基于控制承台裂缝考虑，本桥在招标文件中即明确：承台施工采用钢套箱。但是个别施工单位，因为娴熟混凝土套箱的施工工艺，认为混凝土套箱刚度大，不须拆除，可降低施工船舶碰撞承台的几率，有利于施工安全，而坚持采用混凝土套箱。全桥 517 个钢管桩承台施工中，有 117 个采用混凝土套箱，其余均采用钢套箱。通过施工实践，两种套箱的优缺点得到了充分的展示，并得出了明确的结论。

(1)混凝土套箱抗裂性能较差，在套箱内灌注承台混凝土时：初期，由于混凝土的侧压力和升温时体积膨胀，套箱外壁被内压力涨裂；后期，由于混凝土收缩，承台混凝土与套箱混凝土之间容易形成贯穿性的收缩裂缝。为减少侧压力，采用混凝土套箱方案时，承台混凝土必须分多次灌注，而每增加一次灌注，在新老混凝土的界面附近就可能增加一批裂缝。虽通过优化混凝土配合比，开裂情况有所改善，但并未根本解决问题，此类裂缝只好完工后进行修补处理。

(2)混凝土套箱起重设备要求高，不适应浅水区作业。混凝土小套箱自重 186t，需采用 350t 以上的起重船吊装；钢套箱自重 74t(V 标钢套箱重约 50t)，可采用 250t 起重船进行安装。南侧水域 E87～E93 承台，如采用混凝土套箱则需使用 500t 起重船，此区域水深条件不能满足 500t 起重船的吃水要求。采用钢套箱方案，则可用较小的吊船，采用多功能船坐滩施工。E18～E22 墩和 E68 试桩墩，承台长超过 23m(图 8.1-10)，采用混凝土套箱不仅需要大型起重船吊装，而且需要在海上浇筑接缝，加长了施工周期，并增大了安全风险。

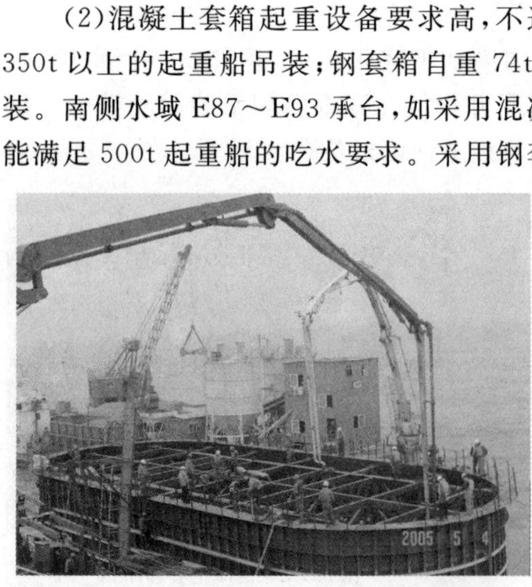

图 8.1-10　引桥最大的钢套箱灌注承台混凝土

(3)混凝套箱施工周期长。混凝土套箱虽减少了拆除工序，但承台混凝土须分两至三次灌注，施工周期长；钢套箱承台混凝土可一次完成，钢套箱可实现快速整体拆除，施工周期短。

(4)混凝土套箱成本高。混凝土套箱不能倒用，运输距离长，需要较大的起重船，综合成本较高;钢套箱则可多次倒用,运距短,降低了工程成本。据初步测算,每个混凝土套箱单价约22万元(包括预制、扁担加工和挡水围堰);每个钢套箱综合单价约13万元(考虑到用4~5次)。

滩涂区承台亦采用钢套箱施工,为了降低工程成本,套箱底采用钢筋混凝土预制板,围圈采用钢结构(图8.1-11)。套箱底板回收困难,采用钢筋混凝土底板无疑是一个经济性较好的方案,但底板安装位置较低,涨潮时易被涌浪破坏,必须迅速连成整体,并与钢护筒固定。

图8.1-11 滩涂区套箱采用钢筋混凝土底板

第二节 海上深水区桥墩施工

一、海上深水区桥墩施工方案

海上深水区桥梁分为低墩区引桥、高墩区引桥和航道桥三部分。低墩区引桥共计474个桥墩,墩高8.56~18.736m。高墩区引桥和南、北航道桥共计96个桥墩,墩身高度15.134~45.535m。

本桥海上桥墩数量很多,大部分桥墩不高,海上作业条件差,从安全、质量和进度考虑,采用预制桥墩是首选方案。与现浇墩身比较,墩身预制方案可大幅度减少海上混凝土制作、浇灌和养护工作,大幅度减少海上船机设备,有利于施工安全和加快工程进度。但此方案成败的关键在于墩身湿接头防腐的可靠性和耐久性。经过反复研究和权衡利弊,认为通过东海桥的施工,预制墩存在的问题已经基本暴露出来了,为研究和解决湿接头耐久性问题提供了条件,为此,低墩区引桥桥墩全部采用预制墩身方案,高墩区和南北航道桥则采用现浇墩身方案。

预制墩研究了以下实施方案。

1. 墩身整体预制方案和墩身分节预制方案

墩身分节预制方案拟对墩身高度大于15m的桥墩,从墩身变截面处分成两节预制,或底节预制,上节现浇。在研究了起吊设备和运输方案后,决定采用整体预制方案:预制桥墩墩高控制在7.37~17.38m范围,质量240~440t。质量300t以下桥墩,采用驳船运输和500t浮吊吊装。300t以上桥墩,采用1 000t固定式扒杆浮吊直接吊运安装。

2. 墩身与承台连接方案

墩身与承台连接方案，按连接方式分为预应力钢筋(图 8.2-1)和普通钢筋(图8.2-2)两类连接，其中预应力筋连接方案又可分为预应力粗钢筋和预应力钢绞线两种方案。以下对三种墩身连接方案分别说明。

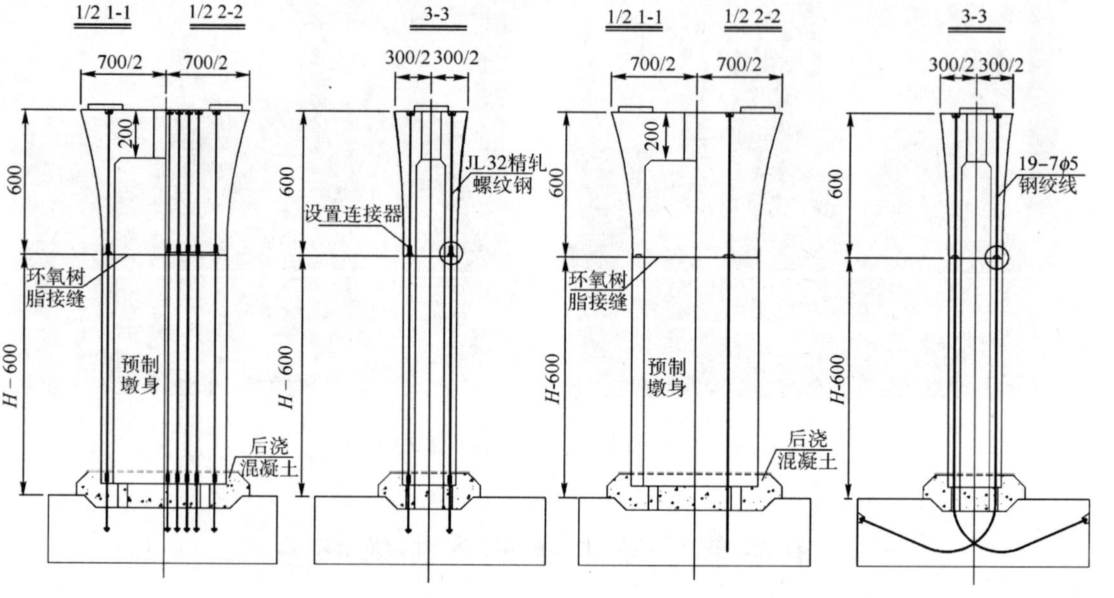

图 8.2-1　预应力钢筋连接方案

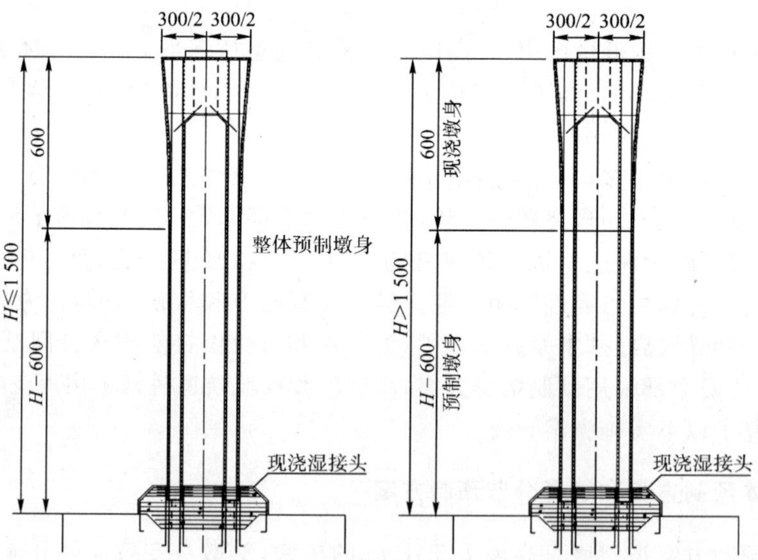

图 8.2-2　钢筋混凝土结构连接方案

(1)粗钢筋连接方案

承台施工时预埋底节粗钢筋，随着预制墩身的施工，利用连接器逐段接长预应力筋，施工中根据需要分批张拉预应力。具体施工步骤如下：

①吊装预制墩身底节段，调整就位；

②连接预应力钢筋和普通钢筋；

③立外模，浇筑底节湿接头混凝土；

④吊装第二节墩身节段，穿预应力钢筋并连接接长；

⑤涂抹接头环氧树脂胶，预制节段落位；

⑥张拉预应力钢筋，压浆。

采用粗钢筋连接的优点是：

①预应力筋连接简单，张拉及锚固施工方便；

②在承台内预埋粗钢筋，定位准确，质量可靠；

③随着墩身节段的安装，可分批张拉预应力；

④单根预应力筋张拉吨位较小，可使墩身受压均匀。

其缺点是：预应力粗钢筋根数较多，连接时上面预制节段需距下面节段一定高度，连接后方能下落就位，施工较繁琐。

(2)钢绞线连接方案

该方案墩身结构同预应力粗钢筋方案，仅预应力体系及预应力钢束布置有所区别。

在预制承台和墩身内预留孔道，待墩身全部吊装就位后穿索，在墩顶张拉锚固，钢绞线束端部锚固于承台侧面。

采用预应力钢绞线连接的优点是：单根钢绞线张拉吨位较大，可减少预应力筋数量，对截面削弱较小，并可减少预应力施工的工作量。

其缺点是：

①预制墩身节段拼装施工期间，墩身节段之间及预制墩身与承台之间无可靠连接，受波浪、大风及施工临时荷载影响，安全性难以保证，需增加临时预应力筋或钢结构相连；

②钢绞线一端锚固于承台侧面，处于水位变化区，需采取可靠的封锚措施，确保锚头部位的耐久性；

③钢绞线在承台范围内弯曲半径较小，穿束较困难，增大了施工难度；

④单根钢绞线张拉吨位较大，对截面施加压力不均匀。

(3)普通钢筋连接方案

桥墩底部与承台连接采用普通钢筋连接方式，预制墩身与承台连接采用湿接头，墩身主筋预留一定长度与承台中的预留钢筋机械连接或搭接，并使现浇混凝土高出承台顶面 1.0m、宽出墩身外缘 1.0m，形成具有一定保护作用的襟座，襟座内采用普通钢筋加强。

预制墩身与现浇段的连接按常规处理，结合面应清理干净、凿毛，并预埋短钢筋。

墩身与承台之间采用现浇混凝土湿接头，普通钢筋连接，避免了复杂的预应力连接构造和接缝处防腐弱点。具体施工步骤如下：

①吊装预制墩身底节段，调整就位；

②连接普通钢筋；

③立外模，浇筑底节湿接头混凝土；

④预制墩身顶面凿毛，并清理干净；

⑤连接普通钢筋；

⑥立外模，浇筑顶节墩身混凝土。

墩身与承台采用预应力筋连接，由于预应力筋面积小，应力高，一旦腐蚀，后果比钢筋混凝土结构严重，在腐蚀环境中预应力筋还存在腐蚀疲劳问题。经综合比较，确定采用普通钢筋作连接结构。

二、预制墩制作、运输和安装

预制墩分布在中引桥和南引桥，中引桥共有266个，高度为7.372～14.793m，横桥向宽6.250m，顺桥向墩底宽2.60m，墩顶宽4.0m，壁厚0.5m；南引桥208个，高度为7.548～17.383m。E01～E06、E17～E22加宽段采用在标准段外侧加设小墩身方案，小墩身横桥向宽4.40m，顺桥向墩底宽2.60m，墩顶宽4.0m，壁厚0.5m；50m梁E86～E93墩身横桥向宽8.625m，顺桥向墩底宽2.60m，墩顶宽4.0m，壁厚0.5m。预制墩墩身最大吊重为457.73t。

(1)墩身预制。预制场(图8.2-3、图8.2-4)包括墩身预制区和出运码头两部分，预制墩身经码头出运到运输船舶上，码头兼顾砂、石料的上岸作业。墩身预制场建在海盐县秦山核电站大件码头北侧，距离大桥约10km。码头与岸线垂直，双栈桥轴线宽为30m，栈桥前沿设预制墩搁置墩，码头前沿下游侧设靠船墩。墩身制作区宽28.5m，长82m，分为两条生产线及一条堆存线，设：预制和存放台座24个；一台460t龙门吊，用于墩身出槽、倒运堆存和装船；两台1 250kN·m的固定式塔吊和两辆25t汽车吊，用于钢筋吊运、模板支立；75m³/h及50m³/h搅拌站各一座，生产能力大于20个墩/月。拖轮将运输驳拖运至出运码头挡内，龙门吊吊运墩身装船，预制墩身固定后驳船驶出码头，由拖轮拖带至安装现场。

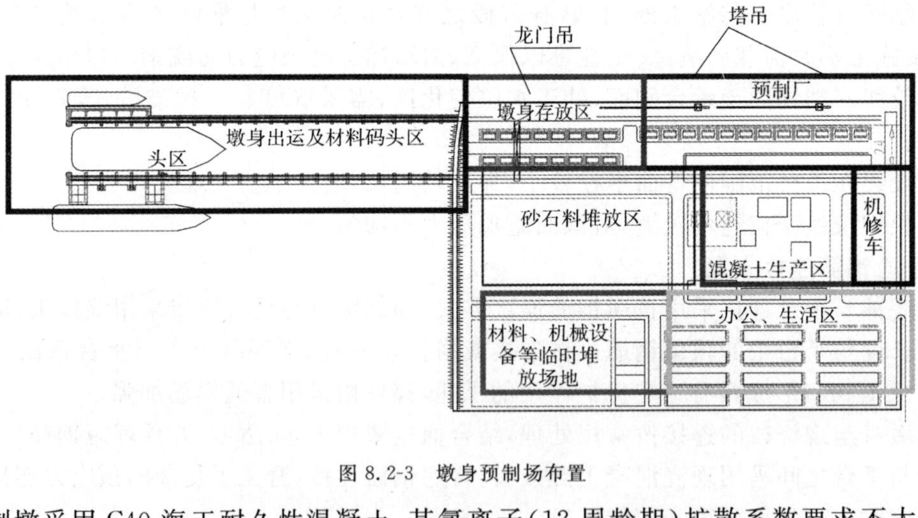

图8.2-3　墩身预制场布置

预制墩采用C40海工耐久性混凝土，其氯离子(12周龄期)扩散系数要求不大于$1.5\times10^{-12}m^2/s$，配合比为：水胶比为0.33，胶凝材料450kg，采用海螺P.II42.5水泥，朱家桥优质矿粉，谏壁电厂I级粉煤灰；每方混凝土粗集料1 026kg，选用宁波青峙5～25碎石，细集料774kg，选用福建闽江优质中砂，外加剂5.4kg，选用南京友西UC—IA；同时加入山西凯翕克阻锈剂。混凝土坍落度为140～180mm。

(2)墩身安装分两种方式：质量 300t 以下墩身，采用 350t 全回转浮吊自行运输安装或驳船运输(图 8.2-5)、500t 浮吊吊装；300t 以上墩身，采用 500t 固定式扒杆浮吊直接吊运安装。墩身的运输应在风力小于 6 级，流速小于 2m/s，波高小于 1.5m时进行。当采用 350t 全回转浮吊时，墩身可直接放在浮吊上运输，每次可装 2 个；采用专门运输船时，根据墩身重量，每次运 2～4 个；采用 500t 固定扒杆浮吊时，直接吊运，每次 1 个。预制墩安装见图 8.2-6。

图 8.2-4　墩身预制场一角

图 8.2-5　预制墩运输

图 8.2-6　预制墩安装

(3)承台上设有导向混凝土支座，墩身安装后搁置在六个混凝土支座上(图 8.2-7)，并将墩身和承台预留钢筋用卡箍连接，以保证预制墩稳定。每个预制墩湿接头现浇混凝土(图8.2-8)为 $43.9m^3$，采用 C40 高性能海工耐久混凝土，要求 84 天氯离子扩散系数小于 $1.5\times10^{-12}m^2/s$。

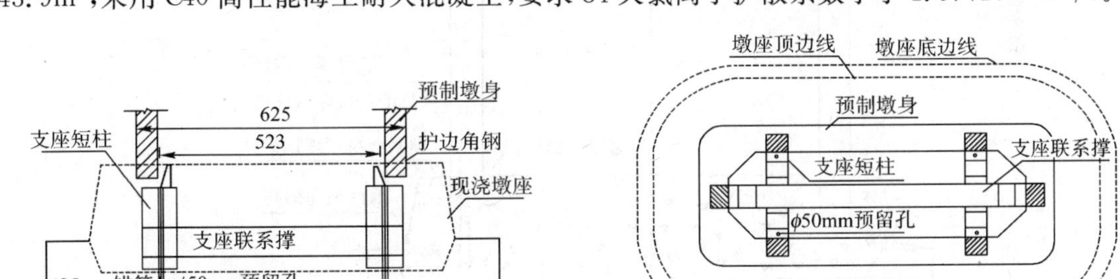

图 8.2-7　预制墩临时支座图(尺寸单位：cm)

(4)预制墩墩顶的支承垫石具有数量多和单个垫石工程量很小的特点，如果在预制墩就位后施工，则有利于调整支承垫石的位置和高度，但海上浇筑支承垫石混凝土将非常麻烦，并且要投入较多的设备。如果支承垫石与墩身都在预制场施工，省去了海上作业，但预制和安装精度要求很高。施工单位选择了墩身与垫石同步预制的方案。从施工情况看，其位置和高程精度尚能满足规范要求。

图 8.2-8　灌注预制墩湿接头现浇混凝土

三、预制墩湿接头裂缝分析与防治

1. 湿接头的裂缝

湿接头主要有两类裂缝：一类由湿接头封闭界面引起的混凝土收缩裂缝，一类是预制墩支承点引起的约束裂缝。导致两类裂缝的主要原因如下。

(1)混凝土收缩产生界面裂缝。如图 8.2-9 所示，湿接头与承台连接为盆腔形结构，预制墩为空心墩，湿接头混凝土与预制墩和承台的接触面 BB 和 CC，极易因新浇混凝土收缩而产生贯通性界面裂缝。这类裂缝直抵墩身和承台的连接钢筋，对结构安全危害甚大。为此，在 AA、BB 和 CC 三处界面上设置了较多的连接钢筋(D、E 和 F)，以防止发生收缩裂缝。

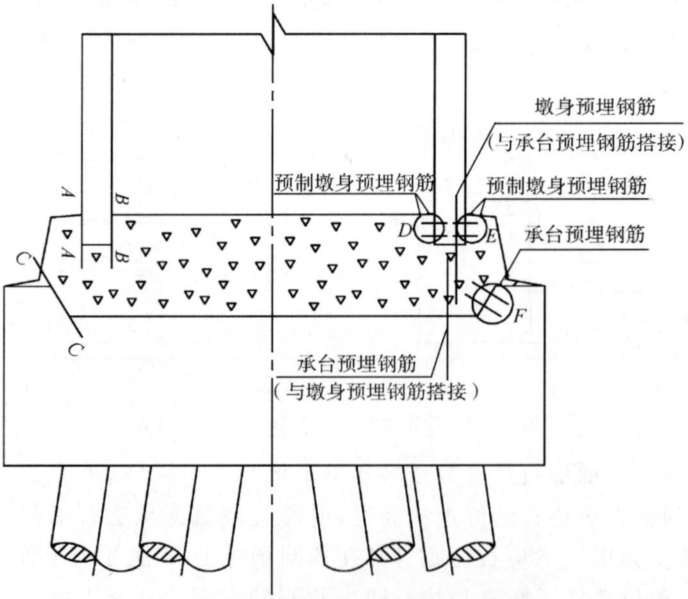

图 8.2-9　湿接头腐蚀通道及连接钢筋示意图

(2)预制墩支点约束裂缝(表面裂缝)。预制墩安装就位后,支承在承台上的六个混凝土支座上,每个支座都成为一个约束,湿接头混凝土相对于这些支座收缩,因此,容易在支座附近形成竖向裂缝。现场发现的表面裂缝与支座位置具有明显的对应关系(图 8.2-10)。这类裂缝是施工中常见的裂缝,所谓湿接头裂缝防治,主要是针对这类裂缝。

《混凝土结构耐久性设计规范》(2006 年 2 月讨论稿)中规定:结构的施工缝与各种连接缝应避开海水水位变动区和浪溅区等部位。湿接头与承台和墩身之间的连接缝是不可避免的,这些施工缝是今后氯离子侵蚀最薄弱的通道。*AA*、*BB* 和 *CC* 的凿毛面如果浮浆较多,承台凹槽区,特别是其周边钢筋密集区,如果清理不好,都会降低湿接头的耐久性。从以上分析可见,湿接头混凝土可能产生表面裂缝和界面裂缝两类裂缝,其中界面裂缝直抵桥墩与承台的连接钢筋,危害最大。

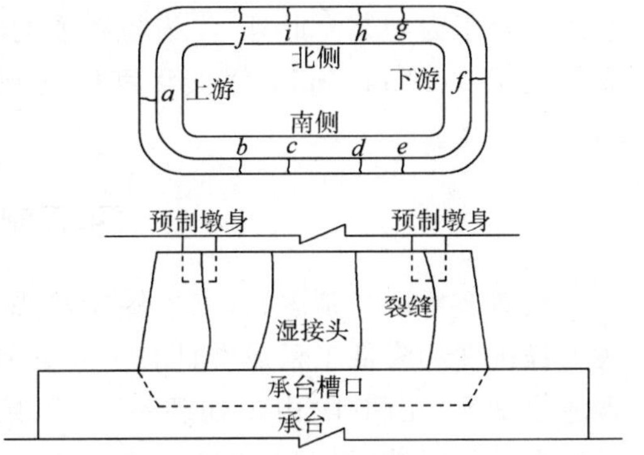

图 8.2-10 湿接头表面裂缝分布图

2. 湿接头表面裂缝的控制

在预制墩施工过程中对湿接头混凝土进行过多次检查,尚未发现过界面裂缝,但表面裂缝一度比较严重,引起业主和施工单位的高度重视,在施工过程中为控制湿接头表面裂缝作出了不懈努力。从 2004 年 10 月 10 日安装第一个墩身到 2006 年 11 月 14 日浇筑最后一个湿接头混凝土,前后经过两年时间。在两年中控制湿接头裂缝,经历了四个阶段。

第一阶段:从 2004 年 10 月到 2005 年 1 月。共施工了 36 个湿接头,混凝土水胶比为 0.30,胶凝材料 450kg/m^3(其中:水泥 135kg,矿粉 180kg,粉煤灰 90kg),混凝土中掺了减水剂、膨胀剂和阻锈剂。刚拆模时只有 2 个墩湿接头没有裂缝,三个月后全部墩出现裂缝。大部分裂缝上下贯通,宽度 0.1～0.2mm。

第二阶段:从 2005 年 1 月到同年 2 月。经试验,采取了以下措施:取消膨胀剂、加密水平钢筋和在混凝土中掺聚丙烯纤维。本阶段共施工了 22 个桥墩,刚拆模时 6 个湿接头未出现裂缝,三个月后全部湿接头混凝土出现裂缝,但裂缝情况比第一阶段有明显好转,裂缝的数量大幅度减少,裂缝的宽度和深度也明显变小。

第三阶段:从 2005 年 2 月到 2005 年 10 月。主要致力于优化配合比,降低混凝土水化热,采取了以下措施:胶凝材料降低到 405kg/m^3,并增加粉煤灰用量,减少矿粉用量;矿粉比表面积由原 660m^2/kg 降到 400m^2/kg;高温季节采用混凝土水化热减低剂。本阶段共施工了 142 个湿接头,拆模时有 99 个未出现裂缝,三个月后仍有 42 个无裂缝,裂缝的数量和宽度比第二阶段有明显减少。

鉴于保护层太厚,第四阶段,在保护层内设置了不锈钢防裂网,并将湿接头拆模时间延长至 14 天。不锈钢型号为 304L,采用 ϕ6 不锈钢钢棒在厂内加工成 5cm×10cm 方格防裂网,防裂网固定在湿接头钢筋外表面,保护层厚 3cm。本阶段共施工 274 个桥墩,刚拆模时只有 4 个湿接头出现裂缝,稳定后无裂缝湿接头共计 229 个,不开裂的湿接头占 83.9%。裂缝数量明显减少,裂缝宽度都在 0.1mm 以内。至此,控制预制墩湿接头的表面裂缝基本取得成功。

3. 湿接头表面裂缝处理

对于湿接头表面上已发现的裂缝，按缝宽逐一进行了处理：宽度小于 0.20mm 的裂缝，凿成 V 形槽，用环氧树脂类或聚氨酯类丙烯、酸盐类材料封闭；宽度大于 0.20mm 的裂缝，采用上述材料压力灌浆。此外，作为防腐蚀的附加措施，在湿接头表面浸渍硅烷，要求吸水率平均值不大于 0.01mm/min，浸渍深度应达到 3～4mm，氯化物吸收量的降低效果平均值不小于 90%。

四、预制墩湿接头构造讨论

在海上桥墩特别多、施工条件非常恶劣的情况下，采用预制桥墩方案对减少海上作业、加快工程进度和降低工程成本具有十分重要的意义。但预制墩湿接头混凝土处在腐蚀条件最恶劣的浪溅区，在国外，由于处理不当，湿接头混凝土受海水长期侵蚀，引起结构严重损坏的实例屡见不鲜。本桥经过不断地试验和改进，控制湿接头的表面裂缝取得了初步成功，但部分湿接头仍须进行裂缝修补处理。根据本桥经验，对于类似工程，预制墩接头构造宜作以下改进。

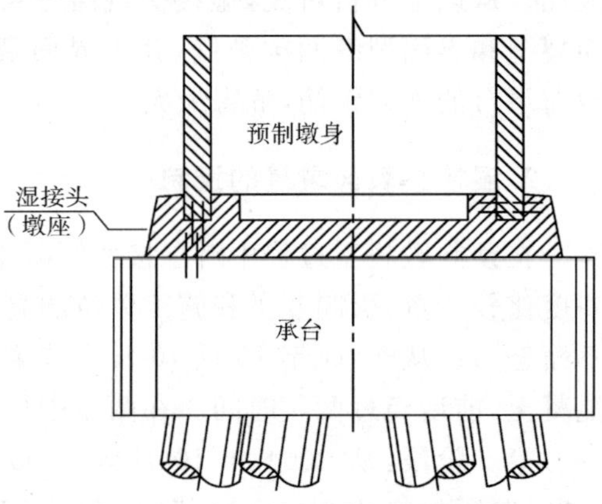

图 8.2-11　湿接头构想

(1)为消除因混凝土收缩而引起的界面裂缝，应避免在封闭的空腔内灌注混凝土。如图 8.2-11，湿接头宜按墩座设计，取消承台上湿接头凹槽，预制墩内部空腔避免采用实体混凝土填充。

(2)墩身处于受力状态，长时间承受反复应力的作用，容易引起墩身与湿接头界面开裂，从而形成腐蚀通道。因此，应加强预制墩底部与墩座混凝土的连接，严格执行凿毛和表面清理的工艺要求，加强连接钢筋；墩座表面增设不锈钢防裂网片。

(3)接头区所有钢筋宜用耐腐蚀的环氧钢筋。

第三节　海上高墩施工

本桥现浇墩身(图 8.3-1)主要分布在南、北航道桥和航道桥两侧的高墩区，最高墩墩高 45.535m，墩身上部 6m 顺桥向按圆曲线变化，下部为等截面直线段。墩身为矩形截面实心墩，左右幅分离，横桥向宽 8.25m，顺桥向墩底宽 2.6m，墩顶宽 4.0m，圆倒角半径为 0.5m。采用 C40 海工耐久混凝土。海上高墩施工的主要问题是防风。

为减少海上作业，现浇墩单节浇筑高度定为 10m(个别节段达到 13m)，由于节段较高，模板重，需配备大型塔吊或浮吊配合施工，由于台风期塔吊转移或加固难度大，因此，选择浮吊作为海上现浇墩身的吊重设备。

墩身模板按拉捍不穿过墩身截面设计，结构形式见图 8.3-2 和图 8.3-3。

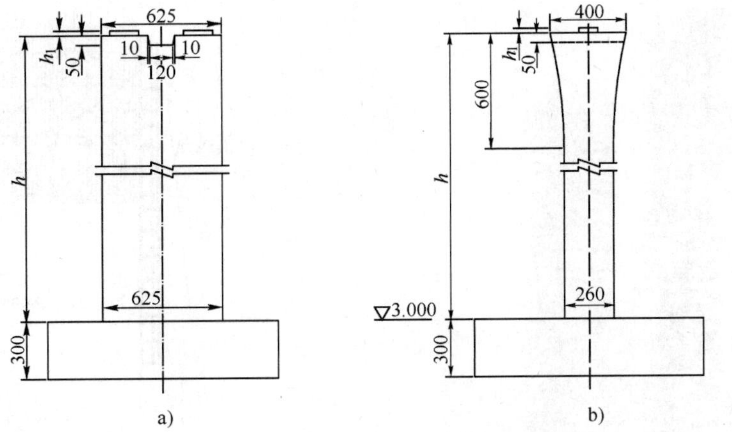

图 8.3-1　现浇墩身构造图(尺寸单位:cm)

a)立面;b)侧面

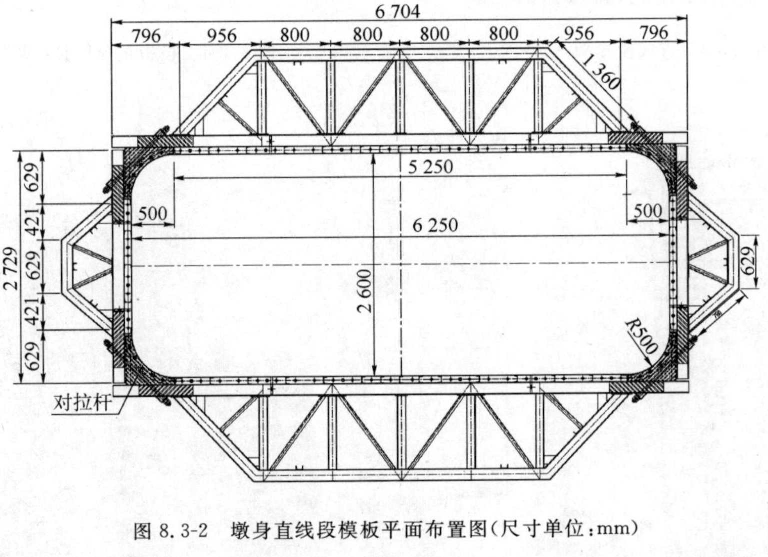

图 8.3-2　墩身直线段模板平面布置图(尺寸单位:mm)

模板抗风设计见图 8.3-4,主要依靠加长下层模板,并使之与已浇筑的墩身牢固连接来承受风力,同时用抗风缆加固模板。由于模板节段长,重量大,高空风大,为便于立模和绑扎钢筋,采用劲性骨架施工(图 8.3-5)。

墩身混凝土为 C40 海工耐久混凝土,在高程 10.2m 以下(浪溅区)的混凝土中水泥用量占胶凝材料的 30%,粉煤灰占胶凝材料的 40%,矿粉占胶凝材料的 30%。在高程 10.2m 以上的混凝土中水泥用量占胶凝材料的 40%,粉煤灰占胶凝材料的 30%,矿粉占胶凝材料的 30%。为了防止表面产生干缩裂缝,在墩身模板拆除后喷洒养护剂进行养护。根据海上施工现场的实际情况,2~3 天后再次补喷养护剂,以加强表面持续养护的时间及效果。杭州湾海域冬季温度很低,并且海上风大,在两者共同作用下,墩身表面散热很快,容易导致墩身圆倒角处混凝土开裂。因此,冬季施工时,应避开寒潮,选取温度较高时段拆模;模板拆除后,即时喷洒养护剂,在墩身外围挂围帘,对新浇混凝土进行保温、保湿养护。

图 8.3-3　直线段模板

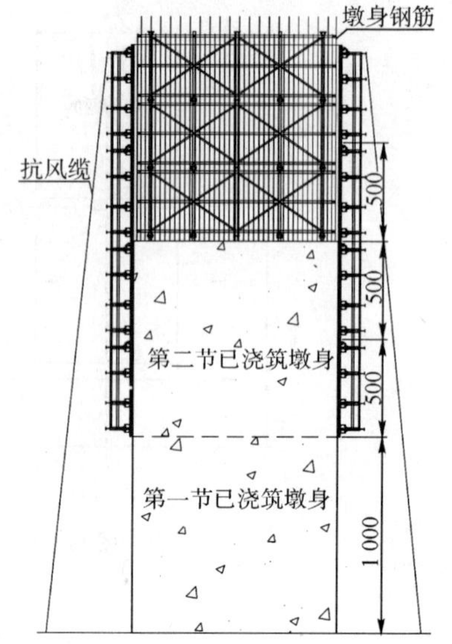

图 8.3-4　模板抗风设计(尺寸单位:cm)

图 8.3-5　现浇墩采用劲性骨架施工

· 第九章 ·

70m混凝土箱梁整体预制和海上运输、架设

第一节　引　　言

海上深水区引桥均采用跨度70m先简支、后连续的预应力混凝土箱梁，共540片，分布长度18.27km，单梁自重2 200t。70m箱梁采用C50海工耐久混凝土，共计混凝土约46万m^3。箱梁在预制场整体预制，采用2 500t和3 000t两艘运、架一体船吊装。

1998年秦沈客运专线在国内率先采用大型预应力混凝土双线铁路箱梁，预制箱梁最大跨度为24m，质量达570t；原位制梁的最大跨度为32m，重约900t。东海大桥的箱梁为60m和70m两种，最大质量约2 000t，其制梁规模和施工方法与本桥基本接近。国外，整孔预制箱梁的跨度一般不超过50m，更大跨度的箱梁，多采用先预制节段，在码头组拼成整体后再进行吊装的方案。

本桥70m箱梁制梁、运梁和架设涉及一系列新材料、新工艺和新设备，主要研究的问题有：预应力混凝土桥梁结构采用海工耐久混凝土，在国内尚处于起步阶段，对其性能无充分了解；70m箱梁为世界上最大的整体预制箱梁，许多工艺问题，尤其是早期开裂问题需要研究解决；重型箱梁场内搬运和海上运、架设备的研制等。上述每一个问题都涉及总体方案的成立与否。

第二节　C50海工耐久混凝土配合比和性能研究

一、主要性能指标

70m箱梁采用C50海工耐久混凝土，每片梁混凝土830m^3，采用整体连续浇筑工艺。为满足结构和施工要求，对混凝土性能提出以下要求。

(1)优良的工作性能。具有较高的流动性，并能长时间保持较高的流动性，不离析、不泌水。

(2)高耐久性。包括高抗渗性、耐腐蚀性等。

(3)体积稳定性好，体积变形小，混凝土结构不易开裂。

为此，提出以下技术指标。

(1)混凝土84天龄期的氯离子扩散系数(RCM法测定)$\leqslant 1.5\times10^{-12}m^2/s$。

(2)最大水胶比0.33，胶凝材料最低用量450kg/m^3。

(3)满足C50混凝土力学性能指标，并要求4～6天抗压强度达到设计强度的85%以上，弹性模量达到设计值的80%以上，以满足张拉工艺的要求。

(4)混凝土出搅拌机时的坍落度为 180～220mm；出机 2h 后的坍落度≥140mm；初凝时间不小于 10h；混凝土含气量宜控制在 4%～6%，压力泌水率＜40%。

二、材　料

混凝土配合比实验采用浙江三狮牌 P.II42.5 型硅酸盐水泥，水泥物理力学性能见表 9.2-1。

水泥物理力学性能　　表 9.2-1

检测项目	Cl^- 含量（%）	C_3A 含量（%）	比表面积（m^2/kg）	凝结时间（h:min）		抗折强度（MPa）		抗压强度（MPa）		安定性
				初凝	终凝	3天	28天	3天	28天	
国标要求	＜0.03	6～12	＞300	≮0:45	≯6:30	≮4.0	≮6.5	≮22.0	≮42.5	合格
实测值	0.001	7.8	383	1:50	3:00	6.9	9.6	34.3	57.2	

粗集料采用宁波北仑青峙第一石料场产 5～25mm 碎石，其主要性能见表 9.2-2 和表 9.2-3。从表可知，属于 I 类碎石。

碎 石 颗 粒 级 配　　表 9.2-2

筛孔尺寸(mm)	31.5	26.5	16.0	4.75	2.36
规范要求(%)	0	0～5	30～70	90～100	95～100
累计筛余(%)	0	0	38	100	100

碎石的物理化学性质　　表 9.2-3

检测项目	表观密度（kg/m^3）	堆积密度（kg/m^3）	空隙率（%）	含泥量（%）	泥块含量（%）	SO_3 含量（%）	针片状含量（%）	压碎指标（%）
规范要求	＞2 500	＞1 500	＜47	≤0.5	≤0.25	＜0.5	＜15	≤10
实测值	2 590	1 530	41	0.4	0	0.04	7	6

细集料采用福州闽江中砂，经检验，砂的细度模数为 2.4，属于 II 类中砂，颗粒级配见表 9.2-4，砂子的其他性能指标见表 9.2-5。由表可知，该砂为 II 类砂，并且无碱活性。

砂 颗 粒 级 配　　表 9.2-4

筛孔尺寸(mm)	9.5	4.75	2.36	1.18	0.60	0.30	0.15
规范要求(%)	0	0～10	0～25	10～50	41～70	70～92	90～100
累计筛余(%)	0	0	2	10	42	90	96

砂的物理化学性能　　表 9.2-5

检测项目	表观密度（kg/m^3）	堆积密度（kg/m^3）	空隙率（%）	含泥量（%）	泥块含量（%）	SO_3 含量（%）	Cl^- 含量（%）	碱活性（快速碱硅酸反应，%）
指标要求	＞2 500	＞1 350	≤47	＜2.0	＜0.5	＜0.5	≤0.02	＜0.10
试验结果	2 590	1 520	41	0.94	0	0.2	0.012	0.06

粉煤灰采用镇江谏壁电厂生产的苏源牌 I 级粉煤灰和九江电厂三期工程 II 级粉煤灰，经检测其性能符合《杭州湾跨海大桥专用施工技术规范》要求，检测值见表 9.2-6。

粉煤灰性能　　表 9.2-6

检测项目		细度(%)	需水量比(%)	烧失量(%)	含水量(%)	三氧化硫(%)	氧化钙含量(%)
国标要求	I	≤12	≤95	≤5	≤1	≤3	—
	II	≤20	≤105	≤8	≤1	≤3	—
	III	≤45	≤115	≤15	—	≤3	—
专用规范		—	≤100	≤8	—	≤2	—
镇江谏壁电厂		0.38	88	1.42	0.12	0.46	3.44
九江电厂三期工程		14.81	98	2.73	0.02	0.22	4.52

试验采用安徽朱家桥水泥厂产矿渣粉，其性能指标见表 9.2-7。

矿粉性能　　表 9.2-7

产地及型号	比表面积(m^2/kg)	流动度比(%)	密度(g/cm^3)	含水量(%)	烧失量(%)	SO_3(%)	活性指数(%)	
							7天	28天
安徽朱家桥水泥厂	432	110	2.88	0.02	1.76	0.10	75	100
专用规范	360～440	—	—	—	≤5	—	—	—
GB/T 18046—2000	≥350	≥85	≥2.8	≤1.0	≤3.0	≤4.0	—	—

外加剂分别选用上海麦斯特建材有限公司产 Glenium C322 缓凝高效减水剂、苏博特新材料有限公司生产的 JM—PCA(I)混凝土超塑化剂和南京友西科技有限责任公司产 UC—IA 型新一代高性能高效减水剂。它们的主要成分为聚羧酸反应型高分子聚合物，具有非引气、超塑化、高效减水和增强、低收缩等功能，产品性能符合国标《混凝土外加剂》(GB 8076—1997)(高效减水剂)一等品指标。

三、海工耐久混凝土配合比及性能研究

为研究海工耐久混凝土的性能和优选混凝土配合比，按耐久性理念设计了 27 种配合比，其中：编号 Hp1 组为不掺粉煤灰和矿渣粉的普通混凝土，作为对比组；编号 Shp5 组的性价比最高，为优选组。Hp1 和 Shp5 配合比列于表 9.2-8。与普通混凝土(Hp1)比，海工耐久混凝土(Shp5)具有水胶比低(0.32)和大比例(61%)添加矿物掺和料的特点。

混凝土配合比设计参数表　　表 9.2-8

试验编号	设计参数					每 m^3 混凝土材料用量(kg/m^3)						
	水胶比	砂率	粉煤灰掺量(%)	矿渣粉掺量(%)	外加剂品种及掺量(%)	水泥	粉煤灰	矿渣粉	砂	石	水	外加剂
Hp1	0.37	0.42	0	0	JM—PCA(I) 1.3	459	0	0	753	1 041	168	6.97
Shp5	0.32	0.41	10	45	JM—PCA(I) 1.0	212	47	212	724	1 041	150	4.72

根据试验结果，海工耐久混凝土（Shp5）和普通混凝土（Hp1）性能主要有以下区别。

（1）抗氯离子渗透性能（图 9.2-1）。由于高效减水剂、粉煤灰及磨细矿渣粉本身的减水作用和孔隙填充效果，使混凝土的水胶比大大降低，从而提高了混凝土的密实性。不掺粉煤灰和矿渣粉的普通混凝土（Hp1）84 天龄期的 Cl^- 扩散系数为 1.88×10^{-12} m^2/s；而掺了粉煤灰和矿渣粉或硅灰的海工耐久混凝土 28 天龄期的 Cl^- 扩散系数即达（0.85～1.61）$\times10^{-12}$ m^2/s，84 天龄期的 Cl^- 扩散系数为（0.42～0.65）$\times10^{-12}$ m^2/s，仅为前者的 1/3 ～1/4。试验表明大比例掺粉煤灰和矿渣粉的海工耐久混凝土具有优越的抗氯离子侵蚀性能。

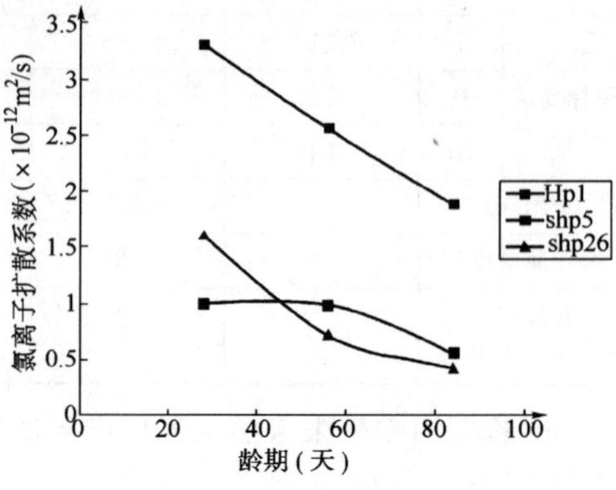

图 9.2-1 Cl^- 扩散系数试验结果

（2）降低了混凝土的收缩和徐变（图 9.2-2）。从混凝土 180 天龄期的收缩、徐变试验结果可以看出，掺粉煤灰和磨细高炉矿渣粉的海工耐久混凝土与普通混凝土相比，180 天徐变值 Shp5 比 Hp1 降低 61%～64%，收缩值前者仅为后者的 61%。使用海工耐久混凝土，有利于减少由混凝土收缩和徐变引起的预应力损失，有利于减少对桥梁线形的影响。

（3）混凝土早期强度下降（图 9.2-3）。从一系列混凝土的配合比试验来看：矿渣、粉煤灰掺量增加，混凝土早期强度会明显下降（但 10 天的强度与普通混凝土相近，28 天的强度比普通混凝土高）；而减少矿物掺和料会降低混凝土的耐久性，两者对于混凝土是相互矛盾的，必须找到一个平衡点，兼顾早期强度和耐久性两项指标。

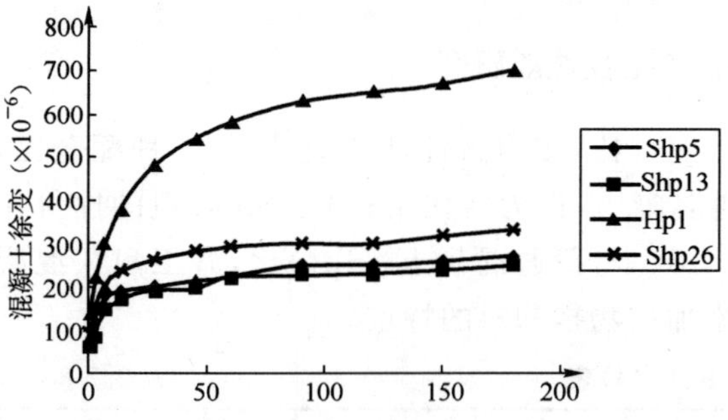

图 9.2-2 混凝土徐变对比图

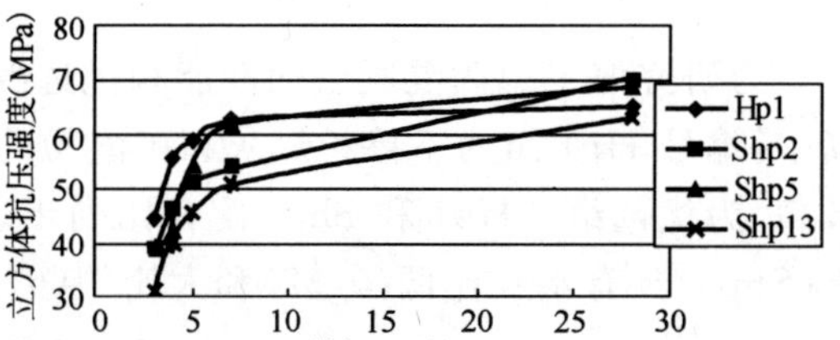

图 9.2-3 混凝土立方体抗压强度与龄期关系

经优选推荐的混凝土配合比，满足 C50 混凝土的力学性能指标，混凝土浇筑入模时的坍落度为 160～200mm，初凝时间大于 8h，含气量≯4%，压力泌水率＜40%，具有较好的工作性能。采用平板试件进行混凝土抗裂性测试，其早期抗裂评定等级为Ⅰ级。海工耐久混凝土是混凝土结构耐久性的基本保证，其优秀的工作性能和抗裂性能对保证混凝土的浇灌质量和防止箱梁早期裂缝均具有重要意义。

第三节 大型箱梁早期防裂研究

70m箱梁由于形体大、混凝土强度高、水胶比低、胶凝材料用量多以及施工季节的影响等，极易发生早期裂缝。常见的早期裂缝分为两类：一类为在浇灌混凝土几小时内产生的裂缝，称塑性裂缝或龟裂，桥面板面积大(1 100m²)，养护不及时或覆盖不严密，最易产生此类裂缝；另一类是由水化热引起的裂缝，叫热应力裂缝。大型箱梁施工主要防止发生上述两类早期裂缝。

一、箱梁混凝土水化热温度场研究

为了研究箱梁在浇筑混凝土后，水化热的变化规律和温度分布情况，分别在冬季和夏季对箱梁水化热温度场进行了监测，同时用相关软件对混凝土入模后各个时段的温度场进行了仿真分析。

70m箱梁为单箱单室截面(图9.3-1)，顶宽15.8m，底宽6.25m，梁高4.0m。主梁两侧各悬臂3.9m。底板厚度为25cm，支点两侧附近局部加厚至40cm(65cm)。腹板跨中厚度为50cm，支点10m范围内增大至70cm。为研究梁内温度变化规律，选取中梁A、B、C、D四个截面进行温度监测(图9.3-2)，主要监测结果简述如下。

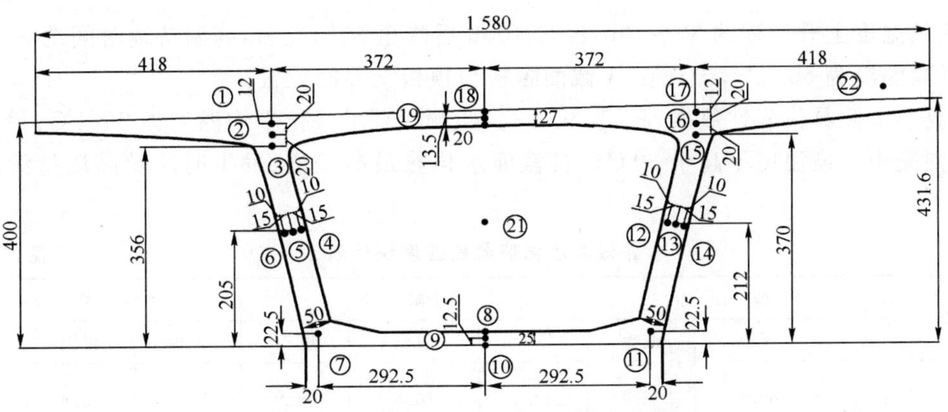

图9.3-1 标准截面构造及测点布置图(尺寸单位：cm)

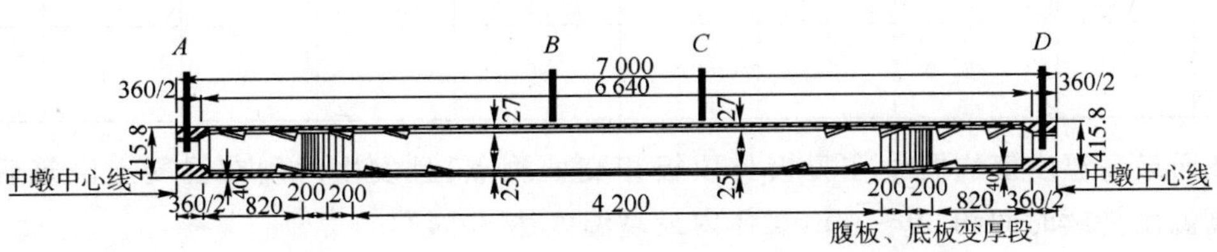

图9.3-2 70m预制箱梁温度监测截面(尺寸单位：cm)

(1)冬季监测具代表性数据列于表9.3-1。监测时环境昼夜平均温度为16.8℃，最高温度为21.9℃，混凝土入模温度不高于15℃。各截面水化热最高温度及发生时间见表9.3-1，高温持续时间(按 0.85 倍实测最高温度计算)见表 9.3-2。

箱梁混凝土冬季水化热最高温度及出现时间　　表 9.3-1

类　别		A 截　面	B 截　面	C 截　面	D 截　面
水化热最高温度(℃)	底板	40.8	21.8	29.5	33.3
	腹板	56.8	47.1	46.1	52.3
	顶板	36.8	29.7	27.4	36.0
水化热最高温度出现时间(h)	底板	30	31	23	28
	腹板	41	39	39	39
	顶板	30	28	30	27

箱梁混凝土水化热高温持续时间(单位:h)　　表 9.3-2

类　别	A 截　面	B 截　面	C 截　面	D 截　面
底板	43	39	37	39
腹板	44	40	37	41
顶板	38	33	33	35

水化热温度上升过程约 30～40h,经过 100h 后降至 25℃左右,高温持续时间约 30～40h,梁体内最高温度为 56.8℃,出现在 A 截面腹板与顶板交界的位置。

(2)夏季监测具代表性数据列于表 9.3-3。监测时环境昼夜平均温度为 26.1℃,最高温度 34.2℃,混凝土入模温度不高于 30℃。各截面水化热最高温度、发生时间及高温持续时间见表 9.3-3。

各截面水化热最高温度统计表　　表 9.3-3

类　别	A 截　面			B 截　面			C 截　面		
	顶板	腹板	底板	顶板	腹板	底板	顶板	腹板	底板
最高温度(℃)	73.3	80.4	71.1	52.5	70.4	54.9	59.0	79.4	70.6
出现时间(h)	32	30	30	36	32	28	32	36	28
持续时间(h)	30	36	34	32	30	36	28	34	34

各截面最高温度值均发生在腹板与顶板相交处测点,且发生时间在混凝土浇筑后 30～36h,最高温度持续时间约 30～36h,梁体内最高温度达 80.4℃。

根据监测结果,可初步了解箱梁水化热温度场有以下规律。

(1)环境温度对水化热过程及温度峰值影响很大。冬季施工与夏季施工温度场比较见表 9.3-4。由表知,夏季施工水化热峰值发生时间提前约 10h,温度提高约 15℃,最高温度达 80.4℃。

箱梁水化热期间温度情况比较表 表 9.3-4

类 别	冬季低温普通养护条件下	夏季高温普通养护条件下	类 别	冬季低温普通养护条件下	夏季高温普通养护条件下
最高温度(℃)	55.8	80.4	出现时间(h)	41	30
相对温差(℃)	36.6	49.6	持续时间(h)	44	36

可见环境温度对箱梁水化热温度场影响很大，环境温度越高，水化热引起的温度越高，高温季节混凝土更容易产生裂缝。混凝土内部温度过高，不仅容易产生温度裂缝，而且会降低混凝土的性能，夏季实测温度已超过规范的限值 75℃，因此必须采取降温措施。

(2)各截面最高温度值均发生在腹板与顶板相交处测点，夏季最高温度 A 截面为 80.4℃，B 截面为 70.4℃，C 截面为 79.4℃。A 截面板厚最大，C 截面次之。B 截面为标准截面，板厚最小。温度分布表明，构件的厚度对水化热温度场的影响很大，构件越厚，水化热温度越高，高温持续时间也越长。

(3)监测表明，箱梁在沿腹板厚度方向的温度梯度相对不大，对于截面尺寸较厚的梁端截面，水化热期间同时刻温度最大差值在 15℃以内，对于较薄的标准截面，温度差值在 4℃以内，这说明早期裂缝主要不是由于截面温度梯度过大产生的。温度变化时，箱梁体积发生变化，但受到模板、锯齿块和变截面等约束，会在梁内产生约束应力。升温阶段，箱梁纵向伸长受到约束，梁体处于受压状态，但由于混凝土尚处于塑性阶段，因此压应力很小。降温阶段，箱梁处于纵向受拉状态，此时混凝土弹性模量已相对较大，拉应力可能超过混凝土当时的抗拉强度。研究表明，此项拉应力是箱梁发生早期裂缝的主要原因。

二、控制早期裂缝的措施

(1)降低混凝土的发热量

海工耐久混凝土的胶凝材料中掺入了大量的矿物掺和料，有利于降低拌和物的水化热，据测定：粉煤灰的水化热 7 天约为水泥的 1/3，28 天约为水泥的 1/2。但并非掺入矿物掺和料后一定会降低胶凝材料的水化热，如果矿物掺和料粒径过细，可能适得其反。海工耐久混凝土主要通过掺和料技术来实现其耐久性要求，因此并不需要大幅度提高混凝土的设计等级来保证其耐久性，当耐久性满足要求时，混凝土强度一般也会满足要求。为此，在胶凝材料中：不使用早强、水化热较高和 C_3A 含量高的水泥；不强调矿物掺和料对强度的贡献，较粗的矿渣粉（比表面积 360～440m^2/kg）更有利于对氯离子的长期控制作用，矿渣粉过细将明显增大拌和物的水化热、收缩和黏度。所以，在满足施工要求的情况下，应尽可能地采用颗粒较粗、而玻璃体含量较高的矿粉产品，这是海工耐久混凝土设计的基本原则之一。

夏季施工中降低混凝土的入模温度，是降低水化热最有效的手段。研究表明，如果把混凝土的入模温度降低 10℃，可降低其开裂时的应变 10%～15%。而降低混凝土入模温度的有效方法是降低水泥、水和集料的温度。

(2)加强养护

防止混凝土开裂的一个重要原则是要尽量长时间地保持混凝土的湿润状态，尽量降低结构与环境的温差，避免干缩，使混凝土能够增长强度，以抵抗开裂应力。冬季施工中，混凝土养护的重点是保温和防风，当混凝土灌注完成、端模脱出后应立即采取防风、保温、保湿措施。夏季施工，主要加强对混凝土表面的保湿工作。桥面板面积很大，极易因覆盖不好，发生龟裂，在收浆后要及时用土工布严密覆盖，并不间断洒水养护。为避免箱梁发生早期裂缝，养护是一个非常重要的环节。

(3)在混凝土处于低强度时，对箱梁施以低压应力，是防止混凝土早期开裂的有效措施

灌注混凝土 30～40h 后，箱梁温度升到最高值，随后进入降温阶段，箱梁体积开始收缩，尽早张拉部分预应力索，使梁体纵向处于低压应力状态，可有效地防止箱梁混凝土早期开裂。为达到上述目的，遵循以下原则确定初张拉的索号、索数和张拉力：

①在选择张拉索时，尽量使箱梁接近轴向受压状态(最小弯矩原则)，压应力水平控制在 1.0MPa 左右 ；

②初张拉应在拆除内模后立即进行，所施加的预应力应能克服作用于底模的摩擦力和黏结力；

③锚下应力应满足当时混凝土的强度要求；

④初张拉时混凝土的强度不低于 C25，弹性模量不低于 19.8GPa，张拉力按设计索力的 30%控制；

⑤在混凝土强度达到设计强度 85%，弹性模量达到设计值 80%后，按常规对全部纵向索(包括已初张拉的索)进行张拉。

从上述说明中可见，初张拉只是预防从脱内模到正式张拉时段箱梁发生裂缝，初张拉是暂时性的，而且应力水平很低，对预应力损失和线形无影响。现场实测显示，混凝土浇筑 30h 后跨中截面腹板和顶板交接处温度达到峰值，开始降温后，在 30～48h 时段内降温梯度较大，此处开始出现拉应力。初张拉后，跨中顶板及底板均显示有 1～1.2MPa 的压应力，与预计值基本相符。

上述防止混凝土早期开裂措施：选择水化热低、抗裂性好的混凝土配合比，根据环境温度进行混凝土施工和养护，以及在混凝土降温阶段适时进行初张拉等，为 70m 箱梁整体预制打下了基础，避免了大型箱梁早期开裂。其中，在混凝土低强时初张拉部分索的防裂技术，是本桥的一项创新。

第四节 70m 箱梁整体预制

一、预制场规划

预制场(图 9.4-1)设于海盐县南抬头闸，距桥中线约 10km，占地约 16 万 m^2。场内设混凝土工厂一座，制梁台座 8 个，存梁台座 24 个，出海码头一座(图 9.4-2)，及配套的龙门吊机、搅拌运输车、输送泵和布料机等。每个台座位生产周期为 10 天，月计划制梁 24 片。

图 9.4-1　海盐 70m 箱梁预制场规划图

图 9.4-2　箱梁预制场出海码头

二、70m 箱梁整体预制工艺

大体积混凝土箱梁整体灌注，必须解决以下问题：

(1)要求混凝土便于泵送，和易性好，并有足够的生产能力；

(2)模板系统必须一次安装到位，否则会因模板拼接导致不得不采用分多次灌注；

(3)钢筋网整体预扎、吊装，且必须解决好顶板钢筋与腹板钢筋的搭接问题；

(4)必须解决好混凝土下料与振捣困难的问题。

为提高生产效率和保证工程质量，70m 箱梁整体预制主要采取了以下技术措施。

(1)采用整体钢模板

本桥 70m 预应力混凝土箱梁预制采用整体钢模板，模板由底模、侧模、内模和端模组成；底模固定于制梁台座，侧模(图 9.4-3)不设拉杆，通过千斤顶收放立模和脱模，并可沿轨道在两个台座之间移动倒用。

内模采用全液压折臂式收缩系统，安装时先在台座上预拼成长 70m、重 220t 的整体，然后用 2 台 120t 的龙门吊吊装到位(图 9.4-4)。内模由八个节段组成，收缩最小时模板与混凝土面之间间隙每侧仅为 3.5cm。拆除内模时用卷扬机分节退出(图 9.4-5)。钢模刚度大，整体化程度高，对保证箱梁结构尺寸准确，缩短制梁周期，发挥了重要作用。

图 9.4-3　整体外模

图 9.4-4　内模整体吊装

图 9.4-5　内模分节退出

(2)钢筋网整体吊装

每片箱梁的钢筋及各种预埋件、预应力体系重达 200t,在钢筋预制台座上将底板、腹板钢筋和桥面板钢筋分成两个单元绑扎成整体,然后通过特制的吊具整体吊装入模(图 9.4-6 、图 9.4-7)。钢筋网整体吊装不仅大大提高了工效,改善了工作条件,而且解决了在模板内扎钢筋可能遗留焊渣,从而影响混凝土耐久性的问题。

图 9.4-6　腹板和底板钢筋整体吊装入模

图 9.4-7　整体吊装顶板钢筋

(3)箱梁整体连续浇筑工艺

箱梁整体连续浇筑是建立在混凝土优秀的工作性能、早期裂缝得到有效控制、强大的生产能力和周密的施工工艺的基础之上。箱梁混凝土浇筑按照“底板、腹板倒角处→腹板→底板→

顶板，从两端向中间”的原则（图 9.4-8），从箱梁两端向中间对称布料，采用水平分层（分层厚度不大于300mm）、斜向分段（工艺斜度为1∶4～1∶5）的工艺进行整体连续浇灌。

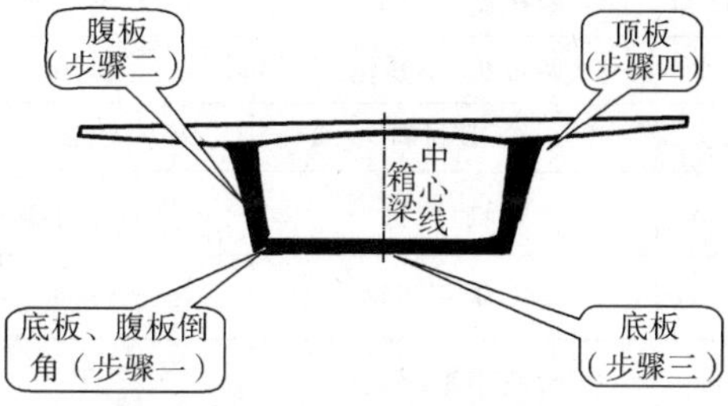

图 9.4-8　箱梁混凝土浇筑顺序图

混凝土生产能力为 200m^3/h，配置 8 台 8m^3 的搅拌运输车，4 台 80m^3/h 的输送泵，4 台全液压全回转折臂式布料机。每片箱梁 830m^3 混凝土在 8h 左右完成，确保在混凝土初凝前（约为 8～12h）浇筑完毕，箱梁混凝土施工见图 9.4-9。

（4）采用大跨度振动桥进行桥面收浆（图 9.4-10）

箱梁顶板宽 15.8m，面积达 1 100m^2，采用特制的振动桥（专利号：ZL 98242906.1）进行桥面收浆。它适应各种坡度与平整度的要求，可在短时间内完成收浆抹面作业，有效地避免了桥面施工中的一些质量通病。

图 9.4-9　浇筑箱梁混凝土

图 9.4-10　桥面收浆抹平

第五节　箱梁场内搬运

70m 箱梁重 2 200t，在预应力索张拉完成以后，由制梁台座横移到存梁台座存放，再经纵移和横移后由码头出运。箱梁在预制场内短距离横移采用滑移方案，长距离纵移采用轮轨方案。

一、箱梁场内横移

70m 箱梁体积大、重量重，运输难度大，运输要求高，为解决箱梁横移问题安排了多种摩擦副及其横移设备的实体试验，试验结果见表 9.5-1。

横移摩擦副实体试验结果表　　表 9.5-1

序号	摩擦副（上/下）	介　质	承载应力（MPa）	μ	备　注	结　论
1	MGB/不锈钢	黄油掺机油	7.8	0.050	有导向	消耗小
2	不锈钢/ MGB	黄油掺机油	14.6	0.085	无导向	易走偏

续上表

序号	摩擦副(上/下)	介　质	承载应力(MPa)	μ	备　注	结　论
3	四氟板/不锈钢	机油	14.6	0.09	有导向	蠕变大、不成功
4	COB材料	机油	14.6	0.08	有导向	易碾碎、蠕变大
5	钢轨/钢轨	黄油掺石墨粉	30	0.14	有导向	成本高、水平力大
6	MGB/不锈钢	机油	14.6	0.068	有导向	消耗大
7	辊轮小车/钢板	干	50	0.03	无导向	易走偏

以上移动均用水平千斤顶作为动力，优点是运行平稳，缺点是速度慢。从表 9.5-1 中可以看出，第 7 方案摩擦副摩擦系数最小，但易走偏，如果加上导向装置，应是一种很好的移运方式，用此方法移运了近 20 片箱梁，但最后受改制周期和时间的限制，没有继续试验和使用。

第 1 方案摩擦系数次之，为最后选用的方案。横移用 MGB 滑板(上)和不锈钢(下)作为摩擦副，用水平千斤顶推(图 9.5-1)，横移过程中结构始终处于三点支承状态。摩擦副容许承压应力 7.8MPa，摩擦系数 0.05，运行速度 15m/h。根据东海桥的施工经验，横移系统运行平稳，但昂贵的 MGB 滑板损耗很大，为此，本桥采取了以下改进措施：

(1)增加接触面积，将压应力减少约一半；

(2)将下滑道不锈钢板由单片焊接改为连续铺设；

(3)提高滑道的平整度。

图 9.5-1　箱梁横移

方案 1 在施工中使用效果较好，与东海桥比横移摩擦材料损耗减少了 60%。重物移运有一个从量变到质变的过程，如果移运重量和使用次数增加到一定的程度，常规材料和方法无法满足要求，必须有新的方法取代原来的方法。

二、箱梁场内纵移

上述滑移方案的缺点是速度很慢，不能满足箱梁纵移的要求。为此，东海大桥采用卷扬机牵引方案，该方案对场地要求较高。本桥采用台车纵移方案，台车采用液压、电控的悬挂轮轨系统，额定载重 24 000kN，台车装配有 64 个 ϕ500 的轮子、32 台 100t 的液压千斤顶和 32 个电动机，并通过电控技术控制前后台车同步。台车高 1.2m，可自由顶升 10cm，具体参数见表 9.5-2。

台 车 设 计 参 数　　表 9.5-2

名称	液压台车	型号	CH2400A	规格	24 000kN
额定载重	24 000kN	自重	950kN	车轮轮压	375/510kN
整机功率	102kW	高度调节	±50mm	走行速度	0～12m/min
外形尺寸	6 000mm×7 400mm×1 200mm		供电方式	～380V,50Hz	

从使用效果来看，它具有操作自如、运行平稳、适应能力强等诸多优点，且经济耐用，完全可以推广应用于其他工程，详见图 9.5-2。

图 9.5-2　70m 箱梁纵移

第六节　箱梁海上运输与架设

一、箱梁海上运、架方案研究

制梁场到架设位置平均海上运输距离约 15km，箱梁最大起吊质量（包括吊架等）2 498t，最大起吊高度 52m。施工海域自然条件复杂，受台风、热带风暴影响较大，平均流速 2.39m/s，南航道桥两侧 3km 范围内实测最大流速达 5m/s 以上；潮流紊乱，部分海区水深较浅。

70m 混凝土箱梁实现整体架设，必须使用大型海上起重船舶，按起重船功能分类，可分为两种运、架方式。

1. 运、架分离方式

采用运、架分开方式架梁，必须使用臂杆式起重船，臂杆式起重船的主要优点是通用性较强、对码头布置没有特殊要求。但在海上进行运、架作业存在以下问题：

（1）臂杆式起重船起吊梁时，起重力矩大，要求船体的主尺度大，船体庞大，满载吃水深（6.0m），浅水区作业受到限制，而且造价较高；

（2）臂杆式起重船在起、落梁过程中，船体浮态是倾斜变化的，艏艉吃水深度变化差异较大，导致起落梁过程中吊点水平位移，特别是在落梁过程中吊点在较大范围内移动，对落梁精度和作业安全都非常不利（图 9.6-1）；

（3）用臂杆式起重船架梁，需要大型运输驳和拖轮配合架梁作业，各船舶抛锚定位作业复杂，作业周期长，施工效率低。

2. 运、架一体方式

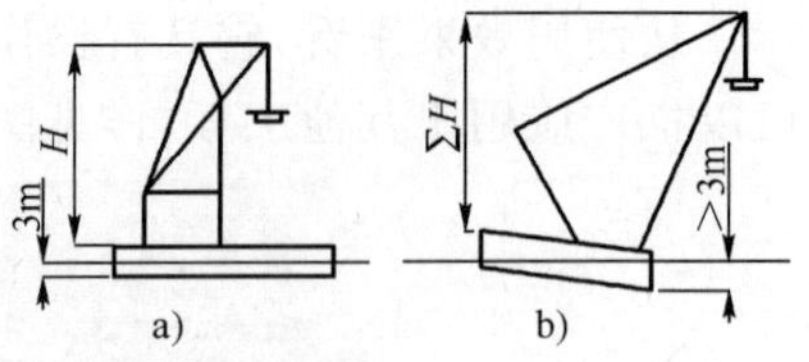

图 9.6-1 两种类型起重船示意图

运、架一体起重船同时具备运输和架设两种功能，适应航区按沿海海域设计，在此海域内能进行起重作业、载梁航行、坐底避风、自航调遣。船舶稳性和船体结构强度满足近海和无限海域拖带调遣的要求。

采用运、架一体方式架梁，起重船吊点布置在船体浮心附近（简称中心起吊），起重机起吊作业时，船体始终保持正浮状态，这种起吊方式有利于箱梁安装对位和施工安全，同时，船体结构排水量可有效利用，船体尺度相对较小，船舶建造经济好。由于满载吃水浅（3.5m），所以适应范围更广，可以满足在浅水区进行架梁作业。

中心起吊方式的起重船能实现载梁航行，实现箱梁的海上运输，一艘船代替了一个船队的工作，简化了运、架梁作业程序，具有安全、高效和经济的优点。

从简化施工作业、保证架梁精度和保证施工安全等方面综合考虑，本桥 70m 箱梁采用运、架一体专用起重船进行运输和架设。

二、3 000t 起重船的基本技术性能

本起重船为满足杭州湾跨海大桥 70m 预应力混凝土箱梁架设而专门设计建造，因此本船设计技术性能满足施工环境和箱梁架设的各项技术要求。

1. 适应航区及作业海况条件

本船适应航区按沿海海域设计，在此海域内能进行起重作业、载梁航行、坐底避风、自航调遣。船舶稳性和船体结构强度满足近海和无限海域拖带调遣要求。起重船在抛锚定位后进行起重、架梁时，风力为蒲氏 6 级风及其以下；起重船在载梁航行状态下，能适应蒲氏 8 级风及相应波浪；在台风多发季节，当风力小于 10 级本船可以坐底避风。

波高：≤2m。

流速：3.5m/s(4 节)。

环境温度：−10～45℃。

2. 作业工况和作业能力

本船的作业工况包括：

(1)梁场出海码头取梁；

(2)海上载梁航行（满足蒲氏 8 级风及相应波浪）；

(3)桥位处吊梁架设（满足蒲氏 6 级风作业）。

3. 船舶主尺度要求

船舶主尺度由起重能力、进入桥墩允许的船宽、施工海域允许的吃水深度及船舶稳性、耐

波性、设计必须满足的船舶规范等要求综合确定。

施工对船体尺度的要求如下。

船宽：满足架设 60m 和 70m 两种跨度的预应力混凝土箱梁运、架，在保证船舷与承台有安全间距的前提下尽量放宽。

吃水深度：由于杭州湾跨海大桥需要在浅水区梁架，因此，本船吃水深度不宜太深，根据水深情况，设计满载吃水深度控制为 3.5m，船体设计主尺度见表 9.6-1。

船体设计主尺度参数表 表 9.6-1

总长	L_{OA}(m)	93.00	设计吃水	T(m)	3.50
型长	L_{BP}(m)	89.20	结构吃水	T_s(m)	4.00
船宽	B(m)	40.00	最大起重能力	P_{max}(KN)	30 000
型深	D(m)	6.40			

4. 航速及船舶操控性能

本船为自航船舶，其航行速度是施工组织设计的重要技术指标。由于运输距离长，架设梁片多，每年的有效作业时间少，按总工期要求，必须保证每天运输、架设一片梁。另外，考虑施工海域海流速度大和潮汐变化因素的影响，因此，要求本船具有较高的航行速度，保证施工生产效率和航行运输安全。通过运、架梁作业工序周期排定，本船满载载梁航行速度必须满足 8 节航速，约为 14.8km/h。

由于起重量大，要求 8 级风浪条件下能安全载梁航行，架梁时船舶在桥墩区的操作空间狭小，水流很急，而且需要长时间连续作业。基于这些施工条件特点，因此，本船轮机系统配置必须满足和适应这些要求，具备良好的船舶操控性能。

主推进系统采用进口全回转舵桨装置的推进方案，由于全回转舵桨装置可 360°旋转，可方便地实现船舶的正、倒车及航向操作，适用于架梁作业的特殊条件，同时，进口设备性能可靠，适用于长期连续运转。

配置艏侧推器，由于本船船体庞大，要使船体操控灵活，并具有一定的动力定位性能，在艏部设置侧推装置可使性能大为改善，更加满足方便施工作业，保证作业安全。

5. 起重机性能要求

(1)起重机额定起吊质量为 3 000t，其中包括混凝土箱梁质量、吊梁扁担质量。

(2)起重机最大起吊混凝土梁高度为混凝土梁顶面距水面 53m。

(3)起重机和船体结构，满足在航行风浪条件下吊梁航行运输的要求。

(4)起重机吊梁时采用三点起吊方式，保证混凝土梁的吊装安全。

(5)起重机采用液压驱动，起重机动力与船舶设备合理分配布置。

“天一号”3 000t 运、架一体起重船总布置见图 9.6-2。

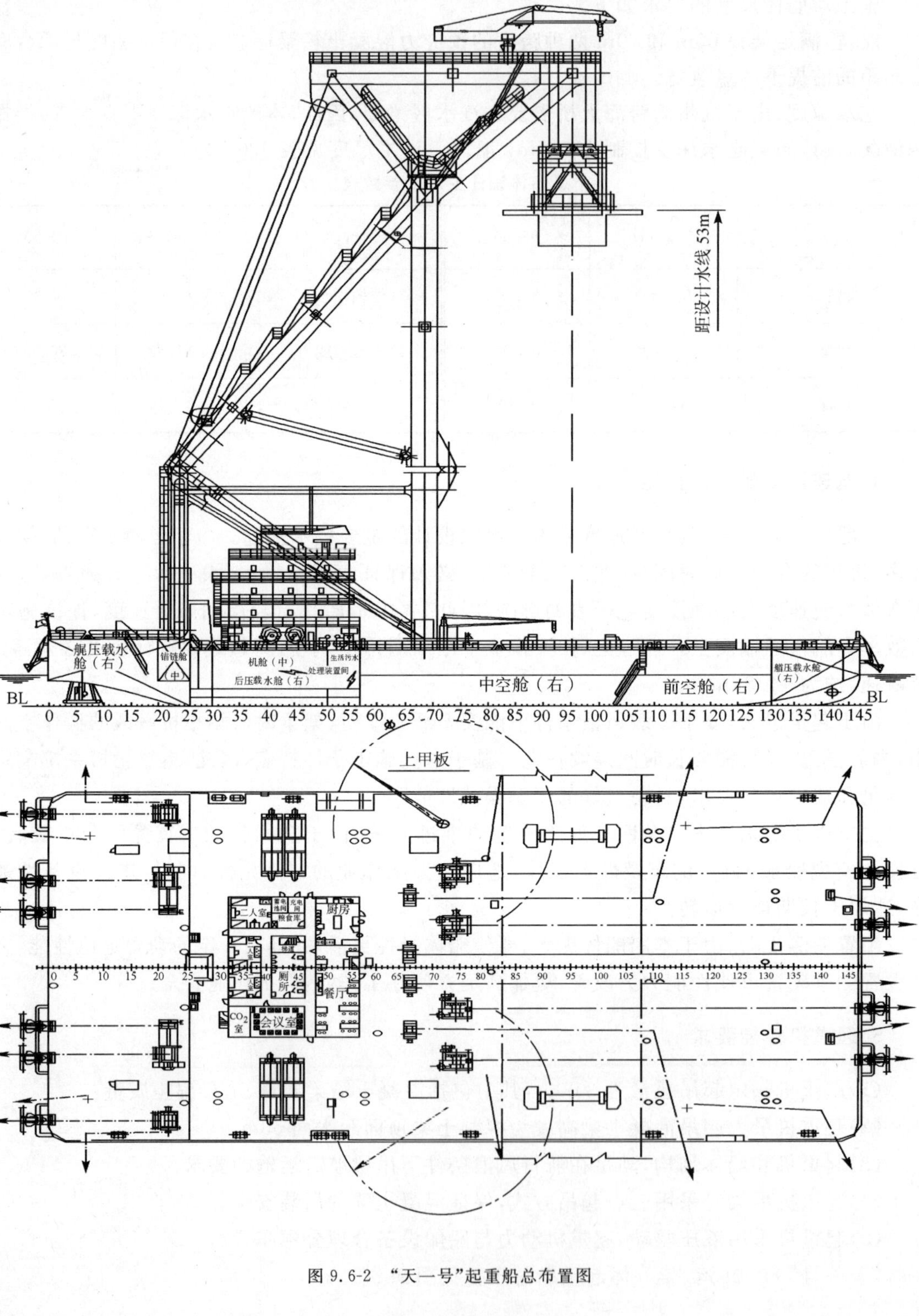

图 9.6-2 “天一号”起重船总布置图

三、起重船运、架梁施工方案

(1)混凝土箱梁移运至栈桥码头前沿指定位置(图 9.6-3)；

(2)起重船进入栈桥码头，放下吊梁扁担挂梁(图 9.6-4)；

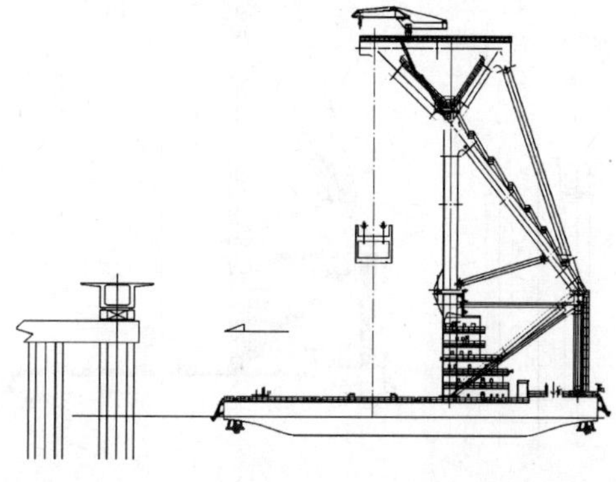

图 9.6-3　混凝土箱梁移运至栈桥码头前沿指定位置

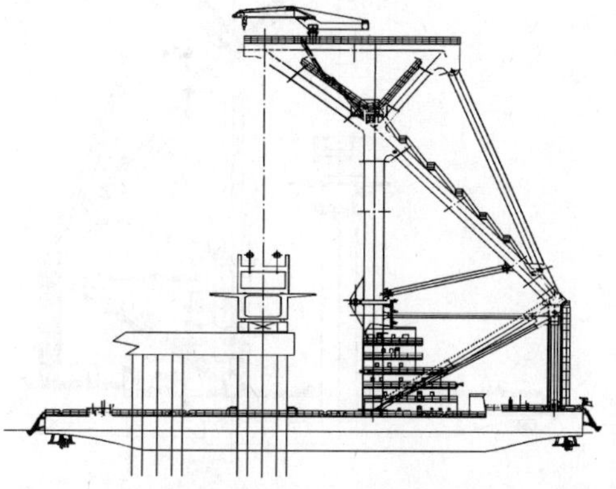

图 9.6-4　起重船进入栈桥码头，放下吊梁扁担挂梁

(3)起重船起吊箱梁，退出栈桥码头，降低混凝土梁，与绑扎托架连接(图 9.6-5)；

(4)起重船载梁运输至架设墩位后抛锚定位(图 9.6-6)；

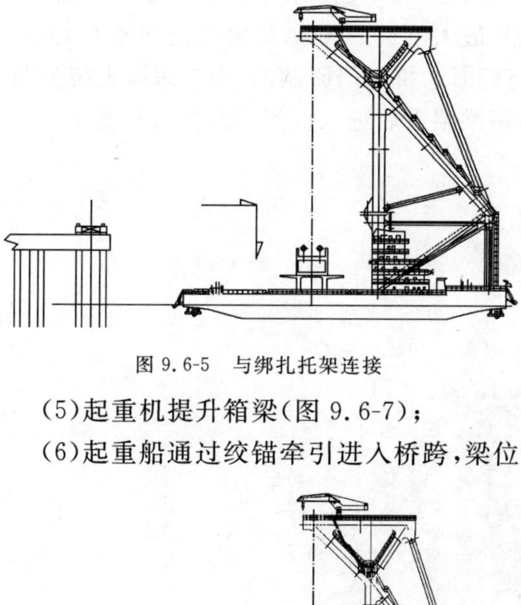

图 9.6-5　与绑扎托架连接

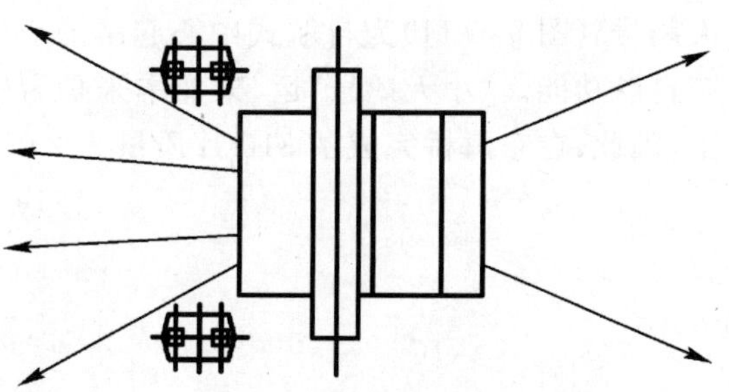

图 9.6-6　起重船载梁运输至架设墩位后抛锚定位

(5)起重机提升箱梁(图 9.6-7)；

(6)起重船通过绞锚牵引进入桥跨，梁位于墩顶上方定位(图 9.6-8)；

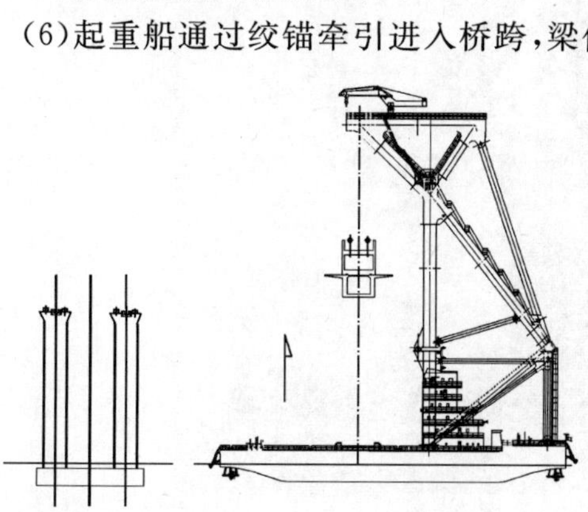

图 9.6-7　起重机提升箱梁

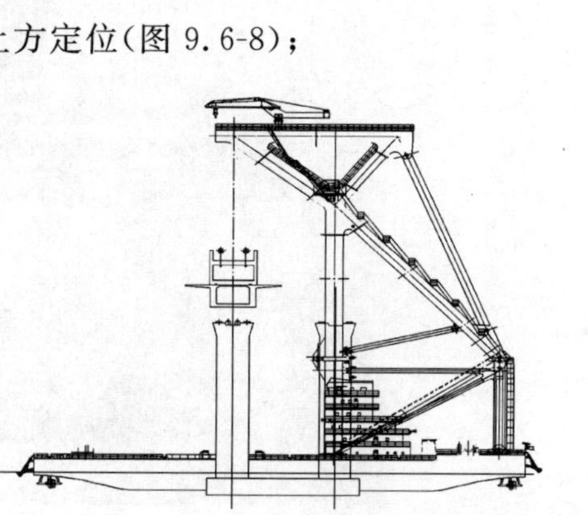

图 9.6-8　梁位于墩顶上方定位

(7)起重机落梁,脱开混凝土梁与吊梁扁担的连接(图 9.6-9);

(8)起重船松锚、收锚,退出桥跨,返回制梁场码头运送下一片梁(图 9.6-10)。

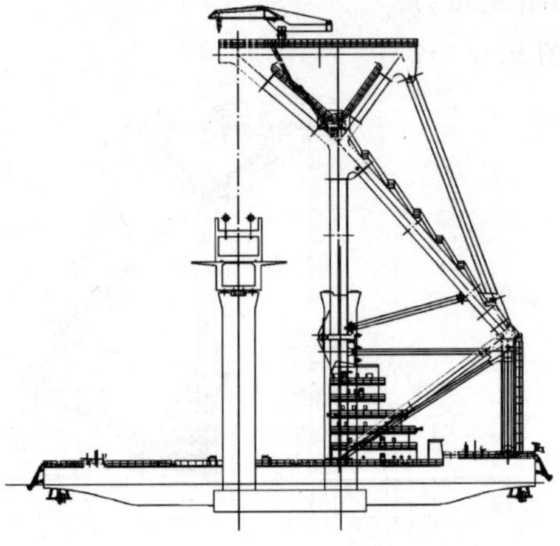

图 9.6-9　混凝土梁与吊梁扁担的连接脱开

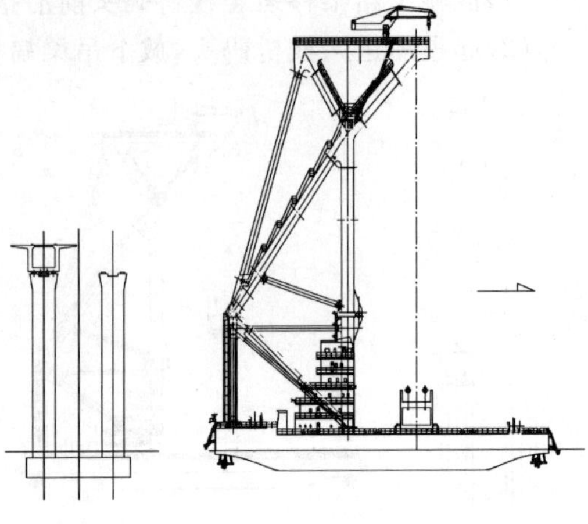

图 9.6-10　起重船返回制梁场码头

四、箱梁海上运输和架设

本工程 70m 箱梁海上运输和架设共投入“小天鹅号”和“天一号”两条运、架一体船。“小天鹅号”(图 9.6-11)为自航式中心起吊的双体吊船,最大吊重 2 500t,最大架设高度为 43m,具有自航功能。“小天鹅号”运、架船本来是为杭州湾跨海大桥专门研制的,由于东海大桥先期开工,因此,在东海桥完成了 310 片质量为 2 000t 的箱梁架设后进入杭州湾跨海大桥施工。

图 9.6-11　“小天鹅号”运、架一体船

"天一号"(图 9.6-12)运、架一体船额定起质量为 3 000t，吊高 53m，采用 8 只 11t 的大抓力锚。

图 9.6-12 "天一号"运、架一体船

由于运、架一体船采用中心起吊，落梁精度较高。表 9.6-2 为前 9 片梁的落梁精度，从中可以看出，落梁时四支点高差在 4mm 以内，纵横移偏差均在 10cm 以内，满足架设工艺要求，充分证明了中心起吊船的优越性。

梁体架设落梁精度统计 表 9.6-2

梁号	水流(m/s)	潮位(m)	纵向(cm)	横向(cm)		临时支座最大高差(mm)
				左	右	
C81C82X	3.21	4.86	9	10	9	4
C33C34X	3.16	2.67	10	7	8	3
C31C32X	3.41	3.69	10	6	8	3
C40C41X	3.39	4.91	5	7	5	2
C31C32S	3.14	2.76	3	5	3	2
C38C39X	3.11	2.41	5	8	6	3
C39C40X	3.36	4.21	10	10	5	2
C32C33X	3.09	2.14	7	2	5	3
C34C35X	3.10	2.10	6	10	5	3

注：X 表示下游梁，S 表示上游梁。

落梁后，箱梁支承在临时支座上，利用墩顶微调装置(图 9.6-13)调整至准确位置，每片箱梁设墩顶调位装置(临时支座)四套，每套调位装置由一台 700t 砂顶，两台纵向、横向位移千斤顶，滑动副，机座、减振板及配套油泵组成。千斤顶通过油顶前端丝扣与机座连接；滑动副由四氟板及竖向砂顶底下的不锈钢衬板组成。由于水平油缸行程限制和临时支座在墩顶活动面积的限制，故箱梁初始定位的平面坐标偏差必须满足：中墩纵、横桥向≤150mm；边墩纵桥向≤150mm。

图 9.6-13　墩顶微调装置

在一联箱梁架设完成后，浇筑湿接头，张拉合龙预应力束，进行体系转换。

本桥70m箱梁于2004年11月29日开始制梁，平均每月制梁20片，最快每月制梁35片，至2006年11月10号，已制梁475片。2005年6月1日开始架梁，平均每月架梁27片，最快每月架梁40片，至2006年11月10号，已架梁463片，制、架梁速度远高于计划进度。由于架梁受其他标段界面的约束，于2007年6月完成全部海上架梁和体系转换工作。已制成的成品梁，基本无裂缝和表面缺陷，色泽统一，表面光洁，质量良好。整个施工过程，设备运转正常，无重大安全事故。70m箱梁整片预制、场内搬运和海上运、架取得了技术上的重大突破，其成功实施，提高了我国大型混凝土箱梁的制造水平和装备能力，形成了海上混凝土箱梁制造、运输和架设的成套技术，为我国跨海桥梁设计与施工积累了宝贵的经验。

· 第十章 ·

南岸滩涂区50m箱梁运输和架设

第一节 引 言

南岸滩涂区引桥全长 10 100m，上部结构均为跨径 50m 先简支、后连续的预应力混凝土箱梁，其中 8×50m 20 联、7×50m6 联，共 26 联（双幅），计 404 片。该区段引桥平面有 $R=\infty$、$R=10\ 000$m 和 $R=6\ 000$m 三种曲线。南岸滩涂区引桥，在初步设计阶段对预制节段拼装、移动模架制梁和整孔预制架设等方案进行过详细的技术经济比较，由于引桥太长，受滩涂自然环境、架梁工期和结构耐久性要求等限制，确定采用整孔预制、梁上运输和架桥机架设的施工方案。该方案具有施工速度快和结构耐久性好的优点。由于箱梁太重，架梁方案主要取决于架梁工期，运、架设备的研制，主体结构加固的规模和方案的经济合理性等。

在国外，箱梁采用整体预制、梁上运输架设的施工技术早在 20 世纪 70 年代就已开始。1978 年，意大利 Caserta 经 Nola 至 Salerno 的公路桥，桥长 2 900m，由 91 孔箱梁组成，箱梁长 32m、宽 13m，梁重 520t。类似的实例还有自 Roma 到 Felanze 的高速铁路桥，桥长 2 548m，由 120 孔箱梁组成，桥面宽 11.8m，梁重 540t。自 Roma 到 Livomo 的高速公路桥，其箱梁重已达 850t。1992 年，韩国修建的首尔至釜山高速铁路部分区段也采用了整体预制、梁上运输架设的施工方案，箱梁质量达 850t。

国内高速铁路和高速公路桥梁目前正朝“整体预制、运输和架设”的方向发展。秦沈客运专线采用整体预制架设的箱梁跨度为 20m 和 24m 两种，最大运、架质量达 570t。我国台湾省修建的高速铁路桥梁大量采用“整体预制、运输和架设”的施工技术，其箱梁跨度有 30m、35m 等多种规格，最大质量约 900t。

从 2004 年下半年开始，国内高速铁路客运专线建设进入了新的高潮，武（汉）广（州）、合（肥）宁（南京）、温（州）福（州）、京（北京）津（天津）城际铁路等客运专线陆续开工，铁路跨度 32m 双线整体箱梁运架设备研制也同期展开。

杭州湾跨海大桥 50m 箱梁整孔预制、梁上运输、架桥机架设及体系转换，其规模和工艺在国内外尚属首次。该方案需要解决的关键技术问题有：大吨位预应力混凝土箱梁整孔预制技术；重型箱梁运输及架设专用设备的研制；箱梁运输、架设工艺等。

第二节　与架梁方案有关的几个结构问题

一、50m 箱梁结构设计

箱梁采用单箱单室截面(图 10.2-1),单片梁长 50m、高 3.2m、宽 15.8m,边梁和中梁自重分别为 1 430t 和 1 425t。箱梁采用纵、横双向预应力体系。纵向预应力钢束采用 19-ϕ^j15.24 及 12-ϕ^j15.24 和 5-ϕ^j15.24 三类钢绞线,$f_{pk}=1\ 860$MPa, $E_y=1.95\times10^5$MPa,群锚锚具,锚下张拉控制应力为 $\sigma_k=1\ 395$MPa,锚下张拉应力不超过 $0.8f_{pk}$,采用内径 90mm 和 100mm 两种塑料波纹管成孔。箱梁纵向预应力钢束按其位置分五种类型,即腹板弯束、底板直束、顶板合龙束、底板合龙束、边跨梁端顶板束。除腹板弯束采用 19-ϕ^j15.24 钢绞线及边跨梁端顶板束采用 5-ϕ^j15.24 钢绞线外,其余预应力钢束均采用 12-ϕ^j15.24 钢绞线,箱梁预制时张拉腹板弯束和底板直束。腹板弯束锚固在预制梁两端腹板上,底板直束锚固在底板梗肋的锯齿块及梁端上。为减小混凝土徐变变形和加块台座的周转,混凝土强度达到 85%后在制梁台座上先张拉部分预应力索,在搬离制梁台座,待混凝土强度达到 100%后,再在存梁台座上张拉剩余部分的预应力索。箱梁安装后,现浇墩顶湿接缝,然后张拉顶板合龙束和底板合龙束,完成体系转换。箱梁顶板横向预应力束采用 4-ϕ^j15.24 钢绞线,$f_{pk}=1\ 860$MPa, $E_y=1.95\times10^5$MPa, BM15-4 扁锚,一端张拉,锚下控制应力 $\sigma_k=1\ 395$MPa,固定端采用 H 形轧花锚。4-ϕ^j15.24钢绞线采用内尺寸为 70×19mm 的塑料扁波纹管成孔,横向预应力束沿桥轴线按0.6m间距布置。

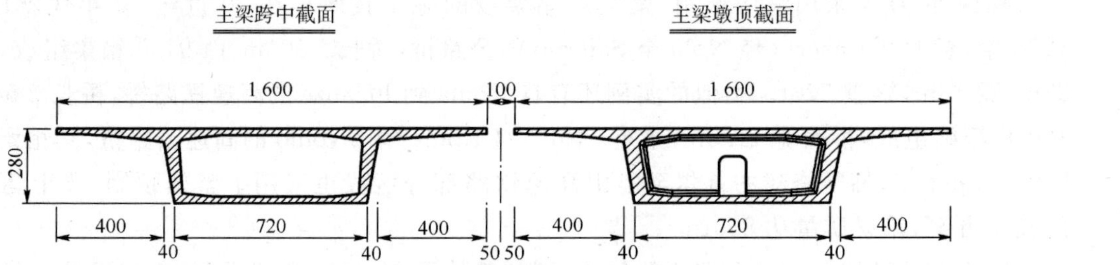

图 10.2-1　50m 箱梁断面布置(尺寸单位:cm)

二、主体结构加固问题

运梁车在梁上驮梁走行时,已架设的箱梁处于简支状态(体系转换前)或连续状态(体系转换后),由于箱梁和运梁车的质量(近 2 000t)远远超过运营期的车辆荷载,按常规设计,主体结构需要进行专项加固。对于梁上运梁方案,加固工程量的大小直接影响到方案的成立。为了最大限度地降低施工荷载对主体结构的影响,采取了以下两项重大技术措施。

1. 选用合理的运输体系,降低运梁平车的重量

根据杭州湾跨海大桥的设计要求,运梁车轴重不能超过 25t,设计轴数为 80 个,所以总轴重不能超过 2 000t。因为箱梁重已达 1 430t,故运梁车自重必须限制在 570t 以内。1 600t 运

梁平车，分为前、后两个车组，为保证运输系统的整体性和同步性，设计公司按常规，将前、后两个车组用钢结构连接为一个刚性整体，按此设计，运梁车整机质量将超过 800t，这将使得单根轴载接近 28t，超过箱梁及墩台设计允许的承载标准。前、后车组采用刚性连接还是完全分离，在确定运输方案时成为争论的焦点，经过深入的分析研究，最后确定采用前、后车组分离的方案（图 10.2-2）。运输体系采用 4 个独立台车，前、后车之间通过电子控制实现“软刚性”连接，左右车之间通过承载横梁连接，因而大大降低了整机自重。前、后车组分离方案，结构简单，大幅度减轻了运输结构的质量，对于大型运输系统，该方案在技术上是一个重大的突破。

图 10.2-2　运梁平车前、后车组

此外，合理确定运梁平车各支撑、支腿的承载方式（二次均衡、液压撑脚、曲腿设计和双层桁架等），对减轻运梁平车结构的重量也有显著效果。

2. 最大限度分摊运梁荷载

为尽量减少梁上运梁对主体结构的影响，运梁荷载按作用在 4 片（两孔）箱梁上设计（图 10.2-3）。50m 箱梁由常规高度（2.6～2.8m）增加到 3.2m。表 10.2-1 列出了 50m 箱梁施工阶段和运营阶段的内力，从表 10.2-1 可以看出，采取上述措施后，施工阶段和运营阶段箱梁内力相差不大，基本不需要为实现梁上运梁方案而进行专项加固。本桥北岸滩涂引桥亦为 50m 箱梁，梁高为 2.8m，采用移动模架制梁，表 10.2-2 列出了采用不同的施工方法箱梁主体结构的用料指标。由表 10.2-2 相同跨度的箱梁比较，可见南岸滩涂区 50m 箱梁采用梁上运梁方案，其用料指标未超过北岸同等跨度箱梁的用料指标。

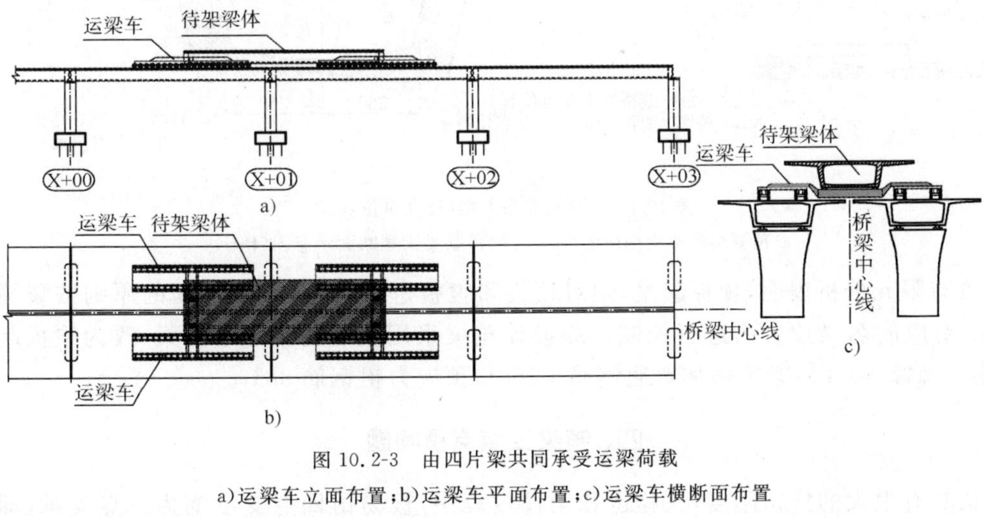

图 10.2-3　由四片梁共同承受运梁荷载

a)运梁车立面布置；b)运梁车平面布置；c)运梁车横断面布置

上述两项技术措施为梁上运梁方案奠定了基础。

50m 箱梁施工阶段和运营阶段内力比较表 表 10.2-1

荷载工况	边跨跨中(t·m)	边跨墩顶(t·m)	中跨跨中(t·m)	中跨墩顶(t·m)
安装设计内力	12 910	−4 815	12 919	−4 564
运营设计内力	12 243	−5 400	11 331	−5 056
截面抗力	14 547	−8 807	14 547	−8 807

不同施工方法 50m 箱梁主体结构用料指标比较表 表 10.2-2

引桥位置	施工方法	联长(m)	梁高(m)	混凝土(m^3/m^2)	预应力筋(kg/ m^2)	普通钢筋(kg/m^2)
北岸滩涂	移动模架	8×50	2.8	0.716	310.89	100.96
南岸滩涂	梁上运梁	7×50	3.2	0.688	210.80	1 310.14

三、关于吊点问题

对于大吨位混凝土箱梁，大多数情况均采用兜底托梁的起吊方案，这种起吊方式与永久结构支承状态基本一致，结构受力明确，箱梁基本上不需要进行加固。但在本桥梁上运梁的情况下，采用兜底托梁方案存在以下问题：

(1)由于托梁必须高于运梁车横向支撑架，以便运梁车退出，架桥机因此必须加高 2.0m；

(2)托梁方案吊点横向距离为 8.5m，吊顶板方案横向吊点距离 4.8m，采用托梁方案架桥机起吊横梁必须加强，由此须增加建筑高度约 1.0m；

(3)托梁安装和回收比较困难。

设计公司对箱梁起吊方案也进行了深入研究，他们也认为对于梁上运、架箱梁方案，箱梁采用顶板起吊方案是合理的，而兜底托梁方案不仅因架桥机需要增加高度而降低了设备的安全性，而且还存在不少难于克服的技术困难。鉴于以上原因，决定采用顶板起吊方案(图 10.2-4)。

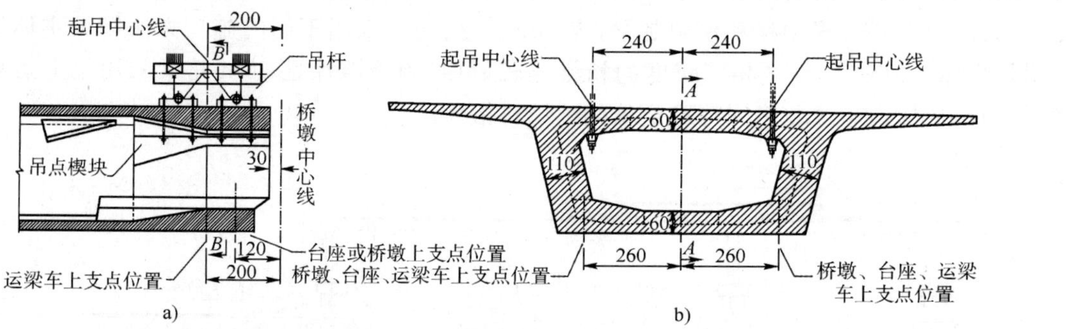

图 10.2-4 顶板起吊方案(尺寸单位:cm)

a)预制梁梁端立剖面图(*A-A*)；b)预制梁梁端断面示意图(*B-B*)

三维有限元分析表明，顶板起吊，须对顶板和腹板进行局部加固，加固的原则按裂缝宽度 0.10mm 对应的名义拉应力进行控制。原设计箱梁采用兜底托梁起吊方案，改为顶板起吊方案后，南岸滩涂 50m 箱梁须增加普通钢筋 1 763t、预应力粗钢筋 381t。

四、箱梁三点支承问题

箱梁具有很大的抗扭刚度，在移运和架设过程中，极易由四点支承变为三点支承，即所谓“三条腿”问题。结构分析表明，箱梁在连续状态下处于“三条腿”支承时：支承脱空点竖向最大变位为－53.19mm；梁体最大主应力为－10.71～－0.88MPa；最小主应力为10.85MPa。箱梁在简支状态下处于“三条腿”支承时：支承脱空点竖向变位为－53.19mm；梁体最大主应力为－10.71～－0.88MPa；最小主应力为10.85MPa；桥墩竖向应力为3.71MPa，最大主应力为4.20MPa。无论箱梁为连续状态或简支状态，一旦发生“三条腿”问题，都会因受力过大而发生强度破坏。为了避免支承脱空，要求在任何状态下箱梁四个支点的高差不能大于4mm；在起吊、运输和架梁过程中，通过结构措施和液压系统，始终保证箱梁在结构上处于不受扭矩作用的三点支承状态。

第三节 50m箱梁整孔预制

海上70m箱梁由中铁大桥局承建，南岸滩涂50m箱梁由中铁二局承建。两家施工企业根据各自的情况，在大型箱梁制、运、架施工中，采用了不同的施工方案，从中比较可以得到许多有益的启示。

一、箱梁预制场

50m箱梁预制场设于南引桥跨十塘附近，占地约20万m^2，总平面布置见图10.3-1。预制场总体规划按照“工厂化、机械化、专业化”的原则布置，设置了6个制梁台座、30个存梁台座，具备双层存梁条件。预制场拌和系统由3台HZN60型60m^3/h和1台HZN90型90m^3/h全电脑控制的搅拌站组成，最大理论产量270m^3/h，单片箱梁混凝土实际浇筑时间约9h。预制场按功能分为办公生活区、制梁区、存梁区及运梁通道等部分。整个生产区以制梁台座为中心，存梁台座、钢筋加工区、钢筋预扎区、内模拼装及整修区、拌和站等大型临时设施按“施工便捷、组织有序”的原则布置。各作业区相对独立，不仅降低了各区施工作业的相互干扰，而且缩短了设备作业路径，最大限度地发挥了制梁场的生产能力。由于规划合理，在仅设置6个制梁台座的情况下，达到了月制梁30片的生产能力。场内吊装和搬运均采用轮胎式起重机，是50m箱梁预制场的一大特点，与轨道方案（滑移、轮轨加龙门吊机）比较，场地布置灵活、利用率高，而且生产效率较高，但一次性投入较大。

图10.3-1 南岸50m箱梁预制场

为加快制梁台座的周转，箱梁纵向预应力索采用两阶段张拉工艺：当混凝土强度和弹模分别达到设计值的85%和80%以上时，即进行部分腹板束和底板束张拉，然后将箱梁搬运至存梁台座，待混凝土强度和弹模均达到设计值时再进行其他预应力束张拉。

二、海工耐久混凝土研制

1.设计思路

使用高性能混凝土是解决混凝土结构耐久性的根本措施，同时也是最经济有效的措施。综合国内外的工程实践，海工耐久混凝土配方主要有以下几种设计思路：矿渣水泥（或普通波特兰水泥+矿渣)+复合外加剂;普通波特兰水泥+矿渣+粉煤灰+复合外加剂;普通波特兰水泥+粉煤灰+复合外加剂;普通波特兰水泥+粉煤灰+硅灰+复合外加剂。结合杭州湾跨海大桥的实际情况,从以下几个方面进行混凝土的配合比设计和混凝土配制研究:

(1)选用优质、适用和经济合理的原材料,并控制原材料的质量波动,以保证混凝土的性能和经济性;

(2)使用粉煤灰和磨细矿渣(矿粉)活性矿物材料作为掺和料,并保证一定的掺量,可大幅度提高混凝土的内部结构致密性,降低混凝土渗透性,提高耐久性能;

(3)使用聚羧酸高效减水剂,降低用水量,同时保证混凝土拌和物有良好的工作性能;

(4)降低混凝土水胶比,低水胶比是保证混凝土高耐久性的前提条件之一,水胶比的大小反映了混凝土抵抗氯离子入侵的能力,水胶比越小,扩散系数越小;

(5)保证一定的胶凝材料用量。

2. 原材料选择

在对原材料进行大量调查和试验研究的基础上,按优质、适用和经济合理的原则选择。

(1)水泥:三狮 P. II42.5 硅酸盐水泥。

(2)矿粉:采用浙江合力 III 级矿粉,有关性能参数见表 10.3-1。

浙江兰溪 III 级矿粉物理化学分析 表 10.3-1

项目	密度 (g/cm³)	比表面积 (m²/kg)	需水量比 (%)	SO_3(%)	烧失量(%)	氧化镁(%)	Cl^-(%)	活性指数(%)		
								3 天	7 天	28 天
结果	2.82	418	99	3.6	2.5	12	0.018	64	81	106

(3)粉煤灰:选择北仑电厂风选粉煤灰,有关性能参数见表 10.3-2。

北仑 II 级粉煤灰物理化学分析 表 10.3-2

项目试验	密度 (g/cm³)	比表面积 (m²/kg)	需水量比 (%)	SO_3(%)	烧失量(%)	氧化镁(%)	Cl^-(%)	活性指数(%)	
								7 天	28 天
试验结果	2.2	470	95	0.6	2.4	10.8	0.02	78	105

(4)砂:闽江中砂,细度模数 $\mu_f=2.6\sim2.9$,有关性能参数见表 10.3-3。

闽江砂物理化学分析 表 10.3-3

<table>
<tr><td colspan="2" rowspan="2">物理性能</td><td>表观密度 (kg/m³)</td><td>堆积密度 (kg/m³)</td><td>紧密密度 (kg/m³)</td><td>孔隙率 (%)</td><td>含泥量 (%)</td><td>泥块含量 (%)</td><td>吸水率 (%)</td><td>坚固性 (%)</td></tr>
<tr><td>2 630</td><td>1 450</td><td>1 600</td><td>310.2</td><td>0.3</td><td>0.2</td><td>1.2</td><td>4.8</td></tr>
<tr><td colspan="2" rowspan="2">化学分析</td><td>氯离子含量 (%)</td><td>硫化物含量 (%)</td><td>轻物质含量 (%)</td><td>云母含量 (%)</td><td>有机物含量 (%)</td><td>碱活性(膨胀率) (%)</td></tr>
<tr><td>0.001</td><td>0.04</td><td>0.1</td><td>0.1</td><td>浅于标准色</td><td>0.08</td></tr>
<tr><td rowspan="2">筛分</td><td>筛孔尺寸 (mm)</td><td>10.50</td><td>4.75</td><td>2.36</td><td>1.18</td><td>0.6</td><td>0.3</td><td>0.15</td><td>细度模数</td></tr>
<tr><td>累计筛余 (%)</td><td>0</td><td>2.6</td><td>16.2</td><td>22.4</td><td>61.2</td><td>91.2</td><td>99.3</td><td>2.8</td></tr>
</table>

(5)碎石：经前期试验、调查，在大桥南岸地区只有余姚新华第一采石场的碎石碱活性符合要求，因此只能采用该场的碎石。该料场碎石分为 5～15mm 和 15～25mm 两种粒级，经用 2∶8进行混合，其级配符合 5～25mm 连续级配要求，但针片状偏多，对混凝土弹性模量有负面的影响。有关性能参数见表 10.3-4。

新华碎石物理化学分析　　表 10.3-4

<table>
<tr><td rowspan="2">物理性能</td><td>表观密度(kg/m^3)</td><td>紧密密度(kg/m^3)</td><td>孔隙率(%)</td><td>抗压强度(MPa)</td><td>含泥量(%)</td><td>泥块含量(%)</td><td>针片状(%)</td><td>坚固性(%)</td></tr>
<tr><td>2 650</td><td>1 480</td><td>44</td><td>103</td><td>0.3</td><td>0</td><td>8.0</td><td>5.0</td></tr>
<tr><td rowspan="2">化学分析</td><td>氯离子含量(%)</td><td colspan="2">硫化物含量(%)</td><td colspan="2">吸水率(%)</td><td colspan="2">有机物含量(%)</td><td>碱活性(膨胀率)(%)</td></tr>
<tr><td>0.001</td><td colspan="2">0.1</td><td colspan="2">1.0</td><td colspan="2">浅于标准色</td><td>0.08</td></tr>
<tr><td rowspan="2">筛分</td><td>筛孔尺寸(mm)</td><td>31.5</td><td>26.5</td><td>19.0</td><td>16.0</td><td>10.5</td><td>4.75</td><td>2.36</td></tr>
<tr><td>累计筛余(%)</td><td>0</td><td>2</td><td>38</td><td>54</td><td>91</td><td>99</td><td>100</td></tr>
</table>

(6)外加剂：选择聚羧酸系列的 LEX-9H、ADVA152、Rheoplus325，其性能见表 10.3-5。

外加剂性能试验表　　表 10.3-5

序号	检验项目		外加剂种类		
			LEX-9H	ADVA152	Rheoplus325
1	减水率(%)		29	31.2	28.9
2	泌水率比(%)		310.2	38.4	40.1
3	含气量(%)		2.1	3.1	3.0
4	凝结时间差(min)	初凝	+126	+257	+98
		终凝	+97	+264	+113
5	抗压强度比(%)	1天	221	223	186
		3天	200	181	170
		7天	204	183	178
		28天	189	156	149
6	28天收缩率比(%)		112	110	106
7	对钢筋的锈蚀作用(%)		无锈蚀	无锈蚀	无锈蚀
8	pH值		10.0	10.2	6.8
9	密度(g/mL)		1.07	1.071	1.045
10	水泥净浆流动度(mm)		287	279	264
11	氯离子含量(%)		0.03	0.04	0.03
12	碱含量(%)		2.04	1.74	0.50
13	固体含量(%)		22.0	20.4	18.7
14	表面张力(mN/m)		30.4	33.3	40.6

3. C50海工耐久混凝土配合比设计

(1)技术要求

①环境类别及腐蚀作用等级为D级，梁体的混凝土强度设计等级为C50，28天弹性模量 $\geqslant 3.5\times10^4$ MPa；

②单方胶凝材料总用量 $\geqslant 450kg/m^3$，但不宜高于 $500kg/m^3$；

③水胶比不大于0.33；

④氯离子扩散系数≤$1.5\times10^{-12}m^2/s$(RCM 法);

⑤混凝土中氯离子含量小于胶凝材料重量的 0.06%。

(2)混凝土配合比设计要求

①混凝土配合比设计强度≥60MPa,弹性模量≥3.7×10^4MPa;

②氯离子扩散系数≤$1.3\times10^{-12}m^2/s$;

③S_i=(180±20)mm,30s 坍落扩展度 D 应控制在(420±20)mm,可泵性好;

④为满足施工组织需要,3~7 天混凝土强度达到设计等级的 85%,弹性模量达到设计值 80%。

经过室内外试验,选择 X001 为箱梁配合比,X002 为备用配合比,见表 10.3-6。

箱梁 C50 理论配合比(单位:kg) 表 10.3-6

编号	水胶比	水泥	矿粉	粉煤灰	砂	石子	水	高效减水剂
X001	0.317	240	168	72	678	1 107	152	4.5 (ADVA152)
X002	0.317	240	168	72	678	1 107	152	5.76 (LEX-9H)

4. 主要性能

(1)混凝土拌和物性能见表 10.3-7。

拌 和 物 性 能 表 10.3-7

编号	坍落度/扩展度(mm/mm)			密度(kg/m³)	含气量(%)	泌水率(%)	压力泌水率(%)	初凝时间(h:min)	终凝时间(h:min)	氯含量(%)	抗裂性能评价
	0min	30min	60min								
X001	190/430	190/420	185/400	2 390	2.1	0	25.9	14:25	24:40	0.005	良好
X002	200/420	190/410	185/390	2 380	3.3	0	26.5	14:35	19:40	0.006	良好

(2)物理力学性能

混凝土物理力学性能强度发展趋势见图 10.3-2,弹性模量发展趋势见图 10.3-3。

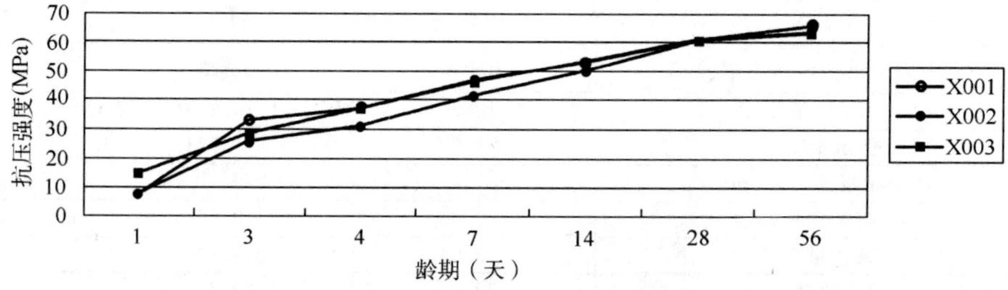

图 10.3-2 C50 混凝土抗压强度发展图

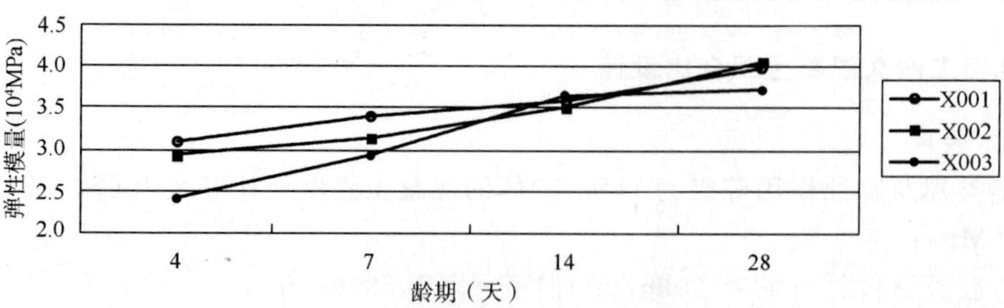

图 10.3-3 C50 混凝土弹性模量发展趋势图

(3)混凝土抗氯离子扩散系数(RCM法)

混凝土抗氯离子扩散系数见图10.3-4。

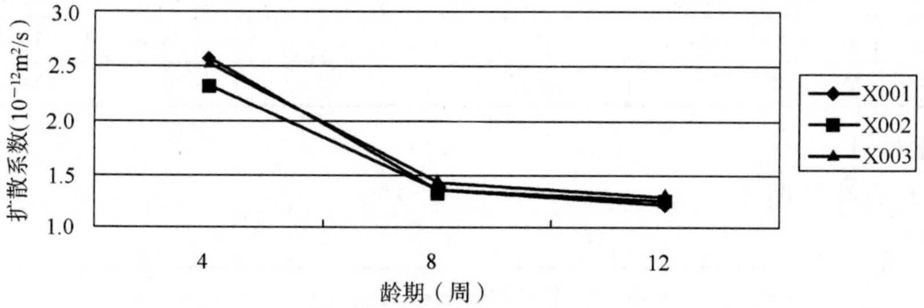

图10.3-4　氯离子扩散系数(RCM法)发展趋势图

(4)收缩徐变

试验结果表明，虽然混凝土中掺入了大量的外掺料，但其徐变系数比收缩徐变普通混凝土小，检测数据见图10.3-5～图10.3-7。

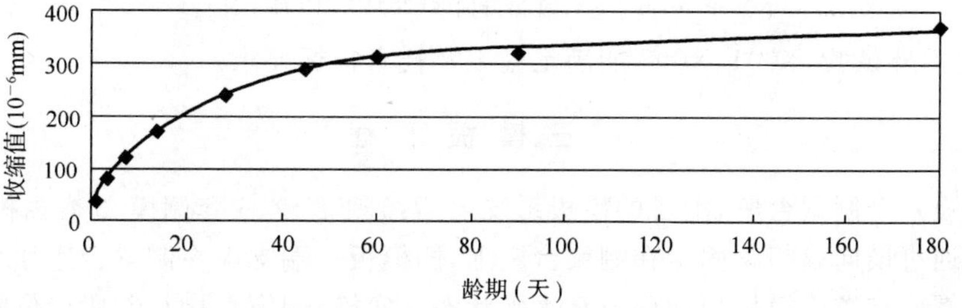

图10.3-5　X001混凝土配合比收缩值

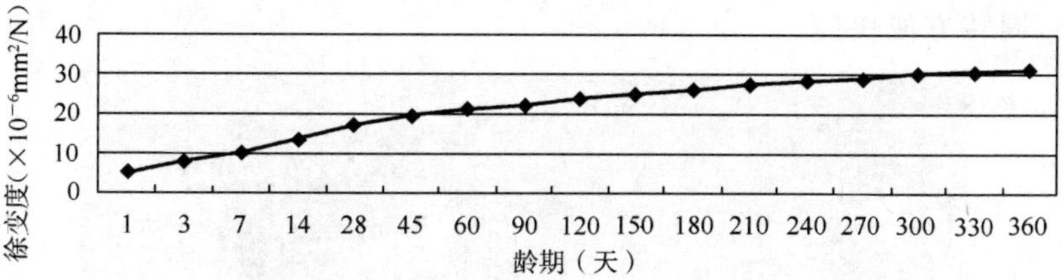

图10.3-6　X001混凝土配合比徐变度

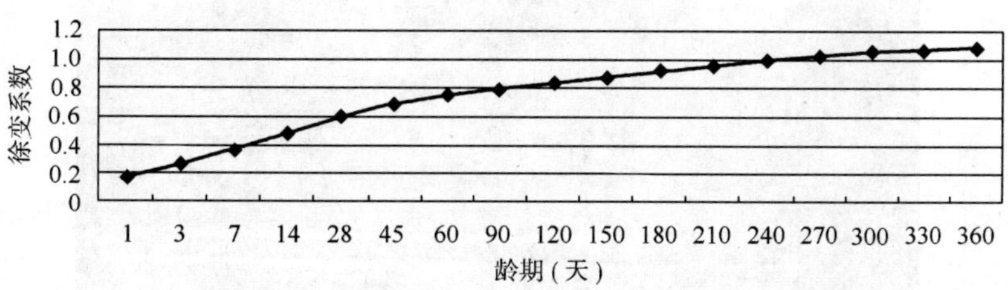

图10.3-7　X001混凝土配合比徐变系数

(5)工作性能

搅拌站配料精度满足要求，在规定的时间(120～150s)内能拌制出满足要求的混凝土，见表10.3-8。

混凝土工作性能 表 10.3-8

编号	坍落度/扩展度(mm/mm)			密度	含气量	泌水率	压力泌水率	初凝时间	终凝时间
	0min	30min	60min	(kg/m³)	(%)	(%)	(%)	(h:min)	(h:min)
X001	210/450	200/430	190/410	2 400	2.8	0	24.8	14:43	23:10
X002	220/460	210/440	190/420	2 390	3.4	0	210.9	14:15	19:10

(6)水化温升

水化温升曲线见图 10.3-8。

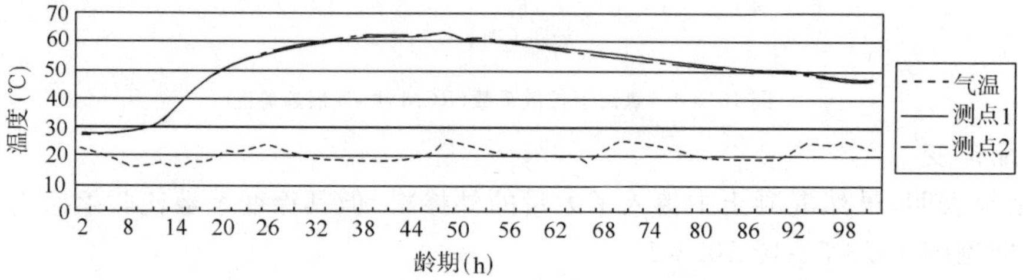

图 10.3-8 X001 温升曲线(2004 年 10 月 4 日)

经过室内外试验,X001、X002 能满足施工及技术指标要求。

三、模 板 工 程

预制场设六个制梁台座,配备的模板系统包括:6 套底模、6 套侧模、3 套内模和 3 套端模。

底模板通过横向扁担梁固定在制梁台座上,侧模板一端支撑在制梁台座预埋元宝垫铁上,另一端采用螺旋支撑将模板顶面调节至水平状态。底模、侧模直接与制梁台位固定连接,一次性安装、调整就位(图 10.3-9),后期使用过程中仅需进行日常维修保养作业,其平整度、高程调整工作量小,周转方便快捷。

图 10.3-9 底模和侧模固定在制梁台座上

内模采用可收缩的液压模板(图 10.3-10),由面板、车架、走行部分、支撑系统和液压系统五部分组成。

内模分节段制造，在台座上修整并组装成整体（图 10.3-11），用轮胎吊机搬运吊装入模（图 10.3-12）。在混凝土强度达到设计值的 75%后拆除。拆除内模由外到内，分节段进行，用卷扬机将其拖出。

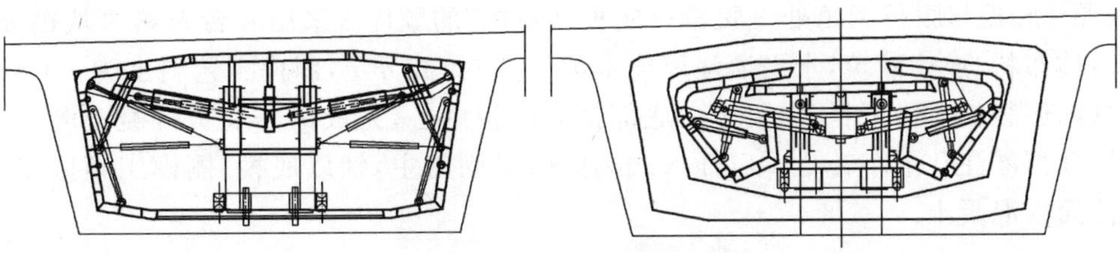

a)　　　　b)

图 10.3-10　液压内模

a)内模工作状态；b)内模收紧状态

图 10.3-11　液压内模在台座上整体安装

图 10.3-12　钢内模整体吊装入模

50m 箱梁单片梁钢筋重 110t，钢筋种类多达 146 种，为加快施工进度、保证钢筋的安装质量，分为底板、腹板及顶板两个钢筋单元，在预扎台座上分别进行整体绑扎，采用两台 50t 轮胎式搬运机配合专用吊架，将钢筋单元整体吊装入模（图 10.3-13、图 10.3-14）。

图 10.3-13　底板、腹板钢筋整体吊装入模

图 10.3-14　顶板钢筋整体吊装入模

四、箱梁混凝土浇筑

箱梁混凝土浇筑设备(图 10.3-15)包括:4 台搅拌站、5 台输送泵(其中 1 台备用)和 4 台布料杆,按照“底板与腹板倒角处→腹板→底板→顶板”的顺序 ,采用 4 台布料机从箱梁的两端向中间对称布料、连续灌筑,水平灌注厚度不大于 300mm 分层,斜向工艺斜度为 1∶4～1∶5。下料先从两侧腹板对称下料,混凝土由底部挤向底板中心,完成部分底板混凝土灌注,不足部分从内模顶部灌注孔下料补足。以插入式捣固棒捣固为主,辅以底模、侧模工频振捣棒捣固,最后灌注面板混凝土。

图 10.3-15　浇筑箱梁混凝土

由于 50m 箱梁桥面面积较大,采用传统方法不易控制平整度,为保证箱梁桥面混凝土密实、平整和梁高符合验收要求,采用提浆整平机对混凝土表面提浆整平,控制箱梁高程和横向坡度,效果良好。提浆整平机及收浆抹面操作平台在混凝土浇筑到桥面高程后吊装到桥面,其走行轨道采用普通 14 号槽钢焊接在侧模走行道板上。

五、混凝土的养护

箱梁混凝土养护在一般气候条件下采用自然养护方案,对箱梁进行洒水养护。由于杭州湾冬季温度偏低且风较大,混凝土强度发展缓慢,箱梁大体积混凝土早期抗裂性差,为顺利进行冬季混凝土施工,确保混凝土质量,在冬季采用保湿保温养护和自然养护相结合的养护方案,即混凝土浇筑完毕后按照规定程序进行保湿保温养护,待早期预应力束张拉移梁后,采取自然养护方案对混凝土进行养生。

箱梁采用自然养护时,箱梁表面应予以覆盖,洒水次数以混凝土表面湿润为度。当环境相对湿度小于 60%时洒水养护 14 天。箱梁的内室降温较慢,可适当采取通风措施,并应自然养护 7 天以上。当环境温度低于 5℃时,应采取保温措施,不得对混凝土表面洒水。

冬季进行保湿保温养护期间(图 10.3-16, 图 10.3-17),箱梁用帆布覆盖,保湿保温养护全过程分为静停期、升温期、恒温期、降温期四个阶段。

(1)静停期:梁体混凝土灌注完毕至湿热养护之前的养护期限为静停期,时间控制在6～8h。静停期可向棚内供给少量的蒸汽将棚内温度控制在10℃以上。

(2)升温期:由静停期温度升至规定的恒温阶段为升温期。升温速度不得大于10℃/h,升温速度不宜过快。

(3)恒温期:恒温期温度应控制在(35±5)℃ 。恒温期一般情况保持20h,如根据试件检测情况需要延长恒温时间,由实验决定延长恒温时间。

(4)降温期:按规定的恒温时间,取出随梁养护的混凝土试件,经试验达到混凝土脱模强度后即停止供汽,降温速度不大于每小时5℃。当棚内温度降到与棚外温度差≤15℃时,拆除保温设施和测试仪表。

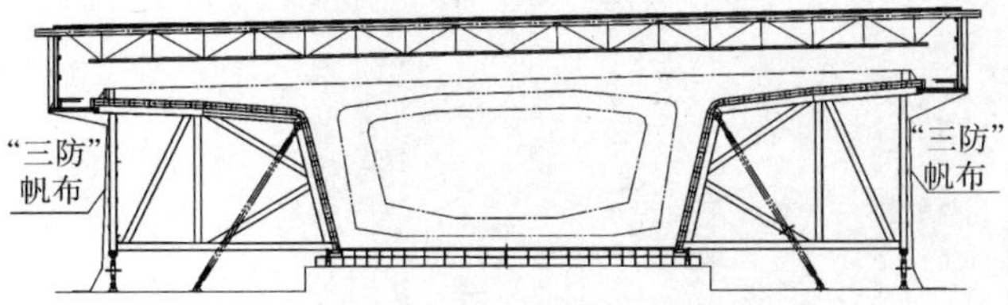

图10.3-16　养护罩结构示意图

图10.3-17　保温保湿养护现场实景图

第四节　架梁程序和1 600t专用运架设备研制

一、箱梁场内搬运

预制场内配备了两台50t轮胎式搬运机和两台800t轮胎式搬运机。前者用于内模和钢筋网吊装,后者用于50m箱梁场内搬运(图10.4-1)。

图10.4-1　用两台800t轮胎式搬运机场内搬运箱梁

800t轮胎式搬运机可以实现±5°转向,以满足空载和吊梁运行状态局部调整方向的要求。还可通过八组液压油缸系统实现轮组原地90°转向,满足吊梁纵横向运行的要求。单机配置48个轮子及载荷自动均衡系统,能够自动调整轮组压强(≤10.5×10^5Pa)。

预制场采用轮胎式搬运设备，场地布置比较灵活，有利于提高场地的利用率。由于搬运机轮胎对地压力最大为 10.5×10^5 Pa，相当于载货汽车满载时对地压力，所以运梁通道地基无需特殊加固，地基处理费用低。适当增加搬运机的起吊高度，可实现双层存梁，可减少存梁场用地面积。

二、箱 梁 提 升

为将箱梁从地面提升到桥面运输，采用两台 800t 轮轨式提梁机跨三片梁原地联合将箱梁提升上桥的方案(图 10.4-2)。

图 10.4-2　箱梁从地面提升到桥面

为本工程专项研制的 800t 轮轨式提梁机，其主要功能为将 50m 箱梁由地面提升到桥面及用于在桥面组装、解体运梁车和架桥机。提梁机跨度 56m、高 42m，每台吊重 800t，由主梁、刚性支腿、柔性支腿、吊梁小车、走行台车及控制系统等部分组成。它具有原地起吊箱梁、横移箱梁、轻载(≤200t)自力走行及载荷自动均衡(三吊点)等功能。

三、箱梁梁上运输

箱梁梁上运输采用专门研制的 1 600t 轮胎式运梁车(图 10.4-3)，它由四台运梁单车组成前、后两个车组，同组运梁单车通过承载横梁连接。四台运梁单车分布在四片箱梁上，每台车上的两行车轮沿箱梁腹板走行。运梁台车总长 76 m，总宽 26m，空车设计行车速度 4km/h，重车设计行车速度 2km/h(由于路面坡度小于运梁车的设计坡度，实际行车速度：空车 7km/h，重车 4km/h)。运梁平车除驮运待架的箱梁外，还要用于驮运架桥机至起始架梁位置，并在完成最后一跨架设后将架桥机驮回提梁站拆卸。

运梁车额定载质量为 2×750t、设备自重 524t。国内运梁车工作状态最大风力一般按 6 级风设计，考虑到杭州湾海域 6 级风的情况相当普遍，且夏季台风多，故整机抗风按下列标准设计：8 级风($250N/m^2$)可正常工作；12 级风($950N/m^2$)可满足自身稳定的要求。

运梁平车由主机架、走行轮组、承载横梁、液压辅助支腿、转向机构、平衡系统、电气系统、动力机组等部分组成。

图 10.4-3 运梁车桥上运梁

其主要技术性能如下。

(1)运输过程箱梁为三点支承状态。前承载横梁上的两个支座底部设置有互通式液压油缸,后承载横梁上的两个支座直接固定于横梁顶面,形成“三支点”系统。保证箱梁在运输过程中不受附加弯扭作用。

(2)具有二次移梁功能。运梁平车到达架桥机后,箱梁须在车组上纵移一段距离后才能到达起吊位置。为此,前承载横梁设计为移动式,支撑在纵移台车上,可以沿前车组两根纵向钢梁上的轨道运行。后承载横梁设计为固定式,当运梁车载梁驶入架桥机尾部时,运梁车后车组能够推动箱梁作二次纵移(此时前车组固定支撑不动),确保箱梁运输到架桥机起吊位置。

前、后车组设置辅助液压油缸系统抵消因运梁车二次纵移对位时,后方运梁车组推动箱梁所致的水平力;同时在二次喂梁过程中,随着前承载横梁前移,前车组设液压支腿(装有限压装置),确保前运梁车组轮胎不超载,保持前方运梁车组的稳定和平衡。

(3)为了有效降低整机高度并减小单个轮胎受力,采用小直径、大数量轮胎方案(图 10.4-4),运梁平车共设 640 个 8.25/R15 橡胶轮胎及配套的液压系统和载荷均衡系统,可自动调整轮组压强,均匀分布载荷,而且当障碍物出现时,该系统也能保证轮组载荷再分布,避免局部超载。

(4)前、后车组通过电子系统控制,组成一个软刚性整体的同步系统,确保四台运梁车的同步性,避免对箱梁造成过大的拉应力。

(5)采用 PLC 程序控制系统,通过角度传感器、方向传感器及电液伺服系统实现四台单车同步运行和方向自动控制,并且具备手动控制和自动控制两种模式,实现行驶方向调节,保证运梁车不偏离安全的行驶路线。

(6)整机采用分布式动力系统,每台平车各设置一套独立的大功率内燃发动机(DEUTZ 1015C 286kW),固定安装于主机架上。通过发动机带动液压泵站、辅助发电机和制动系统空压机工作。发动机既可独立控制,又可 4 台发动机联机启动与工作,既可采用远程驾驶室整机电气系统控制,又可利用独立配置的电气控制柜实现单平车的独立运行。

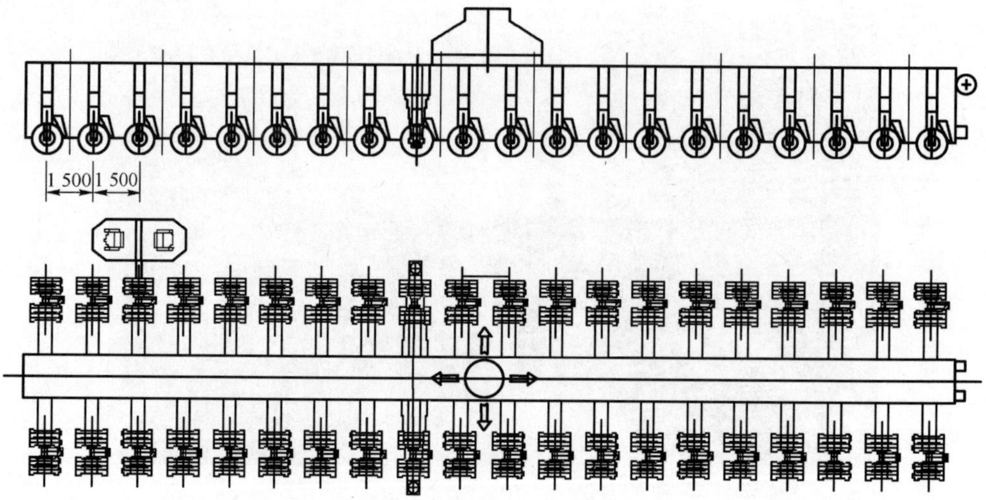

图 10.4-4 TE1600 轮胎式运梁机轮组纵向分布示意图(尺寸单位:mm)

运梁平车技术参数详见表 10.4-1。

TE1600 轮胎式运梁车主要技术参数表 表 10.4-1

序 号	项目名称	技术参数	序 号	项目名称	技术参数
1	自重(kN)	约 5 240	13	功率	286kW(2 100r/min)
2	有效负荷(kN)	约 14 300	14	液压油箱	4×750L
3	工作总重量(kN)	约 19 540	15	柴油箱	4×800L
4	允许轴线载荷(N)	80×244 250	16	水平面最大空载速度(km/h)	5
5	允许车轮载荷(N)	640×30 550	17	水平面最大重载速度(km/h)	2
6	总长(m)	约 76	18	最大爬坡能力	2%
7	总宽(m)	约 26	19	驱动轴线数	20
8	行走机构上平板高度(mm)	2 300 +/−300	20	制动轴线数	24
9	行走机构的行走高度(mm)	4 600 +/−300	21	转向轴线数	80
10	最大升程(mm)	600	22	轮胎	640×规格 8.25 R15,双轮胎
11	发动机	4 台 DEUTZ/柴油	23	最大牵引力(kW)	1 200
12	型号	KHD BF6M 1015C/水冷	24	驾驶室	2(可 180°旋转,可拆卸)

四、架 梁

对步履式、导梁式、运架一体式等多种架梁方案进行比较后,架桥机选用 1 600t 步履式架桥机方案(图 10.4-5)。它具有箱梁起吊、横移、纵移,并具有精确落梁、整机自力过孔等功能。

箱梁架设时架桥机的前支撑支于待架梁跨的前方桥墩上,后支撑支于已架箱梁梁端顶面,后支腿支于后运梁车组顶面，通过运梁车的液压支腿和轮胎共同受力将载荷均匀传到已架设箱梁的顶面。吊梁小车吊梁前行通过后支撑后，运梁车退出，后支腿支立于已架箱梁顶面。该设备为PLC集中控制、双桁车吊梁、步履式过跨、简支型大吨位箱梁架设机械，具有遥控操作、全幅架设、自重及支腿载荷较小、安全可靠性好、架梁效率高等特点。

图 10.4-5　架桥机架设箱梁时的工况图

1 600t 步履式架桥机主要技术性能有：

(1)吊具采用三点支承体系，保证箱梁架设过程中不受附加弯扭作用；

(2)尽可能降低整机自重(最大起重比达 1.3)及工作高度(整机最大高度仅 14m)；

(3)具有折叠式铰接前、后液压支腿结构，架桥机起吊箱梁并纵移后，后支腿折叠起来可满足运梁车退出的要求；前支腿除满足在正常架梁工况支撑在墩顶上外，在架设最后一跨时还能经折叠下层桁架后支撑在桥面上；

(4)通过顶升后支腿调整主机臂反拱度，将后支撑所承受荷载部分传递给后支腿，有效减小在最危险工况(箱梁横移到位)时后支撑对桥墩和已架设箱梁的载荷；

(5)整机纵、横向抗倾覆能力强，通过墩顶锚固、吊孔锁定等安全装置，架桥机可在 8 级风状态下正常工作、12 级风状态下整体稳定，满足恶劣气候作业要求；

(6)采用 PLC 监控无线操作，运行及安全限位装置齐全可靠，起吊卷筒配备超速自动紧急制动装置，有效避免因常规制动、减速机等故障造成箱梁坠落等重大事故。

五、体 系 转 换

50m 箱梁为先简支后连续的预应力混凝土连续梁，每联由 7～8 孔箱梁组成。箱梁架设时边墩支承于永久支座上，其余支点均支承于临时支座上，一般在每两联梁架设完成后一并进行体系转换，使其由简支临时支承转换为永久支座支承的连续梁。为缩短体系转换时间，在架梁的同时，即进行湿接头的模板、钢筋、预应力束和劲性骨架安装。在浇灌箱梁湿接头混凝土、养护、预应力索张拉和体系转换过程中，停止架梁作业。

浇灌湿接头混凝土采用整体移动式外模（图 10.4-6），它有利于缩短湿接头的作业周期和提高施工的安全性。箱梁临时支座采用自行研制的 1 000t 的钢砂顶支座，钢砂顶支座由板式橡胶支座、钢筒体、底部混凝土垫块构成。经检测，其承载力大于 1 000t，压缩量小于 2mm，安装拆除均比较方便。

图 10.4-6 整体移动式模板系统施工工况图

南岸滩涂引桥 50m 预应力混凝土箱梁，从 2005 年 6 月开始制梁，至 2006 年 10 月结束，共制梁 404 片，平均月制梁 25 片。从 2005 年 7 月开始架梁，到 2006 年 11 月中旬结束，平均月架梁 25 片，最快每天架梁 3 片。制梁和架梁进度，分别比计划工期缩短 14 个月和 11 个月。跨度 50m、质量 1 430t 重型箱梁整体预制、梁上运输和架桥机架设的施工方案，远远超出了目前国内外陆上运、架混凝土梁的规模，它解决了南岸滩涂特定条件下架梁制约总工期的问题，避免了海上混凝土现浇施工和节段预制拼装带来的结构耐久性问题。由于设计阶段进行了卓有成效的总体规划，实施阶段充分吸收了国外最先进的技术成果，运、架方案总体合理，技术先进，实施顺利，取得了很好的效果。

·第十一章·

混凝土结构耐久性设计与施工

第一节　引　言

杭州湾地处亚热带季风气候区，气温较高。该海域平均潮差达4.52m，平均最大流速在3m/s以上，海水明显受长江钱塘江的冲淡影响，随季节和部位的不同实测氯离子含量5.54～15.91g/L，为pH>8的弱碱性Cl-Na型咸水。对杭州湾周边在役混凝土结构腐蚀状况的调查表明，沿海湾混凝土结构腐蚀十分严重，90%的损坏主要是由于氯离子扩散导致钢筋锈蚀引起的。中性化、碱骨料反应、硫酸盐侵蚀、冻融破坏、海洋生物等都不是混凝土结构劣化的主要原因。因此可以认定，影响本工程混凝土结构耐久性的主导因素是Cl^-的侵蚀。

杭州湾跨海大桥设计使用年限为100年，主体结构除南、北航道桥为钢箱梁外，其余均为混凝土结构，全桥混凝土用量近2.5Mm^3，混凝土结构的耐久性问题非常突出，是设计必须解决的关键技术问题之一。鉴于国内对海洋混凝土结构耐久性研究滞后并缺乏工程实践，借鉴国外跨海大桥混凝土结构防腐蚀的工程实例和欧洲混凝土委员会颁布的《耐久性混凝土结构设计指南》，结合我国海港工程混凝土结构防腐蚀设计和施工经验和有关研究结果，形成了本桥混凝土结构耐久性研究和设计的总体思路。

(1)全桥采用海工耐久混凝土。以氯离子扩散系数为混凝土耐久性的主要控制指标，采用大比例添加矿物掺和料和低水胶比的混凝土，以降低氯离子扩散速度；根据结构所处环境和受力特点，设置合理的钢筋保护层厚度，尽量延长氯离子扩散到钢筋表面的时间；同时，对处于浪溅区和水位变化区的混凝土结构，采用必要的补充防腐措施。通过降低氯离子扩散系数和增加钢筋保护层的厚度，从理论上确保大桥混凝土结构100年的设计使用年限。

(2)着力解决与耐久性有关的构造问题和施工问题，力求从构造上和施工上避免混凝土结构产生超过规定的裂缝。处于浪溅区的预制桥墩湿接头和海上承台等，为全桥结构耐久性最薄弱的环节，是设计和施工防治的重点。对于预应力混凝土结构，重视其管道压浆，加强对预应力索的保护。

(3)建立混凝土结构耐久性监测与使用年限的评估体系。为了观察氯离子扩散进程，动态掌握脱钝前锋面位置，对混凝土中钢筋的腐蚀进行预测，进而推算大桥的使用寿命；设置基于电化学和光电子复合判据的预埋式耐久性无损监测预警系统；基于多重环境时间的相似性试验方法METS(Multi-Environment Time Similarity Methodology)，进行人工加速试验，初步估算混凝土结构的使用寿命；进行现场暴露试验，获取混凝土结构在海洋环境作用下的耐久性实际参数。同时，通过实际使用环境和人工模拟环境中混凝土试件的对比分析，建立相似关系，实现利用人工模拟快速试验的结果推测大桥混凝土结构实际性能和使用年限的目标。

第二节　混凝土结构防腐蚀设计和实施

一、沿海混凝土结构中钢筋的腐蚀

氯盐引起的钢筋腐蚀，在世界范围内对钢筋混凝土结构造成了极大的破坏。氯离子对混凝土中钢筋的侵蚀作用可以概括为四个方面。

(1)破坏钝化膜

钢筋表面的钝化膜只有在高碱性环境下才是稳定的，当 $pH<11.5$ 时，钝化膜生成困难或已经生存的钝化膜逐渐被破坏。Cl^- 进入混凝土到达钢筋表面吸附于局部钝化膜处时，使该处的 pH 值迅速降低到 4 以下，从而破坏了钢筋表面的钝化膜。

(2)形成腐蚀电池

Cl^- 对钢筋表面钝化膜的局部破坏使这些部位露出了铁基体，与尚完好的钝化膜区域形成电位差；铁基体作为阳极而受腐蚀，大面积钝化膜区域作为阴极。腐蚀电池作用的结果使得钢筋表面产生蚀坑；同时，由于大阴极对应于小阳极，蚀坑的发展会十分迅速。

(3)去极化作用

氯离子 Cl^- 和氢氧根离子 OH^- 争夺产生的 Fe^{2+}，形成 $FeCl_2 \cdot 4H_2O$ (绿锈)，绿锈从钢筋阳极向含氧量较高的混凝土孔隙迁徙，分解为 $Fe(OH)_2$(褐锈)。褐锈沉积于阳极周围，同时放出 H^+ 和 Cl^-，它们又回到阳极区，使阳极附近的孔隙液局部酸化，Cl^- 再带出更多的 Fe^{2+}。这样，氯离子作为腐蚀的中间产物对腐蚀起了催化作用。反应式为：

$$Fe^{2+}+2Cl^-+4H_2O \longrightarrow FeCl_2 \cdot 4H_2O$$

$$FeCl_2 \cdot 4H_2O \longrightarrow Fe(OH)_2\downarrow +2Cl^- +2H^+ +2H_2O$$

(4)导电作用

混凝土中 Cl^- 的存在，强化了腐蚀原电池的离子通路，降低了阴阳极之间的电阻，提高了腐蚀电池的效率，从而加速了电化学腐蚀的进程。

二、杭州湾跨海大桥的腐蚀环境分区

根据水文地质勘测资料与气象水文资料，设计高水位 6.15m($p=0.33\%$)、5.80m($p=1\%$)，设计低水位 −3.58m($p=1\%$)，按照《海港工程混凝土结构防腐蚀技术规范》(JTJ 275—2000)海水环境混凝土部位划分标准，以无掩护条件确定杭州湾跨海大桥腐蚀环境分区的高程(高程指 1985 国家高程基准，下同)分别为：

大气区：　高程＋10.210m 以上部分；

浪溅区：　高程＋1.880～＋10.210m；

水位变动区：高程－4.560～＋1.880m；

水下区：　高程－4.560m 以下。

在上述四区中，水位变动区和浪溅区均处于干湿交替的环境，混凝土表面的氯离子可通过吸收、扩散、渗透等多种传输途径侵入混凝土内部，而且在这种环境下使钢筋脱钝所需的氯离

子临界浓度也最低。浪溅区供氧充分，盐结晶也最为严重。因此处于水位变动区，尤其是处于浪溅区的混凝土结构最容易腐蚀。

三、杭州湾跨海大桥混凝土结构设计使用年限

一般地，钢筋锈蚀与混凝土结构耐久性的关系如图 11.2-1 所示。$t_0 \sim t_1$ 阶段，碳化前沿达到钢筋表面或侵蚀介质在混凝土—钢筋表面达到临界值，但钢筋钝化膜未发生破裂。这一阶段主要是介质在混凝土中扩散及在混凝土—钢筋表面积累。$t_1 \sim t_2$ 阶段，介质浓度超过临界值，钢筋发生局部腐蚀。$t_2 \sim t_3$ 阶段，钢筋大面积腐蚀，混凝土保护层大面积开裂，钢筋腐蚀加速，结构性能逐渐丧失。

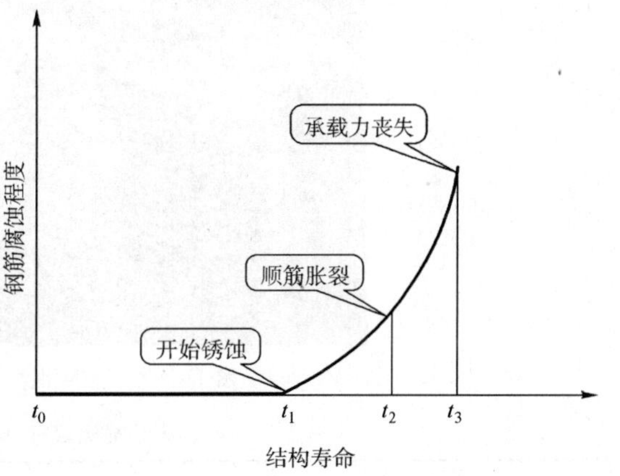

图 11.2-1　钢筋锈蚀与结构年限的关系

真正的具有某一保证率的使用年限应是处于 $t_2 \sim t_3$ 时间段的某一点 t。但对于大多数海工混凝土结构的使用年限预测模型，由于钢筋锈蚀时间的不确定性和不均匀性，为有所储备将 t 近似地认为等于 t_1。丹麦大贝尔特桥、厄勒海峡桥、香港青马大桥，工作年限分别为 100 年或 120 年，即以 t_1 作为使用年限的标志点。加拿大联邦桥，工作年限为 100 年，允许在 100 年内钢筋开始锈蚀，但不允许胀裂，即以 t_2 为标志。杭州湾跨海大桥混凝土结构的设计使用年限定义为在设计基准期内钢筋不发生锈蚀，即均值设计使用年限为 t_1。

第三节　混凝土结构防腐蚀的基本措施

一、采用大流动度的海工耐久混凝土

本工程基于抗氯离子扩散进行海工混凝土的配合比设计，混凝土配置的基本原则包括：选用低水化热和较低含碱量的水泥；选用高效减水剂（泵送剂），取用偏低的水胶比；限制混凝土中胶凝材料的用量，并尽可能降低胶凝材料中硅酸盐水泥的用量；大比例掺加粉煤灰、磨细高炉矿渣粉等矿物掺和料；在潮差区和浪溅区的混凝土中掺入适量的钢筋阻锈剂；适当采用引气剂提高混凝土的耐久性，并严格控制原材料引入的氯离子总量。

混凝土采用强度等级为 P. II42.5 型硅酸盐水泥，矿物掺和料为粉煤灰和磨细高炉矿渣粉，最大水胶比和胶凝材料最小用量见表 11.3-1。

最大水胶比和胶凝材料最小用量　　表 11.3-1

工程部位	最大水胶比 W/B	胶凝材料最低用量（kg/m^3）
基桩，承台，现浇桥墩、台及索塔	0.40	400
预制箱梁、预制桥墩	0.33	450
现浇梁及其他部位混凝土	0.35	450

本工程在国内首次制订了混凝土氯离子扩散系数快速非稳态电迁移(RCM)实验方法(图 11.3-1),并以氯离子扩散系数为耐久性的主要控制指标,规定了桥梁各部位抗氯离子渗透性要求(表 11.3-2)。

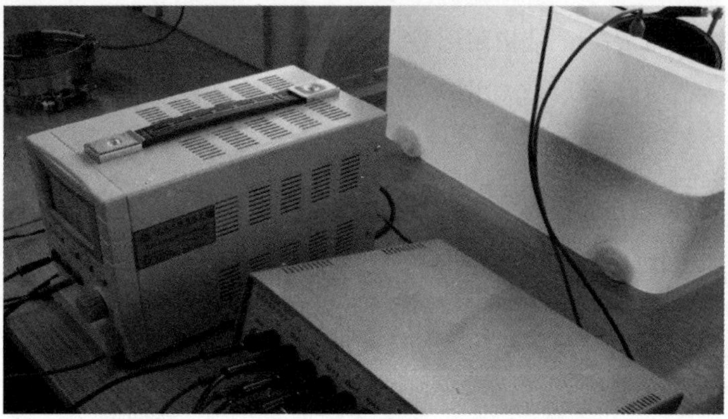

图 11.3-1　RCM 混凝土氯离子扩散系数测定装置

混凝土抗氯离子渗透性要求(12 周龄期)　　表 11.3-2

结构部位		混凝土氯离子扩散系数($10^{-12}m^2/s$)
钻孔灌注桩	陆上部分	≤3.5
	海上部分(含滩涂)	≤3.0
承台	陆上部分	≤3.5
	海上部分	≤2.5
墩身	陆上部分(现浇)	≤2.5
	海上部分(现浇含滩涂)	≤2.5(采用环氧钢筋),≤1.5(未采用环氧钢筋)
	海上部分(预制)	≤1.5
箱梁	现浇	≤1.5
	预制	≤1.5
桥塔		≤1.5

RCM 法用电场加快氯离子在混凝土中扩散的进程,通过测定氯离子在试件中的扩散深度来计算氯离子扩散系数。它将水溶液中的电化学基本公式 Nernst-Planck 方程改造 Fick 第二定律得到混凝土中的氯离子在电场作用下的扩散方程,然后代入对应的边界条件,可以得到电场加速条件下氯离子扩散深度与氯离子扩散系数之间简单的对应关系:

$$D_{RCM,0} = 2.872 \times 10^{-6} \frac{Th(x_d - \alpha\sqrt{x_d})}{t} \tag{11.3-1}$$

$$\alpha = 3.338 \times 10^{-3}\sqrt{Th} \tag{11.3-2}$$

式中:$D_{RCM,0}$——RCM 法测定的混凝土氯离子扩散系数(m^2/s);

T——温度(K);

h——试件高度(m);

x_d——氯离子扩散深度(m);

t——通电试验时间(s)；

α——辅助变量。

测量的结果直接是氯离子扩散系数。试验结果表明了 RCM 方法得到的结果和传统长期浸泡法或者干湿循环法得到的结果符合相对较好，可以作为预测氯离子环境中混凝土构件寿命的依据。

表 11.3-3、表 11.3-4 是海工耐久混凝土在本桥的运用实例。由表 11.3-3，矿物掺和料的用量均达到胶凝材料用量的 50%以上。从表 11.3-4 可以看出，混凝土的基本性能和耐久性均达到了预期的目标。另外，从试验结果和应用情况来看，海工耐久混凝土的早期抗裂性能优于普通混凝土。

海工耐久混凝土典型配合比　　表 11.3-3

部位	强度等级	水胶比	每方混凝土各种材料用量(kg)							
			水泥	矿粉	粉煤灰	砂	石子	水	减水剂	阻锈剂
陆上桩基	C25	0.36	165	124	124	754	960	149	4.13	—
海上桩基	C30	0.312 5	264	—	216	753	997	150	5.76	—
陆上承台、墩身	C30	0.36	170	85	170	742	1 024	153	4.25	—
海上承台	C40	0.33	162	81	162	779	1 032	134	4.86	11.1
海上现浇墩身	C40	0.345	126	168	126	735	1 068	145	5.04	11.4
海上预制墩身	C40	0.309	180	90	180	779	1 032	139	5.4	9.0
箱梁	C50	0.32	212	212	47	724	1 041	150	1.0	—

海工耐久混凝土实测性能　　表 11.3-4

部位	强度等级	抗压强度(28 天)(MPa)	氯离子扩散系数(84 天)($\times10^{-12}m^2/s$)	坍落度(cm)	扩展度(cm)	抗裂性能
陆上桩基	C25	39.3	1.37	21	43	良好
海上桩基	C30	53.8	1.57	22	55	良好
陆上承台、墩身	C30	39.3	1.21	21	42	良好
海上承台	C40	511.4	0.73	18	—	良好
海上现浇墩身	C40	56.0	0.68	18	55	良好
海上预制墩身	C40	511.6	0.37	18	—	良好
箱梁	C50	611.8	0.34	18	40	良好

二、设置合理的保护层厚度

理论上，结构的保护层越厚，氯离子扩散到钢筋表面的时间就越长，结构的使用年限也越长。但是，保护层过厚不利于结构裂缝控制，对于预制结构，过厚的保护层，可能会引起一系列结构和施工问题。因此，需要根据环境和结构合理地确定保护层的厚度。

加拿大 Northumberland 海峡大桥(设计年限 100 年)，腐蚀环境特别恶劣，桥墩保护层厚度 75～100mm，上部结构 50mm；丹麦大贝尔特海峡工程，桥墩保护层厚度 75mm，上部结构 50mm。参考国外跨海大桥工程实例和国外有关规范(表 11.3-5、表 11.3-6)，根据杭州湾的环境、结构和设计使用年限，制定了各部分结构混凝土的最小保护层厚度控制值(表 11.3-7)。

日本土木学会标准规定的钢筋保护层最小厚度(单位:mm)　　表 11.3-5

构件类别	板	梁	柱
一般室外环境,无氯盐	25	30	35
腐蚀环境:干湿交替,水中有腐蚀物质,或海洋构筑物处于水中无特重腐蚀	40	50	60
特重腐蚀环境:受显著腐蚀物质作用,或海洋构筑物处于浪溅区和潮汐区	50	60	70

注:混凝土强度高时(相当于C45及以上)保护层厚度可按0.8系数折减,混凝土强度低时(相当于C25及以下),保护层厚度乘1.2系数。

各国标准规定的最小保护层厚度(单位:mm)　　表 11.3-6

混凝土所处部位	FIP 建议(1986)	ACI 357(1989)	BS 6235(1982)	BS 8110(1985)	DIN 1045—1(2001)	JTJ 268(1996)
大气区	65	65	75	60	40	50
浪溅区	65	65	75	60	50	65
潮差区	50	50	60	60	50	50

为确保钢筋保护层厚度满足设计要求,在《杭州湾跨海大桥专用施工技术规范》中,对钢筋定位方法、保护层厚度检测方法和抽检频率等,均作了具体规定,保护层厚度要求分两阶段进行检测和控制。

第一阶段:模板和钢筋安装完毕,混凝土浇筑前进行钢筋保护层厚度的检测。

第二阶段:在混凝土浇筑后,利用无损检测法检查钢筋保护层的实际厚度。

本桥混凝土结构各部位钢筋保护层厚度(单位:mm)　　表 11.3-7

结构部位		腐蚀环境	保护层厚度
钻孔桩		水下区及泥下区	75
承台	海上	水位变动区	90
	陆上	大气区	75
桥墩		浪溅区及大气区	60
箱梁		大气区	40

第四节　混凝土结构防腐蚀的附加措施

一、钢筋阻锈剂

钢筋阻锈剂是一种能抑制或延缓钢筋电化学腐蚀的化学外加剂,分掺入型和渗透型两类。美国混凝土学会(ACI)把钢筋阻锈剂作为保护混凝土中钢筋的三种有效措施之一(另外两种是环氧涂层钢筋和阴极保护)。钢筋阻锈剂在美国已有近30年的工程应用历史,近15年来在国际上得到更迅速的发展。本工程在处于水位变动区的承台和浪溅区的墩身混凝土中掺入了钢筋阻锈剂,作为保证混凝土结构耐久性的附加措施。

一般情况下,钢筋阻锈剂的有效性与其存在于混凝土中的含量有直接关系,混凝土中只要能够保持必要浓度的阻锈剂，钢筋就可以长期不锈。阻锈剂的合理掺量通过试验确定，并测试与其他外加剂的相容性。本工程使用的某钢筋阻锈剂的试验结果见表 11.4-1。

某阻锈剂性能试验结果　　表 11.4-1

性　　能	试 验 项 目	规 定 指 标	实 测 结 果
		粉剂型	粉剂型
防锈性	盐水浸渍试验	失重率减少 40%以上	减少 45.6%
	电化学综合试验	电位跌落值不超过 50mV	35mV
对混凝土性能影响试验	抗压强度比	≥90%	98%
	抗渗性	不降低	不降低
	初终凝时间(min)	±60(对比基准组)	初凝+50;终凝+55

二、环氧涂层钢筋

在正常使用情况下，即使氯离子、氧、水分等足量渗入混凝土，环氧涂层钢筋也能长期免遭腐蚀。美国试验与材料学会调查确认，采用环氧涂层钢筋可延长结构使用年限约 20 年左右。鉴于环氧涂层钢筋的优点，杭州湾跨海大桥在腐蚀最为严重的浪溅区现浇墩身中采用了环氧涂层钢筋，作为提高混凝土结构耐久性的附加措施之一。

本工程中使用的环氧涂层钢筋，其原材料、加工工艺、质量检验和验收标准按《环氧树脂涂层钢筋》(JG 3042—1997)的要求进行。

由于环氧涂层损伤极易导致钢筋的点腐蚀，加速结构破坏，因此，对环氧涂层钢筋的检验、储存、加工及安装等，都有非常严格的规定，但限于目前的管理水平，尚难于控制其施工质量，工程界目前普遍主张慎用。

三、混凝土表面防腐涂装

混凝土结构涂层防腐蚀研究国内外已有一定成果，表 11.4-2 为某暴露试验站对涂层试件 10 年暴露龄期的检测结果。

海洋环境混凝土涂层试件对比实验结果　　表 11.4-2

涂 层 配 套	涂 层 厚 度 (μm)	漆 膜 情 况	混凝土中 Cl^- 含量(%)		
			0～10(mm)	10～30(mm)	30～50(mm)
无涂层混凝土	—	—	0.331	0.272	0.207
苯丙乳液砂浆	5 500	严重龟裂，起层	0.170	0.079	0.021
云铁环氧保护漆	273	轻度失光，无粉化	0.025	0.014	0.005
环氧保护漆＋氯化橡胶漆	285	漆膜完好	0.023	0.009	0.005
环氧保护漆＋聚氨酯面漆	300	漆膜完好	0.003	0.003	0.002
环氧沥青漆	300	中度失光，轻微粉化	0.004	0.003	0.002
湿面固化环氧保护漆	300	中度失光，轻微粉化	0.033	0.010	0.004

暴露实验结果表明，施加涂层的混凝土不同深度的氯离子含量，均比无涂层的混凝土低很多，同深度的氯离子含量，有涂层的比无涂层的要低 1～2 个数量级，说明混凝土表面涂层能够

有效延缓氯离子向混凝土中扩散的进程。

本工程防腐涂装体系设计年限为20年，涂装范围包括海上承台和墩身。从景观考虑，南北航道桥斜拉桥索塔及南、北滩涂近岸区引桥上部结构也列入了涂装范围。涂层由底层、中间层和面层涂料组成（表11.4-3）。

混凝土表面涂层体系配套方案　　表11.4-3

配套涂料名称		涂装方式	涂层干膜平均厚度(μm)
底层	环氧树脂封闭漆	喷涂	—
中间层	环氧腻子	刮涂	—
	环氧树脂漆	喷涂	300
面层	聚氨酯磁漆	喷涂	100
涂层总干膜平均厚度(μm)			400

大桥混凝土表面涂装分为表湿区（处于潮位变化区的承台和部分墩身）和表干区两部分，其中表湿区处于干湿交替状态，潮差大，混凝土露出水面的时间短，流速急，水中富含泥砂，涂装比较困难。为验证采用表湿区混凝土涂层防腐的可行性，在海中承台上进行了现场涂装试验。

试验结果表明：通过优选材料和合理的工艺，涂料的附着力、柔韧性、冲击强度、耐磨性、硬度等，涂层的耐碱性、耐老化性、涂层与湿表面混凝土的黏结强度等都可以达到规范的要求，方案可行，但同时也显示泥砂对涂层有强烈的冲刷作用，应予十分重视。

四、预应力筋孔道压浆

预应力钢筋是预应力混凝土结构的主要受力材料，预应力钢筋的耐久性直接影响到预应力混凝土结构的使用年限和安全。20世纪末，国际上一些使用后张预应力工艺的桥梁，由于预应力筋锈蚀，而导致桥梁倒塌、重建或加固。国内，在拆除的预应力混凝土结构中，也发现孔道压浆存在严重的质量问题，关于预应力筋孔道压浆问题，已引起工程界的普遍关注。

本桥对预应力筋孔道压浆给予了高度重视。为保证孔道压浆填充密实，采用塑料波纹管和真空压浆技术；要求浆体掺加真空压浆添加剂和阻锈剂，浆体水灰比控制在0.30～0.35，泌水率≤2%，流动度14～18s，膨胀率<5%，初凝>3h，终凝<24h，并要求进行斜管试验和足尺压浆模拟试验，以检验压浆效果和据以制订实施性压浆工艺。

塑料波纹管除满足真空压浆工艺外，与传统的铁皮管比，接头的密封性好，可避免工程中常发生的漏浆事故，并降低了孔道摩阻系数。

第五节　混凝土结构防腐蚀新技术的试应用

在工程实施过程中，对混凝土外加电流阴极防护和透水模板两项混凝土防腐蚀新技术，进行了试应用，取得了良好的效果。

一、外加电流阴极防护

根据钢筋腐蚀的电化学原理，阳极反应（钢筋腐蚀）必须同时放出自由电子，阴极防护即是采取措施使电位等于或低于平衡电位，不让钢筋表面任何地方再放出自由电子，就可使钢筋不能再进行阳极反应（腐蚀）。外加电流阴极防护，以直流电源的正极接通难溶性阳极，发射保护电流；以其负极接通被保护的钢筋，而阳极与被保护的钢筋均处于连续的电解质中，使被保护的钢筋接触电解质的全部表面都充分而且均匀地接受自由电子，从而受到阴极保护。

外加电流阴极防护技术已在西方发达国家环境恶劣的重要工程上应用，如：悉尼歌剧院、布里斯班港、Lawrence Hargrave Drive 桥、Westgate 桥和 Story 桥等。该项防护技术在本桥南、北航道桥主塔承台、塔座及下塔柱等部位进行了试应用，取代原设计的环氧钢筋防腐方案。这是一项成熟的技术，但在国内尚属首次使用。

外加电流阴极防护系统采用欧洲《混凝土中钢筋的阴极保护》(EN 12696：2000)标准进行设计。该系统包括：活性钛金属网条（图 11.5-1）、参比电极、连接装置、供电装置、计算机控制和遥控监控管理系统等。

图 11.5-1 活性钛金属网条

外加电流阴极防护系统设计的要点包括：阳极材料在正常运行的电流密度（钢筋表面 $1\sim2mA/m^2$）条件下，保证结构钢筋始终处于阴极状态而不发生锈蚀，从而保证混凝土结构至少 100 年的使用年限；充分考虑腐蚀环境的不同，针对不同区域进行相应的设计，采用全自动监控系统自动调节电量，以确保 100% 的电流分布与传递，并避免过度保护现象；采用合适的参比电极，使防护系统能够自动调节和长期监控。

二、透水模板的应用

透水模板是指一种模板的衬垫，它由无纺聚丙烯纤维制成，粘贴在钢（木）模板的表面上。在模板内浇灌混凝土时，它能把入模混凝土多余的空气和水排出（图 11.5-2），使混凝土表面水胶比大幅度降低（图 11.5-3）；在养护期间，储存在模板衬垫中的水分又可使混凝土保持高湿度，将开裂风险减到最小，因而可大幅度提高混凝土表面的密实度和强度。

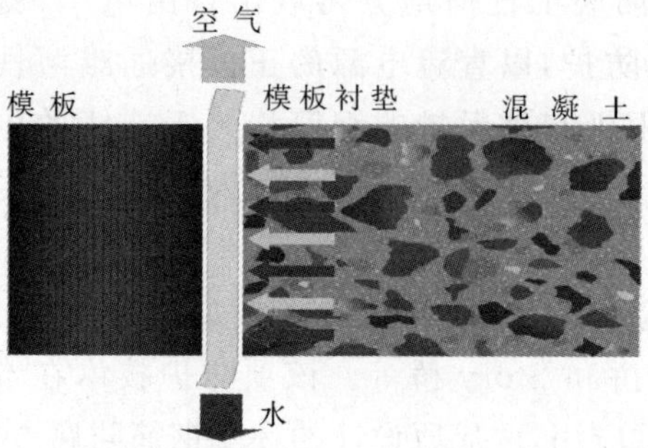

图 11.5-2　渗透性模板作用原理图

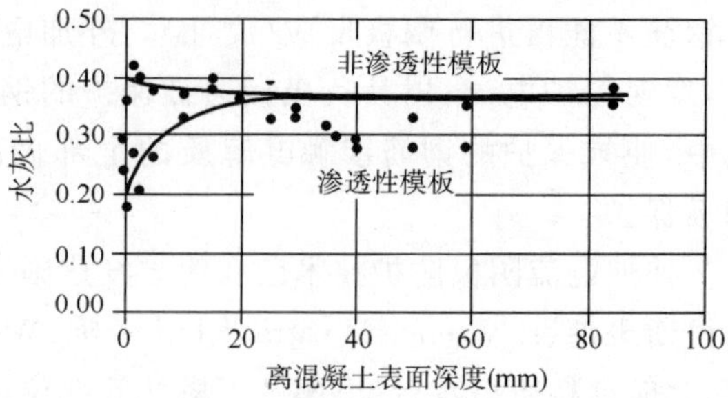

图11.5-3　渗透性模板与非渗透性模板混凝土表层水灰比

对比试验表明，使用透水模板，可消除混凝土表面的气泡、砂线，减少表面裂缝，明显改善混凝土的外观质量，并使混凝土表层密实，提高混凝土的抗裂性、抗渗性和耐久性。检测表明，使用了渗透性模板后，C35 混凝土用回弹结果推定的强度竟然达到了 C60。由于透水模板对改善混凝土外观质量效果非常显著，在本桥预制墩和现浇墩混凝土施工中得到了广泛应用。

第六节　特殊结构的裂缝限制措施

这里所指的特殊结构系指钢管桩基础承台和预制墩湿接头，前者大部分处于水位变动区，后者处于浪溅区，因为施工环境特别恶劣和结构的原因，在国外跨海大桥和杭州湾附近海域跨海大桥施工中这两部分的结构混凝土最容易开裂，一旦腐蚀破坏，后果也特别严重。

一、预制墩接头混凝土

中引桥和南引桥水中区除少数高墩外，均采用整体预制桥墩。预制桥墩采用钢筋混凝土空心结构，通过现场浇筑接头混凝土(墩座湿接头)与承台连成一体(图 11.6-1)。在海上桥墩特别多、施工条件非常恶劣的情况下，采用预制桥墩对减少海上作业、加快工程进度和降低工程成本发挥了重要作用。但预制墩湿接头混凝土处在腐蚀条件最恶劣的浪溅区，湿接头混凝土受海水长期侵蚀，引起结构严重损坏的实例屡见不鲜，因此湿接头混凝土防腐蚀是预制桥墩设计和施工的重大课题。

湿接头混凝土通常发生以下两类裂缝：

(1)支承约束引起的裂缝。预制墩安装后，先支承在承台顶面六个支点上，然后立模浇灌湿接头混凝土(图 11.6-2)。海上风大，养护条件较差，受海风和水化热的作用，养护过程中极易形成较大温差，由于支承点的约束作用，湿接头混凝土经常会发生以六个支点为中心的竖向裂缝，所谓湿接头混凝土容易开裂，通常指的是这类裂缝。

(2)结构引起的裂缝。湿接头混凝土与承台连接为盆腔形结构(图 11.6-1)，预制墩为空心墩，接头混凝土与预制墩内壁和承台凹槽的接触面，极易因新浇混凝土的收缩而产生裂缝。这些裂缝，易形成海水腐蚀通道，而且直达连接钢筋，从而严重影响结构的耐久性。

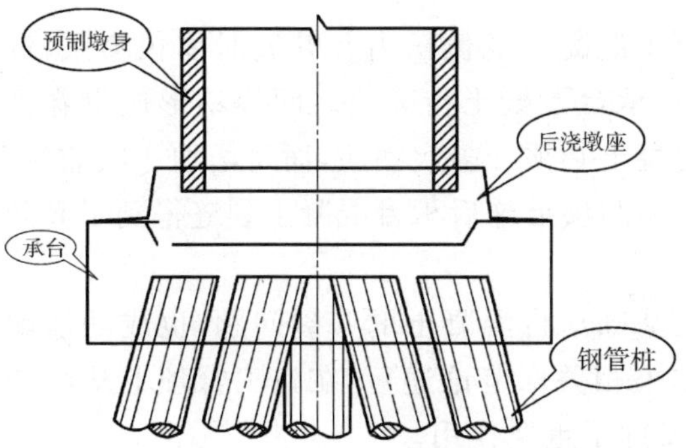

图 11.6-1 预制墩接头构造

图 11.6-2 预制墩湿接头施工

为此，在设计上要采取有效的构造和防腐措施，在施工中必须配制抗裂性好、水化热低的混凝土，并要特别注意新浇混凝土的保温和养护，尽量推迟湿接头混凝土与海水的接触时间，出现裂缝后则应及时修补。经过反复试验，在湿接头混凝土中采取掺加聚丙烯纤维、加密水平箍筋及在保护层内设置不锈钢防裂网片等附加措施后，裂缝得到了有效控制。为提高湿接头混凝土的抗氯离子扩散性能，还在表面进行了硅烷(Protectosil CIT)浸渍处理。有关预制墩湿接头裂缝问题详见本书第八章。

二、海上钢管桩基础承台

本工程海上钢管桩基础承台共计 517 个，包括承台、封底和填芯，共计混凝土 284 000m^3。承台是海上基础施工最困难的部分，风、浪、流、潮对施工影响很大，养护条件极差。某跨海大桥钢管桩基础承台曾严重开裂，影响了海上承台混凝土的耐久性，根据中港三航局大桥项目部墩台裂缝情况调查统计，承台混凝土出现裂缝的套箱占已浇筑套箱的 80% 以上，裂缝长 1.0～3.5m，裂缝宽 0.20～0.80mm，裂缝深度 4～13cm。

为控制钢管桩基础承台混凝土的裂缝，本工程采取了两项针对性很强的措施：

(1)承台施工围堰弃用混凝土套箱而改用钢套箱(图 11.6-3)；

图 11.6-3 在钢套箱内灌注承台混凝土

(2)承台混凝土由多次灌注改为一次灌注。

在混凝土套箱内灌注承台混凝土时:初期,由于混凝土的侧压力和升温时体积膨胀,混凝土套箱外壁被内压力涨裂;后期,由于混凝土收缩,承台混凝土与套箱之间容易形成贯穿性裂缝。采用混凝土套箱方案,为减少侧压力,承台混凝土必须分多次灌注,而每增加一次灌注,在界面附近就可能增加一批裂缝。本工程在采取上述两项措施后承台混凝土裂缝得到了有效控制。

本工程较好地解决了预制墩湿接头和钢管桩基础承台混凝土的开裂问题,也成功地解决了50m和70m大型预制箱梁的裂缝问题(详见本书相关章节论述)。在施工管理上从严控制混凝土的施工质量,对保证混凝土结构的耐久性发挥了重要作用。

第七节　海洋混凝土结构寿命评估

一、寿命预测数学模型

氯离子扩散过程一般可用Fick第二定律将氯离子的扩散浓度、扩散系数与扩散时间联系起来表达,可以直观地体现结构的耐久性。由于Fick第二定律的简洁性及与实测结果之间能较好地吻合,现在它已经成为预测氯离子在混凝土中扩散的经典方法,Fick第二定律可以表示为:

$$\frac{\partial C_{\mathrm{Cl}}}{\partial t}=\frac{\partial}{\partial x}\left(D_{\mathrm{Cl}}\frac{\partial C_{\mathrm{Cl}}}{\partial x}\right) \tag{11.7-1}$$

式中:C_{Cl}——氯离子浓度,一般以氯离子占水泥或混凝土重量百分比表示;

t——时间;

x——位置;

D_{Cl}——扩散系数。

根据初始条件和边界条件,上述微分方程的解为:

$$C(x,t)=C_0+(C_s-C_0)\left[1-\mathrm{erf}\left(\frac{x}{\sqrt{4D_{\mathrm{Cl}}t}}\right)\right] \tag{11.7-2}$$

式中:C——t时刻x深度处的氯离子浓度;

C_0——内部氯离子初始浓度;

C_s——混凝土表面的氯离子浓度;

$\mathrm{erf}(z)$——误差函数。

当钢筋表面氯离子浓度达到临界值时,钝化膜开始发生破坏,即认为钢筋开始锈蚀,可得确定初锈时间的表达式如下:

$$T_e=\frac{x^2}{4D_{\mathrm{Cl}}}\left[\mathrm{erf}^{-1}\left(\frac{C_s-[\mathrm{Cl}^-]}{C_s-C_0}\right)\right]^{-2} \tag{11.7-3}$$

式中:$[\mathrm{Cl}^-]$——混凝土氯化物的临界浓度,即尚不至引起钢筋去钝化的钢筋周围混凝土孔隙的游离Cl^-的最高浓度。

由式(11.7-3),混凝土结构的工作年限主要由氯离子扩散系数 D_{Cl} 和保护层厚度 x 决定。氯离子扩散系数 D_{Cl} 反映了氯离子在混凝土中扩散速度的快慢,可以通过试验确定,它与混凝土水胶比、胶凝材料品种与掺量以及环境条件等多种因素有关,并随混凝土受环境氯离子作用时间或年限的增长而降低。Fick 第二定律假设:扩散介质为均匀介质;扩散过程 Cl^- 不发生化学物理变化及扩散过程是稳定的,这些假定并不符合实际情况,在实际应用中须进行必要的修正。

二、海上混凝土结构寿命预测

本桥对海上混凝土结构的使用寿命先后进行了三次数值预测。

(1)第一次寿命预测委托上海市建筑科研所进行,主要为初步设计阶段提供混凝土耐久性设计的依据。预测采用 MCSLPS 和 N. P. LEE 寿命评估系统,除氯离子扩散系数和混凝土保护层厚度采用推荐值外,其余计算参数均取自有关文献。

(2)第二次寿命预测根据 DuraCrete 的混凝土耐久性设计模型,采用实际混凝土结构的保护层厚度、配合比和原材料,根据试验室内模拟测得的参数进行计算分析。目的是为制订本工程混凝土施工技术规程和质量验评标准,以及确定混凝土结构耐久性总体解决方案提供依据,这项工作主要由宁波工程学院完成。

(3)第三次寿命预测由浙江大学为主完成,预测寿命基于多重环境和时间的相似性方法,由试验室人工快速实验和现场取样测得的参数,采用基于路径概率的 PPM 概率模型计算确定。

三次寿命预测值列于表 11.7-1。

海上混凝土结构寿命预测汇总　　表 11.7-1

部　位	环　境	保护层厚度(mm)	设计氯离子扩散系数($\times10^{-12}m^2/s$)	MCSLPS 模型(年)	N. P. LEE 模型(年)	DuraCrete 模型(年)	PPM 概率模型(年)
承台	水位变动区	90	2.5	93	119	189	250
预制/现浇墩	浪溅区	60	1.5/2.5	/110	/149	175/	150/99
箱梁	大气区	40	1.5	104	114	182	220

由表 11.7-1 知,用各种模型计算,海上桥梁结构各部分均能满足设计使用期限的要求。海上现浇墩处于腐蚀最严重的潮差和浪溅区,是决定整座桥使用寿命的关键。鉴此,现浇墩采用了环氧钢筋,并在混凝土表面进行了防腐涂装,以延长使用寿命,满足设计使用期限的要求。

PPM 模型基于 Fick 第二定律和 Monte-Carlo 方法的失效概率数值模拟,分别对大桥处于浪溅区、大气区、水下区的几个关键部位进行模拟计算。整个计算过程可分为四个部分:侵蚀模型的参数确定、参数样本的生成、钢筋表面氯离子浓度 $C(x,t)$ 的计算、结构失效判断和 p-t 曲线。通过数值模拟,最终求得按设计年限为 100 年下钢筋不发生锈蚀的具有 95% 以上保证率(失效概率 $p\leqslant5\%$,可靠度 $\beta=1.65$)的最小保护层厚度。根据大桥设计保护层厚度,并结合 $\beta\sim t$ 关系曲线预测混凝土结构的使用寿命。

大桥各关键部位参数选取见表 11.7-2,各部位使用寿命预测结果见表 11.7-3。

杭州湾跨海大桥各部位混凝土性能参数 表 11.7-2

部 位	环 境	保护层厚度(mm)	水胶比(W/B)	氯离子扩散系数(28天)($10^{-12}m^2/s$)	表面氯离子浓度(%)	钢筋初锈氯离子浓度临界值(%)
海上承台	潮汐区、浪溅区	90	0.33	5.21	2.40	0.87
海上现浇墩身		60	0.35	5.87	2.54	0.86
海上预制墩身		60	0.31	4.58	2.25	0.89
湿接头		80/90	0.33	5.54	2.40	0.87
箱梁	海洋大气区	40	0.32	4.89	1.03	0.7
陆上承台、墩身		75/60	0.36	6.22	1.15	0.7
海上桩基	水下区、泥下区	75	0.31	4.58	3.26	2.27
陆上桩基		75	0.36	6.22	3.78	2.18

注:表中氯离子浓度为与每方混凝土中胶凝材料质量的相对比值(%)。

杭州湾跨海大桥各部位使用寿命预测结果 表 11.7-3

混凝土部位	保护层厚度(mm)	使用100年所需厚度(mm)	混凝土预测寿命(年)	寿命满足与否
海上承台	90	55	250	满足
海上现浇墩身	60	61	99	基本满足
海上预制墩身	60	49	150	满足
湿接头	80/90	58	190	满足
箱梁	40	27	220	满足
陆上承台、墩身	75/60	35	290	满足
海上桩基	75	33	>300	满足
陆上桩基	75	48	250	满足

从表 11.7-3 的预测结果知:即使不考虑各种附加措施,杭州湾跨海大桥各部位的预期使用寿命均满足设计要求。海上现浇墩身的保护层厚度略小于使用年限要求,该处腐蚀最为严重,是决定整座桥使用寿命的关键。海上墩座与承台间湿接头的预测结果虽然能满足要求,但由于在施工中容易产生裂缝,故仍属于结构比较薄弱的部位。海上预制墩身和现浇墩身同处于最严重腐蚀环境,但由于预制墩身的混凝土施工质量有保证,较好地控制了水胶比,有效降低了混凝土中氯离子扩散系数,使得混凝土的实际使用寿命延长。

按图 11.7-1 海上现浇墩身使用寿命 βt(可靠度指标—时间)关系曲线的方法预测各部位的混凝土结构寿命。

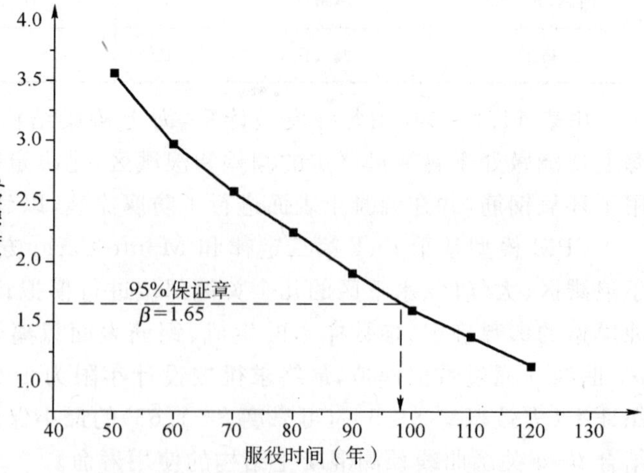

图 11.7-1 海上现浇墩身使用寿命 βt 关系曲线

三、建立耐久性长期监测系统及建立暴露试验站

根据现有认识，上述耐久性措施，应能保证杭州湾跨海大桥混凝土结构至少100年的使用寿命。然而海洋环境混凝土结构的耐久性预测问题在国际国内尚无定论，本工程的使用寿命能否达到期望年限，仍是相当严峻的现实问题。为了能够检验杭州湾跨海大桥混凝土结构耐久性防护措施的有效性、掌握大桥混凝土结构脱钝前锋面的发展进程，对大桥的使用性能和寿命进行预测，决定设置预埋式耐久性长期监测系统和建立耐久性暴露试验站。

1. 建立耐久性长期监测系统

目前，国内主要依靠试验室快速试验获取的参数以及现场同条件养护构件破损试验结果间接推定钢筋脱钝时间 t_1（图 11.2-1），由于数据有限、间断、参数预选，且无动态反馈，因此，基于各种数学模型的 t_1 预报精度难以期望。

20世纪80年代末，德国亚琛工业大学土木工程研究所发明了第一代梯形阳极混凝土结构预埋式耐久性无损监测系统（图 11.7-2），它可用以建立脱钝前锋面发展进程的数学模型。通过与德国亚琛工业大学的合作研究，在消化第一代梯形阳极预埋式无损监测技术的基础上，研究了沿海、近岸和海洋工程混凝土结构配筋腐蚀进程无损监测的基础问题，建立了可靠的钢筋腐蚀电学参数和输出光功率变化的相关性，研制了混凝土结构寿命的动态预报软件，集成开发新一代更加可靠的针对海洋环境外渗型腐蚀介质的耐久性监测技术，提出了海工结构测点布置的优化和信息处理方法，开发了杭州湾跨海大桥混凝土结构耐久性长期原体的无损监测系统（图 11.7-3），为后续类似海工混凝土结构工程提供示范。

为此，在全桥选择了四个典型截面（图 11.7-4），即北引桥低墩区 A39W，中引桥低墩区 C17E，南引桥低墩区 E81E，南引桥滩涂区 F107W。每个截面布置 10＋2 个传感系统（图 11.7-5～图 11.7-9）。

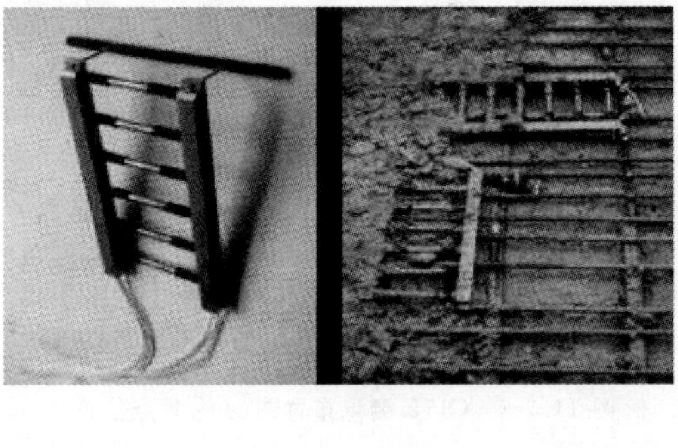

图 11.7-2　预埋式耐久性无损监测传感系统

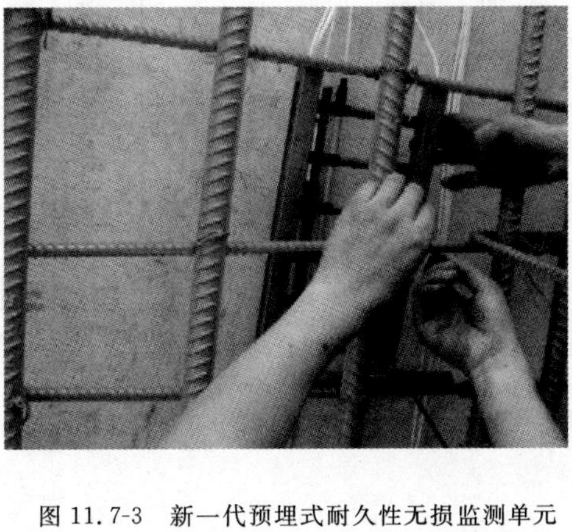

图 11.7-3　新一代预埋式耐久性无损监测单元

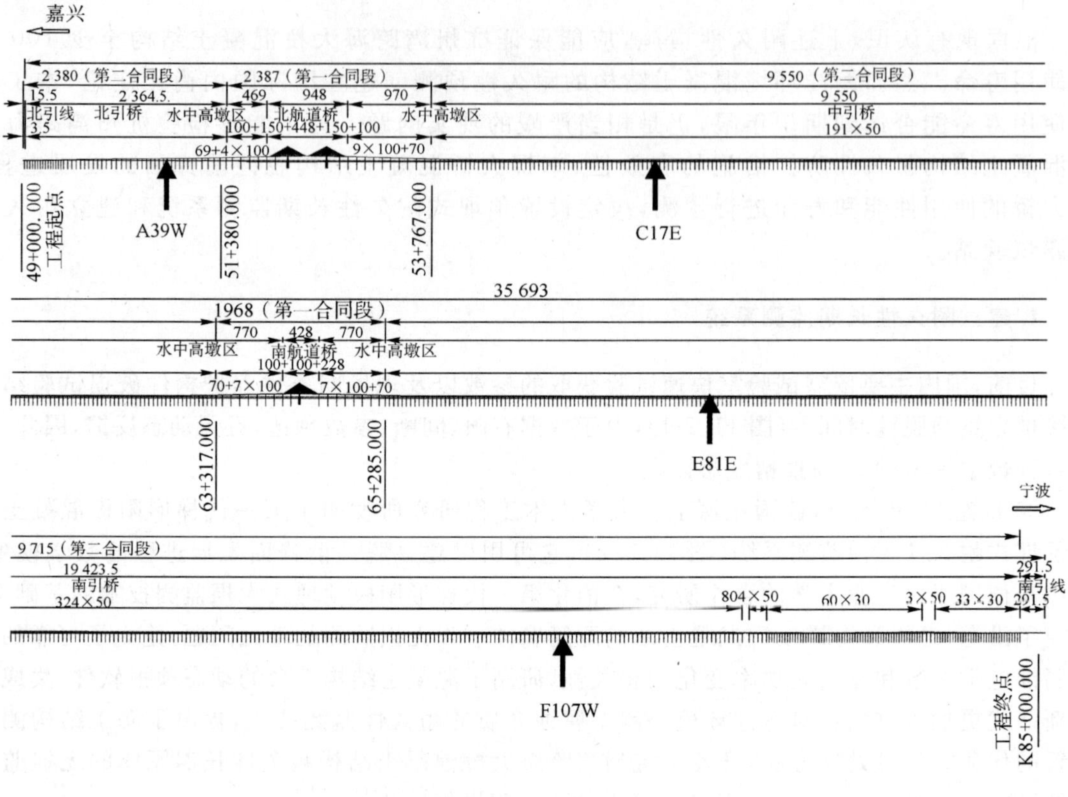

图 11.7-4 布置测点的典型截面

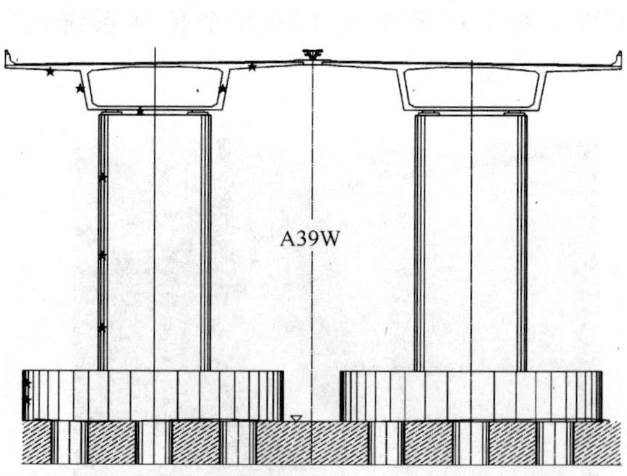

图 11.7-5 A39W 测点布置图(★为测点位置)

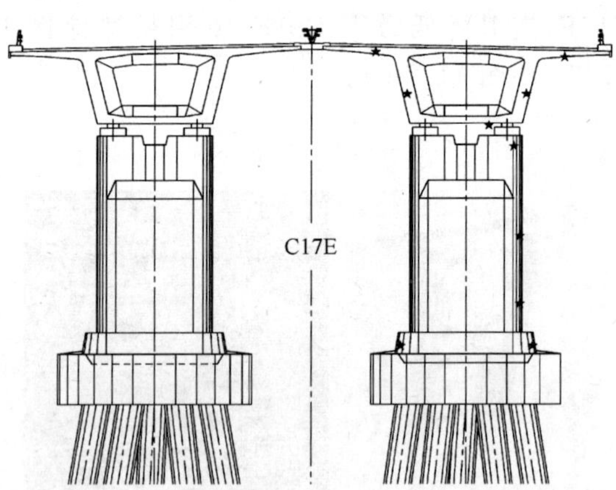

图 11.7-6 C17E 测点布置图(★为测点位置)

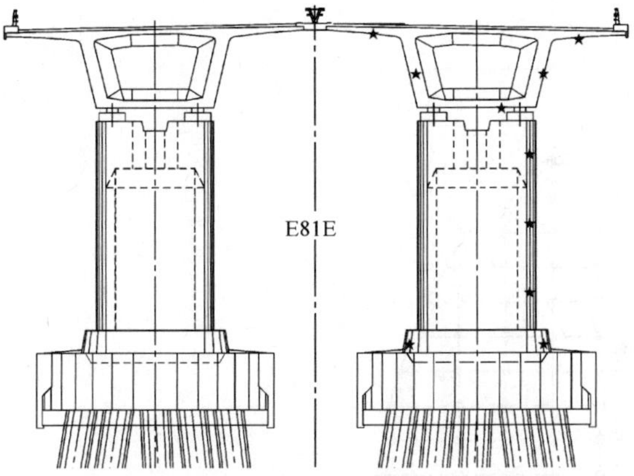

图 11.7-7 E81E 测点布置图(★为测点位置)

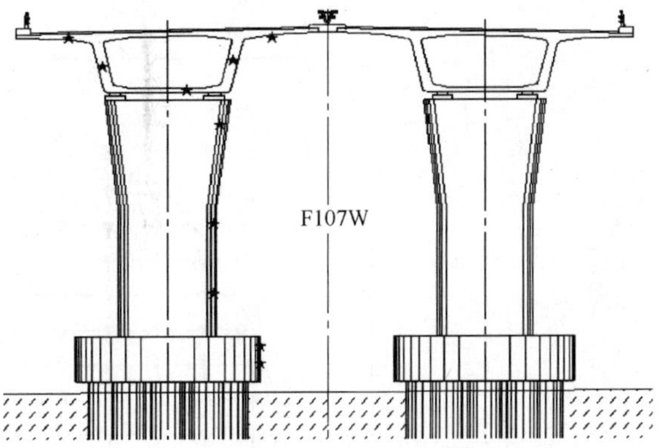

图 11.7-8 F107W 测点布置图(★为测点位置)

2. 建造现场暴露试验站

为了获取大桥实际混凝土结构在海洋环境作用下的耐久性实际参数,为大桥混凝土结构的耐久性长期监控提供节点验证数据,并建立快速试验与长期暴露试验数据之间的联系,在杭州湾跨海大桥海中平台建立了混凝土现场暴露试验站,见图11.7-10。暴露试验站的设计使用年限为 50 年。作为海洋环境下不同部位混凝土结构耐久性的试验基地,暴露试验站是混凝土结构耐久性研究的重要基础。根据海洋环境条件及混凝土试件设置的要求,暴露试验站为无掩护条件的海洋环境,设大气区、浪溅区、潮差区、水下区,各层顶面高程按照能够充分代表海洋环境对混凝土结构的影响因素确定,使得各层的环境充分满足既定试验要求,并且尽可能地方便施工、降低建设费用。根据本工程的腐蚀环境分区,在不影响海中平台主体结构和辅助设施的前提下,利用海中平台钢管桩作为暴露试验站的承载构件。根据钢管桩的布置形式,确定各环境分区结构层的高程和规模如下(见图 11.7-10～图 11.7-12)。

图 11.7-9 承台传感系统安装

(1)水下区:根据环境分区,水下区高程应在－4.560m 以下,根据统计资料,由于平均低潮位为－2.190m、大桥海中平台的设计低水位取－2.750m,考虑到方便施工与日后取样的原则,确定暴露试验站水下区平台顶面高程为－3.000m(高程以平台顶面高程为准,下同),规模为 12 m^2。试件典型尺寸为 150mm×150mm×550mm,并且平放置在水下区平台上。

(2)潮差区:根据环境分区,潮差区高程应在－4.560～＋1.880m,考虑到工作人员的现场作业,两层平台之间应有一定的高度,以方便人员操作,根据海中平台的布置情况,确定暴露试验站设置 1 个潮差区平台,规模为 24m^2,其顶部高程为－0.500m,这样既能保证暴露试验站的潮差区要求,又能考虑到潮差区沿高度的变化规律,可以连续考虑潮差区与浪溅区混凝土试件在海洋环境条件下随时间的变化情况,对于研究混凝土结构沿高度方向随时间的劣化情况是至关重要的。

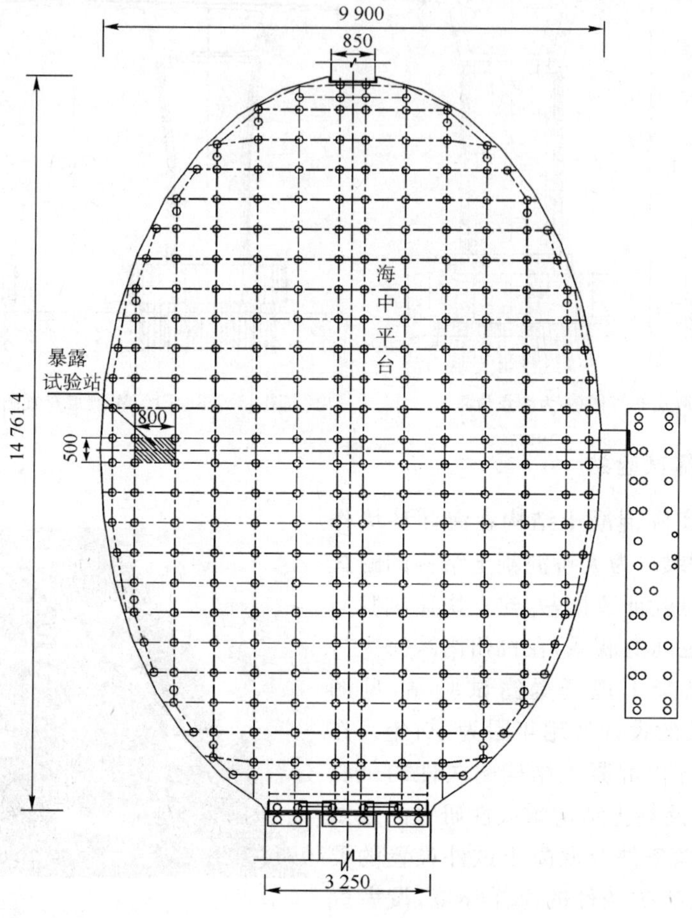

图 11.7-10 现场暴露试验站位置图(尺寸单位:cm)

(3)潮差区与浪溅区的交界处:根据潮差区与浪溅区的环境分区,为研究潮差区与浪溅区对混凝土结构耐久性劣化机理的影响作用,特在顶面高程为+2.000m处设置1个试验平台(根据结构设计,试件底面为+1.600m),规模为24m²,故试件顶面高程在+1.750~1.850m(个别试件高度为250mm)之间,基本放置在潮差区与浪溅区的交界处。

(4)浪溅区:根据环境分区,浪溅区高程应在+1.880~+10.210m,根据暴露试验站计划摆放的混凝土试件数量,结合海中平台的方案设计,确定暴露试验站浪溅区设置1个试验平台,顶部高程为+4.500m,规模为24m²,可以连续考虑潮差区与浪溅区混凝土试件在海洋环境条件下随时间的变化情况,对于研究混凝土结构沿高度方向随时间的劣化情况是至关重要的。

(5)大气区:根据环境分区,大气区高程应在+10.210m以上,根据暴露试验站计划摆放的混凝土试件数量及长远规划,结合海中平台码头的设计情况,在码头下方设置大气层是无法实现的。因此,大气区的试验场地选址在匝道桥起始混凝土小箱梁上。

杭州湾跨海大桥现场暴露试验站的建立,填补了我国杭州湾地区没有暴露试验站的空白,为今后在杭州湾地区进行耐久性研究提供了试验场地，可以为今后本地区建造大型混凝土结构工程提供暴露试验场地和技术支持。

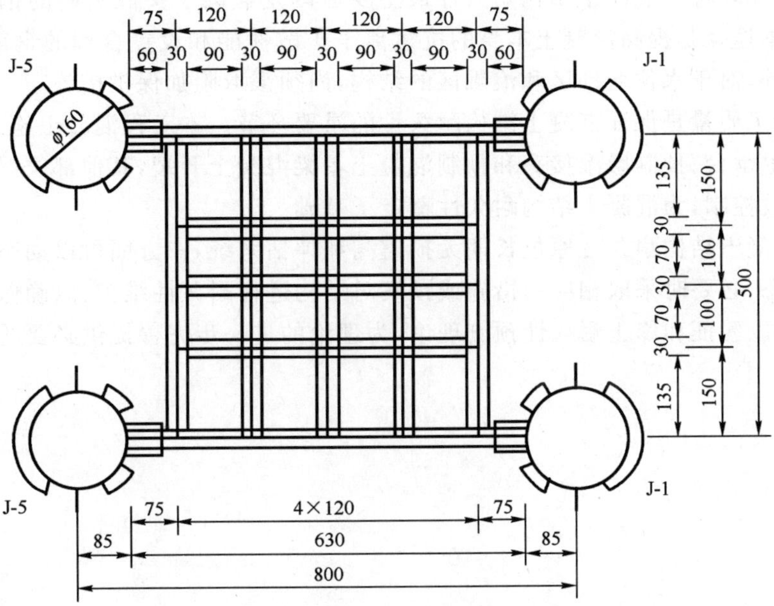

图 11.7-11　现场暴露试验站平面布置图(尺寸单位:cm)

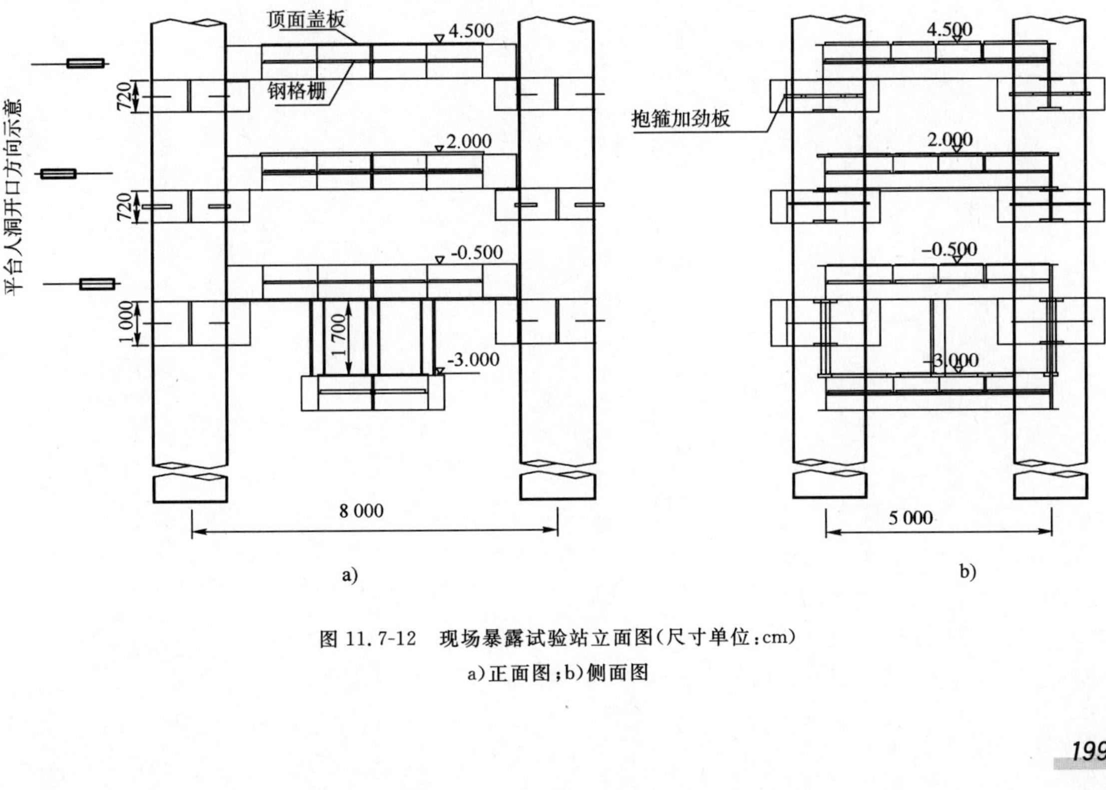

a)　　　　b)

图 11.7-12　现场暴露试验站立面图(尺寸单位:cm)

a)正面图;b)侧面图

结　语

(1)影响海洋环境下混凝土结构耐久性最主要原因是氯离子扩散引起的钢筋腐蚀。提高耐久性的最根本途径是提高混凝土本身的抗氯离子扩散性能和设置合理的钢筋保护层厚度。除基本措施以外,对于水位变动区和浪溅区的结构,尚须采取附加保护措施。

(2)保证施工质量是保证混凝土结构耐久性的重要环节。本工程混凝土施工质量良好,有效地控制了海上承台、预制墩湿接头和预制混凝土箱梁混凝土开裂,其他部位混凝土结构的裂缝也得到了有效控制,为混凝土结构耐久性奠定了基础。

(3)建立混凝土结构耐久性原位长期无损监测和评估系统,一方面可以动态地跟踪混凝土结构耐久性状态,必要时采取相应的措施或预案对结构进行耐久性维护,以确保其设计使用寿命;另一方面可以验证和修正耐久性预测理论,为理论的进一步完善提供必要的参考。

·第十二章·

灾害天气对海上长桥行车安全的影响和对策研究

第一节　引　　言

一、灾害天气对道路行车安全的影响

在我国,每年由道路交通事故造成逾10万人死亡,50～60万人受伤,直接经济损失30多亿元,超过全国安全生产人员伤亡总数的80%,而其中的80%以上又是发生在车速较高的公路上。同时,交通事故的发生必然导致交通延误,道路通行能力降低。根据美国的有关统计,美国每年发生255万起交通事故,交通延误造成损失约为57亿人时,经济损失上千亿美元。交通事故如果处理不及时还有导致二次事故发生的危险。显而易见,行车安全事故在造成车辆毁坏和交通中断的同时,还因人员伤亡导致相关家庭的巨大精神打击、直接和间接经济损失,以及其所致的恶劣社会影响,得到了国内外公路运营管理部门以及专家学者的高度重视。

杭州湾跨海大桥交通量大,行驶的车型复杂,大桥有32km完全暴露在海洋环境之中,灾害天气对海上长桥交通的影响远比高速公路严重得多,以大风为例:

(1)海上风大,刮大风的天数多。表12.1-1列出了桥位南、北岸及毗邻海岛上三个气象站2001～2004年10min平均风速资料。从表12.1-1中可以看到,海上风速一般比陆地大2～3级,而且大风天数远比陆地多。

大桥南、北岸及海上风速比较表　　表12.1-1

位　　置	年平均风速(m/s)	年极大风速(m/s)	年最大风速(m/s)	逐日极大风速集中区(m/s)	年大风(≥8级)天数
庵东(南岸)	3.5	30.7	19.4	5.5～10.7	9.0
王盘山(海中)	6.6	35.1	29.4	10.8～17.1	47.3
海盐(北岸)	4.83	31.7	20.3	5.5～10.7	15.5

(2)桥面高,风速大。大桥北航道桥面高程从52.2m逐渐升至57.6m,南航道桥面高程从40.4m逐渐升至42.5m,桥面远比周边道路高程高。由于高度的影响,桥面的风速比毗邻道路的风速更大。

(3)斜拉桥索塔区风环境复杂,在索塔外侧存在着明显的风速突变现象,由于桥面高程高、常遇风速大,使得索塔区行车的危险性增加。

谈及行车安全事故,灾害天气无疑是一个重要的诱因!对行车安全产生不利影响的主要灾害天气包括:大风、雾、暴雨、雪、沙尘暴、冰、闪电以及异常高温等。在国内外灾害天气导致的交通事故可以说是屡见不鲜,以下简要列出几例行车事故(图12.1-1)。

图 12.1-1　灾害天气下的行车安全事故

a)大雾导致的特大车祸；b)雪天多车追尾事故；c)风天路面车辆侧翻事故；d)风天桥上翻车事故；e)风雨天桥上翻车事故；f)雨天行车事故；g)风天大桥上侧翻的厢式车；h)公路多车追尾事故

(1)2000 年 9 月 4 日晨 6 时，中国京沈高速公路 K268～K270 处因突发团雾，造成近百辆车追尾相撞，死伤 60 余人。

(2)2002 年 11 月 3 日早上，美国第二大城市洛杉矶一条主要高速公路因大雾而发生严重的连环撞车事故，约 200 辆汽车相撞，导致 45 人受伤。这次事故导致通向长堤港的 710 高速公路关闭 10 多个小时。

(3)2002 年 11 月 13 日晚间至 16 日凌晨，意大利发生大风降雨天气，最大风力高达 10 级，在持续 3 天的大风期间，全国各地的交通事故比正常天气情况下高出一倍半。由于 15～17 日恰逢周末，在这期间意大利仅高速公路上因交通事故而伤亡的人数就高达 210 人，其中死者约占三分之一。

(4)2002 年 12 月 16 日，德国东部和北部地区陆续出现冰雨天气，导致路面结冰，交通事故频频发生，至少造成 8 人死亡。

(5)2004 年 8 月 11 日，大风导致中国广东虎门大桥上 7 辆货车翻车事故。

(6)2004 年 11 月 8 日上午，因大雾，上海奉贤区 A30 公路施工路段发生特大车祸，造成 10 人死亡，15 人受伤，其中 5 人重伤的特大交通事故。

(7)2005 年 9 月 1 日上午 9 时许，中国福建马尾青州大桥上 3 辆货车被大风掀翻。

……

据统计，在我国由于灾害天气引起的交通事故约占事故总量的 25%～30%，而在高速公路上，此比例更是高达 40%以上。

灾害天气对行车安全事故影响的主要表现为：一是轮胎与路面间摩擦系数降低导致车辆和路面间附着力的下降；二是行车能见度的降低影响制动视距；三是强风导致车辆所受气动力的变化，尤其是横向强风导致车辆的侧滑和侧翻事故；四是由灾害天气对驾驶员心理产生的不良影响所导致的危险驾驶。不同灾害天气类型对行车安全影响的具体表现见表 12.1-2。可以预见作为具有高速公路建设标准的海上长桥其行车安全必然面临灾害天气的严峻考验。

灾害性天气对道路行车安全的影响 表 12.1-2

灾害天气类别	对道路交通环境影响	对交通流影响
雨、雪、雨夹雪、冰雹	降低能见度； 降低路面摩阻力； 覆盖和淹没道路； 降低车辆行驶稳定性； 基础设施破坏； 增加养护成本	降低通行能力； 降低车速，增加延迟； 增加速度变异性； 增大事故危险； 可能阻断交通
大风	降低能见度(刮起雪和尘埃)； 堵塞车道(刮起雪和尘埃)； 降低车辆行驶稳定性	增加延迟； 降低车速； 阻断交通

续上表

灾害天气类别	对道路交通环境影响	对交通流影响
雾、烟、眩光	降低能见度	降低车速，增加延迟； 增大速度变异性； 增大行车危险性； 阻断交通
异常高温和闪电	火险； 基础设施损坏； 增加养护成本	易疲劳驾驶； 破坏交通控制设施； 影响通信服务设施

二、灾害天气对道路行车安全影响的解决对策

灾害天气对行车安全的威胁是毋庸置疑的，那么如何针对不同的灾害天气类型获取相应的解决对策则是各方瞩目的关键。根据各种灾害天气类型发生的频率、特点和对行车安全的影响程度，分别研究其对行车安全的影响、控制指标和有效对策，并从必要的工程措施和交通管理措施着手，统筹考虑和实施。

三、灾害天气对行车安全的影响及对策研究

杭州湾地处北亚热带南缘，属东亚季风区，冬夏季风交替显著，四季分明，气温适中，雨水丰沛，日照充足，具有春湿、夏热、秋燥、冬冷的特点，因地处中纬度，夏令湿热多雨的天气比冬天天气短得多。

杭州湾地区年平均气温 15.9℃。1 月最冷，月平均气温 3.6℃；极端最低气温为 −11.9℃，出现在 1977 年 1 月 31 日；7 月最热，月平均气温 28.1℃；极端最高气温 39.4℃，出现在 1953 年 8 月 26 日；日平均气温稳定通过 10℃的平均回暖初日在 4 月 1 日，平均结束日在 11 月 18 日；平均终霜日在 3 月 27 日，平均初霜日在 11 月 13 日，平均无霜期 230 天；平均初冰日在 11 月27 日。

杭州湾地区年平均降水量 1 168.6mm。最多年降水量 1 720mm，出现在 1954 年；最少年降水量 757mm，出现在 1978 年。全年有 3 个明显的降水时段，即 4～5 月的春雨，6～7 月的梅雨和 9 月的秋雨，1 月是下雪最多的月份。

杭州湾地区年平均日照 2 017h。其中以 7、8 月最多，月平均日照分别为 239h、241h；1、2 月最少，月平均日照分别为 134h、124h；年平均蒸发量 1 313mm；年平均相对湿度 81%。

冬季风向集中于西北方位，春夏季风向集中于东南方位。全年平均风速为 2.8～3.5m/s，北岸略高于南岸。累年平均大风日数为 11.2～17.0 天，累年 10min 平均最大风速为 17.7～22.6m/s，极大风速为 31.9～32.2m/s，出现在 7、8 月。

1949～1998 年，杭州湾地区共有 128 个影响台风，大多出现于 7～9 月，其中导致乍浦至

慈溪一带风力达 8 级以上的有 66 个，过程雨量超过 100mm 的有 20 个。

1949～1998 年间，桥位周围的 6 个县市共出现了 36 次龙卷风，发生于 3～9 月。龙卷风的强度以 F1 和 F2 级占大多数，F3 级仅出现了 1 次，F4 级以上的龙卷风则未出现。

杭州湾地区全年各月均有雾出现，累年平均雾日数为 21.2～48.8 天，最多年雾日数 35～83 天，冬季出现最多。

在地理位置上，杭州湾地处 30°N 附近的我国东部沿海地区，属典型的亚热带季风气候区。该地区是各种重大灾害性天气的多发地带，加上杭州湾的喇叭状地形形成的“狭管效应”，更使该地区的气象条件，尤其是风的情况变得十分复杂。主要的灾害性天气类型有暴雨、连阴雨、干旱、寒潮、大雪、大雾、高温和台风热带气旋等，诸多的灾害性天气将对杭州湾跨海大桥行车安全产生极其不利的影响。作为世界最长的跨海大桥，加上两端引线，杭州湾跨海大桥总长度超过 120km，如何确保建成后的杭州湾跨海大桥能够成为一座实用和安全的大桥，对杭州湾跨海大桥运输功能的发挥、环杭州湾经济带发展以及其他跨海大桥的建设都有着十分重要的意义。有鉴于此，开展灾害天气下的大桥行车安全研究意义明显，杭州湾大桥工程指挥部立项委托同济大学进行了“风对杭州湾跨海大桥行车安全的影响”和“杭州湾跨海大桥灾害天气对行车安全的影响和对策研究”等专题研究工作。

课题研究结合了杭州湾跨海大桥区域的运营车辆特点、高速公路网络以及灾害性天气等主要对象之间的关系，以及国内外已有的研究经验和道路安全管理系统的实践。首先，通过一系列的调研工作把握杭州湾地区灾害天气的具体特点，并获得国内外提高灾害天气下行车安全的研究经验、工程措施和运营管理的系统认识，进而为研究方案的确定提供重要的参考；通过杭州湾跨海大桥灾害天气对行车安全的影响评估，对其灾害程度给予量化的科学评价，综合调研分析及系统评估结果，为具体的对策研究提供指导；同时，重点开展深入细致的各种对策研究工作，包括杭州湾跨海大桥风障结构，可变信息板等工程保障措施研究，灾害天气信息采集系统和运营管理系统的研究与开发；最后，在杭州湾跨海大桥所需的运营服务水平范围内，对提高灾害天气下行车安全的所有对策进行比选，并通过科学决策与对策实施达到提高灾害天气大桥行车安全的最终目标。

第二节　桥面行车安全控制措施

一、灾害性天气下的安全运营车速控制标准研究

在雨雾天，低能见度和路面摩擦系数的减小会使道路的安全性大大降低，多表现为车辆行驶偏向和追尾事故；同时大风也会因增加车辆的气动力荷载而影响车辆的操控稳定性，如侧风会导致车辆偏离行驶轨迹，强风则更可能导致翻车恶性事故等。由此而造成的财产损失巨大，更有许多的人员伤亡。因此，如何在低能见度和路面摩擦系数减小以及大风天气的情况下保证道路的安全通畅是一个迫切需要研究的问题。车速限制是目前保障高速公路雨雾天交通安全行之有效的一项手段。对于车速制定，如果标准太低则不能很好地控制群车追尾等重大恶性事故的发生，车速限制也就失去了意义，如果标准太高则会降低高速公路的通行能力，造成

不必要的经济损失。因此，确定能见度与最高安全车速之间的正确关系是保障雨雾天行车安全的迫切要求。

1. 国内外低能见度下的车速控制标准

针对以上问题，国内外均是通过车速限制的手段来保证道路的安全性。通常在一定的能见度条件下，进行与该能见度对应的车速控制，从而使道路达到一定的安全水平。许多国家都制定了相应的车速控制标准。

(1)国外车速控制标准

美国 Washington(华盛顿)州车速管理见表 12.2-1。

Washington(华盛顿)州车速管理 表 12.2-1

天气状况	路面状况	控制策略
小雨或中雨，能见度＞800m	干燥或潮湿	车速＜104.5km/h(65mile/h)
大雨或雾，能见度＜320m	泥泞或有冰	车速＜88.4km/h(55mile/h)
大雨或雪、飞雪，能见度＜160m	浅的积水、雪或冰覆盖	车速＜72.4km/h(45mile/h)
雨夹雪、大雨或大雪，能见度＜160m	深的积水、深的积雪或融雪	车速＜56.3km/h(35mile/h)

(2)国内车速控制标准

我国公安部车速管理见表 12.2-2 。

我国公安部车速管理 表 12.2-2

能见度(m)	车速控制	能见度(m)	车速控制
≤50	局部或全部封闭高速公路	200＜～≤500	时速小于 80km
50＜～≤100	时速小于 40km	500＜～≤1 000	采取适当措施，时速小于 80km
100＜～≤200	时速小于 60km		

(3)国内外车速控制标准的比较

根据世界各地的车速控制标准比较，我们可以得到以下一些结论。

①阿拉巴马州和犹他州的车速限制标准最为宽松，其次是田纳西州和我国公安部的标准，华盛顿州和卡洛莱纳州的标准相对较为保守，而上海市的标准最为严格。

②当能见度≤50～60m 时，阿拉巴马州、田纳西州、我国公安部和上海市公安局高速支队的车速控制标准都采取了封闭公路的措施。

③当能见度＞300m 以上时，各地标准对车速的限制不多，只有三个地方的标准对大于 300m 的能见度进行了车速控制。

④各地的车速控制标准有一个共同点，就是都主要针对能见度为 50～300m 这一范围进行车速限制，差不多每隔 100m 的能见度差，就有一个不同的限制车速。

各国各地虽然都对低能见度下的车速控制制定了标准，但都缺乏足够的理论依据，各地的标准并不统一，有的甚至存在很大的区别。然而车速控制标准的高低直接关系到道路的安全性和通行能力，控制标准太高，虽然能够保证道路的安全性，但由于车速太低，会大大降低道路的通行能力；相反，控制标准太低，则可能由于限制的车速过高，在能见度较低的情况下不能保证道路的安全性。

2. 道路安全性的 VISSIM 仿真实验

仿真实验分析由于各地限速标准并不一致，因此，如何找到一个合理适度的车速控制标准，有必要通过实验工程学进行深入的理论研究。这一标准更客观地反映实际的道路情况，因此它既能保证道路安全性，又不致过多地降低道路通行能力。为了满足以上要求，我们运用交通流仿真软件 VISSIM 对低能见度下的车速限制标准做一些仿真实验，进行一些道路的安全性分析研究。

VISSIM 仿真软件其核心是基于微观时间步长模型，模型运用 Weidemann 建立的驾驶员生理—心理的行为模型。该模型认为：在高速车跟随慢速车的行驶过程中，当车间距小于驾驶者的心理安全距离时，便开始减速；由于驾驶者无法知道前车的准确车速，因此，在减速之后车速会小于前车速度，当车距大于驾驶者的心理安全距离时，又会重新加速，如此反复。VISSIM 软件可作为一个交通流仿真实验平台来进行道路安全的研究。在低能见度的情况下，多发生车辆之间的追尾事故，因此，以前、后车辆之间的等效最小安全距离 *MSDE* 作为评价道路安全的指标。

仿真实验中假设的固定参数有：车辆参数、交通参数、道路参数、驾驶行为参数、数据采集点的设置及仿真模拟参数设置等。可变参数包括：交通量、车速限制和单车道最大可视距离等。根据以上的假设参数在 VISSIM 仿真软件中对道路交通等环境进行模拟，仿真实验界面见图 12.2-1，并根据交通量、车速限制和单车道最大可视距离等三个可变参数的不同取值总共进行了 84(3×4×7)次仿真实验，其中交通量为 1 600 辆/h 的仿真实验结果列于表 12.2-3。

1 600 辆/h 交通量下每车均摊 *MSDE* 负值表　　表 12.2-3

限速(km/h) \ 可视距离(m)	500	250	150	75	50	25	15
40	−0.176 0	−0.179 7	−0.181 5	−0.208 7	−0.165 3	−0.395 1	−1.570 1
60	−1.945 4	−1.932 4	−1.925 8	−2.011 3	−2.378 0	−4.107 0	−7.426 3
80	−4.061 3	−4.371 7	−4.370 8	−4.406 7	−4.720 7	−9.005 3	−16.162 0
100	−9.104 6	−9.032 0	−9.411 9	−9.408 3	−9.831 2	−17.135 1	−24.418 6

由仿真实验，可以得出以下结论：

(1)随着路面摩擦系数的降低，道路的安全性降低；可视距离降低，道路安全性也降低；

(2)可视距离越低，路面摩擦系数对道路的安全性影响越大；

(3)车速对安全性有巨大的影响。

根据仿真分析，可制定雨雾环境相应的车速控制标准，见表 12.2-4 和表 12.2-5。

图 12.2-1 杭州湾跨海大桥车速仿真实验界面图

雨雾环境下行车速度控制表 表 12.2-4

雨和雨雾限速(km/h)								
道路位置	可视距离(m) 水膜厚度(mm)	<50	50~80	80~100	100~120	120~150	150~200	>200
基本路段	<2.5	10 控制通行	20*	40*	55	65	75	85
	2.5~5.0		20*	40*	50	65	70	85
	5.0~7.5	建议关闭	15*	35*	50	60	70	80
	7.5~10.0		15*	30*	45	60	65	80
	禁止超车,间距要求参照雾的情况							
加速车道	<2.5	10 控制通行	15	25	30	40	50	60
	2.5~5.0		15	25	30	40	50	60
	5.0~7.5	控制通行, 酌情关闭	10	15	20	35	50	55
	7.5~10.0		10	10	15	35	45	55
	间距要求参照雾的情况							
减速车道	<2.5	10 控制通行	15	30	40	50	60	70
	2.5~5.0		10 缓慢驶出	20	35	50	60	65
	5.0~7.5	控制通行, 酌情关闭	10 缓慢驶出	10 缓慢驶出	35	45	55	65
	7.5~10.0		10 缓慢驶出	10 缓慢驶出	30	45	50	60
	间距要求参照雾的情况							

低能见度环境车速控制表 表 12.2-5

<table>
<tr><td rowspan="3">道路位置</td><td colspan="7">雾</td></tr>
<tr><td colspan="7">可视距离(m)</td></tr>
<tr><td><50</td><td>50～80</td><td>80～100</td><td>100～120</td><td>120～150</td><td>150～200</td><td>>200</td></tr>
<tr><td rowspan="4">基本路段</td><td rowspan="4">10
控制通行</td><td colspan="6">限速(km/h)</td></tr>
<tr><td>20</td><td>40</td><td>55</td><td>65</td><td>75</td><td>90</td></tr>
<tr><td colspan="6">间距(m)</td></tr>
<tr><td>>30
禁止超车</td><td>>50
禁止超车</td><td>>60</td><td>>70</td><td>>80</td><td>>100</td></tr>
<tr><td rowspan="4">加速车道</td><td rowspan="4">15
控制通行</td><td colspan="6">限速(km/h)</td></tr>
<tr><td>25</td><td>35</td><td>40</td><td>45</td><td>50</td><td>60</td></tr>
<tr><td colspan="6">间距(m)</td></tr>
<tr><td>>25</td><td>>40</td><td>>50</td><td>>60</td><td>>70</td><td>>80</td></tr>
<tr><td rowspan="4">减速车道</td><td rowspan="4">10
控制通行</td><td colspan="6">限速(km/h)</td></tr>
<tr><td>20</td><td>30</td><td>40</td><td>50</td><td>60</td><td>70</td></tr>
<tr><td colspan="6">间距(m)</td></tr>
<tr><td>>30</td><td>>50</td><td>>60</td><td>>70</td><td>>80</td><td>>90</td></tr>
</table>

二、杭州湾跨海大桥安全管理对策研究

1. 杭州湾跨海大桥安全管理对策库框架

将通过调研得来的国内外关于灾害性天气的事故预防对策、救治策略、运营安全管理，结合杭州湾跨海大桥安全营运的特征，建立灾害性天气下的运营安全管理对策库。可以对运营安全事故的预防和救援提供指导。主要包括工程对策、交通管理对策、联动对策等方面，杭州湾跨海大桥安全管理对策库框架见图 12.2-2。

2. 对策等级判定标准

大桥安全运营管理贯穿整个大桥的运营各阶段，包括正常运营和异常状态运营两大类。对策等级判定标准见表 12.2-6～表 12.2-9。

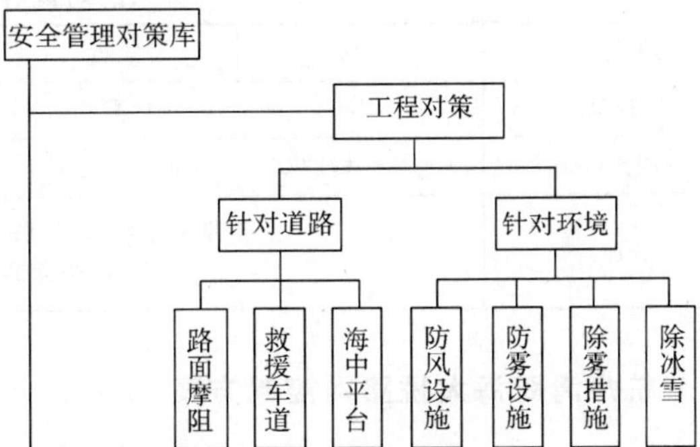

图 12.2-2 杭州湾跨海大桥安全管理对策库框架

雨天的对策等级判定标准

表 12.2-6

对策等级	一级	二级	三级	四级	五级
雨种类	小雨	中雨	大雨	暴雨	暴雨
水膜厚度(mm)	<2.5	2.5～5.0	5.0～7.5	7.5～10.0	>10.0
可视距离(mm)	200<～≤300	120<～≤200	100<～≤120	50<～≤100	≤50
备注	根据交通流状况，各对策等级又分为两级：①$K \leqslant K_s$；②$K > K_s$（K 为实测交通密度，K_s 为临界交通密度）				

风的对策等级判定标准

表 12.2-7

对 策 等 级	一级	二级	三级	四级	五级
风种类	6 级、7 级	7 级、8 级	8 级、9 级	9 级、10 级	10 级以上
风速(m/s)	12<～≤16	16<～≤19	19<～≤23	23<～≤27	>27
备注	根据交通流状况，各对策等级又分为两级：①$K \leqslant K_s$；②$K > K_s$（K 为实测交通密度，K_s 为临界交通密度）				

雪的对策等级判定标准

表 12.2-8

对策等级	一级	二级	三级	四级	五级
可视距离(mm)	200<～≤300	120<～≤200	100<～≤120	60<～≤100	≤60
备注	根据交通流状况，各对策等级又分为两级：①$K \leqslant K_s$；②$K > K_s$（K 为实测交通密度，K_s 为临界交通密度）				

雾天的对策等级判定标准

表 12.2-9

对策等级	一级	二级	三级	四级	五级
雾种类	雾	雾	中雾	大雾	浓雾
可视距离(mm)	500<～≤1 000	200<～≤500	100<～≤200	50<～≤100	≤50
备注	根据交通流状况，各对策等级又分为两级：①$K \leqslant K_s$；②$K > K_s$（K 为实测交通密度，K_s 为临界交通密度）				

3. 杭州湾跨海大桥路网控制方案

在进行杭州湾跨海大桥安全管理系统研究时，引入了路网的概念，使我们的管理系统具有更强的可实施性、有效性。因此研究整个杭州湾两岸路网的设施和交通状况，对车辆进行有效的诱导，使之能迅速地到达目的地，是管理系统的重要组成部分。杭州湾跨海大桥路网、两岸部分立交形式及位置见图 12.2-3。汇总杭州湾跨海大桥北、中、南三段的管理对策，在南、北两岸路网需要布设的仪器如下。

(1)北岸：往杭州湾跨海大桥方向，平湖、新篁、余新、海盐东、西塘桥立交、海盐枢纽、步云枢纽、嘉兴枢纽之前分别布设可变信息板，用于发布“大桥北段×雾”或“大桥北段浓雾封闭”信息。其中考虑到海盐枢纽是离杭州湾跨海大桥北岸最近的具有交通分流作用的枢纽，当大桥产生拥堵或者封闭时，可以引导车辆选择其他绕行路线，如改从杭州绕行，因此在往杭州湾跨海大桥方向，海盐枢纽之前布设一块图形式可变信息板。

(2)南岸:往杭州湾跨海大桥方向,南岸大桥入口、庵东、新浦、小曹娥、附海、掌起、肖东、前洋、东孙立交处布设可变信息板,用于发布“大桥北段×雾”或“大桥北段浓雾封闭”信息。其中考虑到庵东立交是离杭州湾跨海大桥南岸最近的具有交通分流作用的立交,当大桥产生拥堵或者封闭时,可以引导车辆选择其他绕行路线,如改从杭州绕行,因此在往杭州湾跨海大桥方向,庵东立交之前布设一块图形式可变信息板。

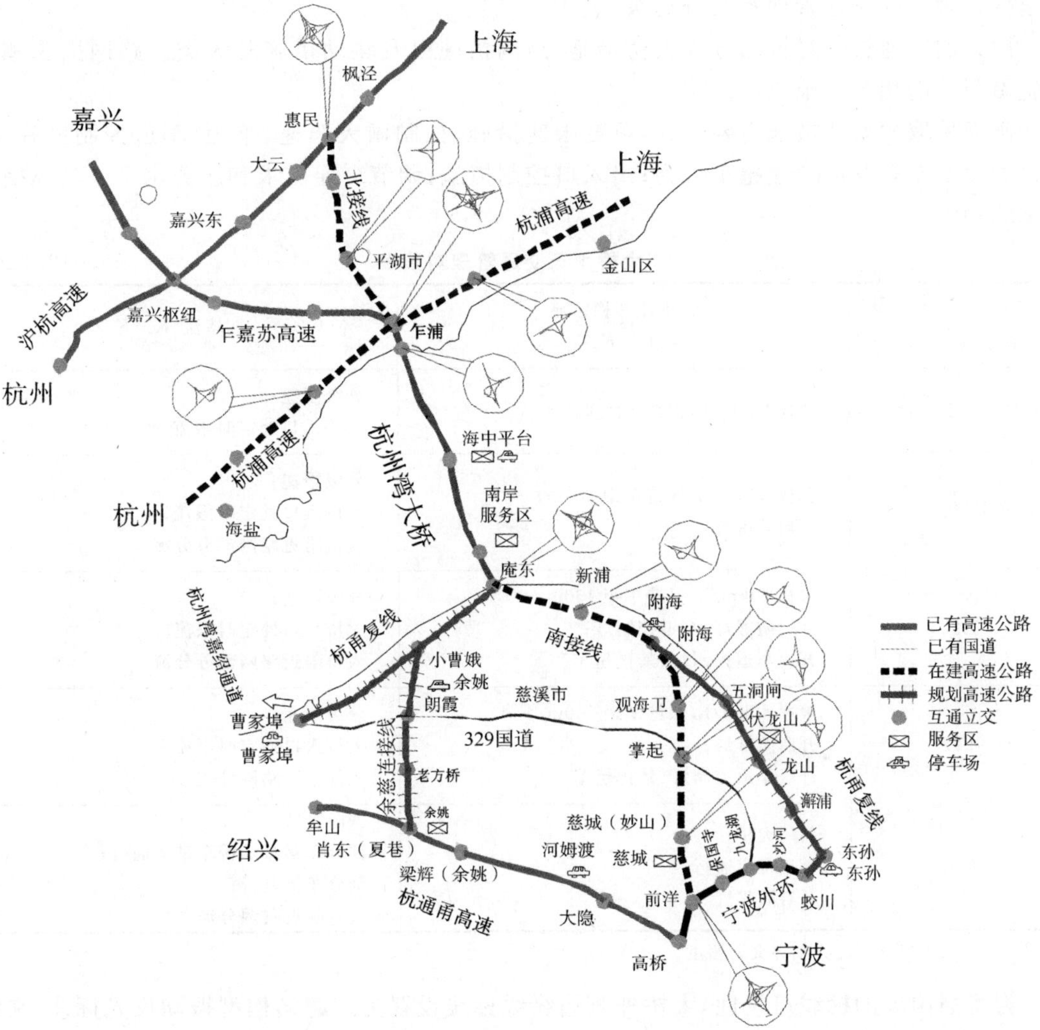

图 12.2-3 杭州湾跨海大桥路网、两岸部分立交形式及位置图

4. 工程实施方案

大型桥梁历来均被列为交通的咽喉要地,杭州湾跨海大桥更是横跨杭州湾数十公里的海面,救援、维修以及选择替代道路都很困难。在灾害性天气条件下,首先要考虑大桥上道路用户的人身及财产安全;同时位于接线中的路用户是大桥的“准”用户,也是安全对策的实施对象。所以近期目标实施范围是大桥及南、北接线。

(1)雨天安全管理对策

杭州湾跨海大桥线形美观、流畅，在正常情况下，行车环境非常好。因此，驾驶员的期望车速较高，容易出现超速情况。如果在雨天，标志、标线不清，视野受限，路面摩阻能力下降，在弯道以及北航桥、南航桥纵坡路段容易产生交通事故。因此，杭州湾跨海大桥雨天的安全管理对策主要采取交通管理措施来解决路面摩阻能力下降，需要的跟(超)车安全距离需求增大的问题；而对于重点路段(甚至全桥)，则采用交通工程设施增强标志、标线的雨天认知性，提高行车安全性。雨天的交通管理对策分五级(表 12.2-6)。

雨天的交通管理对策划分为大桥措施、路网措施以及联动措施三大类。路网措施和联动措施参照雾的相关措施执行。

雨天采取的安全措施主要包括：可变限速措施，控制雨天车速、车距；车道控制措施，防止过大的速度差以及危险性超车行为；出入口控制措施；调节交通需求和服务水平。具体措施见表 12.2-10。

大桥雨天交通管理对策表 表 12.2-10

对策分级 \ 交通状态	自由流和稳定流 ($K \leqslant K_s$)	拥堵流($K > K_s$)
一级	限速 80km/h，保持车距 200m	分级限速； 大桥入口处定时限流
二级	限速 80km/h，保持车距 200m； 开启防雾灯	分级限速； 大桥入口处定时限流； 入口附近路网部分分流
三级	限速 60km/h，保持车距 150m； 开启防雾灯、车道控制灯； 开启车道控制灯、禁止超车	分级限速； 大桥入口处定时限流； 入口附近路网部分分流
四级	限速 40km/h，保持车距 100m； 开启防雾灯； 开启车道控制灯、禁止超车	分级限速； 大桥入口处定时限流； 入口附近路网分流
五级	关闭大桥； 警车带道通行； 开启防雾灯	关闭大桥； 部分车辆跟随警车带道通行； 部分车辆绕行； 入口附近路网分流

注：K 为交通密度，K_s 为临界交通密度。

为增强雨天的标线可视性，大桥外侧边缘线标线设置为突起结构型振动反光标线，在纵坡坡底附近和平曲线起终点附近设置横向的突起结构型振动反光标线。

采用普通标线、突起型结构振动反光标线以及太阳能反光道钉(突起路标)相结合的标线组合方案，兼顾一般路段和重点路段、白天与夜间、正常天气与雨雾天气，增大路面摩阻系数，增强标线的认知性，提高行车安全性。

(2)雾环境下大桥安全对策

将全桥划分七个控制区段，管理运营对策根据七个区段划分进行控制。S_1 段雾环境可分为五个等级(表 12.2-9)，以 S_1 段的一级为例，雾环境下管理运营对策见表 12.2-11 和图 12.2-4。

S_1 段雾环境下对策　　表 12.2-11

<table>
<tr><th colspan="2" rowspan="2">对策等级</th><th colspan="2">S_1 段对策</th><th colspan="2">其他段对策</th></tr>
<tr><th>北岸—南岸</th><th>南岸—北岸</th><th>北岸—南岸</th><th>南岸—北岸</th></tr>
<tr><td rowspan="2">一级</td><td>①</td><td rowspan="2">1. 限速 80km/h；
2. 车距限制 150m
（显示信息“因雾限速 80km/h，保持车距 150m”；广播提示“本段因雾限速 80km/h，保持车距 150m”）</td><td rowspan="2">1. 限速 80km/h；
2. 车距限制 150m
（显示信息“因雾限速 80km/h，保持车距 150m”；广播提示“本段因雾限速 80km/h，保持车距 150m”）</td><td>1. 平湖、新篁、海盐东立交、海盐枢纽信息提示“大桥北段有雾”</td><td>1. 南岸大桥入口信息提示“大桥北段有雾”；
2. S_2 段信息提示“前方 5 公里有雾”</td></tr>
<tr><td>②</td><td>1. 平湖、新篁、海盐东立交、海盐枢纽信息提示“大桥北段有雾”；
2. 从海盐枢纽分流交通量</td><td>1. 南岸大桥入口信息提示“大桥北段有雾”；
2. S_2 段信息提示“前方 5 公里有雾，限速 90km/h”；
3. 庵东立交分流</td></tr>
<tr><td rowspan="2">二级</td><td>①</td><td rowspan="2">1. 限速 80km/h；
2. 车距限制 150m；
3. 开启防雾灯、车道控制灯；
4. 设置路政移动标志车，开启闪烁警灯和警笛
（显示信息“因雾限速 80km/h，保持车距 150m”；广播提示“本段因雾限速 80km/h，保持车距 150m”）</td><td rowspan="2">1. 限速 80km/h；
2. 车距限制 150m；
3. 开启防雾灯、车道控制灯；
4. 设置路政移动标志车，开启闪烁警灯和警笛
（显示信息“因雾限速 80km/h，保持车距 150m”；广播提示“本段因雾限速 80km/h，保持车距 150m”）</td><td>1. 平湖、新篁、海盐东立交、海盐枢纽信息提示“大桥北段有雾”；
2. 西塘桥立交入口控制（定时放行）</td><td>1. 南岸大桥入口信息提示“大桥北段有雾”；
2. S_2 段信息提示“前方 5 公里有雾”</td></tr>
<tr><td>②</td><td>1. 平湖、新篁、海盐东立交、海盐枢纽信息提示“大桥北段有雾”；
2. 西塘桥、平湖、海盐东立交入口控制（定时放行）；
3. 从海盐枢纽分流交通量</td><td>1. 南岸大桥入口信息提示“大桥北段有雾”；
2. S_2 段信息提示“前方 5 公里有雾，限速 90km/h”；
3. 庵东立交分流</td></tr>
</table>

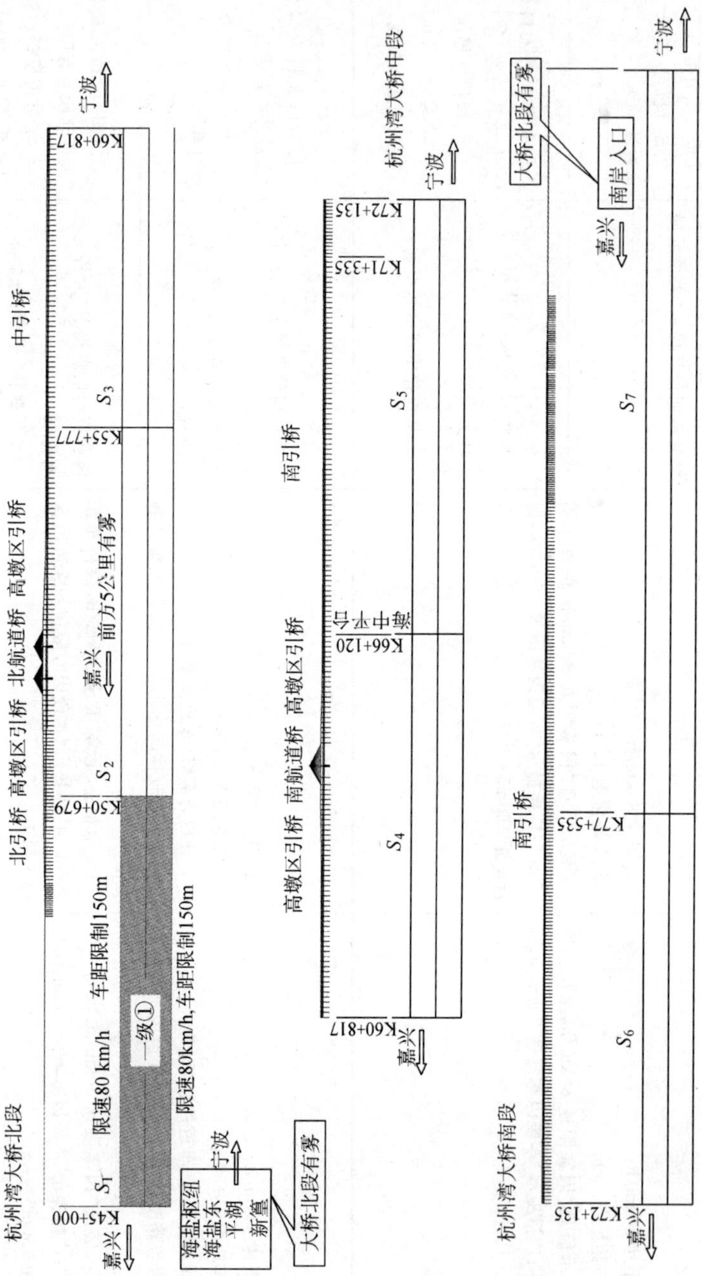

图12.2-4 S_1段有雾（一级①）

(3)风天安全管理对策

风致行车安全临界风速分析所获得的临界风速是具体的风速数值,即可以理解为阵风风速,但也应看到一般时段的平均风速是较该时段的阵风风速最大值要低得多的。因此,以阵风风速控制行车有些偏于保守,故而,采取何种控制标准也体现大桥管理者对于这一风险事件风险水平的认知。

为方便大桥管理,结合气象上采用的不同风速等级,杭州湾跨海大桥风天对策等级划分给出了相应的控制标准(表 12.2-12)。杭州湾跨海大桥桥面和水面的相对位置高度是基本确定的,行车安全临界风速也是对应桥面状态下的行车安全给出的,故控制标准宜结合现有气象站的风速观测数据给出,即何等风速下采取何种交通控制措施。为方便大桥管理,推荐了行车控制标准,但需要明确的是:风致行车安全是非确定的概率事件,标准的给出并不能杜绝交通事故的发生,只是力图最大限度地降低风致行车事故率。

大风天气行车控制表　　表 12.2-12

对策等级 / 车型	一级	二级	三级	四级	五级
轿车	≤100km/h	≤100km/h	≤80km/h	低速通过	禁行
中轻型客车	≤80km/h	≤80km/h	≤60km/h,靠近中央分隔带行驶	≤40km/h,靠近中央分隔带行驶	禁行
微型客车	≤60km/h	≤60km/h	≤40km/h,靠近中央分隔带行驶	靠近中央分隔带低速通过	禁行
集装箱拖车	≤80km/h	≤60km/h	≤40km/h,靠近中央分隔带行驶	靠近中央分隔带低速通过	禁行
备注	对策等级对应的风力等级及风速见风的对策等级判定标准表				

5. 与灾害性天气有关的监控设施及布设

(1)全线基本交通流监测、交通异常判断

为达此目的在每公里左右设置检测断面,配置 2 套车辆检测器(上、下行各一套),要求具有检测数量、车速、占有率的功能。经过监控分中心交通控制计算机对上述参数的处理,可以初步判断交通状况,确定异常的发生及程度。

全路共设置 46 套车辆检测器(单幅检测)和 1 套双幅车辆检测器。其中 18 套微波车辆检测器,28 套视频车辆检测器,1 套线圈式车辆检测器。

(2)中央分隔带开口附近车道控制(包括海中平台)

在大桥主线上出现交通事故及有关事件时,应及时向驾驶员发布前方车道通行状态信息,诱导驾驶员按指定车道行驶。根据紧急救援策略,在中央分隔带开口附近设置车道控制标志,以便对桥上车辆进行指示、疏导。在中央车道迎车流做成 48×48 点阵可变情报板式样,既可显示车道标志图案,又可显示限速信息、交通标志、四个汉字,为驾驶员提供更明确的信息服务。

(3)闭路电视监视

在大桥全线平均每公里设置 1 套闭路电视变焦摄像机,在航道桥区适当加密布置;在每两套变焦摄像机之间设置 1 套定焦摄像机，从而达到每套摄像机 500m 左右的监视范围；平时摄像机较直观地连续观察 500m 监视区域内交通运行情况，并及时发现异常情况；发现异常情况后，可用变焦摄像机近焦放大观察，了解事故的具体情况和实施救援情况。

(4)通航桥区气象检测和全线能见度检测

为及时检测并提供有关气象及控制信息，避免不必要的灾难发生，本设计在大桥全线按平均 4～5km 设置 1 台能见度、风速风向和路面结冰检测器，特别在南、北 2 个航道桥，南岸服务区及海中平台各设置了 1 套气象检测站(包括路面检测)，用以随时掌握大桥全线气象变化情况，根据气象条件进行实时控制。

全桥共设置 1 套能见度/风速风向检测器、5 套能见度/风速风向/路面(结冰)检测器、2 套路面(结冰)检测器和 4 套气象检测站。

(5)雾灯

在沿线外侧护栏每隔 42m 左右设置一套雾灯(安装在路灯杆上，左、右侧各 1 个)，在能见度低于 500m 的条件下，开启雾灯，为驾驶员指示道路轮廓，减少撞车和追尾事故。雾灯开启由设在监控分中心的计算机进行控制，值班监控员根据雾天能见度气象条件，可实现雾灯的全路开启和部分路段开启。

(6)路侧有线广播

有线广播系统外场设备安装在南航道桥、北航道桥和海中平台两侧。为了达到消除声学缺陷，全面利用直达声和一次反射声，增加语言清晰度，从频带上跨越桥面的环境共振噪声的目的，室外音箱(扬声器)安装在桥面两侧的照明灯杆上，安装高度约为 2.50m。

(7)可变情报板

大桥在上下行方向进入南岸服务区前，上下行方向进入海中平台前，及在南、北岸出口前，设置可变情报板，用以发布文字性交通诱导信息，发布超速车辆警示信息，配合进行交通阻塞、不良气象、交通事故、交通施工等条件下的交通控制和诱导。

第三节 风障研究

一般近海的大跨桥梁由于以下因素，设计需要考虑行驶车辆的侧风稳定性问题：

(1)桥位附近大风频发；

(2)桥面高度高且风速大；

(3)桥梁局部结构(例如桥塔等)会产生人造阵风，影响行车安全和舒适性；

(4)过往车辆类型多，尤其是一些轻型客车和大型集装箱车等，很容易受侧风影响；

(5)桥面行驶的机动车辆因风的作用而毁坏所产生的后果不仅在事故本身，而且由之将引起严重的交通阻塞问题，其性质等同于在并不恶劣的风环境下封桥，极大地影响了桥梁运营效率，同时也带来了不好的社会影响。

大风所致桥梁行车安全问题的一种有效的工程措施就是利用风障(wind barriers)减弱桥面风速，以提高车辆行驶过程中的抗侧风能力。尤其是在强侧风作用下，风障对保证轻型车辆行驶安全可能是必需的。典型的风障设计为纵横相间的栏杆或多孔板，风洞试验显示风障的孔隙形式并不重要，透风率是决定风障效率的根本参数，小透风率(例如 0.1～0.2)风障的挡风效率高达75%～90%(风速降低到无风障时的10%～25%)，但它对整个桥梁结构体系带来了非常大的气动阻力荷载，并且可能引起桥梁动力稳定性的下降。在选择桥梁适用的风障时，一定要结合不同形式桥梁的具体特点，选择适宜的透风率，以获得良好的减风效果，同时保证气动力的增幅和气动稳定性的下降在可接收的范围。

一、风障结构形式调研

近年来，大桥风障研究逐渐被关注，很多桥梁都采用了风障这一降低桥面行车侧向风速的有效工程措施，其中英国塞文桥(Severn Suspension Bridge)、塞文二桥(Second Severn Cable-stayed Bridge)、法国的Millau高架桥、斯洛文尼亚的Črni Kal高架桥等都是成功的实例。考虑了每座桥梁自身的特点而采用的风障形式和设置有所不同，以下将其相关情况作以简要介绍。

1. 塞文桥风障

塞文桥和塞文二桥(图12.3-1)是跨越塞文河、连接英格兰与威尔士的重要路上通道。塞文桥是一座主跨1 597m的双塔悬索桥，于1966年9月8日投入使用;塞文二桥是一座主跨为408m的双塔双索面斜拉桥，于1996年6月5日开始运营。

a)

b)

图12.3-1 塞文桥和塞文二桥

a)塞文桥;b)塞文二桥

塞文桥(悬索桥)在桥塔附近安装了竖式的局部风障[图12.3-2a)]，有效地改善了桥塔处桥面行车的风环境，提高了行车安全性。塞文二桥(斜拉桥)则在全桥5km的范围内都设置了横竖相间的格构式风障[风障高3m，透风率为50%，图12.3-2b)]，以此来改善行车风环境。塞文桥和塞文二桥相距不远，桥位处周边的自然风环境亦较为相近，考虑到结构自身的颤振稳定性，即塞文悬索桥的颤振临界风速较低，而塞文二桥的则较高，在塞文悬索桥上设置局部风障，在改善行车风环境的同时也避免了其对结构自身颤振稳定性的削弱程度，而鉴于塞文二桥作为斜拉桥整体刚度大、气动稳定性好等特点，在其上设置了全桥风障，使得大风天气桥面风速得以有效地减低，从而提高行车安全。

2. 法国米卢(Millau)高架桥风障

Millau高架桥(图12.3-3)位于法国的A75公路上，是巴黎途经Clermont-Ferrand至Béziers的快速通道上的重要组成部分。该高架桥是一座跨越法国南部城市Millau山谷区的多跨斜拉桥。该桥是目前世界上最高的公路桥，其采用的是典型的高桥墩形式，最高的桥墩达

341m，稍高于埃菲尔铁塔，比帝国大厦仅矮40m。桥面位置与谷底处距离较大，导致桥面位置常遇风速很高的情况，为保证桥面行车安全，该桥在桥面防撞护栏两侧设置了全桥风障。该桥自2004年12月16日正式通车以来运营状况良好。

a)

b)

图12.3-2　塞文桥、塞文二桥桥面风障实景图

a)塞文桥桥塔处局部风障；b)塞文二桥桥面风障

图12.3-3　法国米卢高架桥实景图

桥面系横向布置如图12.3-4。该桥风障虽然高达3m，但却由于风障设计线形及非立柱部分透明材料的选用，而使得其外形美观，并与桥面浑然一体，同时保证了桥面行车视线的开阔。图12.3-5给出了该桥桥面行车及风障的局部实景图。

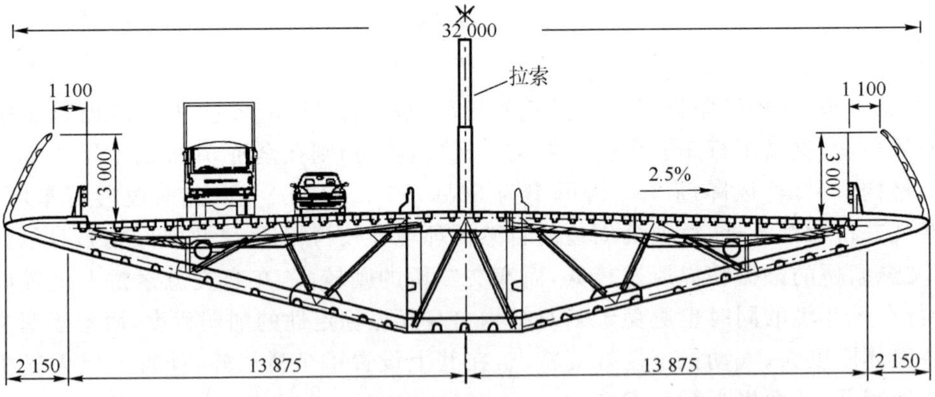

图12.3-4　法国米卢高架桥桥面布置图(尺寸单位:mm)

3. 斯洛文尼亚的奇尔尼卡尔(Črni Kal)高架桥风障

斯洛文尼亚的Črni Kal高架桥全长1 065m，是斯洛文尼亚最长的高架桥。在11个高大的桥墩中，最高的有87.5m，同样是桥面位置常遇风速较高的原因，该桥在主梁外缘两侧采用

了直线形布置的槽形透明风障(图 12.3-6)。该桥 2001 年动工,2003 年 9 月 23 日正式通车,截至目前风天的运营状况良好。

a)　　b)

图 12.3-5　桥面行车及风障的局部实景图

a)　　b)

图 12.3-6　斯洛文尼亚的奇尔尼卡尔高架桥实景图

4. 超长大跨海桥梁风障方案

在墨西拿海峡桥与直布罗陀海峡桥的方案设计中,桥梁设计者都对改善桥梁使用性能进行了专门的考虑,即开展不同形式的风障方案研究。在墨西拿海峡桥的设计中,对强风作用下安装在加劲梁两侧的风障构造及形状进行了相关研究。明确了如果风障没有透风性,则抗风性能不好,最终选定了带有翼型透风风障的加劲梁断面(图 12.3-7)。在直布罗陀海峡桥的诸多方案中,关于跨径布置为 2 500m+5 000m+5 000m+3 850m 的三塔四跨超长大悬索桥方案的主梁断面中,在主梁断面两侧考虑了防撞栏杆与风障组合设计的方案,如图 12.3-8 所示。

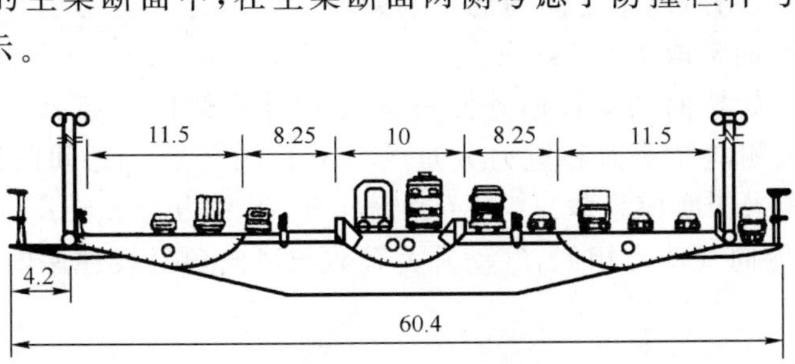

图 12.3-7　墨西拿海峡桥加劲梁断面图(尺寸单位:m)

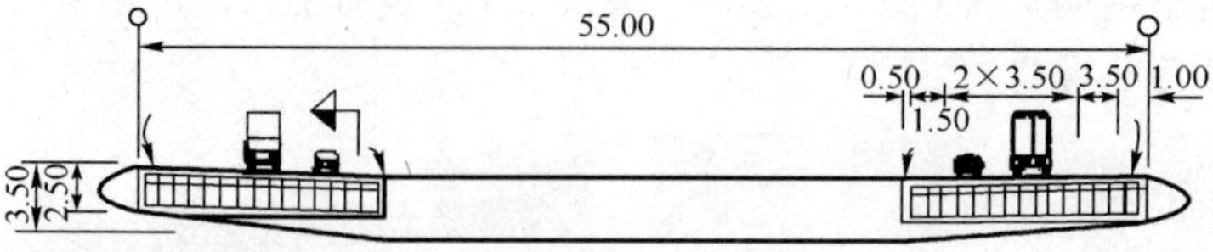

图 12.3-8 直布罗陀海峡桥方案加劲梁断面图(尺寸单位:m)

二、临界风速研究

(1)风对车辆行驶安全性的影响更多地表现为侧风效应,主要包括三类

①低风速效应(舒适性问题):在较低风速条件下,气动升力系数因侧风而增加,气动稳定性下降,驾驶员路感变差(常说的"飘")。

②高风速效应(安全性问题):在高风速条件下,侧面积大的车辆可能被侧向风吹翻,小型车行驶过程中可能会严重偏向。

③脉动风效应(舒适性问题):当自然风的脉动成分能谱与车辆悬挂系统特征频率相近时,容易引起车辆悬挂系统共振。

(2)风作用下汽车行驶的安全状态模型

在弯道中行驶的汽车如果同时受到向弯道外侧的侧风作用,侧向力可能超过地面与车轮之间的附着力极限,使汽车产生侧向滑移,失去正常行驶能力。

如图 12.3-9 所示,质量为 m 的汽车以速度 v_{car} 行驶在半径为 R 的弯道中,首先受到离心力 $F_I = mv_{car}^2/R$ 的作用,当遇到侧风 v_{wind} 时,汽车受侧向气动力 F_s 作用。

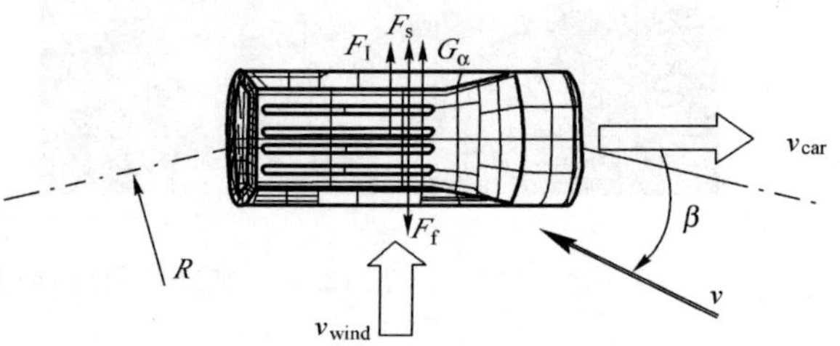

图 12.3-9 侧风作用下的弯道行驶汽车侧向受力图

风洞试验和有关文献显示,侧向力系数与风向角之间基本成正比关系,比例系数与汽车外形有关。即 $C_s = k_{CS}\beta$,所以:

$$F_s = \frac{1}{2}C_s\rho v^2 A = \frac{1}{2}\rho A k_{CS}\tan^{-1}\left(\frac{v_{wind}}{v_{car}}\right)\cdot(v_{wind}^2 + v_{car}^2) \tag{12.3-1}$$

式中:A——汽车的正投影面积;

k_{CS}——侧向力系数与风向角之间的比例系数;

ρ——空气密度,通常取 1.225kg/m³。

考虑最不利状态,如桥面的侧坡向外倾斜 α,则向外的侧向力还有汽车重力的分量 $G_\alpha = mg\sin\alpha$。平衡离心力、侧向气动力和重力分量的只有轮胎与路面之间的摩擦力,用轮胎与桥面的侧向附着系数(相当于摩擦系数)μ_s 表示路面状况,附着力为 $F_f = \mu_s(mg\cos\alpha - F_L)$。式中 F_L 表示气动升力,与侧向气动力相似,气动升力系数与风向角呈线性递增的关系,气动升力表达式为:

$$F_L = \frac{1}{2}C_L\rho v^2 A = \frac{1}{2}\rho A k_{CL}\tan^{-1}\left(\frac{v_{wind}}{v_{car}}\right)\cdot(v_{wind}^2 + v_{car}^2) \tag{12.3-2}$$

将式(12.3-2)代入附着力公式有:

$$F_f = \mu_s \left[mg\cos\alpha - \frac{1}{2}\rho A k_{CL} \tan^{-1}\left(\frac{v_{wind}}{v_{car}}\right) \cdot (v_{wind}^2 + v_{car}^2) \right] \tag{12.3-3}$$

汽车安全行驶的条件为：$F_l + F_s + G_\alpha \leqslant F_f$。

在具体分析中分别根据不同组合条件确定不同参数的取值，值得一提的是，分析中将零风向角下的升力系数假设为零基本符合现代汽车气动设计实际状况。

(3)桥面道路、车型及其气动参数选择

在建立了风作用下汽车行驶的安全状态模型后，可以计算汽车的安全行驶速度和风速范围。在计算模型中：风速 v_{wind} 和车速 v_{car} 是可变参数。根据气动外形特点选取轿车、客车、载货汽车和集装箱拖车作为代表车型，选取其车型参数和气动力参数；桥面参数分为坡道、弯道参数、附着率和滚动摩擦系数等，坡道、弯道参数根据桥梁总体设计图可以明确定义，路面附着率参数和滚动摩擦系数与路面类型和天气状况有关；侧向滑动和制动附着率的取值主要由路面特性决定；侧向附着率考虑干路面、湿路面、雪路面和冰路面四种情况。

(4)风速标准分析

运用汽车安全行驶模型和选取的车型、路面参数，进行了各种状态下的行车安全性风速标准分析，主要结论有：

①弯道中侧风作用下汽车安全行驶的控制状态为侧滑，以湿路面为基准，Santana2000 轿车侧滑临界风速为 32.5m/s，"长安之星"为 19m/s，"沈飞"客车为 22m/s，集装箱拖车为20m/s；

②轿车类的侧风稳定性最好，一般没有侧风行驶安全性问题；箱型车类的侧风稳定性一般，空载时问题比较严重；微型客车类的侧风稳定性最差，强风天气时驾驶比较困难；

③行车安全性随着车速增大而降低，随着路面附着系数减小而降低；因此，车辆限速和增加轮胎与路面摩擦系数是减少侧风行车事故率的有效途径。

鉴于杭州湾跨海大桥 36km 线路上交通管理反应速度的限制，如果行车安全风速标准设定过高，则大风天桥上行驶车辆的危险性增加；反之，则可能严重影响通行能力。因此，单一的风速标准很难满足该桥安全、高效的运营需求，风速标准根据我国高速公路管理办法（国家公安部，1994.12.22 颁布）的车速限制规定，分车型、分车速及分路面条件制定。经过车辆行驶极限状态分析获得的大桥路面状态下行车安全风速见表 12.3-1。

杭州湾跨海大桥桥面行车安全风速标准（单位：m/s） 表 12.3-1

车型／路面 \ 限速（km/h）		100	80	60
轿车类型	干	36.5	39.0	39
	湿	30.5	32.5	34
中轻型客车类型	干	25	27	28
	湿	19.5	22	23.5
微型客车类型	干	19.5	21.3	22.5
	湿	15.5	17.5	19
集装箱拖车类型	干	26	28	29.5
	湿	17.0	20	22

(5)桥面行车安全风速换算为气象站风速

从方便运营管理考虑，宜将桥面行车安全风速换算为气象风速。由桥面风速换算为气象风速，要进行两次转换：先将桥面风速换算为同等高度处的自然风速，再将自然风速换算为气象（王盘山气象站）风速。

受桥面附属结构和桥塔的影响，大桥桥面高度处的自然风速并不等同于桥面上的行车风环境的风速，须通过刚体模型桥面风环境风洞试验来建立桥面风速分布与自然来流风之间的对应关系。

自然风速转换为王盘山岛上的气象风速采用指数模型：$v/v_g=(z/z_g)^{\alpha}$。综合分析认为该地区风速剖面特性属于A类，平均风速剖面的指数取0.1。汽车由正常行驶到失控的时间一般是相当短的（小于1s），对应的风速资料也应是秒量级的，即阵风风速。由于风速资料中极值风速记录的时间较短，采用阵风因子换算得到足够长的极值风速样本。

考虑大风大雨天气下的限速规定，针对大桥主航道桥跨中和桥塔区段分析获得的气象站行车安全风速和非安全行车概率见表12.3-2。共计算了五种工况，即：原设计（未设风障、护栏高1.25m）成桥状态（用符号“C1”表示）、透风率为70%（C2）和50%（C3）的全桥布置等高度风障、桥塔两侧长度15m（C4）和30m（C5）局部范围内设置的变高度风障。

桥面行车安全对应的气象站风速（m/s）和非安全行车概率（%） 表12.3-2

车型	限速（km/h）	参数类型	跨中（距海面高度57.6m）			桥塔区（距海面高度52.5m）				
			C1	C2	C3	C1	C2	C3	C4	C5
小汽车	100	气象站风速	31.20	44.24	70.61	29.58	43.78	59.58	29.71	35.12
		非安全行车概率	0.09	0.00	0.00	0.22	0.00	0.00	0.15	0.02
中轻型客车	80	气象站风速	22.51	31.91	50.93	20.61	31.58	42.25	21.43	25.33
		非安全行车概率	1.79	0.07	0.00	3.43	0.08	0.00	2.59	0.67
微车客车	60	气象站风速	19.44	27.56	43.98	17.80	27.27	36.49	19.51	21.88
		非安全行车概率	5.12	0.31	0.00	9.87	0.34	0.01	7.01	2.22
集装箱车	80	气象站风速	20.46	29.01	46.29	19.74	29.71	39.41	19.48	23.03
		非安全行车概率	3.61	0.19	0.00	6.48	0.21	0.01	5.05	1.49

由表12.3-2知：原设计桥面行车安全风速由桥塔区域控制；在桥塔两侧30 m范围架设局部风障后可将行车安全风速提高到跨中水平；限速100km/h，小汽车的安全行车风速超过30m/s，基本没有侧风安全问题；70%和50%两种透风率全桥布置等高度风障，基本可以解决中轻型客车和集装箱车的风致行车安全问题，但微型客车的安全问题仍较为突出；必要时应当限制微型客车的通行，对已上桥的车辆应提供警示，让其低速通过，即建议侧向自然风速20m/s时，微型车限速40km/h，且风速每提高1m/s，车速相应降低20km/h。

三、基于桥面风环境的风障减风效果研究

经过调研基本把握了已有风障的基本形式、高度和透风率等参数范围，为进一步弄清不同